上海交通大學唐文治經學研究中心集刊

經學文獻研究集刊

Journal of the Studies on Chinese Classics and Literature

虞萬里 主編

第二十一輯

Vol. 21

上海書店出版社
SHANGHAI BOOKSTORE PUBLISHING HOUSE

主編：虞萬里
助理：陸駿元
虞思徵

二十一輯目録

石經研究專題

Contents

石經研究專題

蜀石經著録疏證(下)*

□王天然

［摘　要］ 長期以來蜀石經著録存在錯謬者未得糾正、切實者未經確認的情況，本文分兩宋、元明、清至民國三部分對歷代文獻進行全面疏證，旨在釐清蜀石經相關事實、把握學術史脈絡。

［關鍵詞］ 蜀石經；著録

［作者簡介］ 王天然，中國社會科學院古代史研究所副研究員(北京　100732)

《蜀石經著録疏證(下)》目次：

三、清至民國

(一) 殘拓

---

* 本文係國家社科基金後期資助項目“蜀石經遺文考”(18FZS027)階段性成果。

三、清 至 民 國

(一) 殘拓

[黄樹穀舊藏][1]

1. 黄易《厲鶚自書先秦貨布記册》題記(節録)[2]

先子得孟蜀石經《毛詩》,爲趙氏假去,今見先子手録,始知其事。樊榭先生所題即此,今不知歸何處矣。

【疏證】此記蜀石經《毛詩》殘拓曾藏錢塘黄樹穀處,後爲小山堂趙昱假去,厲樊榭有題詠。《毛詩》拓本現藏上海圖書館,據拓中題記、鈐印及相關文獻記載可以略知遞藏情況:清乾隆時殘拓爲黄樹穀廣仁義學所藏,乾隆七年臘月曾在杭州趙昱家中,爲厲鶚、丁敬、全祖望等人鑒賞,後經王專、魏錻而歸黄丕烈。黄氏之後,又爲汪文琛、汪士鐘父子及程文榮收藏,最後入藏上海圖書館。

2. 厲鶚《十二月十五日同敬身集谷林南華堂觀蜀廣政石經殘本宋廖瑩中世綵堂刻韓集作》(節録)[3]

孟蜀石經僅一卷,張紹文字嚴形模。《周南》疑誤辨輖字,(“惄如調飢”,石本作“輖”,即古“朝”字。)《月令》注釋亡哥奴。(《毛詩》《儀禮》《禮記》俱校書郎張紹文書。《禮記》用唐明皇删定本,以《月令》爲第一,李林甫奉敕注。見晁氏《讀書志》。)

【疏證】詩題中“十二月十五日”在乾隆七年(1743)[4]。據此詩可知《周南·汝墳》“惄如調飢”,蜀石經“調”作“輖”。馬瑞辰言“調”釋文云“本又作輖”,且明趙靈均《説文》鈔本及《五音韻譜》本引詩與蜀石經同,楊凝式《韭花帖》亦作“輖”,二字俱從周聲。並引《説文》“𣌭,旦也。從

---

① 《毛詩》二《南》《邶風》殘拓經黄樹穀、趙昱、王專、魏錻、黄丕烈、汪文琛汪士鐘父子、程文榮遞藏。

② 葛金烺撰,慈波點校《愛日吟廬書畫録》卷四,詳見《愛日吟廬書畫叢録》,浙江人民美術出版社 2012 年版,第 193 頁。

③ 厲鶚、丁敬、趙昱詩,全祖望跋皆據上海圖書館藏蜀石經《毛詩》拓本李福過録者録文,圖版詳見《上海圖書館藏善本碑帖》,上海古籍出版社 2005 年版,第 326—327 頁。厲鶚詩同時參考《樊榭山房集》,集本詩題“十五日”後有“雪中”二字,詩中“張紹文字”集本“字”作“筆”。詳見厲鶚著、董兆熊注,陳九思標校《樊榭山房集》,上海古籍出版社 1992 年版,第 1099 頁。

④ 王昶《後蜀毛詩石經殘本》卷尾按語云“此本嘗於乾隆壬戌臘月之望從廣仁義學攜至城中,趙氏小山堂主人谷林招集厲樊榭、丁龍泓、全謝山諸人共觀”,詳見《歷代石經研究資料輯刊》第 8 册,北京圖書館出版社 2005 年版,第 412 頁。

軌，舟聲”，而周舟古通，故“朝”可借爲“調”與“輖”也①。

3. 丁敬《雪中集南華堂趙谷林兄弟出觀蜀廣政石經毛詩殘本宋廖瑩中世綵堂刻韓集作》(節録)②

半閑狎客淪亡久，蜀國降王亦烏有。紅羊换劫黄塵飛，遺物驚看在人手。百摺麻箋如梵册，一卷《毛詩》出鐫勒。寫自祕書張紹文，校經博士孫逢吉。雍都舊本餘面目，(《十國春秋》云蜀石經據雍都舊本書。)義析調輖字堪質。(内“調飢”作“輖飢”，與今本異也。)中間古印辨不真，慘沮疑殷戰争血。

【疏證】今所見經折本《毛詩》殘拓爲黄丕烈重裝，但由“百摺麻箋如梵册”一句可知拓本於嘉慶間重裝之前即爲經折裝，黄氏並未改變裝幀樣式。“中間古印辨不真”，今檢拓本並無“辨不真”之“古印”。然蜀石經《穀梁》《左傳》拓本中有“東宫書府”九疊篆文印，其篆體特殊，字形不易辨認，正符合丁詩的描述。據此可以推測，丁敬所見“古印”當鈐於《周南》卷首，此部分後又佚失，故今不可見。而黄丕烈嘉慶九年四月題記云“‘中間古印辨不真’，則圖記之痕合”，黄氏所見拓本已爲佚去卷首者，其對丁詩此句似有誤解，詳見下文(三・9)。

4. 趙昱《毛詩》殘拓題詩

(1) 拓本“同作”(節録)

廣政本出蜀孟氏，禮失求野傳岷峨。《毛詩》一十四萬六千七百四十字，(見晁氏《讀書附志》。)字字詳正寧偏阿。千劫灰餘祗一卷，假以佛力常護呵。(此本僅存二《南》《邶風》，黄山人松石得之燕京老僧。)輖飢足正孔疏誤，文義雖得偏旁訛。(按，《説文》朝本作𣋺，今蜀本作輖是其誤也，監本改作調飢。飢莫甚於朝，孔氏《正義》未能了此，見此本始知曲説之繆。)

【疏證】自注稱“晁氏《讀書附志》”，非是，應屬趙希弁，下列翁方綱之文亦誤(三・26)。“此本僅存二《南》《邶風》，黄山人松石得之燕京老僧”，則乾隆七年時《周南》尚存，而黄樹穀得自北京，或由内府流出。又云“《説文》朝本作𣋺，今蜀本作輖是其誤也”，實不必以訛誤目之。

(2)《臘月望日南華堂賞雪樊榭敬身二君索蜀石經毛詩殘本廖瑩中刻梓韓集同觀各賦一章以作消寒之會》(節録)③

蜀經韓集出二妙，清談雅辨聽蟬連。自來紀石經有七，碑洞今祗開成全。那知俗本轉繆

① 馬氏文中“輖”皆作“輈”，今徑改。詳見馬瑞辰撰，陳金生點校《毛詩傳箋通釋》，中華書局1989年版，第66頁。

② 丁敬詩同時參考《硯林詩集》，拓本詩題作“同作”，集本作“雪中集南華堂趙谷林兄弟出觀蜀廣政石經毛詩殘本宋廖瑩中世綵堂刻韓集作”，今據以録文。詩中“寫自祕書”集本“自”作“者”，“校經博士”集本“經”作“理”。詩中自注據集本補。詳見丁敬《硯林詩集》，《清代詩文集彙編》第276册，上海古籍出版社2010年版，第290頁。

③ 趙昱又有《臘月望日南華堂賞雪樊榭敬身二君索蜀石經毛詩殘本廖瑩中刻梓韓集同觀各賦一章以作消寒之會》，李福未過録。詳見趙昱《愛日堂吟稾》，《清代詩文集彙編》第265册，第530頁。

誤,《毛詩》空使標鄭箋。(開成石經《毛詩》卷首標題有鄭箋,而實無康成一字。蜀石本卻有箋註小字,校明南北雍刻梓,其閒字句正誤甚多,恨不見全經也。)遺經廣政惜斷爛,二《南》賸止《邶風》篇。調輖恐鞠文義異,淆訛同立肖烏焉。更指缺畫避廟諱,唐家厚澤深如淵。(後蜀石經於高祖、太宗諱皆缺畫,唐之澤深矣,王深寧嘗言之。)……寒山金石重繙討,謂在咸陽黌宫前。吾於斯語敢盡信,急思橅搨豈其然。(《寒山金石林》云蜀石經在西安學宫,其舛繆如此。)

【疏證】確如自注所言"開成石經《毛詩》卷首標題有鄭箋,而實無康成一字",據此推測唐石經所據底本當爲經注本,惟省去注文耳。蜀石經因避唐諱,故有"唐之澤深"説,辨此説之非已見上文。而趙氏指出《金石林時地考》混淆唐蜀石經,則是。

5. 全祖望《鮚埼亭集》

(1)《蜀廣政石經殘本跋》[①]

宋人所稱引,皆以蜀石經爲證,並不及唐陝本石經,其故有二。一則唐石經無注,蜀石經有注,故從其詳者。一則南渡後唐石經阻於陝,不至江左,故當時學官頒行之本皆蜀石經。不知五百年以來,蜀石經何以澌滅殆盡。予留心搜訪二十餘年,仁和趙徵士谷林始得其《毛詩》二卷,自《周南》至《衛風》耳[②]。如以"朝饑"爲"輖饑",蓋異文也。唐石經雖非故物,然近來顧先生亭林考證之至詳,世頗知留心者,而蜀本則絶無矣。程克齋譏蜀石經,謂其《春秋》以"甲午"爲"申午",以"癸卯"爲"葵卯"。然其書既多,自不無舛錯,要之有足資考證者,惜乎所見止此。

【疏證】此跋言及宋人稱引石經之特徵,其中歸因爲"南渡後唐石經阻於陝,不至江左",較後兩文爲確。而由程克齋之言,可知蜀石經異文兩則。

(2)《跋孟蜀廣政石經》[③]

宋時石經不貴陝本而貴蜀本,殆以陝本止正文,而蜀本有注耶?其時學官所頒行皆蜀本,故徽公所引石經亦皆蜀本,今亡矣夫。偶過趙谷林小山堂,見其蜀本石經《毛詩》,自《周南》至《衛風》,雖片羽乎可珍貴也。其中多足與今監本互證異同者,惜不得完本讀之。

【疏證】全氏跋中"衛風"當爲"邶風"之誤。

(3)《答杭堇浦石經雜問》[④]

問:宋儒多稱成都石刻,不及西安,豈西安本遜成都歟?

西安本遜成都,果然。觀容齋、深寧皆博物君子,亟稱成都本之精謹,故朱子所引石經,成

① 全祖望此跋同時參考《鮚埼亭集》,拓本中李福過録者無題,今據集本録題。詳見全祖望:《鮚埼亭集》卷三十七,朱鑄禹《全祖望集彙校集注》,上海古籍出版社 2000 年版,第 722—723 頁。

② 拓本中李福過録全跋作"衛風",集本作"邶風"。

③ 全祖望:《鮚埼亭集外編》卷三十五,朱鑄禹:《全祖望集彙校集注》,第 1473—1474 頁。

④ 全祖望:《鮚埼亭集外編》卷四十七,朱鑄禹:《全祖望集彙校集注》,第 1759 頁。

都本也；昭德書庫所藏，成都本也；即當時諸路學官所貯石經，亦成都本。予家有宋本四明舊志，其中書目，石經皆蜀刻也。蓋不比西安本有蕪累之誚，而惜其無一存者。

【疏證】嚴修能注云“蜀石經安能勝唐石經，此大繆之論。宋南渡後，唐石不易得，故所引每據蜀刻耳”，全氏《蜀廣政石經殘本跋》亦云“南渡後唐石經阻于陜，不至江左”。此處以“西安本遜成都”，恐難成立，唐石經在當時難得，方爲主要原因。

6. 張鑑《蜀石經毛詩殘本跋》(節録)①

蜀石經《毛詩》殘本自《鵲巢》首章“之子于歸百兩御之”起，至《邶風・二子乘舟》章止。癸亥冬余還湖州，見於王雪浦處。未及假閲，既而雪浦寄吴門裝潢，爲友人持去，以影摹本還之。雪浦乃以影摹本見寄，余因取監本校之。……聞錢唐趙氏小山堂舊有蜀石經《毛詩》，自《周南》至《衛風》，疑即此册，而又佚其半。余故仿陸氏《釋文》之例，備著之，俾治經訓者廣異聞。且擇其所長，如《後漢書・竇融傳》注引《谷風》作“不以我爲德反以我爲讎”，與此略同，則其寶貴宜何如乎？甲子立冬日書於冬青閒館。

【疏證】此文作於嘉慶九年(1804)，可知趙昱舊藏《毛詩》拓本於嘉慶八年(1803)冬曾在湖州王専處，已殘去《周南》及《鵲巢》序。全祖望跋文誤“邶風”作“衛風”，張氏沿誤。

7. 錢大昕所見《毛詩》殘拓

(1) 錢大昕與黄丕烈書②

拙著《十駕齋養新録》兩卷遵教送閲，中有未當處，希为示知，以便更改。蜀石經如尊處已購得，希借讀一過为感。“察”字係孟知祥祖諱，并聞，不一。蕘圃二兄主政，弟大昕頓首。(鈐“竹汀”朱文正方印)

附黄丕烈題詩③

年來心緒亂如麻，鬚髩斑然感歲華。(余于今春有喪明之痛，入秋又復喪兄，故云然。)當世幾人能愛古，撫躬何學是專家。老成凋謝誰相訪，書卷飄零亦自嗟。(近年力絀，以賣書爲買書計。)留此聊爲金石佞，(余每謂辛楣曰“我輩佞宋”，辛楣先生亦戲答曰“若余則佞金石”。)屢中宋刻未須誇。(余喜聚宋刻，顔所居曰“百宋一廛”。今此刻出蜀廣政，又在北宋前矣。)

十月廿日辛楣先生已入道山，重展遺札，題此寄慨。蕘翁黄丕烈。(鈐“百宋一廛”白文長方印、“蕘翁”白文方印)

【疏證】陳鴻森云“錢慶曾《竹汀居士年譜續編》嘉慶八年條云：‘十二月，始刊《養新録》手定本。’此札言‘《養新録》兩卷遵教送閲’，蓋九年夏已刻成者兩卷。檢《養新録》卷十五‘石刻詩經

① 張鑑：《冬青館乙集》卷六，《續修四庫全書》第1492册，上海古籍出版社2002年版，第155—157頁。

② 此函據蜀石經《毛詩》拓本所附者録文，圖版詳見《上海圖書館藏善本碑帖》，第326頁。

③ 此詩據蜀石經《毛詩》拓本所附者録文，圖版詳見仲威《善本碑帖過眼録》，文物出版社2013年版，第184頁。

殘本'條,載此蜀石《毛詩》,……此條當初爲九年夏所增入也。其年十月,竹汀下世,此見潛研著書之不苟如此"①。"察"爲孟知祥祖諱,曉徵首爲揭示,蓋因蕘圃此前相詢。

(2) 錢大昕《石刻詩經殘本》②

後蜀石刻《詩經》殘本,起《召南·鵲巢》至《邶風·二子乘舟》止,經注皆完好。經文之異於今本者,《江有汜》"之子歸","歸"上有"于"字。(三章皆同。)"迨其今兮","其"作"及"。"不我能慉","不"下有"以"字。"昔育恐鞫",無下"育"字。

"泄泄其羽","泄"作"洩",則承開成石經之舊,爲唐諱也。經注中"淵"字、"民"字亦缺筆。孟氏雖竊帝號,猶爲唐高祖、太宗避諱,可見武德、貞觀之澤久而未亡,而孟氏父子居心忠厚,亦有君人之量焉。碑於"察"字皆作"𡪞",蓋避知祥祖諱,而於"知"字却不避,當依古人二名不偏諱,唯避下一字耳。歐公《五代史》云"知祥父名道",《蜀檮杌》則云"名巘"。此刻"道"字屢見,皆不缺筆,似歐史誤也。

册尾有廣仁義學圖記,蓋錢唐黄松石家所藏,厲太鴻賦詩即是此本,流轉它姓,今爲吴中黄蕘圃所得,惜《周南》十一篇及《鵲巢》序遺失不可問矣。蜀石經刻於開成石經之後,南宋之世完好無恙,而元明儒從未有寓目者,殆由宋季失蜀之後兵燹塗炭,靡有孑遺。予訪求五十年不得隻字,昨歲始見《左傳》殘本僅字③,今復見此刻經注萬有餘言,真衰年樂事也。

(3) 錢大昕《蜀石經毛詩》④

《江有汜》三章,皆有"之子歸"句,蜀石經"歸"上并有"于"字。予考三百篇中云"之子于歸"者不少矣,"之子于征""之子于苗""之子于狩""之子于釣"皆四字句,此篇亦當依蜀本有"于"字。

"昔育恐育鞫",蜀石經無下"育"字,以四字成句,亦視它本爲勝。

(4) 錢大昕《竹汀先生日記鈔》卷二"所見金石"⑤

觀蜀石經《詩經》殘字一册,起《召南·鵲巢》(前有闕文),至《邶風·二子乘舟》止。中間"淵""民""察"三字缺筆,"察"爲孟知祥祖諱。"淵""民"則唐高祖、太宗諱。孟氏雖竊帝號,猶未自絶于唐也。

讀蜀石經《毛詩》殘本,《江有汜》"之子歸","子"下多"于"字⑥(三章竝同)。"迨其今兮",

---

① 陳鴻森:《錢大昕潛研堂詩文拾遺》,《經學文獻研究集刊》第 12 輯,上海書店出版社 2014 年版,第 293 頁。

② 錢大昕著,楊勇軍整理:《十駕齋養新録》卷十五,上海書店出版社 2011 年版,第 306—307 頁。

③ 錢大昕《蔣湘帆寫經圖》詩自注云"孟蜀石經訪求數十年,近始得見《左傳》三百餘字殘本"。詳見錢大昕《潛研堂詩續集》卷十,《嘉定錢大昕全集》(增訂本)第 10 册,鳳凰出版社 2016 年版,第 392 頁。

④ 錢大昕著,楊勇軍整理《十駕齋養新録》餘録卷上,第 400 頁。

⑤ 錢大昕:《竹汀先生日記鈔》卷二,何元錫夢華館刻本,第 7 頁,國圖藏,索書號 02520。

⑥ "子"何本原刊作"之",有朱筆改作"子",又潘氏滂喜齋刻本作"子",今據改。

"其"作"及"。"憂心殷殷",不作"慇"。"不我能慉","不"下有"以"字。"不瑕有害","有"作"不"。"泄泄其羽","泄泄"作"洩洩"。知祥名上一字不避,與《左傳》殘字同。歐陽公《五代史》云"知祥父名道",《蜀檮杌》則云"名巇"。此刻"道"字屢見,皆不缺筆,似歐史誤也。

【疏證】錢氏唐澤、未絶于唐之説本之容齋、厚齋,實不必求之過深,其後青陽吴氏有所辨正,詳見下文(三·37);錢氏又據四字成句,以蜀石經勝於他本。稍後臧庸作《題蜀石經毛詩考證》以兩"育"字殊訓蜀石經乃誤脱,阮元、段玉裁説同,皆詳見下文(三·13, 14, 15)。

8. 李福《毛詩》殘拓題記[①]

蕘圃從浙省購得蜀石經《毛詩》殘本一册,謂是國初厲樊榭諸公所見者,因從戴竹友處録得樊榭先生詩証之。既而陶梟香自三泖漁莊歸,又以朱朗齋所録丁、趙二公同作之詩并全謝山跋示蕘圃,時裝褫適成,屬余録附於後。

嘉慶甲子四月晦日吴縣李福書。(鈐"李福"白文正方印、"子仙"朱文正方印)

【疏證】此記作於嘉慶九年(1804),與黄丕烈該年四月題識同日。李福過録者主要爲乾隆七年臘月趙宅雅集題詠,此次聚會圍繞蜀石經《毛詩》殘拓及世綵堂刊本《昌黎先生集》展開,今可從厲鶚、丁敬、趙昱諸詩中獲知清早期《毛詩》拓本的面貌。

9. 黄丕烈《毛詩》殘拓題記

(1) 黄丕烈嘉慶九年四月題記[②]

蜀石經殘本《左傳》爲吾吴陳芳林家所藏,其拓本余未之見。宫詹錢辛楣先生曾見之,載其文於《潛研堂金石文跋尾續》,計二十六行,云"右《春秋左傳》殘本三百九十五字,注二百六十七字",是已珍寶之至,因世不多見故特表而出之也。且云"南宋時蜀石經完好無恙,曾宏父、趙希弁輩述之甚詳,而元明儒者絶無一言及之,殆亡於嘉熙、淳祐以後。近錢塘厲太鴻曾見《毛詩》《左傳》殘字,作詩紀之。予訪求四十年不可得,蓋流落人閒者希矣",據此則《左傳》而外尚有《毛詩》,爲國初時人所見。

去年季冬之月適有書友攜石經一册示余,開卷讀之知爲《毛詩》,經下有注信爲蜀本。遂袖呈辛楣先生閲之,詫爲奇絶,謂訪求四十年不可得者,今一旦遇之,豈非盛事?余亦備加寶貴,即屬塾師邵朗仙傳録一本,因物主本非求售者。其時青浦王述菴少寇、儀徵阮芸臺中丞皆講求金石之學者,聞余有是册,或致書相索,或托友傳鈔。物雖未爲余有,而外間録本皆輾轉從余家出矣。

余性喜讀未見書,而尤以必得爲幸。爰托書友謀諸物主,以重直購而獲焉。統計四十一

① 此記據蜀石經《毛詩》拓本所附者録文,圖版詳見《上海圖書館藏善本碑帖》,第326、327頁。
② 此記據蜀石經《毛詩》拓本所附者録文,圖版詳見《上海圖書館藏善本碑帖》,第328頁。

番,自《召南》至《邶風》,存一卷有半,而闕其首葉。蓋《毛詩》二十卷,《周南》《召南》合一卷,《召南》爲一之二,故《召南》勵存卷一之半也。是册即爲厲樊榭所見之本,樊榭詩調賴異文,此適闕《周南》耳,證以丁、趙二詩,則更無可疑。丁云"百摺麻牋如梵册",則裝潢之式同;"中間古印辨不真",則圖記之痕合。而收藏所由來,趙詩小注以爲出於黄松石。今卷二有朱文楷書鈐記一方,所云浙江杭州府武林門外廣仁義學,至今彼都人士猶有能知爲松石所置者。惜小松司馬已作古,未能面與之賞析,爲可慨已。

余攷洪邁《容齋隨筆》孟蜀所刻石經,其書"淵""世""民"三字皆闕畫,蓋避唐高祖、太宗諱也。今卷中三字皆如此,可信洪説之確。乃卷中"察"皆作"𡨴",前人未有言及者,辛楣先生以爲避其祖諱。特父諱"道",而"道"不避,或《五代史》記之作"道"不如《蜀檮杌》之作"巘"其説爲確耳,安得有《公劉》之篇一決斯疑乎!

是册猶爲舊裝,覆背俱係宋紙,四圍亦以宋時皂紙副之。惜已蠹蝕破損,不得不爲之重裝。舊時葉數俱有朱書小號,紀於每半葉上,今存者卅一號起,以所失號排之,尚有十五番。乾隆四年校刊《毛詩注疏》,時作考證者猶及見《周南》《召南》《邶風》,想必此本未經散佚也。此本留傳出於浙江人王溥雪浦家,卷中"蠹香樓藏"即其印記。余不欲没其相讓之美意,故并著之。時嘉慶歲在甲子孟夏之月芒種後一日,讀未見書齋主人黄丕烈識。(鈐"士禮居"朱文正方印、"黄印丕烈"白文正方印、"蕘圃"朱文正方印、"讀未見書齋收藏"朱文長方印)

【疏證】此文記《毛詩》殘拓甚詳,其中對拓本原裝情況的描述尤爲珍貴,據此可知黄氏重裝之前覆背、四圍皆宋紙。又記每半葉上有朱書小號,與咸豐間楊寶臣蜀石經《左傳》襄公殘拓題記所云"朱字標識"正合,詳見下文(三・43)。此文以"蠹香樓藏"爲王雪浦藏印,並不準確,此印實屬烏程眠琴山館劉桐①。劉疏雨、王雪浦(名専)②、范白舫、張秋水皆烏程人,有交游。故殘拓中鈐有"蠹香樓藏"白文方印、"王印専"白文方印、"范鍇借觀"朱文方印,張鑑亦於嘉慶八年(1803)在王専處得見原拓。可見此本曾傳至湖州,稍後又輾轉流至吴門,爲黄丕烈所得。

(2) 黄丕烈嘉慶九年十一月題記③

余得蜀石經《毛詩》殘本已有跋語矣。後復爲七言古詩一章以紀其事,并呈辛楣先生以求屬和,蒙先生允諾,久而未果。蓋先生年紀既老精神漸衰,艱於筆墨,故未敢促之也。十月廿日

---

① 嘉慶九年,同鄉范鍇作《劉疏雨舊有訪書圖屬余題句未就今疏雨云亡余復將作楚游爰賦四絶目誌悲感》,有"六朝南宋著珍藏,茅沈姚潘付蠹香"句,其中"蠹香"即指劉氏。詳見范鍇《苕谿漁隱詩稾》卷一,《清代詩文集彙編》第480册,第214頁。

② 《南潯鎮志》卷十三載"同時王鑄,原名専,字蘊成,號雪浦,監生。亦嗜金石,能詩,工篆隸"。詳見《中國地方志集成・鄉鎮志專輯》第22下册,上海書店1992年版,第157頁。

③ 此記據蜀石經《毛詩》拓本所附者録文,圖版詳見仲威《善本碑帖過眼録》,第185頁。

先生無疾而逝于紫陽書院，余往視含殮，竊歎斯文將喪，讀書種子斷絶矣。今欲再求題識烏可得乎！因追書拙作附此碑後，一以見此詩之得蒙先生許可者，固余之幸；一以見此書之未蒙先生題識者，又余之不幸也。

以經刻石始漢時，中郎書丹獨闕詩。一字魯詩魏代補，云漢鐫刻誤始隋。《毛詩》二卷載《七録》，梁亡唐出大可疑。開成石經稱大備，詩二十卷全無虧。繼其盛者蜀廣政，正經注語兼有之。十三經貯一石室，成都學官專典司。南宋諸儒恣探討，宏父希弁猶及窺。柱礎礮石誰取尔，一任消滅增傷悲。舊時拓本亦希有，宋裝一册洵足奇。（《召南》《邶風》卷又半，《毛詩》所賸盡在兹。憶昔《礼记》同刻石，八册卷帙何紛披[1]。）紹文書与延族刻，二張手筆無參差。那知散失十八九，《周南》弟一在所遺。我記乾隆刊官本，借作考證常取資。樊榭諸人入題詠，异文曾与言輣飢。彼禯濡軓字亦古，我欲辨析參一知。此本收藏由義學，永爲公讀不自私。松石去後復流落，終賴神物謹護持。曾入市壓牙儈手，不爲覆瓿已可危。鑫香楼中亦偶得，我一見之勞梦思。出金相易務欲獲，書魔自咲何其癡。竹汀居士愛金石，袖以相示真解頤。避察作㝁乃祖諱，一語心得前無师。渊世民字避唐諱，卷中闕畫果若斯。想見十國僣擞主，惟蜀孟昶能文詞。更賴賢相毋昭裔，雍都舊本傳豐岐。至今膏馥幸沾溉，寸楮猶能獲厚貲。宝墨漆光尚黝黑，古印血色還淋漓。覆背素帋半零落，拂塵驅蠹重裝池。遺經雖少未为損，《隸釋》亦載詩殘碑。況聞造物忌全美，完者必缺合者離。趋庭學詩有至樂，無端哭子嗟宣尼。我今有此祇自讀，一經之授欲教誰。世間不乏有志士，願为傳録弗憚疲。思欲鈎摹復勒石，好古心切力不支。但得名公富编輯，全文具載千古垂。陳家《左傳》僅六葉，潜研跋尾親手爲。並時又有王与阮，難得愛古同心期。從來宝物不可祕，争先快覩固其宜。敢効谷林會良友，作詩纪事聊共怡。

甲子十一月冬至前一日，微雪初霽，几净牕明，蕘翁書此於百宋一廛。録時適有客至，草率寫畢，重閱知脱二韵，遂填補于旁。此種寶物聊以自怡，不復再計工拙，且損裝更换殊费事也，一咲。蕘翁又識。（鈐“蕘翁”朱文正方印）

【疏證】“柱礎礮石誰取尔”，此句乃誤用胡元質跋文“甚至取爲柱礎爲砲石者”[2]。清初倪濤《六藝之一録》卷九十一引胡跋作“胡元質蜀石經跋”，其後杭世駿《石經考異》亦同。倪氏又引“名勝志”云云，故知其文獻來源爲曹學佺《蜀中廣記》。而曹書卷九十一載“胡元質跋”於“范成大《石經始末記》”後，因范氏所言石經爲蜀石經，故倪氏轉引胡跋亦添“蜀石經”三字，其實此

---

① “《召南》《邶風》卷又半”至“八册卷帙何紛披”爲小字後補於行間。

② 胡元質此跋見《全蜀藝文志》卷五十九、曹學佺《蜀中廣記》卷九十一，言重刻漢石經於錦官西樓之事。清人顧炎武《金石文字記》以此文作者爲胡宗愈，然胡元質同時人宇文紹奕記重刻漢石經事云“制置給事内翰胡公”，由稱謂判斷顯然指胡元質，可見顧氏將二者混淆。北宋胡宗愈作石經堂以貯蜀石經，南宋胡元質重刻漢石經於錦官西樓。後人將二者混淆，或以作堂者爲元質，或以重刻者爲宗愈。另可參上文（二・12）。

文言重刻漢石經事,與蜀石經無涉。倪濤誤會,杭世駿沿誤,黄丕烈由此誤用。

10. 陳鱣《蜀石經毛詩攷異叙》①

蜀石經《毛詩》二卷,吾友錢唐魏君禹新客震澤得之苕谿書賈者,復爲一賈以它物易去。今歸吴中黄君紹甫,裝以藏經箋,函以香柟木,目爲鎮庫之寶。余與禹新嘗同客震澤,近余雖客吴,然書札往來無虚月。禹新凡有所得靡不告余者,獨此余不及知,殆有數存乎其間耶?猶幸不歸它人而歸紹甫,更能保守。是册既得之後急以示余,屬其影寫一本。蓋余曾箸《石經説》,見此不啻獲一珍珠船也。未幾自吴攜呈兔牀,先生欣然賞之,遂作《攷異》二卷,以證今本之失,可爲蜀石經之功臣矣。卷中"察"字缺筆,避孟知祥祖諱。獨怪知祥父名道,而"道"字又不缺筆。攷《蜀檮杌》云知祥父名巘,今以此證之則非名道,紹甫曰惜不見《公劉》篇"陟則在巘"之字一辨之也。嘉慶九年冬十二月望日陳鱣記于津逮舫。

【疏證】此文作於嘉慶九年十二月,由此可知《毛詩》殘拓曾歸魏禹新,即仁和魏鉽。而陳鱣、吴騫所據者爲拓本歸黄氏後之摹寫本,今國家圖書館所藏吴氏拜經樓舊藏《蜀石經殘字三種》,其中《毛詩》摹本有黄丕烈、吴騫校文及陳鱣題記,正與嘉慶間陳、吴二人留意蜀石經事相合。

11. 吴騫《蜀石經毛詩殘本攷異序》②

石經自漢東都太學始立,迨乎唐宋,不下六七刻。中閒惟後蜀孟氏廣政中寫刊尤稱善本,故朱子注經亦嘗引以爲説。顧自益都淪覆,石久散佚,後世獲其殘編斷搨不翅珍爲祕笈。昔錢塘厲徵士鶚見蜀石經《毛詩》殘本于南華堂趙氏,同人賦詩以紀其異,自後此帖不知流落何所。昨歲仁和魏叔子鉽復獲二卷于舊肆,今轉歸于吴趨黄主事丕烈,予因得傳鈔而讀之。

卷首自《周南》以下闕,至《召南·鵲巢》之箋始迄于二卷,終《二子乘舟》止。每卷有朱文方印云"□□□□□敬以此書義助於浙江杭州府武林門外廣仁義塾永遠爲有志之士公讀者",凡五行三十五字,闕五字。蓋武林黄氏樹穀先世所藏,不知何時助于義塾。樹穀本明衆議汝亨之後,此豈其所遺邪?然百餘年來展轉流傳仍歸黄氏,亦可異也。

予閒一讎校經文字句不同者已不下十餘,合之厲詩所舉"惄如輖饑"之"輖"字,未審皆在晁公武所舉四十七科之内者否。至毛傳鄭箋之異更不勝悉數,雖其閒衍脱譌舛閒亦不免,然究優于世本遠矣。即如小序下注本無"箋"字,日本《七經孟子考文》云謹案"箋云"二字鄭申毛傳所以别之也,毛不註序無可辨嫌,故序註本無"箋"字,後世諸本不知而妄加,非亦甚矣,其詳見於孔穎達《正義》、陸德明《釋文》,必如古本爲是。今此本獨否,即其合古之一端也。晁氏作蜀石

① 陳鱣:《簡莊文鈔續編》卷一,《續修四庫全書》第1487册,第287頁。文中"柟"原作"相",今據《歷代石經研究資料輯刊》影印本《蜀石經毛詩攷異》卷前陳叙改。

② 吴騫:《愚谷文存》卷一,《續修四庫全書》第1454册,第193頁。

經《攷異》，而張奐又作《注文攷異》四十卷，惜今皆不可見。輒因誦習之暇爲校其同異，附石經之末以俟留心古訓者。嘉慶乙丑秋孟識。

【疏證】此序作於嘉慶十年(1805)，即《毛詩》殘拓歸黄丕烈之明年。“昨歲仁和魏叔子鉽復獲二卷于舊肆，今轉歸于吴趨黄主事丕烈，予因得傳鈔而讀之”，似魏鉽得之亦在嘉慶九年①。“每卷有朱文方印”云云，所載廣仁義學圖記與吴騫舊藏摹本及原拓所見稍異。吴氏《蜀石經殘字三種》之《毛詩》卷二首頁有摹寫朱文楷書鈐印“　　　　敬　此書義助於浙江杭州府武林門外廣仁義學永遠爲有志之士公讀者”，則“敬”下無字，“塾”作“學”。檢視上海圖書館所藏原拓，印文與吴摹本全同。然摹本眉端又有吴騫朱筆批語云“騫按此印爲武林黄氏所鈐，乃小松司馬之前也，至今杭城舊肆中粥殘書斷帖往往見此印，首行敬下有‘以’字”。嚴寶善《“廣仁義學”的藏書與刻書》一文言曾見鈔本《圖繪寶鑑》每卷首葉鈐楷書朱文長方印，印文則與吴騫眉批按語相合，“敬”下有“以”字②。故此序所記印文“塾”字雖誤，而“以”字當有依據。“樹穀本明叅議汝亨之後，此豈其所遺邪”，據趙昱詩自注云“黄山人松石得之燕京老僧”，吴氏之推測似不確。

吴騫《尖陽叢筆》又云嘗見趙魏所藏《左傳》殘拓：“孟蜀石經今世所傳甚少，予嘗從趙氏竹埯庵見《左傳》数葉，凡經三百二十餘字，有杜氏注。……然則趙藏《左傳》殘碑雖不全，亦舊榻之可寶者矣。”③“竹埯庵”即指趙魏“竹崦庵”。若此拓果存經文三百二十餘字，則似乎並非陳芳林舊藏昭公殘葉。

12. 王昶《金石萃編》(節録)④

毛詩石經殘本

按蜀石經始刻於廣政七年，迄南宋乾道年，經凡十三，《毛詩》其一也。《詩經》本二十卷，此二《南》、《邶風》祇二卷。据卷末題第一經二千八百六字、注五千四百七十一字，第二經二千二(此數疑誤，今計連卷首標題及各篇章句總數共大字二千九十五字)、注五千九百九十三字，合二卷經注共一萬六千二百七十二字。今此本佚卷一之前半(《周南》起，至《召南・鵲巢》首章鄭箋之半止)，祇存卷一之後半及卷二，共存經注一萬二千五百四十一字，是佚者三千七百三十一字矣。《鵲巢》注鄭箋起於“爵位故以興焉”，今本鄭箋云“鵲之作巢冬至架之至春乃成猶國君積行累功故以興焉”，是此上箋無“爵位”二字，此二字攙用序語也。石刻皆正書，經文大字徑六七

① 徐珂云“臨江鄉魏小洲得蜀石經《毛詩》殘序，爲摹副本，並著《考異》二卷”，詳見徐珂:《清稗類鈔》，中華書局2010年版，第4252頁。

② 詳見姜德明選編:《書香集》，華夏出版社1997年版，第206頁。

③ 吴騫:《尖陽叢筆》卷六，《續修四庫全書》第1139册，第490頁。

④ 王昶:《金石萃編》卷一百二十二，《續修四庫全書》第890册，第89—103頁。

分,毛傳鄭箋小字雙行分注於各篇章句中間,每注文三字占大字二格。凡注祇取毛傳鄭箋,並不兼及孔疏及陸氏釋文。凡傳不加"傳"字,箋則有"箋云"二字。凡篇首先載小序,下用鄭箋作注(惟《草蟲》篇鄭氏無箋,用經文首章首二句之傳),提行别起(或接小序空一格),寫經文傳箋章句連貫不復離析。篇末大字題云"某篇幾章章幾句"(或在本篇經注之下空一格,或别起行上空一格)。卷首首行題"毛詩卷第二"(空一格),"毛詩國風"(空一格),"鄭氏箋",次行云"邶柏舟詁訓傳第三",並大字。又次寫柏舟序注。据卷二如此,卷一雖佚,想亦同也。卷末章句一行之次即題云"毛詩卷第一"(大字),下小字雙行云經若干字、注若干字,卷二亦同。别無號年歲月書刻姓氏題識,書法精謹與唐石經相埒。現在摹本依褎本式,每行十四字,共高尺許,未見石本不能確定也。石久散佚,拓本流傳者僅見此本。

卷二首有小木印長一寸五分、寬一寸,正書四行云"此書義助於浙江杭州府武林門外廣仁義學永遠爲有志之士公讀者"凡廿八字,首一行祇一"敬"字,皆朱色。廣仁義學者,黄同知易之父諱樹穀號松石,其家在杭州武林門外東馬塍之北,前明少叅貞父先生故第。松石即所居,開廣仁義學聚羣書,其中四方來學者供其閲誦,其書率爲海内交游諸藏書家所助。凡卷册簿小者用此印,卷帙厚者用墨色長印大書"廣仁義學"四字,斜鈐於全部板心折縫處,使人不能竊取。松石殁後義學既廢,長子庭、季子易餬口四方,塾中藏書無人主守皆散佚矣。此本嘗於乾隆壬戌臘月之望從廣仁義學攜至城中,趙氏小山堂主人谷林招集厲樊榭、丁龍泓、全謝山諸人共觀,賦詩題跋並見各人本集。据谷林詩自注云"此本僅存二《南》、《邶風》",則在當時首卷本全,故厲詩、全跋皆舉"調饑"作"輖饑"爲異文,正在卷一之前半,今不可見,不知佚於何時也。此本新從吴中摹得武林王溥家藏拓本,溥字容大,家於湖墅,與松石居鄰近,蓋松石殁後遺書散失,此本歸于其家也。但原本二卷全跋趙詩注皆言存二《南》、《邶風》,而諸詩則趙云"千劫灰餘祇一卷",厲云"孟蜀石經僅一卷",丁云"一卷《毛詩》出鐫勒",皆作一卷者詩家約畧之詞,非確數也。

諸詩但以"輖饑"爲典,實不及其餘,是未暇細檢之故。宋晁公武《石經考異》計經文不同者《毛詩》有四十七科,序但舉《日月》篇"以至困窮而作是詩也"一條。《玉海》載張㚇校注文同異爲《石經注文考異》四十卷,而未詳《詩經》注文之異者有若干卷。全謝山跋引程克齋語,亦但舉《春秋》二條不及《詩經》。今惟取家塾中舊藏明北監注疏本所刊行者以校此本,互異之處甚多已條列於前,更撮舉其大者重申論之。

……

晁氏《石經考異》稱《左傳》"祥"字闕筆,知爲蜀人書。洪氏《容齋隨筆》稱其書"淵""世""民"三字皆闕畫,爲避唐高祖、太宗諱。今《左傳》未見,此本又無"祥"字,惟"淵""世""民"三字皆闕畫與洪氏合,然不第此也。如"棄"字中從世改作"弃","泄泄"從世改作"洩洩","葉"字中從世改作"茦"。孟蜀時唐諱可不避,蓋皆從開成本之原文。又"察"字闕筆作"㝟",是避孟昶曾祖諱。據《五代史》昶父知祥,知祥祖察、父道。今"察"字闕筆,而"道"字不避,卷中用道字者甚多。《十國春秋·高祖本紀》"考道",注云"《蜀檮杌》作巘"。今不諱道字,或者先名道後改名巘,《蜀檮杌》似有可據歟? 又凡避諱字皆闕一畫,此察字闕三畫。猶唐石經《儀禮》有朱梁補刻者,避梁祖諱,"成"皆作"𠩆"。

校勘刻石由蜀相毋昭裔,兩《五代史》皆不書其事,且《春秋》三傳至宋皇祐元年始訖工,宜乎歐公及見之而《集古録》亦不載。毋昭裔附見《宋史·西蜀世家》毋守素傳,昭裔乃守素之父,但事蹟無多,惟《十國春秋》有傳頗詳載刻石經之事。至書《詩經》者張紹文《十國春秋》無傳,《讀書附志》僅稱其官,别無可攷。校定上石者有孫逢吉,爲國子《毛詩》博士,而譌舛竟至如許。今蜀石無存,拓本字不多見,而此本僅存亦未經人深考,爰詳校同異而論列之。

【疏證】此篇首列蜀石經與明北監本之異文,其次排比文獻著録,最後出按語詳述,今節録其論述部分。據王昶按語可知,其所見蜀石經《毛詩》殘本爲"武林王溥"家藏拓本之摹本,另可同時參考上文(三·9),但誤將錢塘王德溥與湖州王專混爲一人。此本《周南》十一篇及《召南》首篇《鵲巢》半頁,乾隆七年尚存,蘭泉云"不知佚於何時",據張鑑跋文可知嘉慶八年冬已佚。王氏又言蜀石經避唐諱"蓋皆從開成本之原文",實爲通達之論。

13. 臧庸《題蜀石經毛詩考證》①

余幼時讀官本《毛詩注疏》,《考證》輒引蜀石經,心頗惑之。後考其文字異同,往往增所不必增,删所不當删。如《谷風》"昔育恐育鞫"一句,兩育字而殊訓,見之毛傳鄭箋孔氏正義,俱有明證,開成石經亦同。乃蜀本獨無下"育"字,此類差謬當由挍勘粗䴥一時誤脱耳。若謂有意删之,恐不至誕妄若是。而好異之人不知其誤,反以今本爲衍,恐又爲誤本之傭臺矣。學問之道貴平心以求其是非,而無取乎苟焉好異,苟焉好異之人固無與乎學問之事也,又烏足與辨是非分黑白哉! 錢塘嚴君厚民取蜀石經殘本,據傳箋正義、釋文、唐石經、岳本,句訂而字正之,蜀本不足信一覽盡之矣,苟焉好異之人其考諸此歟。

【疏證】此文題目下有"丙寅季冬"四字,可知作於嘉慶十一年(1806)。乃爲嚴杰《蜀石經毛詩考證》而題,張壽林曾作此書提要,大體檃括臧氏題辭而成②。今嚴書未見,恐已不存。

14. 阮元《毛詩注疏校勘記·引據各本目録》③

孟蜀石經殘本二卷

自《召南·鵲巢》箋"爵位故以興焉"爵字起,至《邶風》之"二子乘舟二章章四句"止,分卷同唐石經。有杭州黄松石廣仁義學印章,每行大字計廿四,注夾行每行字二十及廿一二三不等。

---

① 臧庸:《拜經堂文集》卷二,《續修四庫全書》第1491册,第512頁。
② 詳見《續修四庫全書總目提要·經部》,中華書局1993年版,第373頁。
③ 阮元:《毛詩注疏校勘記》,《續修四庫全書》第180册,第482頁。

宋晁公武云《毛詩》二十卷張紹文書,其注或羨或脱或不同。又云昔議者以太和石本授寫非精,時人未之許。書中凡"淵""民""世"字皆缺筆避唐諱,"察"字缺筆避家諱也。

今攷經文,如《日月》篇"乃如人之兮",《谷風》篇"不以我能慉",非誤倒即誤衍。又"昔育恐育鞫"脱下"育"字,毛傳育鞫之育訓長,鄭箋昔育之育訓穉,云昔幼穉時恐至長老窮匱,無下育字則與傳箋正義不合。此經文之誤也。傳文如《草蟲》篇"阜螽蠜螽也",今所傳各本無下"螽",與《爾雅》《説文》合,正義亦引定本云作蠜螽者衍字。《采蘋》篇"藻聚藻也"下有"沈曰蘋浮曰藻"六字,與物理不合,是據《釋文》所引韓詩增入也。《羔羊》篇曰"古者素絲以英裘"乃作"黄裘",其譌不辨自明。此傳文之誤也。箋文如《采蘋》篇"蘋之言賓也","實"乃"賓"之譌。《行露》篇"不以角乃以味","味"乃"咮"之譌。《野有死麕》篇"動其佩飾"下衍"帨音税也"四字,《終風》篇"然而已不能得而止之"脱"不能得而止之"六字。此箋文之誤也。其餘乖異甚多,均無足采。惟《甘棠》箋"重煩勞百姓"較今本少"不"字,與《漢書·司馬相如傳》"方今田時重煩百姓"合,是條差爲可取。今此記槩不録入,餘詳嚴杰《蜀石殘本毛詩考證》。

【疏證】此文所舉蜀石經箋文誤例中,原拓《采蘋》即作"賓",《行露》即作"咮","實""味"皆爲阮氏所據摹本新增訛字。

15. 段玉裁《跋黄蕘圃蜀石經毛詩殘本》[①]

余少時聞蜀石經兼有經注,憾不得見。乾隆壬辰至成都,暇則欲訪尋文翁、高朕講堂舊址,孟蜀廣政時所刻石,及宋皇祐以前所補,以爲能見殘碑破字於荆榛瓦礫中,未必不可以爲讎校之助也。而知交無同好者,獨往今府學中,光沈響絶,爲躊躇歔欷者久之。自此留蜀數年,南至於瀘定橋,東至於巫峽間,問諸所見士大夫,莫有藏拓本一片者。

南歸後僑居姑蘇閶門外,於故友陳芳林樹華家見蜀石經《左傳》數百字,錢曉徵少詹事録諸《潛揅堂金石跋尾》,今爲唐陶山刺史物者是也。嘉慶甲子黄蕘圃主政又得蜀刻《毛詩·召南》一卷,故杭郡黄松石老人物,雖才一卷,較陳氏所得《左傳》字數多矣。乾隆初年武英殿刊《注疏》,校《毛詩》,諸臣引蜀石經自《周南》至《邶風·静女》凡四十一條,以後則不引,葢當時所見衹三卷而已。昔在蜀見錢塘張君名賓鶴,年已六十餘,能詩歌篆隸,多見古物,云親見松石蜀石《毛詩》全部。"昔育恐育鞫"無下"育"字,"夭夭是椓"作"夭夭"疊字,記此二處,與世間本絶異,余嘗識之於懷。今蕘圃所得《召南》諸條無不與殿板諸公語合者,惜此卷之外皆不知飄落何處矣。厲樊榭詩集中亦載《周南·汝墳》蜀石"惄如輖飢",與今本作"調飢"異,即冬日南華堂所爲作詩者也,殿板《注疏》獨未載此一條。蕘圃好古,故古物聚焉,吾烏知松石翁之全《詩》以及諸經拓本,不將不脛而歸於士禮居哉!

---

① 段玉裁撰,鍾敬華校點:《經韵樓集》,上海古籍出版社2008年版,第6—7頁。

《十駕齋養新録》取《江有汜》"之子于歸"，有"于"字爲勝，又"昔育恐鞫"亦視他本爲勝。余則謂鄭箋釋兩"育"甚明，辛楣偶未省照也。余爲阮梁伯定《十三經校勘記》，則取《甘棠》"召伯聽男女之訟重煩勞百姓"，此與《司馬相如傳》"方今田時重煩百姓"同解。今本有"不"字，非也。

【疏證】段玉裁乾隆三十七年(1772)至成都，搜訪蜀石經未得片石。引張賓鶴言蜀石經《小雅·正月》"夭夭"作"夭夭"，似以松石曾藏《毛詩》全拓。馬其昶民國十四年(1924)題記云："夷考乾嘉道咸諸家收石經者，《詩》止二《南》《邶風》，絶無《小雅》'節南山之什'，張氏何從見之？"[①]可見民國時已有質疑之辭，但其實無法排除張説。

懋堂又言乾隆初年經史館校刊《十三經注疏》，武英殿本《毛詩注疏》前三卷《考證》引蜀石經，由《周南》至《邶風·静女》凡四十一條。今檢殿本，所引當爲四十二條，于前三卷中遠逾其他參校之本。其中卷一《考證》共引蜀石經異文二十三條，據此可以略窺乾嘉之際所失《周南》大貌[②]。

16. 陳宗彝《蜀石經殘字·毛詩》跋[③]

石經之刻，漢一字，魏三字。魏遺字陽湖孫伯淵觀察已据《隸續》爲攷一卷傳之，漢殘字予舊歲亦有刊本。唐石經尚存西安學宫，唯蜀刻豪無貽留。金壇段懋堂先生宦游西川時，自言屢加搜訪，片石無存。今所存唯《毛詩》及《春秋傳》殘拓本，求之数年不可得。兹從陽城張古餘夫子假得《毛詩》殘字一册，廼吴門黄氏抄本，即《十三經校勘記》所据有武林廣仁義學印者。取今本傳箋校之，字多互異之處，嚴氏杰已有《攷證》一書，不復詳綴，讀者取而觀之可也。急命兒士粿景寫付梓以廣其傳，與漢刻並行。他日再得《左傳》本，延津劍合，更爲奇觀。世有同志者，尚其襄予成之。道光五年秋七月廿五日猷抱居士書册尾。

【疏證】"兹從陽城張古餘夫子假得《毛詩》殘字一册，廼吴門黄氏抄本"，"急命兒士粿景寫付梓"，則陳氏所據底本源自黄丕烈家鈔本而非原拓，影寫後刊刻。"即《十三經校勘記》所据有武林廣仁義學印者"，阮元《毛詩注疏校勘記》所舉蜀石經《采蘋》《行露》箋文誤例，皆爲摹本之誤，而陳刊本皆與阮氏所見摹本同，可見二者屬於同一系統之摹本。

17. 顧廣圻《跋新刻蜀石經殘字》[④]

漢唐石經皆無注，唯孟蜀有焉，此《毛詩》是也。今雪峰陳君傳寫欲刻之，可謂好古矣。此外又有《左傳》，著録於嘉定錢先生《跋尾》。予向日皆嘗寓目，但竊以爲考其異同，未能勝於板

---

① 詳見1926年劉體乾蜀石經《穀梁》卷六殘拓影印本。

② 可參拙文《上海圖書館藏蜀石經〈毛詩〉拓本綜理》，《中國經學》第十九輯，廣西師範大學出版社2016年版，第208—212頁。

③ 《歷代石經研究資料輯刊》第8册，第367—369頁。

④ 《歷代石經研究資料輯刊》第8册，第285—286頁。同時參考顧廣圻著，王欣夫輯：《顧千里集》，中華書局2007年版，第252頁。集本"好古"作"好事"。

本。在金石家乃以罕而見珎,在經學轉少所裨益,質諸大雅,未審以爲如何。道光乙酉八月七日,元和顧千里觀於邗江寓館并書。(鈐"顧千里經眼記"朱文長方印)

【疏證】此文爲陳宗彝摹刻本而作,時在道光五年(1825)。顧氏以蜀石經未能勝於雕版印本,不許爲善本。

18. 陳繼昌《重刊蜀石經殘本叙》(節録)①

蜀石經《毛詩》殘本廼陽城張古餘先生從吴門黄蕘圃主政景鈔者,今春二兒宗彝謀刊以傳。并從善化唐陶山先生訪得家樹華所藏《左傳》殘字附刊於後,兹刊成請予叙之。

……

其他一二字增減與古本合者尚多,則石本未必無補。予恐讀者展卷緣其瑕而弃其瑜,即以所校出者揭之卷首,冀大雅是政。丙戌陽月朔日,醒翁老人。

【疏證】此文作於道光六年(1826),作者"醒翁老人"即宗彝父繼昌。清人唐鑒有《醒翁老人像贊》,自注云"姓陳,名繼昌,號問舟"②。

19. 葉志詵《毛詩》殘拓題記③

道光戊申春三月朔日葉志詵借觀,時將就養粤東撫署,匆匆倚裝題記京師虎坊橋寓朱竹垞舊宅。(鈐"葉志詵"半朱文半白文印)

【疏證】此文作於道光二十八年(1848)三月,葉氏當借自程文榮,詳見下文(三·20)。

20. 戴熙《蜀石經毛詩殘本跋》(節録)④

蜀石經《毛詩》殘本非《毛詩》善本也,然不得謂非《毛詩》别本。蜀石經宋晁公武有《石經攷異》,張㚟有《石經注文攷異》,其書皆未見。此《毛詩》殘本止卷半,與今本頗異。國朝嚴氏杰有《蜀石殘本毛詩攷證》,寓中亦無此書。惟王侍郎昶《金石萃編》列其異數百條,謂時孫逢吉爲博士譌舛竟至如許。儀徵相國阮氏《十三經注疏校勘記》經注本第一論列此碑,謂或羡或脱或不同皆無足取。

……

至王氏謂"北門"誤作"出門",今碑文作"北門"甚明。阮氏謂"不以角乃以味","味"乃"咮"之譌,今碑文作"咮"字甚明。此所謂不善不如是之甚者也,學者存爲别本,亦足以資參訂,用敢

① 《蜀石經殘字》卷首,道光六年陳宗彝刊本。詳見《歷代石經研究資料輯刊》第8册,第277—284頁。

② 唐鑒撰,李健美校點:《唐鑒集》,岳麓書社2010年版,第178頁。另,北京大學圖書館藏有陳宗彝撰並書之陳繼昌墓誌並蓋。詳見《北京大學圖書館藏歷代墓誌拓片目録》,上海古籍出版社2013年版,第1015頁。

③ 葉氏題記位於《毛詩》殘拓第一開,《上海圖書館藏善本碑帖》《善本碑帖過眼録》二書均未影印,此文得自目驗原拓。

④ 此跋據蜀石經《毛詩》拓本所附者録文,圖版詳見《上海圖書館藏善本碑帖》,第322頁。此題據戴熙《習苦齋古文》卷四,《續修四庫全書》第1530册,第122頁。

匿其瑕而表其瑜。道光戊申五月，蘭川程六兄見示蜀石經《毛詩》殘本，謹跋後請政。醇士弟戴熙。（鈐"戴熙"白文正方印、"醇士"朱文正方印）

【疏證】此文作於道光二十八年(1848)，其時《毛詩》殘拓已歸程文榮。戴熙曾爲程氏作《深山訪石圖》，並云"蘭川程六兄同年謁選來都，出示碑帖數種，皆目所未覩，并示所著《南邨帖攷》一册。碑帖之學相識中推道州何子貞、杭州高叔荃，子貞尤深於碑，叔荃尤深於帖。蘭川兼而有之，令人欽佩無似"①，程文榮舊藏《群玉堂帖》亦有戴氏道光二十八年三月都下題記②，可見二人交誼。亦可知此册《毛詩》曾由程氏攜至京師，出示同好鑒賞。

王昶、阮元所見皆爲摹本，故所指之誤有摹本新增者，不應歸咎於蜀石經，戴氏及見殘拓原本並揭示兩例。跋文又目蜀石經殘拓爲"别本"，已有跳出"善本"觀念的端倪，故能瑕瑜共見，持論穩健。

21. 王文燾《公羊》殘拓題詩(節録)③

蜀本唯存此片翎。（蜀石經流傳只此，松石所弆《毛詩》後歸程南邨，赭寇之亂南邨就義，殆同歸浩劫。）……宣統十有六年歲在甲子三月丁卯望，……華陽王文燾初艸。

【疏證】此詩作於民國十三年(1924)，時人多以黄樹穀所藏《毛詩》殘拓已佚。該本經乾嘉諸老遞藏，後歸程文榮。南邨殁後並未散失，後由上海市文物保管委員會自程家徵集得來，入藏上海圖書館④。

[**趙魏舊藏**]⑤

22. 趙坦《周禮夏官殘字校記》題記⑥

蜀石經《周禮》殘字搨本自《夏官》齊右"陪乘"二字起，至馭夫"種馬一"止，凡三十六行，每行大字十四或十五，小字每行或十八或十九或二十不一。吾宗晉齋先生得于紹興，今歸汪君繼培。晉齋先生以汲古閣注疏本校之，頗有異文。爰取石經字標于上，而注其異于下。嘉慶十六年八月十七日，仁和趙坦録。

【疏證】此文作於嘉慶十六年(1811)，可知《周禮・夏官》殘拓三十六行經趙魏、汪繼培遞藏。趙魏曾以毛本校勘，趙坦又以别紙過録異文。另，文中"馭夫"當爲"校人"，下列馮登府之文亦誤。又據李遇孫《金石學録》卷四所記，趙魏似曾著有《蜀石經周禮夏官殘碑考》。⑦

---

① 戴熙：《習苦齋畫絮》卷一，《續修四庫全書》第 1084 册，第 689 頁。

② 圖版詳見上海圖書館編著：《上海圖書館善本碑帖綜録》，上海書畫出版社 2017 年版，第 1040 頁。

③ 據 1926 年劉體乾蜀石經《公羊》卷二殘拓影印本録文。

④ 詳見徐森玉：《蜀石經和北宋二體石經》，《文物》1962 年第 1 期，第 9—10 頁。

⑤ 《周禮・夏官》殘拓經趙魏、汪繼培遞藏。

⑥ 《蜀石經殘字三種》，《續修四庫全書》第 184 册，第 461 頁。

⑦ 詳見李遇孫：《金石學録》卷四，道光四年芝省齋刻本，第 12-B 頁，國圖藏，索書號 A02657。

23. 吴騫《周禮夏官殘字校記》題記①

辛未冬日仁和趙茂才寬夫以手校蜀石經《周禮・夏官》殘字見遺，當與《左傳》殘字合訂爲一，庶幾蜀石經三種俱全矣。吴騫志。(鈐"騫"朱文圓印、"拜經"朱文長方印)

【疏證】此文亦作於嘉慶十六年(1811)，故知同年趙坦又將過録本趙魏校記贈予吴騫。且乾嘉時期學者習知的蜀石經殘拓，或即《毛詩》、《左傳》昭公二年、《周禮・夏官》三種。

24. 馮登府《蜀石經攷異・周禮殘碑》(節録)②

玆殘本趙晉齋魏得之蕭山市上，今歸汪繼培。晉齋曾手摹其文，未暇細釋。經自《夏官》齊右"陪乘"二字起，至馭夫"種馬一"止，凡三十六行，每行大字十四或十五，小字每行十八、十九、二十不等。以汲古閣毛本校之，頗有足資訂譌者。其虚字增益無關義理者略之，以有晉齋手摹本在不復重見耳。

【疏證】據此可知，蜀石經《周禮・夏官》當時有趙魏摹本可見拓本面貌，時人研究多賴摹本或校記。

25. 朱昌燕《蜀石經殘字三種》題記③

同治庚午余於武林書肆獲舊鈔本蜀石經《毛詩》二卷，首頁有隸書"何氏夢華館藏書"七大字，並録趙松雪跋書後一則；次頁鈐以"何印元錫""夢華館藏書印"二方；末頁復鈐以"錢唐何氏夢華館嘉慶甲子所得書"一方。古色古香，珍之篋笥已三十年矣。玆吾友徐君蓉初亦得一本，爲拜經吴氏故物，繕寫雖不及何本之精而有黄蕘圃主政墨筆校、陳仲魚孝廉朱筆覆校。兔牀明經又將趙寬夫茂才所斠《周禮》殘字、張芑堂徵君所斠《左傳》殘字補鈔合訂爲蜀石經三種，且各自爲跋，則較何本更善矣。前後所鈐有吴兔牀書藉印等十一方，紅潤如新。余借勘一過，留案頭匝月，爰綴數語以歸之。光緒已亥秋九月沙濱朱昌燕記。(鈐"臣印昌燕"白文方印)

【疏證】此文作於光緒二十五年(1899)，可知同治九年(1870)朱氏於杭州得何元錫舊藏蜀石經《毛詩》殘拓鈔本，乃何氏嘉慶九年(1804)所獲，該年《毛詩》原拓歸於黄丕烈。光緒間徐蓉初又得吴騫拜經樓舊藏《蜀石經殘字三種》，其中包括《毛詩》殘拓摹本、趙坦過録趙魏《周禮・夏官》殘拓三十六行校記、吴騫轉抄張燕昌摹本《左傳》昭公二年殘拓三十五行。可見吴氏有意搜集，實爲蜀石經殘拓文獻最初的一次集成。

---

① 《蜀石經殘字三種》，《續修四庫全書》第184册，第461—462頁。
② 馮登府:《石經補攷》卷九，《續修四庫全書》第184册，第94頁。
③ 《蜀石經殘字三種》，《續修四庫全書》第184册，第375—376頁。

[陳樹華舊藏][1]

26. 翁方綱《跋蜀石經殘本》(節録)[2]

右孟蜀石經昭公二年傳[3],凡卅有五行。行或十四字或十五字,字視開成石本差小,字體亦略近之。"伯有之亂"句注誤多"一"字,餘無異。

曾宏父《石刻鋪敘》云益郡石經《春秋左氏傳》三十卷,蜀鐫至十七卷止,凡三傳畢工於皇祐元年己丑九月望日,帥臣樞密直學士京兆郡開國侯田況、益州路諸州水陸轉運使曹潁叔、提點益州路刑獄孫長卿暨倅僉皆鐫銜於石。《成都志》又謂《公》《穀》田況所刻。又云《詩》《書》三《禮》不書歲月,《春秋》三傳則皇祐元年訖工,宋有天下九十九年矣,通蜀廣政元年肇始之日,凡一百一十二祺成之,若是其艱也。按,此則《左傳》十七卷以前蜀所鐫,十八卷至三十卷入宋以後所鐫也。然是至宋始畢工,非宋刻補附也。即以宏父所引《成都志》謂《公》《穀》二傳爲田況刻,則《左傳》是蜀原刻無疑,弟其後十三卷成於入宋之日耳。至於《孟子》十二卷方是宋人補刻,不得因此而謂蜀石經之《左氏傳》亦出於宋人所補也。

又晁公武《郡齋讀書志》云蜀石經《左氏傳》三十卷不缺唐諱及國朝諱,而缺"祥"字,當是孟知祥僭位後刊石。《穀梁傳》不缺唐諱蜀諱,而缺"恒"字,知刊在真宗以後,意者其田況乎?据此條則《左氏傳》刊石於孟蜀時尤可證也。晁志又云《左氏傳》不著何人書,詳觀其字畫亦必蜀人所書也。又晁氏《讀書附志》云孟蜀石經惟三傳至皇祐初方畢,故《公羊傳》後書云大宋皇祐元年歲次己丑九月辛卯朔十五日乙巳工畢,然則三傳之畢工直至皇祐時耳,非《左氏傳》畢工於皇祐也。弟拓本絶少,其在於今真虬甲鳳毛矣。

《春秌》内外傳,芳林既皆精心攷正,著有成書,爲功經訓甚大,宜造物以神有之物畀之。雖寥寥殘葉,何啻球璧視之邪?予昔聞此覬幸一見而未得遂,今按試南昌,而芳林假守吴城,其裒册適自杭寄來郵以見示,因爲考次其略書於册尾,併系以七言詩一篇。……乾隆五十二年歲在丁未夏六月六日書於南昌使廨之蓬鶴軒,北平翁方綱。(鈐"翁方綱"白文正方印、"正三"朱文正方印)

【疏證】此文作於乾隆五十二年(1787)。蜀石經"伯有之亂"下注云"在襄三十一年",翁氏

---

① 《左傳》昭公二年殘拓經沈剛中、陳樹華、唐仲冕、梁章鉅、楊廷傳、力鈞、劉體乾遞藏。趙永磊云"近人往往以宋拓蜀石經《左傳》卷二十本乃先生舊物,並非確鑿",詳見趙永磊:《清儒陳樹華行年輯考》,《中國經學》第十四輯,廣西師範大學出版社 2014 年版,第 166 頁。按,此本原非陳樹華之物,乃得自沈氏,但後人稱爲陳氏舊藏,也並無問題。

② 據 1926 年劉體乾蜀石經《左傳》卷二十殘拓影印本録文。此題據翁方綱:《復初齋文集》卷十六,李彦章校刻本,《續修四庫全書》第 1455 册,第 502 頁。

③ 集本作"吴郡陳芳林以所藏蜀石經《左氏傳》殘本寄示,是昭公二年傳"。

以無"一"爲是[①]。阮元校勘記云"淳熙本、纂圖本、明翻岳本、監本、毛本無'一'字"[②],但也應注意到早期版本如撫州本、浙刻巾箱本、龍山書院本、越州八行本、劉叔剛十行本以及日本宫内廳書陵部藏日寫本均作"三十一",與蜀石經相同,則有"一"者並非孤例,當有較早的文獻來源。"予昔聞此覬幸一見而未得遂",集本作"予昔聞芳林得此於蘆墟沈剛中氏凡六紙,渴思一見而未得遂",則陳樹華得《左傳》昭公殘拓於沈剛中[③]。又翁氏云蜀石經《左傳》卷十八至卷三十入宋鐫畢,但並非宋刻補附,以《成都志》言田況之刻不及《左傳》、《郡齋讀書志》載《左傳》避蜀諱及拓本字跡情況爲證,其説可信。

27. 錢大昕所見《左傳》殘拓

(1) 錢大昕《石經左傳殘字》[④]

蜀石經《春秋》殘本正文三百九十五字,注二百六十七字,皆昭二年傳,《左氏》之弟廿卷也。據曾宏父《石刻鋪敘》云益郡石經《左氏傳》卅卷,蜀鐫至十七卷止。此殘字在十八卷以後,或疑宋人續刻。今攷《成都志》,但云《公》《穀》田況所刻,不及《左傳》。此本遇宋諱初不缺筆,其出於孟蜀無可疑者。宏父雖云《春秋》三傳皇祐元年九月訖功,而兼采《成都志》之言,則固不以《左氏傳》爲況刻也。《詩》《書》《禮記》《周禮》皆有書人姓名,而無刊石年月。《儀禮》則并無姓名,與《左傳》同。大約諸經書石本同一時,而卷帙有多寡,故鐫成有先後之殊。工成或在宋代,字畫實皆蜀刻。《左傳》於諸經中文字最緐,鐫成亦最在後[⑤]。唯《公》《穀》二傳,廣政中未有寫本[⑥],直待田況續成之耳。攷蜀之亡在宋乾德三年乙丑,距皇祐元年己丑八十有四年,使《左傳》果刊至十七卷止,僅存一十三卷,何至遷延八十餘年,始告成事耶?嘉慶壬戌三月觀冶泉先生藏本,因爲攷正如右,竹汀居士錢大昕識。(鈐"錢印大昕"白文正方印、"錢竹汀"朱文正方印)

南宋時蜀石經完好無恙,曾宏父、趙希弁輩述之甚詳,而元明儒者絶無一言及之,殆亡於嘉熙、淳祐以後。近錢塘厲太鴻曾見《毛詩》《左傳》殘字,作詩紀之。予訪求四十年不可得,蓋流

---

① 陳樹華亦言蜀石經作"三十一年,非"。詳見陳樹華:《春秋經傳集解考正》卷二十,《續修四庫全書》第143册,第175頁。

② 阮氏所謂"淳熙本"實爲明覆宋刻本。詳見顧永新:《淳熙小字本〈春秋經傳集解〉版本考》,《中國經學》第十一輯,廣西師範大學出版社2013年版,第131頁。

③ 陳樹華:《春秋經傳集解考正・論例》云"乾隆三十九年四月朔,蘆墟沈剛中示余蜀石經《左傳》六紙,字體仿佛唐石經,結構稍欠遒逸。兼載杜注,傳文每行十四字,注雙行疏密不能盡一,約十五六字。昭二年傳'夫子君子也'下子字起,至'而又何請焉'而字止。因知海内尚有存者,倘獲覩其全,則又畢生之厚幸也"。詳見《續修四庫全書》第142册,第7—8頁。

④ 據1926年劉體乾蜀石經《左傳》卷二十殘拓影印本録文。此題據錢大昕撰,祝竹點校:《潛研堂金石文跋尾》,《嘉定錢大昕全集》(增訂本)第6册,第269頁。

⑤ 集本此句後有"非蜀亡之日,尚有未經繕寫者,留待宋人續補也"。

⑥ 集本此句後有"旋遇國亡,此事遂輟"。

落人間者希矣①。

【疏證】此文作於嘉慶七年(1802)。錢氏不以《左傳》爲宋人續刻,觀點、論證皆與翁方綱相似。又以元明人不言蜀石經,而推測原石亡於嘉熙、淳祐以後②。二説均合理。

(2) 錢大昕《竹汀先生日記鈔》卷二"所見金石"③

讀蜀石經《左氏傳》昭公二年,凡三十六行。起"子也(夫子,韓起)",盡"女罪之不恤而"。正文三百九十五字,注二百六十七字。中脱一行,("子叔子知禮哉吾聞",下闕,"主也辭不忘國")每行十四、十五字不等。

【疏證】此文所言"中脱一行"指"子叔子知禮哉吾聞"與"主也辭不忘國"之間脱去一行,殘拓實存三十五行。

28. 段玉裁《陳芳林藏蜀石經左傳昭公二年殘本跋》④

冶泉老友著有《内外傳考正》⑤,爲士林所重。嘉慶辛酉秋捐館後,始從長君啓宗索觀蜀石經數百字,不勝人琴之感。因請錢少詹竹汀作跋,瞿木夫亦和覃溪詩韵於後焉。壬戌清明日,玉裁記。(鈐"玉裁私印"白文正方印、"若膺"朱文正方印)

【疏證】此文作於嘉慶七年(1802)。瞿中溶有詩題作"孟蜀石經傳世已希,聞程芳林明府藏有《左傳》殘本。去冬呼小舟訪程於虎邱之冶坊濱,訊之土人無有知其居者,遂悵然而返。頃偶過茂堂段先生齋,適見此册於案頭,喜之不勝,急假歸摩挲數日。字較唐刻稍小而結體端勁,仍不讓焉。册尾有翁閣學詩跋,攷覈甚詳,因追和其韻兼呈段先生"⑥,即述此事。

29. 黄丕烈《元和郡縣圖志》跋(節録)⑦

此本出冶坊浜陳冶泉家,冶泉名樹華,承累代書香之後,由茂才作宦,官至司馬而止。居平手自鈔校諸書,猶及與惠松崖、余蕭客諸君相周旋,故所藏書皆有淵源。罷官後,余猶及見其一面。身後書籍零落,半歸他姓。聞有蜀石經《左傳》殘本,見質諸葑門宋于庭孝廉處,宋又隨父任貴州作縣,其物携行篋中,物主屢欲贖而無由,未知其作何歸結也。……蕘翁書於石泉古舍,乙丑六月十日。

【疏證】此文作於嘉慶十年(1805),可以略知陳樹華生平。並知陳氏舊藏《左傳》殘拓曾在

① 此段據集本補。

② 錢氏的這一推定,也正是蒙古侵蜀破陷成都的時段。

③ 錢大昕:《竹汀先生日記鈔》卷二,何元錫夢華館刻本,第 6-B、7-A 頁,國圖藏,索書號 02520。

④ 據 1926 年劉體乾蜀石經《左傳》卷二十殘拓影印本録文。此題據劉盼遂輯校:《經韵樓文集補編》卷上,詳見段玉裁撰,鍾敬華校點:《經韵樓集》,第 385 頁。

⑤ 集本注冶泉爲"芳林别號"。

⑥ 瞿中溶:《古泉山館詩集》卷三,《清代詩文集彙編》第 492 册,第 585 頁。按,瞿氏爲嘉定人,蓋陳程不分。

⑦ 傅增湘:《藏園羣書經眼録》,中華書局 1983 年版,第 374 頁。

同鄉宋翔鳳處。宋氏《先府君行述》云嘉慶八年"十月王孺人暨不孝夫婦、女婉儀、慎儀、碩儀盡室至黔"①,則宋翔鳳往貴州在嘉慶八年十月,陳樹華已於六年卒②。

30. 吴騫《蜀石經左傳殘字》題記③

右蜀石經《左傳》殘字凡石六排,總三十有六行,"吾聞"下脱闕一行,存傳文三百九十八字,注二百六十六字。按,注"在襄三十一年","一"乃羨文,實計注二百六十五字。海鹽張芑堂徵君以雙鈎本見遺,因手録而藏之。吴騫志。(鈐"兔牀鑑定"朱文正方印、"只可自怡悦"白文長方印)

【疏證】由此可知,《左傳》昭公殘拓曾有張燕昌雙鈎摹本,今所見拜經樓舊藏乃吴騫據張氏摹本轉抄者。

31. 陳宗彝《蜀石經殘字·左傳》跋(節録)④

《毛詩》殘字今春晤嘉興錢曼卿公子鴻祺倡助付梓,兹從車秋舲處得《左傳》殘字,與錢少詹《跋尾》所載悉合。其字體迥别,以書者本非一手,故附刊以行。

【疏證】此處云昭公殘本得自車持謙,與陳繼昌道光六年《重刊蜀石經殘本敘》所謂"從善化唐陶山先生訪得"稍異。段玉裁《跋黄蕘圃蜀石經毛詩殘本》云此拓"今爲唐陶山刺史物",已見上文,故陳樹華舊藏確曾歸於唐氏。而與原拓對讀,可知陳刻本所據爲摹本,蓋出自車氏轉寫。

32. 馮登府《蜀石經攷異·左傳殘碑》(節録)⑤

今據錢氏摹本自昭二年傳"子也"起,至"女罪之不恤而"止。注自"夫子韓起"起,至"褚師市官"止。中間第十八行缺,脱正文十四字、注二字。每行大字十三、十四、十五、十六不等,小字十八、十七不一,注文略有一二同異,爰釋之如左。

"是以亂作"注"改易禮制",石經"改"作"故"。"使上大夫送遂致此執辱之罪",石經"送"下無"遂"字。案,當作"改易","故""改"形相涉而譌,"遂"字亦脱去。

【疏證】今檢昭公殘拓可知蜀石經原本即作"改易"、亦不脱"遂"字,馮氏據錢大昕摹本而作《攷異》,兩處異文乃出自摹本,不應歸咎於原本⑥。

33. 梁章鉅《蜀石經左氏傳殘本册》(節録)⑦

右墨本爲元和陳芳林(樹華)郡丞舊藏,凡昭公《左氏傳》六紙,共三十有五行。後有翁覃溪

---

① 宋翔鳳:《樸學齋文録》卷四,《續修四庫全書》第1504册,第400頁。

② 可參趙永磊:《清儒陳樹華行年輯考》,第179頁。

③ 《蜀石經殘字三種》,《續修四庫全書》第184册,第466—467頁。

④ 《歷代石經研究資料輯刊》第8册,第377頁。

⑤ 馮登府:《石經補攷》卷九,《續修四庫全書》第184册,第94頁。

⑥ 陳宗彝影刻摹本《左傳》昭公殘字作"改易",然亦脱去"遂"字,可見當時摹本傳抄之誤。

⑦ 梁章鉅:《退菴詩存》卷十九,《續修四庫全書》第1499册,第614頁。

師長跋及詩，又有段若膺、錢竹汀二先生跋。按，顧亭林述唐石經至詳，而蜀本則絶無論及。曹能始《四川名勝志》云諸刻今皆不存，惟有《禮記》數段在合州賓館中。則在前代並拓本已屬難得，近畢秋帆尚書亦以未見蜀石經爲恨。惟王蘭泉侍郎《金石萃編》載《毛詩》兩卷，亦是據吴中摹本録之。此是當時原石本，海内所僅存，幸歸余篋，因重加裝治，别爲辨證，賦詩紀之。

【疏證】劉體乾蜀石經《左傳》卷二十殘拓影印本中，梁章鉅落款作"道光辛卯冬季重裝畢題此"，則此詩作於道光十一年(1831)，且《左傳》昭公殘拓曾經梁氏重裝。民國十二年(1923)吴士鑑爲劉健之題詩云"劍合延平賴滄趣"，並自注言"芳林此帙後歸梁茝林，戊午歲陳弢老爲君作緣，今亦歸尊齋矣"[①]，則此本民國七年(1918)經陳寶琛介紹歸於劉體乾。

34. 陳寶琛《左傳》昭公殘拓題記[②]

此册爲楊甘州廷傳所藏，文襄留觀累月，撫晉行前一夕始題而還之。比余再至都，則已歸力農部鈞。吾友劉健之觀察既有《周禮》、三傳諸册，都四萬六千四百餘字，聞予言亟力致，自是孟蜀殘刻幾盡爲君有矣。人世遷嬗，數十年間一物而係今昔之感，猶喜其類聚於所好也。己未十月十日陳寶琛識。(鈐"弢盦"朱文長方印)

【疏證】此文作於民國八年(1919)，可知此本歸劉氏前，尚經楊廷傳、力鈞收藏[③]，又可見劉體乾搜訪蜀石經之意甚切。

35. 劉體乾《左傳》昭公殘拓題記(節録)[④]

今以諸説相證，蓋《左氏傳》三十卷孟蜀時刻石，十八卷以下宋時畢工耳。觀此二十卷字體，視十五卷不異，可證一也。且以裱册行款言，《周禮》《左傳》每半葉六行(似是原碑十二行或二十四行爲一層)，《公羊》《穀梁》每半葉五行(似是原碑十行或二十行爲一層)，行款已變更蜀刻之舊，《公》《穀》爲田況所刻，可證又一也。《公羊》"敬"字"殷"字缺筆避宋諱，此本"敬"字不避，更灼然可見其非宋刻。前人僅見此殘本，未見《公羊》《穀梁》，若果見之，以行款、避諱定蜀刻、宋刻，則不煩言而解矣。癸亥七月初七日，劉體乾識。(鈐"御題蜀石經齋"二白文四朱文長方印、"劉印體乾"白文正方印、"健之"朱文正方印)

【疏證】此文作於民國十二年(1923)。劉體乾廣搜蜀石經殘拓，已漸將《周禮》、三傳聚於一齋。故較之前人，有條件進一步從字體、行款角度討論《左傳》一經的書刻時間。其中劉氏對蜀石經原石形制的推測可能並不準確，但據當時所知，思路可稱合理。其綜理對觀諸拓，則爲蜀石經研究注入新意。稍後蜀石經殘石又有零星發現，融會拓本、原石也將勢必成爲新的考察方向。

---

① 詳見1926年劉體乾蜀石經《左傳》卷二十殘拓影印本。

②④ 據1926年劉體乾蜀石經《左傳》卷二十殘拓影印本録文。

③ 劉體乾蜀石經《左傳》卷二十殘拓影印本中，有陳衍宣統二年(1910)題詩，云"庚戌大雪後五日爲醫隱先生賦長句三十二韵於京師舊秀野艸堂"，即此本藏於力鈞處時所作。

［陳慶鏞舊藏］[①]

36. 潘祖蔭《左傳》襄公殘拓題記(節録)[②]

憶在額南師齋中曾見《周禮》《公羊》殘本,時壬子秋八月也。……咸豐戊午春二月吴潘祖蔭記。

【疏證】此文作於咸豐八年(1858),據此可知潘氏曾於咸豐二年(1852)八月,見陳慶鏞舊藏蜀石經兩種,可見在吴履敬、式訓昆仲十一月題記之前,拓本已在陳氏齋中多時。

37. 吴履敬吴式訓題記

(1) 吴履敬吴式訓《公羊石經殘碑跋》(節録)[③]

右宋拓蜀石經《春秋公羊傳》并注殘本,宋樞密直學士田況元均知成都時補刻,皇祐元年歲次己丑九月辛卯朔十五日乙巳工畢(見《玉海》)。全書共六册十二卷,傳四萬四千七百三十八字,注七萬七千三一七字(見《石刻鋪敘》)。今存者起桓公六年至十五年止,凡十九葉一百八十三行。末三行殘缺不全,傳一千五百三十二字半字五,注三千五百七十三字半字五。書内凡"敬"字、"殷"字皆缺筆避宋諱,以阮氏所刻宋本《公羊注疏》校之,異者卄餘科,大約與宋鄂州官本同。……阮氏《校勘記》稱鄂本最爲精美,以此本互校,益知宋刻可貴矣。然元均所刻僅據當時善本,已非太和之舊,雖校寫精宷,終不及蜀刻《周禮》之能存古本也。

……

此二本合共一萬一千六百八十二字,宋紙裝界,氊墨精良,淳古可愛,前後都無題識,不知舊藏誰氏。自宋迄今幾及千載,巋然不朽,誠希世之珍也。歲在横艾困敦獲讀此本,粗爲攷訂,復書册尾以志慶幸云。十有一月哉生霸青陽吴履敬弟式訓同識。(鈐"濮陽吴氏"朱文正方印)

【疏證】此文作於咸豐二年(1852)十一月。吴氏昆仲謂蜀石經《公羊》"大約與宋鄂州官本同",這一推測恐不確。以蜀石經《公羊》爲底本,彙校唐石經及主要宋元版本,可知大字部分異文絶少,而小字部分存在少量獨特異文。這一特徵與阮元、臧庸《春秋公羊傳注疏校勘記》所見蜀大字本頗爲相似,蜀石經《公羊》所用底本爲蜀刻的可能性較大。又吴氏所見蜀石經《周禮·考工記》《公羊》殘拓爲宋紙裝裱,尚爲舊式。

(2) 吴履敬吴式訓《周禮石經殘碑跋》(節録)[④]

右宋拓蜀石經《周禮》并注殘本,孟蜀廣政中左僕射龍門毋昭裔刻石,祕書省祕書郎孫朋古

① 《周禮·考工記》、《公羊》桓公殘拓經陳慶鏞、吴履敬吴式訓昆仲、劉體乾遞藏。

② 據1926年劉體乾蜀石經《左傳》卷十五殘拓影印本録文。

③ 據1926年劉體乾蜀石經《公羊》卷二殘拓影印本録文。此題據陳慶鏞:《籀經堂類藁》卷五,詳見《續修四庫全書》第1522册,第564頁。

④ 據1926年劉體乾蜀石經《周禮》卷十二殘拓影印本録文。此題據陳慶鏞:《籀經堂類藁》卷五,詳見《續修四庫全書》第1522册,第564頁。

書,(《容齋隨筆》《讀書志》俱作"朋古",《成都記》《石經考異序》俱作"朋吉"。)全書共九册十二卷,經文五萬五百八字,注十一萬二千五百九十五字。(見曾宏父《石刻鋪叙》。)此本存弟十二卷,起《玉人》至《匠人》止,凡二十二葉二百六十四行,注皆夾行書,弟一葉下缺一葉。經一千九百二十九字,注四千六百四十八字。

案,《郡齋讀書志》云"石經《周禮》十二卷,右僞蜀孫朋古書,以監本是正其注,或羨或脱或不同至千數"。今以阮氏所刻宋本《周禮注疏》校之,異同之處二百餘科,其精确不移者多足訂今本之舛。

……

書中"翔"字缺筆,蓋避孟知祥嫌名。"淵""世""民"字皆未缺筆,與《毛詩》殘本不同。當時去唐未遠,書者承用舊本,習於缺筆,或因或改,致有參差。晁昭德謂《尚書》《論語》缺唐諱,當是孟氏未叛以前所刻,《左傳》不缺唐諱,當是僭位以後所刻。洪容齋又謂蜀石經於"淵""世""民"三字皆缺畫,知唐之澤遠矣。錢竹汀跋《毛詩》殘本亦用其説,皆未深攷也。至其書體謹嚴,筆致遒峻,尤可珍愛。洪容齋稱其有貞觀遺風,非虚美矣。咸豐二年歲次壬子十一月十九日青陽吴履敬弟式訓同識。(鈐"濮陽吴氏"朱文正方印)

【疏證】此文亦作於咸豐二年(1852)十一月。吴氏昆仲存《周禮》書人姓名異文,甚可取。又論蜀石避諱,以爲"書者承用舊本,習於缺筆,或因或改,致有參差",較昭德、容齋、竹汀諸家之説更爲合理,頗可信從。

38. 馮志沂題記

(1) 馮志沂《周禮·考工記》殘拓題記①

咸豐壬子冬,吴甥敬之兄弟携此蜀石經殘刻相眎,一爲《春秋公羊傳》,一爲《周禮冬官攷工記》,敬之爲作跋攷訂甚覈。《周禮》僅存六千餘字,異同至二百餘;《公羊》亦五千餘字,異同僅二十餘。則以《周禮》是蜀刻,《公羊》是宋人補刻也。古經文傳世者自中郎石經及魏三體石經外,此爲最古,惜全謝山、錢竹汀、王蘭泉諸公皆未及見也。僕久失學,於諸經尤疏。乃得見此自夸眼福勝前賢矣,欣喜志之。代州馮志沂。(鈐"臣沂"白文正方印)

(2) 馮志沂《公羊》殘拓題記(節録)②

咸豐壬子季冬代州馮志沂觀。

【疏證】兩則題記均當作於咸豐二年(1852)十二月,馮氏依吴履敬兄弟校勘結果,通過對比《周禮》《公羊》異文多寡,進一步指出《公羊》爲宋人補刻,可謂敏鋭。

① 據1926年劉體乾蜀石經《周禮》卷十二殘拓影印本録文。

② 據1926年劉體乾蜀石經《公羊》卷二殘拓影印本録文。

39. 陳慶鏞《石經攷異補》

(1) 陳慶鏞《公羊》殘拓題記(節録)①

洪文敏謂蜀石經字體清謹,有貞觀遺風。南宋時猶存,宋儒引經據此本,與小字本、岳珂本往往相合。而元明無偁之者,殆亡於嘉熙、淳祐以後也。今得此《周禮》《公羊》二書殘本,文雖不多,然窺見一斑,其有補於經學者已不少矣。咸豐歲在壬子臘月既望,晉江陳慶鏞識。(鈐"慶鏞"白文正方印、"笙未"朱文正方印)

(2) 陳慶鏞《周禮·考工記》殘拓題記(節録)②

今即殘碑就殿版本校之,《周禮》自玉人注"璧男不言之者闕耳"起,至匠人經"其崇三尺牆厚"止,經注共得二百廿二科。《公羊》自桓六年經"來也孰謂州公也"起,至桓十五年經"公會齊侯"止,經注只得十九科。謹録之以補柳東之缺,以俟審定焉。咸豐二年十二月廿五日晉江陳慶鏞識。(鈐"慶鏞"白文正方印、"笙未"朱文正方印)

【疏證】兩則題記均作於咸豐二年(1852)十二月,可知陳氏舊藏蜀石經兩種爲馮登府所未見,故作《石經攷異補》條列異文以補馮氏《蜀石經攷異》之闕。

40. 鄭復光《公羊》殘拓題記③

咸豐四年秋閏月初七日,吴氏昆中出宋拓 《周禮》石經蜀本見示④。惜匆匆欲南旋,未暇考訂一二,題此誌别。鄭復光識。(鈐"復光之印"白文正方印)

【疏證】鄭氏題識作於咸豐四年(1854),可知此時陳氏舊藏已在吴氏昆仲處。

41. 何紹基《吴子肅子迪兄弟屬題宋拓蜀石經周禮經注共六千五百餘字爲册廿二葉公羊傳竝注共五千一百餘字爲册十九葉周禮孟氏刻公羊傳宋補刻也賢昆玉攷訂同異甚核爲作詩得四十韻》(節録)⑤

子肅、子迪賢昆玉正之,蝯叟何紹基稿,時丁巳秋九月。

【疏證】此詩乃咸豐七年(1857)何氏爲吴氏昆仲作。

42. 孔憲彝《周禮·考工記》殘拓觀款⑥

咸豐戊午三月三日曲阜孔憲彝觀於慈仁寺。

---

① 據1926年劉體乾蜀石經《公羊》卷二殘拓影印本録文。

② 據1926年劉體乾蜀石經《周禮》卷十二殘拓影印本録文,同時參考《籀經堂類藁》卷五。集本載《周禮》異文作"二百四十二科",《公羊》異文作"二十六科"。詳見《續修四庫全書》第1522册,第563頁。

③ 據1926年劉體乾蜀石經《公羊》卷二殘拓影印本録文。

④ 劉體乾影印本"宋拓"之下字損,似爲"公羊"二字。

⑤ 據1926年劉體乾蜀石經《周禮》卷十二殘拓影印本録文。此題據何紹基:《東洲草堂詩鈔》卷十九,《續修四庫全書》第1529册,第4頁。

⑥ 據1926年劉體乾蜀石經《周禮》卷十二殘拓影印本録文。

【疏證】陳慶鏞舊藏蜀石經殘拓中咸豐年間題記、題詩者多爲京師“顧祠同人”，而未付之筆墨者尚有葉名澧，兩册殘拓中均見“葉名澧潤臣經眼記”白文長方印。由此處觀款可進一步確認，孔憲彝正是咸豐八年(1858)三月三日，於慈仁寺顧祠春祭活動間得見此拓①。則陳慶鏞舊藏曾作爲宋拓善本在顧祠同人的雅集中展示，構成了會祭之外的鑒賞活動。

[**楊繼振舊藏**]②

43. 楊寶臣《左傳》襄公殘拓題記(節録)③

第一葉有“東宫書府”印，弟二十五頁有方印模餬不可辨。墨𢄼裝界，朱字標識，均宋款誌。以阮氏重刻十行本校之，異者六十餘條，多與《校勘記》所引諸善本同，其諸本未見者十餘條。……壬子冬息於親家陳頌南給諫處，見《周禮·考工記》殘本六千餘字、《公羊》殘本五千餘字。《周禮》爲蜀刻，與阮刻異同至二百餘條；《公羊》爲宋補刻，異同二十餘條。……而此册與《公羊》校寫精宷，譌舛特尠。《公羊》刻于田元均猶可謂据長興本，《左傳》實蜀刻亦與《毛詩》《周禮》不同，乃信諸經既依太和舊本，自不得臆改原文。其與長興板本，或大加删改，或只襲舊文，是以迴不相侔。……咸豐六年丙辰重九日，昭武楊琣臣敬觀竝誌。(鈐“宷臣”白文正方印)

【疏證】因楊寶臣於咸豐二年(1852)曾見陳慶鏞舊藏蜀石經《周禮》《公羊》殘拓，故六年(1856)再見《左傳》殘拓時，便能够由異文多寡察覺《左傳》與《公羊》相近而與《周禮》不同，可惜並未據此得出正確結論。其問題在於未對經注異文進行分别觀察，又過分拘泥於盡依大和舊本之説。實則孟蜀石經除《左傳》之外，大字雖以唐石經爲底本，但小字卻可能以當時所見寫本爲來源，故小字部分异文甚多。而《左傳》鐫石於最後與他經不同，可能直接利用了五代國子監刊本，因此異文數量大幅下降。諸拓並觀，自然如楊氏所見，《左傳》與《毛詩》《周禮》不同，而與北宋補刻之《公羊》接近。

44. 祁雋藻《宋拓蜀石經殘本歌》(節録)④

有客示我蜀石經，春秋斷簡左氏傳。其字萬有二千餘，宋紙柔韌敵唐絹。東宫書府印宛然，熨眼已驚烏玉片。……咸豐七年立秋前三日大雨中觀並題壽陽祁雋藻。(鈐“觀齋”朱文長方印、“祁雋藻印”朱文正方印、“春圃”白文正方印)

---

① 《顧祠年表》咸豐八年三月三日春祭，與祭者名單中正有孔憲彝、吴式訓。詳見段志强:《顧祠——顧炎武與晚清士人政治人格的重塑》，復旦大學出版社 2015 年版，第 256 頁。三日題名中雖未見吴履敬，但《月齋文集》吴序落款云“咸豐八年戊午季春五日上巳門人吴履敬赴慈仁寺月齋祠堂公祭歸謹識”，詳見《續修四庫全書》第 1532 册，第 239 頁。五日正爲咸豐八年三月上旬巳日，蓋祭顧之後又公祭張穆，故吴氏昆仲均參與該年顧祠修禊活動當無問題。

② 《左傳》襄公、《周禮·秋官》、《穀梁》襄公十八年十九年殘拓經楊繼振、張度、李希聖、陶森甲/劉毅、劉體乾遞藏。

③④ 據 1926 年劉體乾蜀石經《左傳》卷十五殘拓影印本録文。

【疏證】此詩與楊寶臣題記均較早注意到原拓的形制特徵。據此詩所記,該拓本用宋紙,並鈐“東宫書府”印。而楊氏以原拓“墨幖裝界,朱字標識”,皆爲宋代的式様標記。今知《毛詩》《公羊》《穀梁》原拓亦有朱書頁號,而《穀梁》文公、成公卷首殘葉也鈐有“東宫書府”印,可以作爲諸拓同源的證據。

45. 沈曾植《題劉健之宋拓蜀石經春秋左氏傳册》(節録)[①]

古事明問王文舒。(蜀石有注,唐石無注,祖本非一了然。後來雍都開成云云,皆《成都記》文字一依太和之舊一語啓之。)……宣統己未臘月立春後八日呵凍爲健之仁兄題。寐叟植。(鈐“植印”白文正方印)

【疏證】此詩作於民國八年(1919)。晁公武《石經考異序》云蜀石經“而能盡用大和本”,相對於楊寶臣拘泥此説,沈曾植則不信此説。晁氏明言孟蜀石經大字以唐開成石經爲底本,其文本來源本無問題。而沈氏有此異議,顧永新已駁之曰“沈曾植僅據有無傳注而判斷唐石經、蜀石經‘祖本非一’,這是不可靠的”[②]。

46. 沈兆霖《左傳》襄公殘拓題記(節録)[③]

今式古主人於無意中得此册,不知其源流所自。……時咸豐七年歲在丁巳莫春中澣錢唐沈兆霖。(鈐“子菉”“兆霖”白文正方印)

【疏證】咸豐間北京廠肆式古堂主人得蜀石經《左傳》襄公殘拓,因不知此本源流,故請多人考證題跋,蓋書賈爲出售計而施用的手段。緣此,該本於這一時段集中了一批京師士人題記。書賈無意間得之,卻也無意間推動了蜀石經研究。

47. 何紹基《跋鄭氏世允藏蜀石經左傳拓本》(節録)[④]

此册第十五卷起襄公十年至十五年,卷末注出經七千九十三字,注五千二十四字。字有歐法,古味殊勝。秋來見青陽吴氏蜀石經《周禮》《公羊傳》各一册,又見山陽丁氏嘉祐二體石經四巨册,皆爲作詩。今復覩此,墨緣駢萃,目不給賞,漫占一絶。……咸豐丁巳九日蝯叟何紹基。(鈐“子貞”朱文正方印)

【疏證】此文作於咸豐七年(1857)。同年九月何氏見吴履敬、式訓昆仲《周禮》《公羊》拓本,有題詠爲證[⑤]。劉體乾蜀石經《左傳》卷二十殘拓影印本中,何氏題記云“今年在京師兩見蜀石

---

① 據1926年劉體乾蜀石經《左傳》卷二十殘拓影印本録文。此題據沈曾植撰,錢仲聯校注《沈曾植集校注》,中華書局2001年版,第1372頁。

② 顧永新:《蜀石經續刻、補刻考》,第175頁。

③ 據1926年劉體乾蜀石經《左傳》卷十五殘拓影印本録文。

④ 據1926年劉體乾蜀石經《左傳》卷十五殘拓影印本録文。此題據何紹基《東洲草堂文鈔》卷十,《續修四庫全書》第1529册,第225頁。

⑤ 何紹基題詠彩色圖版詳見《全國第十一屆書法篆刻作品展覽·古代書法經典系列:中國國家圖書館典藏碑帖善拓集粹》,西泠印社出版社2015年版,第214—215頁。

經,以青陽吴氏所藏《公羊傳》《周禮》爲最富,大興鄭氏《左傳》襄公卷次之",同以《左傳》襄公殘拓爲大興鄭世允舊藏。吴檢齋又云"此册清咸豐六七年間,爲鄭親王□□所藏,後歸大興鄭世允(何治基、羅振玉説)"①。若果然如此,則咸豐間曾歸端華、鄭世允,後散入廠肆,爲式古堂所得。

48. 朱學勤《蜀石經左氏殘本跋》②

予年十七隨侍北上,道出吴門,得唐太守仲冕所棸蜀石經《毛詩》殘本,前有顧茂才澗蘋序,頗詆此書。舟中篝燈讀之,未暇詳校也。其後入京師,聞陳侍御頌南有《周禮》《公羊》殘本,亟思一假讀以擴聞見。而侍御方以直聲動天下,予以秋試入都,引嫌不敢往見。及予通籍入詞館,將修前後輩之禮,而侍御又乞假回閩,卒不得一讀以償所願,至今念之未嘗不攪予心也。

今年春同年張松坪比部爲予言式古堂主人藏有《左氏傳》一卷,亟往假歸卒讀。起襄公十年盡十五年,經七千九十三字,注五千二十四字。洪容齋《隨筆》云三傳至皇祐元年畢工,殊不逮前。晁昭德《讀書志》曰《左氏傳》不題所書人姓名,亦無年月,按文不闕唐諱及國朝諱而缺"祥"字,當是孟知祥僭位後刊石。此卷"祥""詳""察"等字均缺筆,與晁氏所言合,而"世""民"亦缺諱,即偏旁字從世從民者亦多省缺。攷曾宏父《石刻鋪敘》云蜀石經《左傳》三十卷,蜀鎸至十七卷止。然則洪氏、晁氏第指田況所補言之,故與此卷未盡合也。

自宋以來言蜀石經本末者最詳若席氏益、晁氏公武、洪氏邁、趙氏希弁、曾氏宏父、王氏應麟,及國朝之顧氏炎武、萬氏斯同、吴氏任臣、杭氏世駿、王氏昶,均有記述。而家竹垞翁所考尤詳,獨不言其亡佚何時。考無名氏《寶刻類編》作於宋理宗朝,石經尚入著録。其後僅見於陶氏宗儀、趙氏均二家之書,然其所據恐出自傳搨之本,未必原石尚在。故以楊氏慎之博雅好事,未嘗一言及之以夸其鄉邦文物之盛。則自合州賓館《禮記》數段而外,蓋略無存者矣。故妄斷以謂亡於元初,特當其時士大夫高談性命,不復以是措意,卒至淪没而不可考見尔。

然宋人甚重其書,多引以爲證。徽國文公注《論語》號稱矜慎,亦引用其説以攷今本。與《釋文》合者三科,與《正義》合者三科,與相臺岳氏本合者十四科,與石經合者六科,均足正今本之謬。蓋毌昭裔勒石之時以太和舊本爲據,其勝於今本宜也。其偶有舛錯者,則全氏祖望所云爲書既多不能無悮者是已。而顧氏獨詆之何歟? 噫! 自唐以後經學之不明久矣,陸元朗之音義,顔籀之定本往往沿俗本之悮,學者不以是廢其書。況蜀僻在西陲,當干戈俶擾之際,而毌昭裔等能以經學爲急務。今此《左氏傳》殘文一卷,其是者可訂俗本之訛,其非者亦足以廣異聞。惜乎晁公武《石經攷異》已佚,無由盡覩其異同也。顧氏所言無乃近於失考也乎? 式古主人屬

① 吴檢齋:《蜀石經考異敘録》,《努力學報》1929年創刊號,第5頁。"治"爲"紹"字之誤。

② 據1926年劉體乾蜀石經《左傳》卷十五殘拓影印本録文。此題據朱學勤《結一廬遺文》卷下,《清代詩文集彙編》第690册,第645頁。"予年十七"集本作"癸卯之春",即道光二十三年(1843)。

予跋,因攷其亡佚之由,以辨顧氏之悮,書之册尾以歸之。然則向之欲一讀《周禮》《公羊》而不可得者,天其以是償之矣。咸豐强梧大荒駱日南至,舊史氏仁和朱學勤修伯甫識於宣武城南寓邸之結一廬。(鈐"臣印學勤"白文正方印)

【疏證】此文作於咸豐七年丁巳(1857)。所謂唐仲冕刊本蜀石經《毛詩》實即陳宗彝摹刻本,蓋因卷前有"蜀石經殘字"題字,落款爲"陶山唐仲冕題於壽星橋",故言。朱氏以爲陶宗儀、趙均二家著録出自傳搨之本而未見原石,實則二者皆攗摭舊籍,拓本亦未目驗。修伯又不以顧千里説爲然,而持蜀石經勝於今本之論。而以"宋人甚重其書",則存在偏差,南宋人徵引蜀石經,實因南渡之後地理條件所致。

49. 楊繼振《蜀石經春秋經注攷異》題記①

蜀石經《春秌左氏傳》弟十五卷,襄二全卷共五十三葉半,每葉一十二行,凡六百二十六行,經注一萬二千一百一十七字。舊見梁茝林中丞藏本,昭二殘傳,只三十五行六百餘字。陳頌南侍御藏本《周禮》《公羊》二册最爲巨觀,亦僅一萬一千餘字,卷帙字數皆不逮此。奇緣勝賞,天之貺我多矣哉!謹掇异同,各條疏列于後。振謹記。(鈐"鑑振"白文正方印)

楊昭武跋稱目此本與阮刻十行宋本相校,同异至六十餘科,每思質證,楊君又目罷官歸,此中切切不忍暫釋。因竭旬餘力,取阮本及它善本互勘,比楊君又多得六十餘科,並詳攷閏朔、疆域及三傳同异附焉。觀者亦取其校録之勤,無庸責其繁冗可也。振又記。

【疏證】此稿原封大字題"蜀石經左氏傳校勘記",又小字云"穀梁卷九傳注攷异附後,此記易名蜀石經春秋經注攷异,因阮氏有校勘記,故易此",並題"庚申八月十九日起,九月四日訖,石經厂随筆"。内頁題"續又得《周禮》殘傳二卷,《穀梁》殘傳一册,改顔巖居曰庁政三石經厂"②。據此可知,楊繼振先得《左傳》襄公殘拓,後得《周禮·秋官》、《穀梁》襄公十八年十九年殘拓兩種,其校勘《左傳》在咸豐十年(1860)。

50. 張恩澍《蜀石經春秋經注攷異》題記(節録)③

又雲先生癖嗜金石文字,知此册在某賈處,竭力購之,居奇不輕售。海氛弗靖,畿垣告警,賈利腰纏,於是斯册乃歸星鳳堂中。京師人海場,多搜古之士,重貲捷索者亦不乏人。……顧君每勘金石文必承相商,方勘此卷時得數科即以見示。勘校記成,兼舉所攷東宫書府印跋及鉤摹副本,悉以囑余撿視。……咸豐庚申冬月感楓疚士張恩澍珮紳甫書後。

【疏證】此文作於咸豐十年(1860),可知楊繼振得《左傳》襄公殘拓於北京某賈,或即式古堂主人。且知楊氏曾有摹本,今未見,不知存否。

---

①③ 據復旦大學圖書館藏楊繼振《蜀石經春秋經注攷異》稿本録文,索書號3091。
② "庁"當"廣"字。

51. 鮑康《繼幼雲蜀石經攷異跋》①

幼雲所藏宋拓蜀石經《周禮》《左》《穀》各一册,《穀梁》僅數頁,《周禮》《左傳》存字之多爲海内收藏家所弗及。其《經註攷異》三卷尤精審,諸君題跋備言之。念余與幼雲以同嗜泉幣稱石交,今契闊數載,忽承示此刻並新著,自詡眼福,夜窗率識數語,用志墨緣。他日刊布以貺後學,其裨益良非淺鮮。惜余於經義未嘗學問,不足贊一詞也。

【疏證】由此可知,楊繼振所藏蜀石經《周禮·秋官》、《左傳》襄公、《穀梁》襄公十八年十九年殘拓,各裝一册。幼雲又曾撰成《經註攷異》三卷,然鮑子年作此文時尚未刊刻,今亦不見刊本,而復旦大學圖書館藏有楊氏《左傳》《穀梁》考異兩種、《周禮》字數統計一種,皆爲稿本②。

52. 冒廣生《蜀石經齋詩爲劉健之作》(節録)③

而君若大海,萬派咸兼并。……趙(晉齋)黄(松石)枕中秘,流轉嗟飄萍。僅使陳雪峰,板本留書棚。……蜀石經齋詩應健之七兄教正,如皋弟冒廣生。(鈐"疚齋"朱文正方印、"冒印廣生"白文正方印)

【疏證】趙魏舊藏《周禮·夏官》三十六行曾有摹本,但流傳未廣。而原拓、摹本今皆湮没,雖有校記偶然留存,可據以略窺殘拓文字,但真跡面貌終難復睹。由此愈見劉體乾搜集、複製工作的意義。

53. 吴慶坻《蜀石經春秋左傳卷十五宋拓残本舊藏吴興張叔憲所今歸劉健之觀察體乾携來長沙爲題二絶》(節録)④

抱蜀堂中長物三,廿年塵夢憶宣南。期君莫靳官泉布,劒合延津侈美談。(吴興張叔憲藏蜀石經《春秋左傳》及《穀梁傳》《周禮》凡三册,壬辰在嬾眠胡同抱蜀堂中展讀竟日。君既得此册,而《穀梁》《周禮》二册尚在京師某君所。)健之觀察重來長沙出此册命題。(時謝病將行,率成二絶奉教。辛亥四月吴慶坻。)(鈐"吴季子"朱文正方印)

【疏證】此詩作於宣統三年(1911),可知楊繼振舊藏蜀石經三種,曾歸張度抱蜀堂,光緒十八年(1892)吴氏嘗觀於宣南嬾眠胡同(今爛縵胡同)。民國十二年(1923),吴慶坻之子吴士鑑又於《左傳》昭公殘拓上,爲劉體乾題詩云"抱蜀無言謹護儲,幾同三篋得亡書。湘中二妙皆躭古,手裒縑囊刼火餘",並自注言"張辟非藏蜀石經《周禮》《左傳》《穀梁》爲楊幼雲石筝館物,辟

---

① 鮑康:《觀古閣叢刻九種》,《中國錢幣文獻叢書》第15輯,上海古籍出版社1992年版,第332頁。

② 楊繼振:《蜀石經春秋經注攷異·穀梁傳注攷異》稿本,復旦大學圖書館藏,索書號3091;《蜀石經周禮現存字數考》稿本,索書號3192。

③ 據1926年劉體乾蜀石經《左傳》卷十五殘拓影印本録文。此題據冒廣生《小三吾亭詩》卷十二,《如皋冒氏叢書》本,第10—B頁,中國社科院歷史所圖書館藏,索書號:叢410/6002。

④ 據1926年劉體乾蜀石經《左傳》卷十五殘拓影印本録文。此題據吴慶坻《補松廬詩録》卷六,《清代詩文集彙編》第770册,第306頁。

非自號抱蜀老人。某日讌潘文勤、吴窓齋、王文敏諸公,席間出示,同人有好事者匿之,客散而老人大駭,翌日始送歸,此光緒初京師軼聞。庚子之亂老人所藏流入廠肆,爲李亦元、陳詒重二君所得,旋均歸入君齋"①。則張度之後,又經李希聖、陳毅之手,終歸劉體乾。

54. 瞿鴻機調停史料②

(1) 瞿鴻機電報

北京大佛寺朱桂辛京堂交希馬。劉健之姻伯來言,陳詒重以李亦園所藏蜀石經《周禮》《公羊》殘本交翰文齋出售,健之照價已在翰文購定。詒重堅欲賣與劉聚卿,似太恝然。汝速以我意告詒重,務請轉圜。《左傳》一卷早在健處,使三本劍合,亦當成其美也,得復即電。止。

(2) 瞿鴻機題記

孟蜀石經已成海内孤本,湖州張叔憲氏所藏《周禮》《穀梁》《左傳》三經,庚子之亂吾鄉李希聖亦園得之。亦園殁後,廬江劉健之親家從陶森甲榘林購得《左傳》。健之于役來湘,余方以獲觀爲幸。《周禮》《穀梁》在陳毅詒重所,詒重寘廠肆中求善價,以周亦園之孤。會健之入都,价如其值,已得《周禮》,而《穀梁》固不與。蓋將有豪奪者,危失之矣。余謂《左傳》已歸健之,使三經劍合,甚盛事也。因電告兒子宣治致語詒重,乃成其美。八月治兒將《穀梁》寄歸,九月朔突有長沙之變。健之倉黄出走,衣履且不具,獨於其所謂蜀三石經者愛護相依倚,完然無恙。頃與余避地先後來滬上,亟出三册見示。留玩踰旬書此以志泥雪,後之覽者亦將感慨係之。辛亥長至日瞿鴻機識。(鈐"止盦"白文正方印)

(3) 劉體乾題記(節録)

宣統庚戌十月,徐積餘自京師返金陵,告余云有蜀石經《左傳》卷十五一册五十三葉又半,在陶榘林處。又有《周禮》卷九卷十一册七十五葉又半首尾畧缺,《穀梁》卷九二葉,在陳詒重處,託翰文齋書賈求售。蓋即楊幼雲舊藏,後歸張叔憲,庚子歸李亦元者也。越日大雪,聞陶榘林自九江來省,冒雪往觀,既屬張東甫購得之。辛亥正月入都,詢翰文齋《周禮》《穀梁》,賈人韓子元支吾其詞。二月再入都,晤羅叔韞,云《周禮》《穀梁》皆在翰文齋,何云無之。遂同往海王村,韓子元不能復隱,允如其價出,《周禮》交余,云《穀梁》尚在陳詒重所,一二日内當取來交余。旋以事往湖南,月餘返北京,再問《穀梁》,韓子元云伊欲另售與劉聚卿,故不即交。五月余再至長沙,言其事於瞿止盦相國,相國爲電其次郎希馬,使以己意言於詒重。……詒重復電,始以《穀梁》交希馬,非相國厚愛則幾不爲我有矣。九月長沙之變倉卒來滬,亦携以行。壬子正月又收得《周禮》卷十二,二十二葉;《公羊》卷二,十九葉,即陳頌南舊藏也。……丙辰十月廬江劉體

---

① 詳見1926年劉體乾蜀石經《左傳》卷二十殘拓影印本。

② 據1926年劉體乾蜀石經《穀梁》卷九殘拓影印本録文。

乾跋。(鈐"體乾"白文長方印)

陳芳林所藏《左傳》三十五行,戊午十月陳弢庵太保爲之作緣歸余。……體乾又識。(鈐"體乾之印"白文正方印)

【疏證】由以上史料可知劉體乾收購李希聖舊藏始末。李氏舊藏即楊繼振所藏蜀石經三種,瞿氏電報中"公羊"當爲"穀梁"之誤。其中《左傳》一種劉氏得自陶森甲;而《周禮》《穀梁》兩種最終亦由陳毅歸劉氏,其間瞿氏出面調停具有關鍵作用。並可知劉氏收購蜀石經之序:宣統二年(1910)由陶榘林得《左傳》襄公殘拓,宣統三年(1911)由陳詒重得《周禮·秋官》、《穀梁》襄公殘拓,民國元年(1912)得《周禮·考工記》、《公羊》桓公殘拓,民國七年(1918)得《左傳》昭公殘拓。而收得陳芳林舊藏亦有陳寶琛作介。

55. 繆荃孫題記與題詩

(1) 繆荃孫《穀梁》殘拓題記(節録)[①]

蜀石經《周禮》九、十兩卷,一缺首一缺尾,均無多葉。《左傳》襄二卷十五全,《穀梁》卷九止十九行,吾友劉健之所臧海内孤本也。荃孫丙子見之楊幼雲所,便以屬校,蹉跎未就。宣統辛亥之冬,與健之同匿海隅。借歸,以唐石經校經,岳本校注(《穀梁》用《古逸》本),疏其異同於别紙,《周禮》十九葉,《左傳》六葉,《穀梁》一葉。兩通字及虚字增損無關大義者,悉不著。五十日而畢,去丙子三十六年矣。

【疏證】由此可知,繆氏於光緒二年(1876)已見楊繼振所藏蜀石經三種,而至宣統三年(1911)方校三拓異同。

(2) 繆荃孫《校蜀石經繫以四絶》(節録)[②]

殘拓猶存十九行,穀梁字體更飛揚。紙邊廿四分明認,石數由來記最詳。(經後有"廿四"二字,他本未見,跋亦未及之。大約各紙均有,翦裝時割去耳。)

【疏證】繆氏以"廿四"爲石數,今所見殘石、殘拓中確實偶然存有原石編號。如近代所出《毛詩·曹風》殘石上端有小字"五十六",介於《鳲鳩》小字"任爲"行與大字"子正"行之間[③]。又如《周易·中孚》殘石B面首行右側有小字"五十"[④]。再如上海圖書館藏《毛詩》殘拓中,《邶風·擊鼓》大字"我以"行與小字"兵凶"行之間上端,遺有小號刻字"十二"。可見蜀石經原石編

① 據1926年劉體乾蜀石經《穀梁》卷九殘拓影印本録文。

② 據1926年劉體乾蜀石經《周禮》卷十二殘拓影印本録文。此題據繆荃孫:《蜀石經校記》,《古學彙刊》第1册,廣陵書社2006年版,第106頁。《蜀石經校記》此處自注作"《穀梁》紙末有'廿四'二字,疑是記石數,大約每紙有之,翦裝時割棄耳,前人未經言及"。

③ 圖版詳見周萼生:《近代出土的蜀石經殘石》,《文物》1963年第7期,第47頁。

④ 圖版詳見雷玲:《四川博物院藏"蜀石經"殘石碑文考》,《博物院》2017年第4期,第95頁。

號位置雖不一例,但目前所見廣政年間刊石編號皆爲小字,而此處“卄四”二字屬大字。故繆氏之説尚存疑問,録之待考①。

56. *羅振玉《蜀石經春秋穀梁傳殘石跋》②*

孟蜀石經《穀梁》殘石十有九行,楊幼雲太守(繼振)舊藏,蜀三經之一。三經者,一《周禮》(卷九卷十),二《左傳》(卷十六),三即《穀梁》也。光緒中,由楊氏後人歸湘中李亦園部郎(希聖),部郎没,懸價待售,後歸廬江劉氏。此十九行者,予在京師時所影照。方三經未歸劉氏時,予曾與約,君能付剞劂以傳之者,當爲之介,劉慨然許諾。予時以爲此三經者行且有刊本矣,他兩經遂不復寫影,但手校異同而已。

辛亥以後,聞劉氏復得陳頌南侍御所藏《周禮·考工》及《公羊》桓公(七年至十五年五千餘言),予避地東土不及見也。蜀石經之傳人間者,楊陳二家所藏外,尚有《左傳》卷十五(起襄公十年至十五年),鄭世允所藏,見何子貞太史《金石跋尾》。合之士禮居影橅之《毛詩》,車秋舲傳橅之《左傳》,都計得五經,天壤所存殆盡于是。鄭氏所藏今未知存否,楊陳所藏固近在滬江。荏苒垂十年,中更喪亂,刊刻之約,不可復尋。予念孤本之易佚,因取陳雪峯先生所刊《毛詩》《左傳》,重付影印,並取此殘字十九行者,與正始、嘉祐殘石同印入《吉石庵叢書》。雖一鱗片甲,不足厭吾初意。然今不印行,則此戔戔者,且與他諸經同歸湮没,夫豈可以十九行少之與?

楊幼雲太守曾撰《蜀石經考異》三卷,鮑子年爲之跋,見《觀古閣續叢稾》,今亦不知存否。坿記於此,以告世之言蜀石經故事者。丁巳閏月清明節,上虞羅振玉書于海東寓居。

【疏證】此文作於民國六年(1917),1926年劉體乾複製所藏蜀石經拓本或賴羅氏促之。而雪堂所云楊繼振藏《左傳》卷十六,當爲誤記。民國十二年(1923),劉體乾《穀梁》卷九殘拓題記駁之云“(羅氏)不知楊氏舊藏先歸湖州張叔憲,因自署抱蜀堂,京朝士大夫皆能言之。庚子後始歸李亦元,李殁後《左傳》早别歸一人,曾携至甘肅,王晉卿方伯、葉菊裳、裴伯謙均獲見。在廠肆懸價待售者僅《周禮》《穀梁》耳。至楊氏之《左傳》即卷十五,何子貞所跋之本,今原跋具在,並非卷十六也”。楊氏舊藏《左傳》殘拓即後文所言卷十五襄公十年至十五年部分,當時已歸劉健之。羅氏影印之《穀梁》襄公十八年十九年殘拓,實爲十八行。楊氏舊藏《穀梁》襄公殘拓僅存兩開,首葉殘兩行,共計十八行。而兩開之後附有“卄四”拓本殘片,所謂十九行者,或計此殘字。觀察兩字字徑,應屬大字,“四”字下似無刻字,蓋非紀年。且若爲《穀梁》紀年,據《穀梁》襄公二十七年殘拓所見“二十有七年”之例,亦當作“二十有四年”。而繆氏石數之説也尚存疑問,詳見上文。此殘片是否屬《穀梁》,亦待驗證。

---

① 據目前所知也無法排除繆氏之説,因宋代補刻部分編號有作大字的可能。

② 據《吉石庵叢書》三集録文。此題據《雪堂校刊羣書敘録》,詳見羅振玉著,羅繼祖、王同策編《羅振玉學術論著集》第九集,上海古籍出版社2010年版,第344頁。

57. 王樹枏《蜀石經齋記》(節録)[①]

往者余宰青神，門人陳蕚卿示余蜀石經《尚書》凡三十六字。後歷八年之久，窮搜博訪，求片石殘文卒不可得。及余改官甘肅，以事至蘭州，偶見葉菊裳學使座上有以蜀石經《左傳》一大巨册求售者，索價甚高。菊裳既堅持之，余亦匆匆返中衛而去。戊午之秋，廬江劉君健之爲余言伊手藏蜀石經《左傳》《周禮》《公羊》《穀梁》殘卷，都經注四萬六千餘言，翌日出行匧中《左傳》相示，則蘭州所見故物也。……戊午重陽後一日新城王樹枏識于宣南之君子長生館。(鈐"王尌枏印"白文正方印、"晉卿"朱文正方印)

【疏證】此文作於民國七年(1918)。王氏云曾見蜀石經《尚書》三十六字，然未見他書著録，不知確否。而據此文可知《左傳》襄公殘拓，光緒間曾被攜至蘭州求售。

58. 閻迺竹《左傳》襄公殘拓題記(節録)[②]

光緒十二年丙戌朝廷用先文介公言命廬江劉文莊公帥蜀。……後三十七年壬戌，迺竹始識公子健之先生於北京。身世家國之感，有同情焉。過從既數，知君藏有蜀石經。迺竹雖未之見，然嘗聞先考言"咸豐時翁文端公長户部，一日以石經見示，余目爲蜀刻，且轉示楊驤雲，驤雲即以畫稿筆書數十百言於册，墨瀋淋漓。文端頗訝其通侻，而亦未嘗不驚其博辨也"。先考之言如此，今健之所藏殆即此本。……乙丑二月花朝閻迺竹命兒子孝損代書。(鈐"乃竹"朱文橢圓印、"成叔"朱文長方印、肖形正方印)

【疏證】此文作於民國十四年(1925)，閻迺竹命子代書。據此可知，民國十一年(1922)閻氏始識劉健之。記中載其父閻敬銘云咸豐間翁心存曾以蜀石經見示，翁氏又見楊寶臣長篇題記而驚歎其學。今檢《翁心存日記》，咸豐七年(1857)八月三日記"前月廿八日式古堂書坊以宋拓蜀石經一册請題(《春秋左傳杜注》第十五一卷)，古香醃馥可寶玩。後有昭武楊君寶臣跋二千餘言，援據精審，嘆爲通才。楊君爲户部陝西司郎中(福建監生，道光十六年到部，現截取，以簡缺知府用)，予三判度支，以貲郎目之，未識其人。昨詢之人，乃知其精於勾股之學(與陳頌南契分最深)"[③]，與此文略同，而翁氏所見正是《左傳》襄公殘拓。

59. 曹元弼《覆劉健之觀察論蜀石經周禮哲蔟氏注書》(節録)[④]

承詢《周禮·哲蔟氏》"覆夭鳥之巢"鄭注"若鴞鵩"下蜀石經有"賈誼所賦陸璣云大如斑鳩緑色"十三字，或以爲《釋文》語誤入注中，或以爲陸元恪早年所著書，鄭君見而引之。各引事證，難以折衷。竊謂此十三字《經典釋文》原書無之，則以爲《釋文》誤入注者，非也。元恪爲吴

---

①② 據1926年劉體乾蜀石經《左傳》卷十五殘拓影印本録文。

③ 翁心存撰，張劍整理：《翁心存日記》，中華書局2011年版，第1256頁。

④ 曹元弼、劉體乾撰，許超傑整理：《曹元弼、劉體乾論蜀石經書》，《中國四庫學》第一輯，中華書局2018年版，第359—360頁。

太子中庶子,在何主時雖史無確據,然鄭君注《禮》在黨錮時,箋《詩》在黨禁解後。《詩箋》宗毛爲主,與《禮》注説《詩》多異。鄭答弟子謂:"《記》注已行,不復改之。"則《詩箋》之作去注《禮》時必已多年。元恪《詩草木疏》敘《毛詩》源流,直至鄭箋,則陸疏之作,又在鄭君《詩箋》已盛行之後甚明。鄭注《禮》時,元恪年必尚幼,《詩疏》必尚未屬稿,則以爲鄭引陸説者,尤非也。且經云"夭鳥",鄭略舉"鶚鵬"以指實之足矣,無庸更徵賈賦,並詳其形色,以自釋己語。此十三字當係讀經者摘引《詩》陸疏綴於鄭注之末,又顛倒其文,以"賈誼所賦"一語置"陸璣云"之前,如今人讀注疏者,或隨意掇拾他説寫書眉行間耳。孟蜀刊石經時,偶未審詳,遂以入注。此等小誤,舊刻往往而有,不足爲病。

自五代以前,書皆傳寫,無板本,語句多寡、文字異同,小小出入,勢不能免,觀元朗《釋文》、沖遠《正義》所載各本可見。自孟蜀刊石,鋟本並行,宋代繼之,經史始免鈔寫之勞,少混淆之莽。繼往開來,厥功甚鉅。千載後得見吉光片羽,無論精處,爲後來各本所不能及;即誤處,亦考古者所當知。

【疏證】曹元弼辨或説,以蜀石經鄭注所多"賈誼所賦陸璣云大如斑鳩緑色"十三字爲"讀經者摘引《詩》陸疏綴於鄭注之末,又顛倒其文",即後人批語而入經注,此説與或説相較更爲合理。孟蜀石經《周禮》注文底本以當時所見寫本爲來源,本例亦見此特徵。而曹氏云"千載後得見吉光片羽,無論精處,爲後來各本所不能及;即誤處,亦考古者所當知",若引申此説,則早期文獻中的訛誤亦可成爲研討的入口,通過分析致誤之由,以曉典籍文本流變之跡。

[民國内閣大庫所出]①

60. 章鈺《公羊》殘拓題記(節録)②

廬江劉健之觀察既得蜀石經孤本《周禮》卷九卷十共七十五葉半卷,十二之二十二葉;又《左傳》卷十五共五十三葉半卷,二十之三十五行;又《公羊》卷二之九葉;又《穀梁》卷九之二葉。……而於蜀石經先見陳雪峯景刊本外,得借讀上虞羅未言參事所藏《穀梁》卷六之首五行,此五行從内閣大庫殘紙中檢出。……長白某氏藏《穀梁》成公第八之三十五行,則亦寓目一過,同時出内庫者也。……歲在甲子二月朔日長洲章鈺在聽鵬僦舍寫記。(鈐"長州章鈺"白文正方印、"茗理金石文"朱文正方印、"章式之辛亥以後文字"朱文正方印)

【疏證】此文作於民國十三年(1924),可見此時劉健之尚未收得内閣大庫所出《穀梁》卷六、卷八及卷九襄公二十六年二十七年殘葉。

61. 王秉恩《公羊》殘拓題記(節録)③

癸亥内閣庫書叢殘八千袋逸出,吾友羅未言參事以巨資獲得,中有《穀梁》卷五首半葉。長

---

① 《穀梁》成公元年二年、襄公二十六年二十七年、文公元年殘拓出内閣大庫,經彦德/羅振玉、劉體乾遞藏。

②③ 據1926年劉體乾蜀石經《公羊》卷二殘拓影印本録文。

白彦明允德亦獲《穀梁》殘拓三十五行。……甲子三月十八日秉恩謹跋。

【疏證】此文作於民國十三年(1924),由此可知章鈺所謂"長白某氏"即彦德。而羅振玉所獲爲《穀梁》卷六文公首半葉,此記微誤。

62. 劉體乾《穀梁》成襄殘拓題記(節録)①

右宋皇祐田況補刻《春秋穀梁傳》弟八弟九卷,存經注九百四十二字,本内閣大庫物,後歸滿洲彦悳君。余習聞之,今年託朱君幼平以重價買得。……舊藏《春秋左氏傳》弟十五卷首策有"東宫書府"印,此本首策印正同。上虞羅氏買内閣大庫殘籍,檢出《穀梁》弟六卷首策五行亦有此印,可知世閒别無他本。……乙丑三月廬江劉體乾跋。(鈐"劉體乾印"朱文正方印、"蜀石經齋"白文正方印)

【疏證】此文作於民國十四年(1925),認爲蜀石經"世閒别無他本",與下文所見羅王觀點一致。

63. 蕭方駿《穀梁》文公殘拓題詩(節録)②

我昔偶見尚書本(《堯典》一篇,經注皆全),乃在魏子鶴山莊。此物不知歸何所,會當函求山之陽。更聞尚有藏經在,庋置劉君雲門房(鄉人劉雲門藏有《詩經》,至今未能寓目)。……乙丑四月弟蕭方駿蟄蟄公初稿。

【疏證】此詩作於民國十四年(1925)。蕭氏所見所聞者,既不知確爲蜀石經否,亦不知尚存世否。

64. 羅振玉《蜀石經春秋穀梁傳文公第六殘葉跋》③

孟蜀石經原石久佚,僅明内閣存拓本全部,見《文淵閣書目》及萬歷間張萱撰《内閣書目》,尚完全無闕,萱所撰《疑耀》亦記之甚詳。本朝藏書家僅見《毛詩》殘卷,金陵陳雪峯明經曾據橅本録本。嗣聞江陳氏、漢軍楊氏藏《周禮》《左傳》《穀梁》殘卷,展轉歸廬江劉氏。曩曾寓目,前均有"東宫書府"朱印。此文公殘卷,僅存首五行,亦有此印。知三經亦爲内閣佚出者,人間殆無二本也。予此本得之大庫殘籍中。先是滿洲某君亦得《穀梁》殘卷數十行于内閣大庫,健之先生既已重金購致,擬寫影以傳之,移書乞此五行,因題後以歸之。丙寅仲夏羅振玉記。(鈐"羅振玉印"白文正方印、"羅叔言"白文正方印)

【疏證】此文與王國維題記同作於民國十五年(1926)。雪堂、觀堂據"東宫書府"印鈐蓋情況,皆以清代流傳之蜀石經拓本爲内閣佚出者,殆無二本。時至民國,尚有《穀梁》文公卷首殘

① 據1926年劉體乾蜀石經《穀梁》卷八卷九殘拓影印本録文。

② 據1926年劉體乾蜀石經《穀梁》卷六殘拓影印本録文。

③ 羅王題記均在《穀梁》文公元年殘拓五行後,有1926年劉體乾影印本。因《全國第十一届書法篆刻作品展覽·古代書法經典系列:中國國家圖書館典藏碑帖善拓集粹》(西泠印社出版社2015年版,第213頁)所載爲彩色清晰圖版,今據以録文。又羅氏《後丁戊稿》題作"蜀石經春秋穀梁傳文公第六殘葉跋",詳見羅振玉著,羅繼祖、王同策編:《羅振玉學術論著集》第十集,第677頁。今據集本録題。

葉發現於大庫,羅氏得之又讓於劉健之。

65. 王國維題記

(1) 王國維蜀石經《穀梁》文公殘拓題記

"東宫書府"印,古書畫中不甚經見,惟傳世《南唐二主詞·阮郎歸》詞下注"呈鄭王十二弟,後有隸書東宫書府印"。攷《南唐二主詞》係南宋高孝閒人從真迹輯録,則東宫書府印一印自是汴宋之物。此拓此印乃篆書,与後主《阮郎歸》詞後隸書印不同,然當是一時之物。蜀石經並有此印,當是北宋拓本矣。丙寅仲夏海甯王國維書於析津旅次。(鈐"文學侍從"朱文正方印)

(2) 王國維《蜀石經殘拓本跋》①

孟蜀石經存《周禮》卷九(前闕,存三十八葉),卷十(後闕,存三十七葉),卷十二(前後闕,存二十三葉);《春秋左氏傳》卷十五(全,共五十三葉),卷二十(存中間三葉);《公羊傳》卷二(前後闕,存十九葉);《穀梁傳》卷六(僅存首半葉),卷八(存首三葉半),卷九(存中間二葉,又二葉),現均在廬江劉氏。其中《周禮》卷九、卷十,《左氏傳》卷十五,《穀梁傳》卷九前二葉,並漢軍楊幼雲(繼振)舊藏;《周禮》卷十二,《公羊傳》卷二,則陳頌南舊藏;《左氏傳》卷二十,則陳芳林舊藏;《穀梁傳》卷六、卷八及卷九後二葉,則新自内閣大庫出者也。孟氏刻經,宋晁子止《郡齋讀書志》、曾宏父《石刻鋪敘》著録最詳,然元明以來,罕見紀録,蓋碑石毁於蒙古寇蜀之役,故拓本傳世甚希。惟明内閣藏有全拓,《文淵閣書目》(卷十三)辰字號第一厨,有石刻《周易》三册、《尚書》三册、《毛詩》八册、《周禮》八册、《儀禮》八册、《禮記》十四册、《左氏傳》三十册、《公羊傳》七册、《穀梁傳》七册、《論語》三册、《孝經》一册、《孟子》三册、《爾雅》三册、《石刻考異》②(據《内閣圖書目録》,當作《石經考異》)一册,共百有一册,下皆注"完全"字。别有"石刻《春秋經傳》二十九册,完全",蓋即《左氏傳》之副本。凡此諸經,每經上但冠以"石刻"字,不明著其爲蜀刻。然有《孟子》及《石經考異》,而無《五經文字》《九經字様》,其爲蜀刻而非唐刻明矣。至萬歷三十三年,張萱等撰《内閣圖書目録》,始注明"成都石刻",所録諸經册數並與《文淵目》同,惟闕重出之《春秋經傳》二十九册。萱所撰《疑耀》(卷一)亦云"余承乏西省,校閲祕閣藏書,及見蜀本石經《周易》三册、《尚書》三册、《毛詩》八册、《左氏春秋》三十册、《公羊》七册、《穀梁》七册、《禮記》十四册、《周禮》八册、《儀禮》十册、《孝經》一册、《論語》三册、《孟子》三册、《爾雅》三册,完好如故。其紙墨之精,拓法之妙,真希世寶也。把翫一月,不忍釋手"云云,是萬歷時閣書雖多殘缺,而此拓獨完。而光緒中所編《内閣大庫存書檔册》,則已無一册。嗣後長白某君於内閣廢紙中檢得《穀梁傳》卷八、卷九殘葉,上虞羅叔言參事亦於所購内閣廢紙中檢得《穀梁傳》卷六首半葉,卷

① 原載《實學》1927年第7期,第14—17頁。今據《觀堂集林》録文,詳見王國維:《觀堂集林》,中華書局1959年版,第975—979頁。

② 《實學》本作"石刻異考",乃《文淵目》原文。

首並有篆書"東宫書府"方印，而楊幼雲舊藏《左氏傳》卷十五首葉亦有此印，知《左傳》亦早自内閣流出者。其餘殘卷，並闕首葉，惟《周禮》卷十首葉尚存，却無此印，但此卷本與卷九合爲一册(原裝如此)，故其印當在卷九之首，蓋與黄松石、黄蕘圃所藏之《毛詩》殘卷，陳頌南所藏之《周禮》《左傳》殘卷並出内閣，此外别無他拓也。即明末徐惟和、謝在杭所遞藏之《左氏傳》，亦疑係内閣副本，故《文淵閣書目》，《左氏傳》有二十九册、三十册二部，而萬歷《内閣書目》止存三十册一部，疑徐謝所藏即二十九册者。是蜀石經一綫之傳，皆出於明内閣也。

"東宫書府"一印，於古經籍書畫中俱未經見，惟宋人所編《南唐二主詞》其《阮郎歸》一闋下注"呈鄭王十二弟，後有隸書東宫府書印"。案，"隸書"當是"篆書"，"東宫府書"當是"東宫書府"之譌。考《南唐二主詞》一書，係宋人從總集及真迹輯録，於《應天長》下注云"後主云先皇御製歌詞，墨迹在晁公留家"(陳振孫《直齋書録解題》云《南唐二主詞》卷首四闋，《應天長》《望遠行》各一，《浣溪沙》二，中主所作，[①]重光嘗書之，於麥光紙上作撥鐙書，墨迹在盱江晁氏)，於《浪淘沙》下注云"傳自池州夏氏"，於《采桑子》下注云"二詞墨迹在王季宫判院家"，於《玉樓春》下注云"已後二詞傳自曹功顯節度家"，於《謝新恩》下注云"已下六首真迹在孟郡王家"。案，王季宫未詳其名，曹功顯即曹勛，孟郡王即孟忠厚。《宋史·曹勛傳》勛以紹興二十九年拜昭信軍節度使，孝宗朝加太尉，提舉皇城司，開府儀同三司。淳熙元年卒，贈少保。又《外戚傳》孟忠厚以紹興七年封信安郡王，二十七年卒。以此推之，則編輯者當在紹興之季，曹功顯已拜節度之後，未加太尉之前也。而其所見後主真迹已有"東宫書府"印，則此印必是東都之物。而蜀石經《公》《穀》二傳成於仁宗皇祐二年，《孟子》成於宣和六年，則"東宫書府"一印，當是欽宗青宫之物。然内閣所藏，又有孝宗乾道二年所刻之《石經考異》，此一册在經文一百册外，或係後來增入。今《考異》一册已亡，無由徵其有此印與否矣。果爾，則内閣蜀十三經均係北宋末舊拓，或於靖康之亂已爲金人輦至燕山，後復以《石經考異》足之。今南宋拓本皆亡，而此拓獨存殘卷，則祕府保存古物之功，誠不可没矣。丙寅仲冬朔。

【疏證】王國維於民國十五年(1926)夏、冬先後撰文，詳考"東宫書府"，證此印爲宋欽宗青宫之物，並以明内閣所藏蜀石經拓本爲北宋末年舊拓。王氏此説影響甚大，後之論著涉及蜀石經此印及拓本年代者，多引以爲據。其實王氏前後均有以"東宫書府"爲明印者[②]，而此印屬明

---

① 《觀堂集林》本原作"中主作作"，今據陳振孫《直齋書録解題》卷二十一"南唐二主詞一卷"條改。

② 其前如《天禄琳琅書目後編》卷三"春秋經傳"條云"書中有九疊篆'東宫書府'印，蓋明官籍也"。詳見彭元瑞等著，徐德明標點《天禄琳琅書目後編》，上海古籍出版社 2007 年版，第 424 頁。其後如傅增湘己卯年(1939)於《黄氏補千家集注杜工部詩史》一書有題記云"鈐有'東宫書府'十一疊朱文大印。按：此本劉文興送來一閲，刊印雖精，而氣味殊薄，且宋諱不避，恐爲元初所覆也"。詳見傅增湘：《藏園羣書經眼録》，中華書局 2009 年版，第 856—857 頁。《藏園訂補邵亭知見傳本書目》同書下云"鈐有'東宫書府'朱文九疊文大印，爲明懿文太子朱標舊藏，今歸劉君啟瑞，亦内閣大庫佚書也"。詳見傅增湘：《藏園訂補邵亭知見傳本書目》，中華書局 2009 年版，第 981 頁。

懿文太子朱標的可能性最大①。宋印之説雖非,但王氏通過梳理明代官私目録,得出蜀石經一綫之傳皆出明内閣的結論,仍可信據。

(二) 殘石

66. 劉喜海《竹汀先生日記鈔》批注②

《錦里新編》孟蜀石經明季燬于火。乾隆四十四年,制軍福康安修成都城,什邡令任思任得數十片于土壕中,字尚完好,當時據爲己有,未肯留置學宫,爲可惜也。余在蜀訪求竟無所見聞。任令貴州人,罷官後原石輦歸黔中矣。蜀黔鄰境,余每欲託人物色,而逡巡未果,亦憾事也。

【疏證】"什邡令任思任",馬衡已指出"《什邡縣志》作任思正,字廣平,遵義人"③。前賢對此條記載多有懷疑,周萼生云"清代乾隆朝經學和金石學都已昌明,蜀石經宋拓殘本已有人珍藏研究,何至合州賓館及任令所得之石迄今未見拓本流傳,所以王懿榮蜀石經殘本跋:'迄今未見原搨,何耶?'和繆荃孫劉氏蜀石經景本跋:'所傳合州賓館有《禮記》數石,貴州任大令載歸數十片之説,皆不足據也'的説法,都是不爲無因的"④。

67. 繆荃孫《蜀石經殘本跋》(節録)⑤

蜀石於宋末與文翁石室同燬,元明金石家無言之者。所傳合州賓館有《禮記》數石(曾訪碑于合州,得唐宋刻數十種,無此石),貴州任大令載歸數十片之説,皆不足据也。

【疏證】繆氏嘗訪碑於合州,未得蜀石經。此跋不以傳説爲然。

68. 羅振玉《俑廬日札》⑥

楊幼雲繼振所藏蜀石經,計《周禮》《左傳》《穀梁》三經,海内所存蜀石經以此爲冠。此本於光緒庚子,李亦園部郎希聖以賤值於亂中得之,亦園身後遺書有售出者,此刻不知尚存否。楊氏曾撰《經注考異》三卷,鮑子年爲作跋,不知身前已刊行否,其後人有無稿本?異日當一訪之。又此石佚已久,予嘗叩合州張式卿廣文(森楷),言即殘石一片,亦不可蹤迹矣。

【疏證】羅氏云楊繼振舊藏於光緒二十六年(1900)歸李希聖,光緒三十四年(1908)《俑廬日

① 可進一步參考:張學謙:《蜀石經拓本所鈐"東宫書府"印非宋内府印辨》,《圖書館雜誌》2014年第9期,第109—112頁;拙文《蜀石經拓本所鈐"東宫書府"印補説》,《版本目録學研究》第七輯,北京大學出版社2016年版,第445—450頁。

② 錢大昕:《竹汀先生日記鈔》卷二,何元錫夢華館刻本,第7—B頁,國圖藏,索書號02520。

③ 馬衡:《凡將齋金石叢稿》,中華書局1977年版,第216頁。

④ 周萼生:《近代出土的蜀石經殘石》,《文物》1963年第7期,第46頁。

⑤ 據1926年劉體乾蜀石經《公羊》卷二殘拓影印本録文。

⑥ 羅振玉著,羅繼祖、王同策編:《羅振玉學術論著集》第三集,第144頁。

札》初作時稱李氏身後此刻不知存否，1934 年 7 月容氏校刊本亦同[①]，而同年冬羅氏又有修訂云“亦園身後，此刻歸廬江劉氏，曾影印行世，近又歸合肥李氏矣”[②]，由此可知劉體乾之後蜀石經的去向。此文又記叩問殘石於合州張森楷事，蓋因明人曹學佺《蜀中廣記》曾云“石經《禮記》數段流落在合州賓館中”，然雪堂所詢並無實際結果[③]。而曹氏此言未必得自目驗，姑存一説而已。

69. 章梫《左傳》襄公殘拓題詩（節録）[④]

回首文莊治蜀年，我從文慎泛紅蓮。（光緒辛壬之間善化瞿止菴師督蜀學。）尋碑踏偏蠶叢道，廣政經無片石傳。……戊午秋九月至京師，健之道兄延住其蜀石經齋，題請教正。甯海章梫。（鈐“一山”朱文圓印）

【疏證】此詩作於民國七年（1918），可見清末有於蜀地搜訪原石者，但並無結果。

70. 羅希成《蜀石經殘石跋》（節録）[⑤]

己卯春，舊僕劉某供役黔中，稔知余有嗜古之癖，展轉托人運殘石一片貽余。覩之狂喜不已，蓋蜀石經《毛詩》原石也。函詢其來源，只云偶然拾得，亦不知其所自來。攷其所得石之地，正與劉燕庭所記相合。……後攜來蓉，復與張溥泉、嚴谷聲兩先生手自拓墨。

【疏證】羅希成得《毛詩》殘石於民國二十八年（1939），據《説文月刊》所載此石雙面拓片圖版可知，即《毛詩》周頌魯頌殘石，現藏四川博物院。1938 年成都南門外發現蜀石經殘石十片左右，江鶴笙得其半數以上。江氏云“當日所得《毛詩》不止一石，有一石因故失去，爲黄希成所得”[⑥]。而羅氏言所藏《毛詩》一石爲舊僕劉某得於黔中，1939 年春贈予羅氏。可見江、羅二説不合，至少此石的流傳過程尚存闕環[⑦]。然羅説輾轉環節過多，且有附會清人黔中説之嫌，似江説更爲可信。另，江鶴笙舊藏蜀石經殘石當有九塊，嘗以“孟蜀石經樓”顔其居。[⑧]

---

① 詳見羅振玉《俑廬日札》，1934 年東莞容氏頌齋校刊本，第 26—A 頁。

② 羅振玉：《俑廬日札》，《七經堪叢刊》本，第 45—A 頁。柯昌泗亦云“蜀石經之蒐集流傳，健之最爲有力。今聞已轉歸合肥李氏矣”。詳見葉昌熾撰，柯昌泗評，陳公柔、張明善點校：《語石・語石異同評》，中華書局 1994 年版，第 43 頁。劉體乾舊藏蜀石經拓本後經祁陽陳澄中入藏國家圖書館。

③ 羅振玉著，羅繼祖、王同策編：《羅振玉學術論著集》第三集，第 144 頁。

④ 據 1926 年劉體乾蜀石經《左傳》卷十五殘拓影印本録文。

⑤ 詳見《説文月刊》1940 年第 2 卷第 4 期，第 1—2 頁。羅氏又有《題蜀石經毛詩殘石》（後附顧頡剛題記），載《責善半月刊》1940 年第 1 卷第 17 期，第 12—13 頁。兩文内容大體相同。

⑥ 周蕚生《近代出土的蜀石經殘石》引江鶴笙言如此，詳見《文物》1963 年第 7 期，第 46 頁。李志嘉、樊一《蜀石經述略》云黄希成即羅希成，詳見《文獻》1989 年第 2 期，第 217 頁。

⑦ 李志嘉、樊一認爲若羅氏所述可信則可證劉燕庭所記不虚，若江氏所述可信則此石不出黔中，乃抗戰初出成都老南門城垣。而騁陸《黔中拾得之一：蜀石經殘石》猜測此石爲貴陽二四轟炸後所發現，則並無更多證據，不可採信，詳見《西南公路》1943 年第 254 期。

⑧ 詳見《江友樵口述自傳》，《文藝生活（藝術中國）》2017 年第 1 期，第 10 頁。

71. 王利器《李莊憶舊》(節録)[1]

先是,四川大學遷校峨眉時,成都爲避免敵機轟炸,拆除城墻,以便疏散,發現古文石刻殘石一片,正背兩面各有文字二十餘,四川博物館把搨片寄來讓我鑑定,我認爲是晁公武所刻《古文尚書》殘石,和他的《石經考異》同時於成都刻石,所以在成都出土。……寫成一篇跋文,以之向傅先生請益。……(傅斯年)並爲晁公武《石經》搨片寫成題識,在板栗坳的先生們差不多都有題識,陳槃先生還作了一首七古。這個搨片和跋文、題識,後來交與北京圖書館長王重民先生,他説,已交與金石搨片組曾毅公收藏起來了。

【疏證】王利器有《六同求學前後》《良師與益友》《李莊憶舊》等文,[2]皆載王氏於峨眉山四川大學、南溪李莊北大文科研究所求學期間鑒定、題跋晁刻《古文尚書》殘石拓片始末,所憶約爲1939至1941年間事,可參看。因最後一篇較詳,今據以録文。由此可知,《古文尚書》殘石一片發現於成都拆除之城垣中,與蜀石經他經出土背景、地點一致,王氏舊藏拓片及相關題跋蓋藏於國家圖書館。

72. 馬衡《晁公武刻古文尚書殘石跋》[3]

宋晁公武所刻《古文尚書》,附於孟蜀石經之後,其意殆仿魏正始故事而踵行之歟?漢熹平間,刻石經立於太學,悉爲今文。其時古文學已盛行,故魏正始間又刻《古文尚書》《春秋》二經,與今文石經並立。

孟昶之刻石經於成都也,始於廣政七年,以經注並刻,故文字增多倍蓰,石數愈千,歷時八年始成。至宋皇祐元年,田況補刻《公》《穀》二傳畢功。宣和間,席貢又補刻《孟子》。乾道中,晁公武刻所著《石經考異》時,又得《古文尚書》補刻之,與《考異》並附石經之後。其地在漢末所作禮殿之東南隅石經堂,堂爲胡宗愈所建。可見兩宋人對此之重視。且如此鉅製,縱經兵燹,亦不至片石無存。乃自晁公武、張㚇之後,闃然無聞,僅知明時有《禮記》數段在合州賓館,清乾隆間福康安修城時,有人於城址得殘石數十片而已。其摧毀之時代及其原因,何以毫無記載耶?

抗日戰争初期,余至成都,嘗以此促學術界注意。及成都遭受敵機空襲,疏散市民,拆除城垣缺口多處,以通行人,果得殘石若干片。惜皆歸私人所有,流傳不廣。余所得見者,有《毛詩》《儀禮》各二段,不知尚有他經否?此《古文尚書·禹貢》《多士》各一段,聞亦其時所出。然則摧毀原因,或即以修築城垣之故。摧毀之時,或在元代也。

---

① 詳見《新學術之路——"中央研究院"歷史語言研究所七十周年紀念文集》下册,"中央研究院"歷史語言研究所印行1998年版,第797—798頁。

② 《六同求學前後》載《傅斯年》,山東人民出版社1991年版;《良師與益友》載《往日心痕——王利器自述》,山西人民出版社1997年版。

③ 馬衡:《凡將齋金石叢稿》,第260頁。

【疏證】此文或撰於 1949 年 6 月①，蓋爲王利器所得晁刻《古文尚書》殘石拓片而作。馬氏云“以經注並刻，故文字增多倍蓰，石數愈千”，即認爲蜀石經有注，故其石愈千。然以目前推知《毛詩》行款估算，蜀石經若分排書刻，即使附刻注文其石亦不至千數，此説稍嫌不確。“余所得見者，有《毛詩》《儀禮》各二段，不知尚有他經否”，目前可知蜀石經殘石零拓有：《周易》殘石兩塊拓片四葉，《尚書》殘石兩塊拓片三葉，《毛詩》殘石兩塊拓片四葉，《儀禮》殘石一塊拓片兩葉，共計四經七石十三葉。“此《古文尚書·禹貢》《多士》各一段”，今知原石爲一塊，雙面書刻，爲陳達高舊藏，現藏四川博物院②。

73. 馮漢驥《元八思巴蒙文聖旨碑發現記》（節録）③

民國 28 及 29 年間（1939—1940 年），成都因空襲嚴重，於是大辟城門，以便城内居民臨時疏散，舊有之四門，亦將其拆除擴大，以免疏散時擁擠。在此種拆毁城垣之中，發現古代之殘碑甚多，甚有發現蜀石經者。以四川大學博物館所收集之殘碑而言，即已不下數十種，其他之未經收集而毁棄者，尚不知有幾許也。因歷代修築城垣，需石甚多，而成都附近，無石礦可供採取，工人爲就地取材計，故凡城垣附近之碑版，當時之被視爲無用，或無價值者，咸輦之以築城，此乃此次辟城門時所以發現殘碑之多也。

【疏證】此文涉及蜀石經出土情況，可資參考。但原石的毁佚是否即因修築城垣之故，據目前所知尚無法確定④。

2018 年 3 月 10 日初稿
2018 年 5 月 27 日改定

① 該年 6 月 3 日馬氏日記云“北大助教王藏用利器得晁公武刻《古文尚書》殘石拓本，爲‘禹貢’、‘多士’各一段。成都城垣中出土，囑爲題字。久未著筆，今日草成一跋，散值後擬録墨本之後。……欲寫未果”，4 日記云“下午休息，爲王利器跋《古文尚書拓本》”。詳見馬衡著，施安昌、華寧釋注：《馬衡日記——一九四九年前後的故宫》，紫禁城出版社 2006 年版，第 64 頁。

② 《四川文物志》插頁載《古文尚書》殘石雙面拓片，皆鈐“達高收臧”白文正方印。詳見四川省文物管理局編《四川文物志》上册，巴蜀書社 2005 年版。

③ 此文原載 1948 年《四川博物館》單刊之二，現據《四川大學考古專業創建四十周年暨馮漢驥教授百年誕辰紀念文集》，四川大學出版社 2001 年版，第 12 頁。

④ 南門城垣附近所出殘石數量過少，尚不足以支持此説，可能此處也並非蜀石經原石毁棄的唯一地點。

漢石經論著提要九種

□徐煒君

［作者簡介］ 徐煒君　上海交通大學人文學院博士研究生（上海　200240）

漢熹平石經殘字集録一卷補遺一卷

《漢熹平石經殘字集録》一卷，補遺一卷，羅振玉撰。振玉字叔藴，一字叔言，號雪堂，又稱永豐鄉人，仇亭老民，晚號貞松老人。生於同治五年（1866），其雖生於淮安，以祖籍上虞，故時自署"上虞羅振玉"。民國二十九年（1940）去世。

羅氏"夙嗜金石之學"，年十七嘗"廣購碑版"，校勘《金石萃編》；年十九爲《讀碑小箋》一卷，記校讀碑文所得可資考證經史者，是著述之始；次年取早年校《金石萃編》所得，彙爲《校字記》一卷；年廿六，删定舊稿，編爲《面城精舍雜文甲編》，收入《漢石經〈牧誓〉"任父母弟"解》一篇。是羅氏藉校讀碑刻文獻，於石經研究已有心得。爾後與王國維交誼，王氏爲魏石經研究，二人頗多切磋，則王國維之石經研究思路與範式，羅氏亦必瞭然於胸。一九二九年八月，羅振玉取陳承修囑孫莊編輯、馬衡序次之《集拓新出漢魏石經殘字初集》中熹平石經七十二石，將本爲一石而離析者綴合，又删去僅存一字無可附麗者，得五十二石，手定其目，加以考證，撰成《漢熹平石經殘字集録》一卷。甫付石印，陶光祖以新得《周易》殘字拓本二紙，《春秋經》拓本三紙，《論語》及校記拓本各一紙贈雪堂，加之趙萬里予以北海圖書館所藏序記拓本二紙，亟增入《集録》中。已而，陶氏又寄《魯詩》拓本一紙、校記一紙、《禮經》二紙、《公羊傳》二紙，未及增入，故另作《補遺》一卷。前後著録共計九十石，得經文及校記八百三十九字，序記三百〇五字，總得一千一百四十四字。是爲羅氏漢熹平石經研究著述之始。

《集録》之體例，乃首列圖示，次爲考證。圖示文字又分爲兩欄：上欄録石經文字，其清晰可辨者以大字録之，其但存數筆而可確知爲某字者用小字側書；下欄則注今本文字，凡殘石所有之字以"—"綫標識，欲使讀者曉爲經文某句。又恐考證有失，命子福葆、福頤影寫雙鈎殘石文字，附於卷末，俾使後之學者據以補正，此足見其學術態度之嚴謹。

王國維撰《魏石經考》，於漢石經之經數、經本、行字、石數俱有論述。羅振玉與王氏多有探討，必深知其意，及自任熹平殘石之研究，亦參考王氏之思路，而證補王氏之説。羅氏之研究方法，係以殘石文字爲基點，逐字逐句校覈今本，揭示石經行字，就此中異同，發現經典文本之差異。其以《集録》一卷考證所得，約爲五事：其一，確定熹平勒石爲《周易》《尚書》《魯詩》《儀禮》《春秋經》《公羊傳》《論語》七經；其二，《儀禮・士虞禮》"明日以其班祔"之"班"，殘石作"胖"，與鄭玄注合，證得石經用今文；其三，各經每石行數與每行字數各不相同同；其四，各經書寫款式亦異；《周易》則每卦蟬聯不空格；《魯詩》則每章注章次，末章接書章句，均不空格，惟章句末空一字，及下篇首一字之間空一格；《春秋經》每易一年空一格而加點於空格中；《公羊傳》則於每年首空一格，至每月記事則於前後兩事間作點以離析之而不空格；《論語》則每章空格，於空格中加點。其五，《毛詩・瞻卬》在《蕩之什》，《假樂》在《生民之什》，石經則《瞻卬》在《假樂》之前而同在《生民之什》，知《魯詩》篇次、分什皆有與《毛詩》不同者。又《補遺》一卷雖所録殘石無多，然有裨於經學者亦多。《魯詩》殘石"生既育比予于毒其二"與"歸微君之故胡爲乎"兩行相連，校以《毛詩》，則行字不足七十，知《式微》一篇，《毛詩》以"中露"爲首章而《魯詩》以"泥中"爲首章，是非唯篇次魯、毛有異，即章次亦有不同。一也。又《儀禮》殘石"□如賓□以拜主"與"□□縮□北面鼓"兩行相連，校以今本，此間當得二百餘字，推知《儀禮》章次，古今文亦有異同。二也。羅氏又謂《僖公傳》殘石"一行之中字數乃與今本差至六七十，知此《傳》古今本異同尤甚於他經"；又引文字異同，或可知各家經本之别，《毛詩》之'不弔不祥'，《魯詩》'不弔'作'不淑'。或可訂陸德明之失，《詩》之'濟盈不濡軌'，'軌'字乃從九之'軌'，非從凡之'軓'。或可補鄭注之闕。《鄉飲酒禮》'坐奠爵于匪石'，經無'爵'字。此皆羅氏通二卷所得而書於《補遺後序》者。

《集録》及《補遺》二卷，可謂全面深入研究熹平石經之濫觴，於漢石經之異文、行款、章次、篇次、家法皆有涉及。其於石經書寫款式之推測與解釋，更爲日後碑圖復原研究，奠定堅實之基礎；而文字篇章之甄别、家法之推斷，或證前儒之卓識，或發先賢所未知，皆有裨經學。

漢熹平石經殘字集録續編一卷補遺一卷

《漢熹平石經殘字集録續編》一卷，補遺一卷，羅振玉撰。

一九二九年八、九月，《漢熹平石經殘字集録》《補遺》各一卷相繼寫定付梓。時趙萬里購得拓本百餘紙，羅氏乃假以編讀，取其清晰可辨者寫定，得五十六石，共計四百二十六字，仍用《集録》體例，予以連綴考證，十月撰《續編》一卷。十一月，又得趙氏所寄北海圖書館藏《尚書》拓本三紙、《魯詩》六紙校記一紙、《春秋》二紙、《公羊傳》一紙、《論語》一紙，共六十八字，編成《續編補遺》一卷。

是編著録《尚書》殘石一，合《集録》《補遺》二卷所得《周易》《魯詩》《儀禮》《春秋》《公羊傳》《論語》六經而七，可證《隋志》所載及王國維之推論；《論語》校記亦前編未得以著録者。羅氏又謂諸經之中《魯詩》所存殘字尤多，故其考見《魯》《毛》文字、篇第異同亦較他經爲夥。

漢熹平石經殘字集録三編一卷補遺一卷

《漢熹平石經殘字集録三編》一卷，補遺一卷，羅振玉撰。

一九二九年十月、十一月，《漢熹平石經殘字集録續編》及《補遺》各一卷寫定付印。甫竟，陳承修乂以數殘石拓本付羅氏。十二月，羅氏爲之編定，得《周易》二石、《魯詩》六石、《春秋經》一石、《公羊傳》四石，共計十三石，五百廿五字，即撰《三編》一卷。復又取前此所得洛賈拓本中可辨識者，又得《尚書》一石、《魯詩》四石、《春秋經》三石，《公羊傳》五石，共十三石，四十三字，爲《三編補遺》一卷。末附《續編補遺》訂訛一條。

是編二卷一仍《集録》體例，編連考證。由《周易·文言傳》與《説卦傳》間空二行，知《易》傳題佔一行；又由《説卦傳》"故易六畫而成章也"下空格加點，知《易》章與章間書寫款式如此。於《魯詩》知《靈臺》篇次在《旱麓》之次；又《毛詩·思齊》"烈假"，石經《魯詩》作"廅罟"，陸氏《釋文》云"鄭作厲"，知鄭玄嘗以魯改毛矣。《書·金縢》《大誥》間空一行爲篇題，此又可知《尚書》之書寫款式。《易》《書》之書款，爲前所未知，均關經本之大者也。

漢熹平石經殘字集録四編一卷補遺一卷又補一卷

《漢熹平石經殘字集録四編》一卷，補遺一卷，又補一卷，羅振玉撰。

一九三〇年初，趙萬里先後二次寄洛陽新出土漢石經殘石拓本數十於羅振玉。至四月，羅氏甫編定爲《集録四編》，共得《周易》三石、《尚書》七石、《魯詩》四十三石校記六石、《儀禮》六石校記一石、《春秋經》九石、《公羊傳》十八石、《論語》十石校記一石、序記二石，共計百六石，五百七十一字。羅氏序謂"得石七十有六"、"得卅有一石，校記一石"共百八石，蓋偶誤也。七月，羅氏門生闞百益寄《魯詩》殘石六、《公羊》經傳殘石各一於乃師，振玉又爲補遺一卷附於《四編》之末。爾後又得見新出殘石，寫定《魯詩》六石、校記三石，《儀禮》二石，《公羊春秋經》二石，《論語》一石，爲《四編又補》一卷。

《鄭風・山有扶蘇》《蘀兮》《狡童》《褰裳》《丰》一石，羅氏録寫五行殘字，首行作"兮其二"，覈以卷末所附雙鉤本，該石實有六行，所闕行爲一"有"字。又考證云"由《山有扶蘇》直接《遵大路》上篇之《羔裘》，則逆數七十字，正得《羔裘》末章首句'羔裘晏兮'之'兮'，知《鄭風》篇次，毛、魯亦有異矣"。羅氏之意，蓋以漢石經《山有扶蘇》次於《羔裘》。然校以今本，由"羔裘晏兮"至《羔裘》之章句止，並將記章次文字及篇末空格計入，僅佔二十一字。且該石此行作"兮其二"，則"兮"當是章末之字，如羅氏所云，則非章末矣。

是編所得有《儀禮》校記一條，爲前編所未見。《尚書》殘石"一二國"，今本作"邦"，羅氏謂當係避漢高祖名諱，而説與洪适不同。《小雅・何人斯》"云何其盱"，鄭箋訓"盱"爲病，《廣雅・釋詁》云"疞，病也"，正與石經相同，知鄭玄、張揖皆本《魯詩》，此亦前人所未知而羅氏發諸殘石者。至於石經、今本文字異同，或可與陸德明《釋文》相互證明，或可以補其未載。要之皆有裨益於經學。

漢熹平石經集録續補

《漢熹平石經集録續補》一卷，羅振玉撰。

一九三二年十二月，羅氏於友人處得漢石經殘字，編定得《周易》殘石二、《魯詩》殘石七、《儀禮》殘石二、《公羊春秋經》殘石一、《論語》殘石一，共十三石，一百三十六字。

羅氏之始撰《殘字集録》，其圖示文字分爲兩欄：上欄録石經文字，下欄則注今本文字，凡殘石所有之字以"—"綫代替而不録其字，初、續、三、四編皆本此體例，至一九三〇年合編爲二卷，下欄注今本文字時照録與石經對應者而旁加點以爲標識，較最初之方式更爲直觀。《續補》既成於合編之後，故沿用此法。

《詩・豳風・七月》"六月食鬱薁"，據殘字知《魯詩》與《毛詩》同作"薁"，則可以正王先謙《魯》《韓》俱作"蓷"之誤。又《儀禮・大射》一石，行字由七十五至九十五不等，知石經與今本文字異同頗多。

漢熹平石經集録又續編

《漢熹平石經集録又續編》一卷，羅振玉撰。

是書無序跋，不知撰於何時，亦不知拓本之來源。此編計《周易》四石，《尚書》一石，《魯詩》十九石、校記六石，《儀禮》二石，《春秋公羊經》十一石，《公羊傳》六石，《論語》二石、校記一石，序記四石，共五十六石，四百四十字。以上皆不見於羅氏一九三〇年之《漢熹平石經殘字集録》二卷及一九三一年之《漢熹平石經殘字集録補遺》一卷，又《漢熹平石經殘字集録續拾》序曰“《石經殘字集録又續編》既印竣，適山左友人郵寄《尚書》拓本二石、《魯詩》四石、《論語》一石，已不可加入，别爲《續拾》附焉。甲戌十月，松翁記”，則《又續編》之作，當在一九三四年十一月《續拾》成書前不久。

漢熹平石經殘字集録續拾一卷

《漢熹平石經殘字集録續拾》一卷，羅振玉撰。

一九三四年，羅氏又得《尚書》拓本二石、《魯詩》四石、《論語》一石，於十一月編定爲《續拾》一卷。

漢熹平石經殘字集録增訂本二卷

《漢熹平石經殘字集録》增訂本二卷，羅振玉撰。

自一九二九年八月至一九三〇年七月，羅氏先後編成《漢熹平石經殘字集録》四編及各編補遺，共九卷。八月，匯爲一編，爲合編本。一九三二年十二月，爲《續補》一卷，本書序謂“明年又爲之補遺”者，與石印本《續補》跋不合，蓋誤記。一九三四年，爲《又續編》及《續拾》各一卷。一九三八年，取前此數編，益以新出殘字，訂正從前考證疏失，重加編定爲二卷，前後所得，經文四百五十四石併爲三百二十三石，校記四十七石併爲四十五石，序記二十四石併爲二十一石，六千一百六十三字。序稱經文“四百五十六石併爲三百二十四石”者，誤矣。

羅氏前此所編定石經殘字，皆以《周易》《尚書》《魯詩》《儀禮》《公羊春秋經》《公羊傳》《論語》爲序，蓋本諸古文經學之次第。是編則首《魯詩》，次《尚書》，次《周易》，次《儀禮》，次《春秋經》，次《公羊傳》，次《論語》。按張國淦復原《漢石經碑圖》，其《叙例》一篇據《後漢書・蔡邕傳》注引《洛陽記》所述及王國維《魏石經考》之説，以爲石經用今文，故定七經次序爲《魯詩》《尚書》《周易》《公羊春秋經》《公羊傳》《儀禮》《論語》。然羅氏所次，與今文經學之次第及張氏之碑次皆有出入，而未知何據。

前編遇有隸書别構之字，皆依原筆畫手書，而是書羅氏生前手訂而未及梓行，至一九四三年其子福頤以聚珍活字爲之刊刻，故時未能與原稿一致；録今本文句與石經文字合者，羅氏初以"一"指代，後則於字旁加點，而是本爲刊刻之便，節略其字，復以"一"代之；福頤本欲以拓本附於卷末，限於景印技術而未遂，並前編數卷所有之雙鉤描摹亦未載。此皆因工藝之故而稍更羅氏原定之體例者。

石經一行之字數，歷來爲學者所重，以其與石經復原關係密切。羅氏前此數編，於殘石每行字數，無論多寡皆有記述。張國淦復原《漢石經碑圖》，期間頗求教於羅氏喬梓，而振玉亦必於切磋間有所心得。故增訂是書，於各經行字，已有較爲固定之認知，而於每一經之首條考證，皆著明本經每行字數，以下諸石，若行字與此數相符則云"與石經合"，若與之不合，則直云"與石經不合"，多不再注出字數。於此可見羅氏石經研究之變化。

《魯詩》"仇""一"二行一石，初録於《集録四編》，其考證云"仇，今本作逑。《禮記・緇衣》《漢書・匡衡傳》《爾雅・釋詁》郭注並引作'仇'，《釋文》'逑，本亦作仇'，知諸書所引爲《魯詩》也"，然合編本刊落此説，至是編則變其説云"仇，今本《毛詩》作'逑'，《釋文》'逑，本亦作仇'。《禮記・緇衣》《漢書・匡衡傳》《後漢書・張衡傳》注、《爾雅・釋詁》'仇，匹也'注引《詩》皆作'君子好仇'。《文選》何平叔《景福殿賦》注、嵇叔夜《贈秀才入軍詩》注、《琴賦》注、曹子建《七啓》注並引《毛詩》'君子好仇'。是《毛詩》一本作'仇'，非魯、毛異文也"。由是觀之，蓋合編之時，已覺前説欠妥，然未及再考，姑且删去，待日後考證補充。此亦可知，羅氏於合編時當已有異日再事增訂之意，其於經學之認識與研究，亦隨殘石出土而日趨全面。

是書雖出振玉手訂，然殘石衆多，綴合不易，刊本又出於後人整理，故難免有疏失。《公羊春秋經》"人遜于齊""□月齊王""□□□姜"三行一石，考證云"右莊公元年、二年。……石析爲二，今併之"，合編本《集録》止有"人遜于""□月"二行殘字，正與"析爲二"之説相合。然是本所録殘字，實莊公元年至四年經文，而但云"元年二年"者，蓋迻録合編本而疏於增訂所致。校以今本，該石"首行七十字"不誤，次行六十九字，謂"次行、三行間，今本多一字"，則誤，當云"少一字"。《集録》所載以下二石，與該石之次行、三行同列，而行字皆六十九，亦可證羅氏之失。又"公會齊侯宋公陳侯衛侯鄭伯許男曹伯"等二十行殘字一石，考證以爲是僖公十四年至廿三年經文,然覈以今本,實十三年至三十三年之文。

羅振玉於一九二九年夏始,至一九三八年中秋,先後十六次編定整理熹平石經殘字,晚年萃爲是編,於石經之碑制、書寫款式、經本家法、篇章次序、文字異同等,皆有全面之考索,誠爲二十世紀上半葉漢石經研究之里程碑著述,亦爲同時、後來學者研究漢石經之基石。

魏石經論著提要六種*

□趙立偉

［作者簡介］ 趙立偉，聊城大學文學院副教授（聊城　252000）

漢魏石經殘字（海嶽樓金石叢編本）

《漢魏石經殘字》（一卷），屈萬里校録，王獻唐敘録。一九三三年六月，王獻唐於洛陽郭玉堂處購得漢魏石經殘石凡一百五十餘枚，剔除其殘碎半字小石，共得熹平石經八十一枚，正始石經六枚。次年五月洛陽人韓文卿攜經石三十六枚至濟南，所有經石議價歸山東省圖書館。三十六枚經石中漢石二十七枚，魏石九枚。後又得熹平石經《尚書》《詩經》殘石兩枚。數次合計，山東省圖書館共得殘石一百二十五枚，其中漢石經一百零九枚，魏三體品字式石經三枚，魏三體直下式石經十一枚，不知何經殘石兩枚。一百二十五枚經石中見於羅振玉《漢熹平石經殘字》者十四枚，羅氏曾爲考證者一枚，其餘則是漢魏石經殘石的首次公諸於衆。時任山東省圖書館館長王獻唐命館員將殘石分拓，又令屈萬里先生校録、考釋，王氏親爲撰寫敘言，遂成《漢魏石經殘字校録》一書。

卷前所附王獻唐敘言實爲考證漢魏石經的長文，王氏討論的内容包括經石遷移、拓本流傳、石之書丹者、殘石出土之經過等等，幾乎涉及石經研究的各個方面。其中對熹平石經不同的隸體風格、三體石經多體式並存的原因、石經之書寫者、古文形體特點及形成原因的考證尤爲詳盡，多發前人之所未發。如作者指出三體石經《堯典》《皋陶謨》内容重現是由於經石的復刻，“品式古文冠上，獨佔一格，兩旁糜餘空石，初意爲此，所以標重古文。後時或以廢時或行款不整，改爲三體直行，今存品式經文爲《堯典》《皋陶謨》殘石，當屬《尚書》起首二碑……後以品字式不合，廢而未用，復從《堯典》更刻，故經文重出。”再如作者論古文豐中鋭末的特徵時指出，

---

* 本文爲國家社科基金重大項目“歷代儒家石經文獻集成”（13&ZD063）階段性成果。

“半由齊楚書體之熏習，半出刀刻筆畫之格禁，終則誤於科斗一名”，一語道破古文形體特征的形成原因。

《校録》按經石内容分爲甲乙丙丁四類，甲類爲漢熹平一字式石經，乙類爲魏三體品字式石經，丙類爲三體直下式石經，丁類爲附録。對於不知何經的殘石，則依其字體特征分類附於各卷之後。此書仿羅振玉《漢熹平石經殘字集録》體例，先列殘石拓本，然後依次是今文以及屈氏對每行容字及經石内容的考證。於殘石所見之異文，作者亦一一指出並加以考證，《曹風・蜉蝣》“浸彼苞稂”，“浸”字石經作“寖”；《大雅・文王》“裸将于京”，“裸”字石經作“灌”；《儀禮・聘禮》“賓唯雍”，“雍”字石經作“饔”；《儀禮・覲禮》“予一人嘉之”，“嘉”字石經作“賀”；《春秋・襄公二十三年》“叔孫豹帥師救晉”，“帥”字石經作“率”。《春秋・昭公元年》“夏，秦伯之弟鍼出奔晉”，“鍼”字石經作“葴”。三體石經《尚書・堯典》“敬授人時”，“人”字三體石經作“民”，可知今本“人”字乃爲李唐避諱所改。

《校録》所拓漢魏石經各經殘石的數量分别是：漢石經之《詩經》二十六石（包括不知何篇殘石五塊），《尚書》六石，《周易》二石，《儀禮》十六石，《春秋經》九石，《公羊傳》九石，《論語》七石（其中不知何篇殘石五塊），甲類最後又收不知何經殘石二十六塊，總計熹平石經一百〇九石。乙類收魏石經品字式殘石三枚，丙類收魏石經直下式十一石，其中《堯典》三石，《禹貢》一石，《無逸》三石。丁類爲不知何經殘石二塊。各經總計共一百二十五石。至於編定諸經次序，因漢石經爲今文經，故參照漢代諸書所記以《詩》《書》《易》《禮》《春秋》爲序，《論語》依羅振玉《漢熹平石經殘字集録》次於諸經之後，對於殘泐不可識及不能定爲何經的殘石則殿之於篇末，以俟高明。

此書爲山東省圖書館《海岳樓金石叢編》之一種，該書扉頁有王獻唐篆書自題書名“《漢魏石經殘字》（二卷），《校録》（一卷）”，封面向迪琮所題書名則是“漢魏石經殘字”，後人於此失察，往往誤以爲兩書而重復著録。

馮登府《魏石經考異》（學海堂叢書本）

《魏石經考異》（不分卷），馮登府撰。馮登府（1780—1840），字柳東，號雲伯，又號勺園，浙江省人。嘉慶二十五年進士，改庶吉士。曾授福建將樂縣知縣，因親病不就，後以寧波府教授終。研經考古，對兩漢以降諸儒經義，及諸子百家傳注，無不廣聞博記，一生著述甚豐。

《魏石經考異》仿臧琳《魏三體石經尚書》及孫星衍《魏三體石經異字考》體例，對《隸續》所録《魏三體石經左傳遺字》重新整理，在此基礎上考證古文字形並與《汗簡》所録石經古文作逐字對比。全書包括石經《尚書》、石經《左傳》、《汗簡》所收魏石經遺字、序言四個部分。因臧、孫兩書已出,故馮氏《考異》於整理殘存文字的體例方面並無大的創獲,僅僅於兩書基礎之上作了個别修正。正如馮氏書中所言"孫淵如前輩分别《尚書》《春秋》文,各釐而正之,究有未盡合者,故仍照原文,略爲校證以存之。"與臧、孫兩家相比,馮氏於古文字形之下往往先列前人成説,於段玉裁、臧琳、孫星衍對石經古文的討論均羅列無遺,然後通過與《説文》《汗簡》《古文四聲韻》等同類材料的比勘合證考訂石經古文字形。其中,引用當時新出土之鍾鼎銘文字形以補證古文是該書的最大亮點,如"受"字下引《禄康鍾》,"兹"字下引《南宫中鼎》,"在"字下引《召鼎》,"敢"字下引《高克尊》,"疆"字下引《白石神君碑》,"桓"字下引《陳逆簋》等等。馮氏於經義及諸子百家傳注均頗爲熟悉,因此作者還常常引用古注以解釋石經古文,如引用《左傳・隱公元年》正義解釋"魯"字,引《儀禮》鄭注以解釋"率"字,引《漢書》顔注以解釋"替"字等等。

该书最後一部分輯録《汗簡》所收石經古文一百零五字,其中"與《隸續》合者文廿九,可訂正訛缺者文廿六,餘文六十三足以補洪氏所未及"。馮氏對各類字形材料的比較實際上已具有文字合證的性質,這在當時是十分難能可貴的。

孫海波《魏三字石經集録》(北平大業印刷局,1937 年石印本)

《魏三字石經集録》,孫海波編述,張瑄校訂。孫海波,又名孫銘思,河南潢川人,長於甲骨文、金石文字、目録學,學術著作有《甲骨文編》《古文聲系》《誠齋殷墟文字》《栘林館吉金圖識》等,《魏三字石經集録》爲其早期著作。

是作共分爲拓本、源流、碑圖和文字考釋四個部分,書前有于省吾序言和作者自序,卷首附録一卷注明殘石存字數量。卷後有作者補遺一卷,爲著述過程中隨時增補的零星小塊殘石。洪适《隸續》所録石經遺字以拓本不復存在,故别録於書後,各自分列,不相雜廁。

拓本部分彙集各家殘石墨本共一百七十餘種,"約得二千四五百字",雖然作者自謂"統計新出石經殘字,所收尚不過什八",然而孫氏此書在當時被認爲是各種拓本的集大成者,直至當今,亦無出其右者。孫氏編著此書時對原拓作了放大處理,從而文字點畫更爲清晰,使用起來更爲方便,然而由於作者對幅面較大的拓本作了裁剪處理,無以籍拓本瞭解殘石之原狀,這不能不説是一個缺憾。

源流部分對石經之命名、經數、石數、古文之來源、石經之遷移與發現等問題作了詳細討論。作者自謂石經古文爲當時立於學官之經,又以民國所出一石之正反兩面分别刻有"第八"和"第廿一"的數字,故得三字直下式石經爲二十八石。"以後刊刻之石,若品字式,三字直下五字本……其石數雖不可確知，就其大體言之，非七八石不能盡，再加以三字直下式之二十八石，庶或如《西征記》所紀之數”。作者對書石者的討論在王國維的基礎上又有所推進，“除三字直下式諸石外，餘如品字式、二體、一體等，其字體大小既不相同，書法工劣亦甚殊異，則魏石經不惟非一人所書，其亦非一人所立”。碑圖部分以二十八石爲數排列石經文字製作碑圖，次排品字式殘石，作者自謂至於零星小石不足以排定碑圖者則付諸闕如，以俟來日之發現。古文考證部分以石經古文與戰國銅器銘文之字形極似，故進一步强調石經古文與六國文字乃一家之眷屬。由于作者古文字學造詣深厚，與同時期的其他學者相比，更加注重利用出土古文字特別是戰國文字的研究成果疏證石經古文字形，如疏證“由”字古文引用古璽字形，疏證“婁”字古文引用秦刻石材料，引用甲骨文字形材料以考證“暨”字古文等等。另外，作者于古文字形的考證亦往往發他人之所未發，如作者對“服”“庸”等古文字形的討論皆屬其例。

一九三七年，是作由北平虎坊橋大業印刷局印行，作爲考古學社專集之第十七種出版。一九七五年，臺北藝文印書館據原本影印，二零零八年《民國時期經學叢書》第二輯印行，《魏三字石經集録》亦收入其中，而此書建國后從未在大陸出版，是以尋訪極爲不便。

白堅《魏正始三體石經五碑殘石記》(民國二十六年白堅與石居影印)

一九三七年前后，白氏堅先後得殘石一枚及經石拓本四紙，殘石兩面刻有文字，拓本同樣爲一石之兩面，殘石及拓本皆一面刻《尚書》，一面刻《春秋》，依作者推定，五石所刊經文《尚書》自《多士篇》“自今後嗣王”起，至《立政篇》“自古商人”之“古”字止；《春秋》自僖公二年“夏五月辛巳”之“巳”字起，至文公二年三月止。作者於所記諸石首録拓本，拓本之後詳細説明殘拓所録經文之起訖，並以每行容字推定殘拓所在碑石所刊經文之起迄及每碑所刻經文的行數及每行字數，進而逐一排比推定每一整碑所刊之經文，即如作者所言“以拓本寫其真，以今本排比其上下前後之文，校其異同，使五碑並立之狀如指諸掌”。作者於每石之後皆有關於石經收藏情況的簡單介紹，其中“在今後嗣王”一石藏洛陽博物館；民國時期(1922)所出巨石《無逸》分剖後收藏於洛陽市博物館和新安張鈁處；《君奭》“君奭在昔”一石初在上海，後歸日本收藏家中村不折，《立政》“宅乃事”一石藏白堅與石居。

據白氏自注，是作於“丙子新秋”(民國二十五)初刻，又於“丁丑之春”(民國二十六年)復刻，復刻之本較之初刻並無内容和體例的變化，唯白氏自述曾於“丙子十一月四日夕遊日本淺野竹石山房得魏正始三體石經殘拓兩片，故復刻之本新增《獲三體石經〈尚書〉第廿一、〈春秋〉第八碑殘石記》一文”。作者指出“第廿一”和“第八”爲碑石之序號，由此知正始三體石經之碑數爲二十八石。《尚書》二十九篇恰爲二十八碑所容，爲陽面所刻；《春秋》與《尚書》平分碑面，故《春秋》當終於二十八碑，而其陽面當爲《尚書》第一碑。

因民國所出巨石出土後旋即分鑿，故未鑿之石經拓本世間極爲罕見，惜白氏亦未能收録。另，清末石經發現於龍虎灘，民國時期石經出土於朱圪壋村，白氏是作誤以洛陽城東金村爲石經發現地，應是作者疏忽致誤，閲讀此書不可不察。

陈乃乾《魏正始石經殘字》(民國十二年陳氏慎初堂刻本)

《魏正始石經殘字》(兩卷)，陳乃乾撰。陳乃乾(1896—1971)，浙江海寧人，名乾，字乃乾。陳乃乾一生治學嚴謹，博學强記，在歷史學、考古學、版本學、目録學等學術領域都有很深的造詣，生前曾組織影印《經典集林》《永樂大典》等多部極高學術價值的古籍，並曾編寫《清代碑碑文通檢》《四庫全書總目提要索引》等多部專業性工具書。

《魏正始石經殘字》卷上著録《尚書》殘石七枚，它們分别是：《臯陶謨》"禹四"兩字殘石及"禹都帝予四山木"三行七字殘石；《多士》十一行殘石起於"在今後嗣王"，止於"予一人惟聽用德"之"惟"字；《無逸》殘石十七行起於"周公曰"，止於"嗣王其監於兹"；《君奭》殘石十六行已剖無篇題，起於"周公若曰"，止於"保乂有殷"；"小烏人譽或"五字殘石；《君奭》殘石十一行，起於"嗣前"，止於"有殷嗣天滅威"。卷下著録《春秋》殘石七枚，它們分别是：莊公三十一年殘石存"姬遇"二字；僖公、文公殘石已裂本起於"戍刺之"，止于"秦師敗"；文公八年"趙敖"兩字殘石；文公九年殘字十行，起於"晉殺其大夫先都"之"夫"字，止於"十有二年"之"十"字。是書每卷先列縮小版石經拓本，次列放大版石經拓本，對於版幅過大者則剪裱排印，既便於了解殘石之形狀面貌，亦便於觀察文字的細部特征。

卷首録王廣慶《洛陽先後出土正始三體石經記》一文，詳細記述清末及民國時期洛陽先後兩次出土三體石經的過程。次録王國維手札一通，認爲三體石經行款有兩種，《尚書》首兩碑作品字式，第三碑以後爲直下式。卷末爲羅振玉和秦更年的跋文，羅氏於跋文中詳細比較石經與今本文字之異同，並且指出石經篆文於小學具有十分重要的研究價值。

是書拓本鈐有"淑言""上虞羅氏"印章，並有多處羅振玉所加的按語，據此可知，陳氏此書乃於羅振玉處假本影印。羅氏於跋文中指出，癸亥五月曾得《無逸》《君奭》未剖殘石拓本，而是書排印於癸亥十月，惜未能收録經石之未裂本，石經未裂本的失收不論對於陳氏本人，還是對於石經研究，不能不説是很大的缺憾。

吴寶煒《魏三體石經録》(民國十二年石印本)

吴寶煒，字宜常，河南潢川人，清末民初著録書畫家、金石學家。是作取民國十一年洛陽所出魏三體石經之釋文影印而成，全書共著録殘拓四紙，它們是：半段殘碑《尚書》三十四行起於"周公曰"，止於"保乂有殷"；半段殘碑《春秋》三十二行起於"戍剌之"，止于"秦師敗"；《尚書・多士》殘字十一行，起於"在今後嗣王"，止於"予一人惟聽用德"之"惟"字；《春秋・文公九年》殘字十行，起於"晉殺其大夫先都"之"夫"字，止於"十有二年"之十字。作者於每行經文之下均附有説明性文字，或交待殘石的存字及殘泐情況，或比較石經與今本文字之異同。由於光緒年間所出殘石恰可與半段殘碑之《尚書・君奭》篇殘石相接，故吴氏亦將光緒年間所出之殘石附録于書後。

《續録》一卷補録殘石拓本共四紙，分别是：《尚書・多士》五行三十字殘石，起自"其澤"，止於"帝事有"；《尚書・多方》五行，共存有"甲亦乃以不"各體共十二字；《春秋》文公十年、十一年經殘石五行共二十九字；吴氏自謂未能校明經文的小殘石三體遺字五行。

著録殘石之外，吴氏於自序中尚有關於石經之形制、源流、變遷及研究價值的討論，然大多因襲前人成説，並無實質性創獲。尤其僅據《晉書・趙至傳》之記載斷定三體石經乃嵇康書丹，失之草率。附録吴氏自謂未能校明經文的殘石乃是《尚書・多方》經文，時人已有考證，惟吴氏考察不精，遂注明其不知所自。

石經論著提要兩種*

□張　濤

［作者簡介］ 張濤，上海社會科學院信息研究所副研究員（上海　200235）

《漢石經殘字》一卷　（清）陳宗彝刊

陳宗彝（？—1841），原名秋濤，字雪峰，號嗜古、獨抱居士，江寧（今江蘇南京）人，清諸生。傳見《（同治）續纂江寧府志》卷十四之七《人物・儒行》。爲學酷嗜金石，與並世言考據者相交，嘗進京館於汪喜孫家，尤推重孫星衍考據鑒藏之學，惜未及親受業，乃訪其遺書，爲編刻《平津館鑒藏記書籍》《平津館鑒藏書畫記》《廉石居藏書記》諸書，並張敦仁《資治通鑒刊本識誤》與夫《爾雅》《急救》等書，匯爲《獨抱廬叢刻》，此《漢石經殘字》即其中之一種。

是書一名《漢熹平石經殘字》。首有唐仲冕序，後有道光三年（1823）三月宗彝後序及盛大士、汪燡、丁晏、朱琦、袁廷吉、顧千里、宋翔鳳等識語、題詩，而主體則爲模印熹平石經殘碑，並附釋文、校記。是書模刻殘存《尚書・盤庚》一石三十字，《論語・爲政》一石六十四字、《堯曰》一石三十字，凡124字。所收文字多爲《隸釋》收録，且字數視洪适所收殘碑已失泰半，然此書模印殘碑款式，較諸洪适但録其文並改動字體爲勝，更兼有數處殘文爲《隸釋》所無，最顯著者爲《論語・爲政》多"子曰由誨女知之乎"之"女"字，頗可寶貴。

案熹平石經刻成後疊經戰亂，破碎零亂，宋人所見已百不一存，洪适以殘石千餘字載諸《隸釋》，又鐫石於會稽蓬萊閣。清前期拓本流傳至罕，乾隆後期黄易輾轉覓得數段宋拓，當時稱爲盛事。是書即爲黄易小蓬萊閣所藏殘字。黄氏本，據云爲洪适摹刻，先後經翁方綱、申兆定模刻上石，然一在南昌，一在西安，取閱不便。宗彝是書底本乃從寶漢齋雙鉤得來，寶漢者，清人蔡廷賓齋號，蔡氏則得之於翁方綱。嘉慶二十五年（1820），蔡氏亦將殘字上石，其拓本匯集爲

* 本文爲國家社科基金重大項目"歷代儒家石經文獻集成"（13&ZD063）階段性成果。

《寶漢齋藏真》九種,然與翁、申兩本均甚爲罕覯,不若宗彝刊諸梨棗之能廣爲流佈也。而黄易《小蓬萊閣金石文字》雙鉤殘石,變其行款,反不若是書之近真。

是書經陳氏刻入其《獨抱廬叢刻》之中,後又有民國陳乃乾《百一廬金石叢刻》、今人《歷代石經研究資料輯刊》影印本。

《蜀石經殘字》一卷 (清)陳宗彝刊

陳宗彝(? —1841),有《漢石經殘字》,已著録。

是書存蜀石經《毛詩》卷一之半及卷二全部,卷一起《召南・鵲巢》"維鵲有巢維鳩居之"鄭箋"爵位故以興焉",至卷一末《召南・騶虞》章止;卷二爲《邶風》全部。全書冠以醒翁老人道光六年丙戌(1826)十月《重刊蜀石經殘本敘》,及顧千里道光五年(1825)乙酉八月跋。"醒翁老人",即宗彝之父,名繼昌,字問舟,江寧歲貢生,傳見《(同治)續纂江寧府志》卷十四之七《人物・儒行》。後有道光五年七月宗彝跋,署獨抱居士。末附《左傳》殘字三葉,起"子也君子有信"至"子叔子知禮哉吾聞",及"辭不忘國"(前有殘注"主也"二字)至"女罪之不恤而",計三十五行,皆《昭公二年》傳文。末有捐貲諸人姓氏。

蜀石經《毛詩》殘卷宋拓,前此爲黄丕烈所得。時人以其稀有,故傳抄者衆。宗彝此刻底本亦黄丕烈所影鈔者,而得自張敦仁。其影寫之人,則爲宗彝之子士粿。是書每行十四字,小字雙行行二十一字,大體尚能追步石經宋拓原來款式。而《左傳・昭公二年》殘字宋拓,當時由陳芳林處流出,歸梁章鉅,宗彝此刻云得自車持謙(字秋舲)所者,恐亦係摹本耶? 以篇幅無幾,故附於書末。宗彝刊《熹平石經殘字》,撰有校記,是書則無,殆以阮元校勘十三經時,嚴杰已有《蜀石經殘本毛詩考證》一書,故宗彝不復校讎。然嚴書今佚不傳,是爲可惜。

是書之成,稍遲於《熹平石經殘字》。宗彝漢石經殘字刊於道光五年正月以前,而蜀石經殘字在七月後,是書有牌記云"道光六年歲在丙戌正月石經精舍刊行",證諸醒翁老人序,則其刊成,至早已至道光六年冬。"石經精舍",蓋宗彝室名。卷末記"江寧顧晴崖家刻",則書爲當時著名刻工江寧顧氏所刻。江寧顧氏刻書,起於乾嘉間,蜚聲一時,固爲好手。是書序跋均寫刻上板,經文注文亦頗疏朗。然與今存石經宋拓相校,則非但點劃形體多所變改,而字句訛舛亦所不免,如《柏州》"耿耿不寐"箋"耿耿由儆儆",拓本"由"作"田",是蜀石經原刻之誤,而此本乃牽合鄭箋改回"由"字,已失蜀刻舊貌;至所附《左傳》殘字,亦有訛錯,如"晉侯謂之少齊"句,此本誤"少齊"爲"少姜"。第此因宗彝據傳鈔摹本覆刻所致,非關刻工良莠。是書在當時有傳佈之功,而世易時移,今日苟以此論列蜀石經《毛詩》實情,恐難得其真。

是書有道光間陳氏《獨抱廬叢刻》本、民國陳乃乾《百一廬金石叢書》本等。

石經研究論著提要七種*

□侯金滿

［作者簡介］ 侯金滿，上海交通大學人文學院博士研究生（上海　200240）

《蜀石經毛詩攷異》二卷　吴騫撰

吴騫（1733—1813），字槎客，號兔牀。浙江海寧人，富藏書，藏書樓號“拜經樓”，有藏書室名“千元十駕”，好訓詁考據之學，又治金石，有文名，嘗輯刻《拜經樓叢書》，所著尚有《子夏易傳疏》《唐開成石經考》《詩譜補亡後訂》《愚谷文存》《拜經樓詩集》等，生平見《清史列傳》卷七十二、《國朝耆獻類徵》卷四二七、《清代樸學大師列傳》等。

是書前有吴氏自序及嘉慶九年（1804）陳鱣序，《拜經樓叢書》本吴氏自序未署年月，據《愚谷文存》所收吴氏序文則作於“嘉慶乙丑秋孟”（乙丑即嘉慶十年，1805），則此書之始撰當在嘉慶九年吴氏得見此蜀石經殘拓轉寫本之後，至嘉慶十年而成。先是，黄丕烈自魏錻處獲蜀石經二卷，陳鱣因屬其影寫一本，後攜歸以示騫，騫因得傳抄而讀之，覩其與傳世經本異同甚多，尤其是《毛傳》《鄭箋》部分，可補正傳世版本衍脱訛舛之處，故因誦習之暇，爲校其同異，而成此篇。今觀此書，其所見蜀石經《毛詩》殘卷即源出錢塘黄樹穀廣仁義學拓本，然又不及其全，所存者惟《毛詩》卷一之半及卷二全部，卷一起《召南・鵲巢》“維鵲有巢，維鳩居之”《鄭箋》“爵位故以興焉”，至卷一末《召南・騶虞》章止；卷二爲《邶風》全部。今對比清人考證蜀石經者數家，知其與陳宗彝影刊《蜀石經殘字》同，王昶《金石萃編》及馮登府《蜀石經考異》亦此本也。

此書體例，“依蜀石原刻序次，每卷之中，每章爲一段落，以汲古閣毛氏刊本爲主，單行大書其經序傳箋之文於前，而以蜀石經之字句異乎毛刊者，雙行注之於下。”（見《續四庫提要》馮汝玠所撰此條）其於清人石經研究著作中自屬“校文字”一派，然與王昶之校以明北監本、馮登府

* ［基金項目］國家社科基金重大項目“歷代儒家石經文獻集成”（項目編號：13&ZD063）階段性成果。

之遍考諸本不同，此則專依毛氏汲古閣本，參校唐石經、《經典釋文》、《七經孟子考文并補遺》等以作補正，其中尤以引《七經孟子考文并補遺》爲多。今考嘉慶二十年（1815）阮元《重刊宋本十三經注疏》及《校勘記》刊刻以前，清人所見群經注疏版本中，以毛氏汲古閣本最爲流行，汲古閣本源出明北監本，雖訛誤頗多，然於普通士子則最易獲致。（案《十三經注疏》合刻乾隆時有武英殿本，然流傳未廣。至於其他宋雕元刻，更非尋常士子所易獲見。）吴騫所以取明汲古閣本以爲校本，或即因其流傳既廣，當時所在多有，但得吴氏校記，則蜀石經殘本是何面貌，亦不難推知。至於王昶所校明監本，雖是汲古閣本所出，然二者亦不無異同，馮登府著作，則當《校勘記》既出之後，取材既易，又精研石經，自可後出轉精。故今人欲考蜀石經與傳世經本文字異同得失，不妨取三家著作，博觀通覽，所獲自多。

又後人或病吴氏所撰校記各條但注異同，不下案語，以爲各家校記之中，此爲最下（見《續四庫提要》馮汝玠所撰此條）。此亦非篤論，此不但因各家著作原本體例有别，亦因各家於校記之撰寫宗尚不同，吴騫此書缺少按斷，但標注異文，（案此書亦偶有考證處，如《匏有苦葉》辨經文“濡軌”與“濡軓”之異。）其意當非排斥案斷，而是欲讀者見校記後自行判斷，此與顧千里“不校校之”之説合，對於瞭解蜀石經與今本文字異同，足矣。且能避免繁難駁雜之弊，又論斷雖易下然往往難免武斷，若據此改易經文，反倒易變亂舊文，前人言“清人以善改古書而古書亡”（見汪辟疆《題〈庸閒齋筆記〉卷八“重宋版書之無謂”條》），即爲此等人而發也。故吴氏此書但校異同，不加按斷，亦是審慎之舉。總而論之，吴氏此書主於平實徵信，可作典範校記看待，不必崇之過高，亦無須貶之過低也。

此書今所知最早刊本即收入《愚谷叢書》之道光壬午（道光二年，1822）刊經樓刊本，《愚谷叢書》在乾隆至道光時期陸續刊成，後更名《拜經樓叢書》，民國十一年（1922）上海博古齋又據舊本加以增輯重刊，所收最全，今見《歷代石經研究資料輯刊》所收即據此本影印。至於其稿本及朱昌燕跋拜經樓鈔本至今尚在，著録於《中國古籍善本書目》，分藏於北京大學圖書館及中國國家圖書館，讀者可取以爲對照。

《蜀石經校記》一卷　繆荃蓀撰

繆荃孫（1844—1919），初字小珊，後改字炎之，號筱珊，晚號藝風。江蘇江陰人，同治三年（1864）舉家遷往成都，六年（1867）中四川鄉試舉人，光緒二年（1876）中進士，入翰林，官編修，九年（1885）於國史館纂修儒林傳、文苑傳等。二十一年（1895）入鄂依張之洞，後主講南京鍾山書院，三十三年（1907）創辦江南圖書館。民國成立避地上海，後參與《清史稿》修纂。繆氏著作等身，尤以目録、金石之學聞名海内，所著有《藝風堂金石文字目》《國史儒林傳敘録》《學部圖書館善本書目》《雲自在龕筆記》等。另編撰叢書有《藕香零拾》《雲自在龕叢書》等，生平見自撰《藝風老人年譜》等，今人彙編有《繆荃孫全集》十五册。

荃孫之撰作此書，據此書後跋所言，當宣統辛亥(1911)，荃孫與劉體乾同避地滬上，取劉體乾所得蜀石經拓本，以唐石經校經文，岳氏相臺本校注文，乃成此書。今考繆氏所校依次爲《左傳》襄二第十五全卷、《公羊傳》第二卷桓公六年至十五年、《穀梁傳》襄公十九行、《周禮・秋官》上下卷、《周禮・考工記下》，并非劉體乾所獲蜀石經拓本全部，至於前此王昶、馮登府、吴騫諸家所校《毛詩》殘本亦不與焉。馮汝玠以爲當繆氏取校之時，劉氏所獲尚未得全，故僅限於辛亥、壬子(1912)以前劉氏所得(見《續四庫提要》馮汝玠所撰此條)，以理推之，是也。與前此考校蜀石經者諸家相比，荃孫此書雖屬晚出，然因其所校部分與前此王昶、吴騫所見之《毛詩》殘本不同，故可補前此諸家所見之不足，對於蜀石經之研究亦是一重要推進。

此書體例，因蜀石經有注，故其所校於經注文字特加區别，其以經文頂格書寫，注文另起一行低一格書寫，繆氏考證案語則以小字書寫，各有區分，不相混淆。(原稿經注間空一格，不分行，注文首標“注”字，案語則以雙行小字)。其所取校自言以唐石經校經文，岳本校注文，則因蜀石經與唐石經同出太和本，唐石經無注，岳本與蜀石經時代較近(案繆氏殆以岳本爲南宋刊本，然據今人張政烺考證岳本實爲元人刊本)。而校記中取校之本又遠不止此二本，特以此二家爲主耳。

此書不但標注異文，更有案斷，其中甚多精要之語。觀其案語中所取捨，不偏主一家，於蜀石經與别本異同處能擇善而從，互爲補正，如其校《周禮》卷九，“遂士”鄭注“野距王城二百以外及縣鄙也”一條，據上下文理定字之正誤，而“朝士”鄭注“《郊特牲》曰説繹之於庫門内”條則據賈疏定注文經字之取捨。又於《周禮》篇注意取資王應麟《漢制考》、段玉裁《周禮漢讀考》等，凡此皆因荃孫本學識淹博，故能信手拈來，非一般但知臚列甲乙，不知裁斷者所可比也。且更可注意及者，荃孫似有意補正阮氏《校勘記》之不足，其所校各條多《校勘記》所未出校者，可爲《校勘記》之補充，如所校各條凡未引《校勘記》者即多屬此類。至於同爲《校勘記》標注之異文，則或以蜀石經佐證《校勘記》論斷，如《左傳》襄公十年傳“爾車非禮也”條，《周禮》卷九大司寇鄭注“書曰王耗荒”條。或據蜀石經糾正《校勘記》之失，如《左傳》襄公十年傳“則何謂正矣”條，《周禮》卷九“司盟”鄭注“使其邑閭出牲而來盟”條。凡此不但於讀阮氏《校勘記》有輔助之功，即於群經校勘亦不爲無助，觀此可見，荃孫於孟蜀石經亦可稱功臣矣。

此書原稿今尚存中國社會科學院圖書館，有鄧之誠跋。在當時又隨劉氏蜀石經拓本影印附入，後來刊刻流傳者則以《古學彙刊》本爲易見，今已影入上海書店所刊《叢書集成續編》中，另有今人據《古學彙刊》本點校整理之《繆荃孫全集》本。至於《歷代石經研究資料輯刊》所影本則據《古學彙刊》本，然遺漏《左傳》《穀梁傳》部分，僅存《周禮》部分，讀者取用當注意之。

《北宋汴學篆隸二體石經記》一卷　丁晏撰

丁晏(1794—1876),字儉卿,號柘堂。江蘇山陽(今淮安)人,道光元年(1821)舉人。晏博學多藝,早歲爲阮元所賞識,治學尊崇許鄭,研精四部之學,生平著述甚豐,此書之外尚有《周易述傳》《尚書餘論》《禹貢集釋》《尚書蔡傳正誤》《禹貢錐指正誤》《毛鄭詩釋》《詩考補注》《鄭氏詩譜攷正》《毛詩草木鳥獸蟲魚疏正》《三禮釋注》《孝經述注》《子史粹言》《曹集銓評》及鄭玄、曹植、陶潛、陸贄諸家年譜等,晚年輯刻成《頤志齋叢書》二十二種。生平見《清史稿》卷四八二、《清史列傳》卷六十九、《續碑傳集》卷七十四等。

考北宋石經之刊刻,以篆隸二體書之,成於仁宗嘉祐年間,本爲朝廷稽古右文之盛事,王應麟《玉海藝文》所記頗詳,然以荆公新學之起,頓遭冷落,其後復經易代兵燹,加以汴梁水禍,至清初已殘毀殆盡,僅有少數殘石偶或得見,故顧炎武《石經考》、萬斯同《石經考》、朱彝尊《經義考》、王昶《金石萃編》等皆因未見原石或拓本而於此記載甚略。其後黄叔璥《中州金石攷》著録《周禮》殘石,而海寧趙魏存有《周禮》數紙,學者始注意及之。於是有錢大昕《金石文跋尾續》、畢沅《中州金石記》、陳鱣《石經説》等對其略加考證,庶可稍窺其狀,然其所見者皆不過《周禮》一經而已。後吴玉搢著《金石存》,著録有《周易》《尚書》《周禮》五碑,又嘗見四大册於吴門薄自崑家,其中有《尚書》《周禮》《禮記》《孟子》,并略記其異同,然所記頗略略,未能饜沃人意。故丁氏以前,以拓本鮮見之故,諸家對七朝石經之研究,北宋二體石經一種最爲疏略。至丁氏之撰爲此記,方始加詳。

晏之撰此書,特因其於咸豐七年丁巳(1857)於淮安書肆獲致嘉祐石經拓本殘卷,其中有《周易》《尚書》《毛詩》《春秋》《禮記》《周禮》《孟子》七種計三百九十一張拓片,約存三萬二百餘字,較之前修,亦可觀矣。丁氏本精於經史考據之學,因此取諸經核對,記其文字異同,遂有此考辨經字異同之《記》,後並附其與何紹基唱和詩二首、葉名灃跋一篇。今觀丁氏所記石經與今本文字異同,有頗可資以考證者,如《周易・革卦》今本作“治曆法”,此作“治歷”而與唐石經同,《尚書・洪範》“明作晣”,今本作“哲”,而唐石經作“晢”,丁氏考辨可證今本之非。而《尚書》《毛詩》皆有小序附於各篇之首,《春秋》篆書之外,正書皆小字一行,比篆書特小。《禮記・檀弓》今本“汰哉叔氏”,此則與唐石經、衛湜《禮記集説》皆作“汏哉”,《周禮》今本“冪人”,此作“幎人”,《小宗伯》今本“告潔”,此作“絜”,凡此皆可參校唐石經、宋本以爲群經校勘之依據也。又諸經文字今本多相承爲今字俗字者,此則多改從古字,如思作㥪,前作歬,年作秊等皆是也。

丁氏承乾嘉考據之風習,其撰著此《記》所重特在文字之差異,而於北宋石經之刊刻并經數尚顯簡略，尤其是其所見此拓有《孟子》三十七紙，此與《玉海》所記并歷來成説顯然有違，丁氏無暇細加辨析，葉名澧《跋》特加辨析，以爲北宋石經已刊《孟子》。後人或以爲元人補刻，是非難定，此亦北宋石經闕疑待考之處。丁氏之外，北宋石經尚有劉體乾藏拓本，并後來出土《孝經》等殘石，合以《玉海》所記《論語》，則北宋石經經數略可知矣。

丁氏此書有咸豐七年(1857)刊本，然其末尾所附葉名澧跋則注明戊午(1858)所作，則丁巳當是其定稿開雕之日也，其後復收入丁氏自著《頤志齋叢書》及王秉恩《石經彙函》等。又此書所記石經文字同異，讀者當與丁氏藏拓本合觀。丁氏此拓在當時彌足珍貴，爲藏家所重，後遞經劉世珩、李經邁收藏，並有名人題記甚多，今拓本四册藏國家圖書館，題記一册則藏於上海圖書館。

《石經備考》一卷　徐鏷慶撰

徐鏷慶(1758—1802)，清詩文家，字朗齋，初名嵩，後改曰鏷慶，江蘇金匱人。原籍崑山，徐乾學裔孫。乾隆五十一年(1786)舉人，初以知縣投效川楚軍營，歷權黄梅、崇陽縣事，爲畢沅稱道，後官至蘄州知州。詩宗杜甫，工駢文，有《玉山閣集》，生平見《清史列傳》卷七十二，《國朝耆獻類徵》卷二四四，《國朝詩人徵略》卷四八等。

徐氏此書大體可分爲三部分，首列《歷代石經表》，旁行斜上，以漢、魏、晉、北魏、唐、後蜀、宋、金、元、明諸朝代爲次，條列歷代有關刊刻修補石經史實，有類乎大事表，且各石經標明字體、經數等，並有考辨。表後則爲"攷"，分源流、卷目、異同、稽疑、摹刻、雜記十篇，各有專論。最後則是附考一篇，主於辨析《榆墩集》。故此書大旨不專主一代石經，亦不以校文字爲功，屬通論類一門。

徐氏此書最可稱道者在其體例獨特，迥異於清代石經研究諸家。清儒石經研究發端於顧炎武，其後各研究者在體例方面上，大致形成"校文字"與"考源流"兩條路徑，鮮有能越此藩籬者。至於徐氏之書則不然，其書主於貫通，如其所採用之表格、專題討論諸形式皆是别出心裁之創舉，使人一目瞭然，可收綱舉目張之效果，有合於近代之著作體式，在張國淦《歷代石經考》之前，此書可稱得上最具系統性之著作。又因全書主旨在通考歷代石經，考其異同源流，非專主於七朝石經中任一種，故避免了某些考證著作易犯的繁瑣餖飣之弊，其後張國淦《歷代石經考》中《歷代石經一覽表》與此書卷首之《歷代石經表》即頗爲相類，不知是否即祖述此書。

然徐氏本以文名，非經術湛深者，於石經所存原碑既不能親自觀摩，於石經拓本亦涉獵無多，故其中所述多取前人成説而鮮少發明，如其中辨析漢魏石經一字、三字之問題，即取顧炎武、朱彝尊之説。又其徵引評論前人之説，失於鑒别，有蕪雜甚至僞誤者，其例如其卷中多引徐卋溥《榆墩集》之説，或信或否，今觀諸條如“王莽石經”，“天寶九經”，皆非史實，亦不見於信史。實爲明人憑空杜撰、荒唐欺世之説，即欲辨之，亦不必辨也。而於石經考辨之疑難處，亦不能辨析昭明，鞭辟入裡，如其於顧炎武非議唐石經經字多誤，雖不能同意其説，但舉數字以爲唐石經字能存古，竟不知顧氏所非議者多有誤據王堯典補刻之本，非唐石經之舊也。（前此錢大昕《潛研堂金石文字跋尾》、王朝渠《唐石經考正》、王昶《金石萃編》諸人著作皆無此弊）。且限於當時所見石經研究狀況，其於蜀石經、北宋石經既不能得見其拓本，故殊乏記載，如其在《卷目》一篇於宋國子監石經下標注“佚”，《異同》篇至蜀石經而止，而其他各篇論及蜀石經、宋石經者多得於傳聞，皆以其未曾知見蜀、宋石經拓本之故也。又將宋代重刻漢魏石經置於宋石經下，此皆易爲後人所指摘者。

考此書之撰著當時鮮爲人知，其成於何時亦猶待考定，案書前所署職銜曰“署湖北武昌府糧捕通判軍營出力候補知州通判”，則此書之撰作在其投效川楚軍營之後，而任蘄州知州前，約當嘉慶初年。至於此書傳本，當時撰成之後，未曾付刊，今可得見者惟寫本三種：一種爲徐氏謄録本，藏國家圖書館，此本前有信札一函，是其謄録抄送以承徐榕圃閲覽者，封面則題“光緒癸未(1883)三月紅葉盦重裝”。一種藏復旦大學圖書館，爲王欣夫曬印本，其底稿則爲章鈺四當齋所藏晚清寶山陳如升鈔本，且有陳氏校改之文，至於原稿則與國圖本略同。又一種爲劉體乾傳鈔本，影印於《歷代石經研究資料輯刊》，與國圖謄録本稍有異同，如《卷目第二》末劉氏鈔本較國圖補入“席氏(益)石刻孟子(佚)，十四卷”一條，則國圖藏謄録本恐未必是最終定稿，劉體乾鈔本當别有所據也。

《經義考》選(石經類)五卷　朱彝尊撰

朱彝尊(1629—1709)，字錫鬯，號朱垞，浙江嘉興人。出身世家，曾祖父朱國祚爲萬曆十一年狀元，官至户部尚書兼武英殿大學士，《明史》有傳。康熙十七年(1678)，彝尊應博學宏詞科，次年中殿試一等，除翰林院檢討，任《明史》纂修官。後遭彈劾罷官，復官又罷，遂不復出。康熙二十五年(1686)始撰著《經義考》，康熙三十八年(1699)成書，後於康熙四十四年(1705)康熙南巡時獻上。彝尊生前以辭章名，尤工長短句，爲清初詞壇“浙派”之祖。然著述亦頗宏富，《經義考》外，較著者有《曝書亭集》八十卷，《補元史藝文志》《鶴徵録》《日下舊聞》《金石文字跋尾》等，另編撰有《明詩綜》《詞綜》《明詞綜》等，顧亭林稱其“文章爾雅，宅心和厚”，非虚譽也。《清史稿》卷四八四有傳，生平詳見今人所撰《年譜》(張宗友有《朱彝尊年譜》，最爲詳審)。

此書據《四庫全書總目》言“統考歷朝經義之目，初名《經義存亡考》，惟列存亡二例。後分例曰存,曰闕,曰佚,曰未見,因改今名”,故全書所分部目主體是以群經爲中心之歷代典籍,外則有承師五卷,宣講、立學共一卷,刊石五卷,書壁、鏤版、著録各一卷,通説四卷,家學、自述各一卷。石經一類即在其“刊石”五卷之内,爲卷二百八十七至二百九十一。凡歷代經籍刊石者由漢迄明一一列入,如“漢一字石經”“魏三字石經”“晉石經”“北魏石經”“唐國子學石經”“後蜀石經”“宋國子監石經”諸條,然不限於歷朝石經,舉凡後代重刻如洪适、蘇望重刻漢魏石經,唐宋御書《孝經》,宋儒摩崖經文摘句、六經圖碑等皆在入選之列。至於各條之下,亦仿全書體例,徧引群書,臚列有關刊石本末、書碑、經數、存佚并歷代考證跋文及諸儒論説等,以明其源流。凡彝尊有所考正者,即以案語附列於末。連篇備録,不避其重,前人或以爲“未免少冗”。

今考彝尊所列史文并各家考證,足見其蒐討之勤,見聞之廣,其中以所收顧炎武《金石文字記》《石經考》較爲輓近,而顧氏著作亦是其所取資之對象。清初考論石經最早且最博贍者當推顧炎武,彝尊取其説以入,較易致力,是其取法乎上,汰擇精審也。此書於資料搜羅方面十分完備,即其案語中亦可見其識斷,如萬斯同《石經考》承范曄《後漢書·儒林傳》之誤,以魏石經爲一字而漢石經爲三字,當時不乏學者受其誤導。彝尊即引各家之説以訂其非,不爲調停之説,是其可貴之處。然此書包羅宏富,不免有失考之處,其例如唐石經條下所轉引顧炎武論石經誤字之文,今案炎武此論,所舉諸例多有誤據明人王堯典補缺,而爲書賈所誤者,彝尊不能細加勘對,是其疏失之處,亦不必爲其迴護也。其後翁方綱撰《補正》、羅振玉列《校記》多所補苴糾謬,讀此書者不可不竝觀也。

考彝尊之撰著此書,承明末清初古學復興之風,以當時士人治經多株守宋儒門户,不知博考古今,故不免空疏之弊,故思以表章先儒遺經,扶微繼絶爲務,其博雅宏贍不讓於清初研治石經之各家,然以附列《經義考》末卷,又《經義考》卷帙浩繁,刊刻流傳不易,故知者較少,今特摘出以見彝尊石經學之成就。此書傳本歷來無多,據今人考證,稿鈔本則有臺北故宫博物院藏初稿本,殘存十册,及收入《四庫全書》與《四庫薈要》之鈔本,凡此皆不易見,至於刊本則有初刻曝書亭本,浙江書局及晚近之《四部備要》翻印本等。今人林慶彰等編有《點校補正經義考》,最爲精博。

《石經説》六卷(存一卷) 陳鱣撰

陳鱣(1753—1817),字仲魚,號簡莊,浙江海寧人。嘉慶元年丙辰(1796),阮元(1764—1849)主政浙江,舉爲孝廉方正,三年戊午(1798)中鄉試舉人。鱣早歲與同郡吴騫(1733—1813)相善,後仕宦在外,從盧文弨、王念孫、錢大昕、段玉裁、翁方綱等交游,參與阮元《經籍籑詁》之編纂。晚歲客居吴門，復與黄丕烈（1763—1825）、顧廣圻（1766—1835）等交善，故精校讎，富收藏，好金石，著述甚豐，其較著者如《論語古訓》《禮記參訂》《續唐書》《簡莊疏記》《經籍跋文》《簡莊文鈔》等。其生平見《清史列傳・儒林傳》《清史稿・文苑傳》《清代樸學大師列傳》等。

《石經説》一書，據陳氏嘉慶五年（1800）所作《唐石經校文敘》自言“于乾隆五十五年（1790）作《石經説》六卷，蓋取漢熹平、魏正始、唐開成、蜀廣政、宋至和、宋紹興歷代所刻石而稽攷其異同也”，又其嘉慶九年（1804）爲吴騫《蜀石經毛詩考異》作序亦言“余曾著《石經説》”，故知此書當在乾隆末年已撰成，原本六卷，通考前代石經。意者漢、魏、唐、蜀、兩宋六種各爲一卷，然今所見上海圖書館藏鈔本但存北宋“至和石經”并《石經説序》一卷，“至和石經”者，即嘉祐石經，各以刊刻首尾年號命名也。此卷之外，其他遍訪未見，其存亡不可得知，或已歸於湮滅。

此本首《石經説序》，旁徵《玉海》《夢溪筆談》《宋史》《癸辛雜識》諸書，考證北宋至和石經刊刻始末及書碑者楊南仲、章友直、張次立、胡恢諸人。後則以陳氏於同郡趙魏所見《周禮》遺字并黄叔璥《中州金石攷》所録殘字，一一爲其疏證。所考諸經殘字計有《周易》“貞吉升”“利用宗祀”兩條，《尚書》“旁死霸”“明作晰”“厥心臧”三條，《周禮》“逮筵几”“皆有樞諸臣之所酯也”“大喪存尊彝大旅亦如之”“而守其厲禁而蹕之”四條，并列北宋石經《詩經》《禮記》《春秋》《論語》《孝經》諸存目略加考證以見北宋石經經數。

案清儒治石經者，自顧亭林所撰石經著作之後，或校文字，或考源流，或兼而有之，陳氏本精於許鄭之學，又富藏書，故此書考證石經，以《序》考源流，細目則校文字，體例簡明有法，所考雖偶有訛誤，然尚徵實可信。且北宋嘉祐石經自宋室南渡，殘毀無幾，當時雖有拓片傳世，然流布不廣，後人又乏珍視，故至清世存者稀少，不但普通學者罕有論及，即石經之專門研究者如顧炎武、朱彝尊、萬斯同等所撰石經著作亦於此多闕，直至丁晏咸豐七年（1857）得獲北宋石經殘拓三萬餘字，撰成《北宋汴學篆隸二體石經記》，北宋石經之研究方始得以大興。陳氏此書當北宋石經研究未興之前，能究心嘉祐石經殘字，在當日實屬難能可貴。今就所見各條校文觀之，陳氏每以許氏《説文》爲據，考校異同，不爲無得，如其考得書碑之篆字竟多有用後世生造之俗體者，足見唐宋字學荒蕪，許學後繼乏人，對於嘉祐石經之評價亦不無參考意義。

然此書原本六卷，今惟存一卷，所考諸經，字數寥寥，其貧乏可知也。又陳氏此稿亦不無疏誤之處，如所考書碑人“謝飶”，當是誤記，今查《宋史》列傳，合乎陳氏所言者當爲“邵必”（《宋史》卷三百一十七列傳七十六），又如所轉録《中州金石攷》文字亦不盡據原本，既有改正者，如將黄氏原文《康王之誥》改爲《康誥》，亦有脱誤者，如《既濟》誤作“即濟”，“表裏鏤字”脱一“裏”字，於文意有妨，皆不可不辨者。

此書初無刊本，亦不見各家著録（惟郭靄春《清史稿藝文志拾遺》據《清史稿》陳鱣傳列此書)，陳氏後人衰微，其著述零落甚多。今見此本已非陳氏原本，據卷末題記可知是顧廷龍先生轉鈔羅振常蟫隱廬所藏海寧徐光濟用拙齋鈔本，蟫隱廬原鈔本今存國家科學院圖書館，陳鱣石經著述惟存此一卷，後之學者，欲見陳氏學行，此亦可謂吉光片羽矣。

《大學》石經古本(附序引、旁釋、申釋)不分卷　豐坊等僞撰

豐坊(1492—1563)，字存禮，浙江鄞縣人。嘉靖二年(1523)進士，除禮部主事，免官家居，坐法竄吴中，改名道生。事蹟附見《明史・豐熙傳》。《四庫全書總目》嘗論其“平生喜作僞書，於諸經皆竄亂篇第，别爲訓詁，詭言古本以欺世”。《大學石經古本》是其尤著者也。

先是《大學》一書編入《小戴記》，後宋儒見此篇義理精深，欲表彰此書，然嫌其序次無倫，二程乃變其次序，朱子又補“格物致知”一節，成《大學集注》一卷。至元明遂以朱子改本定爲取士功令，古義日湮，而古本鮮有人過問。明王守仁撰《大學古本旁註》一卷，取鄭注孔疏舊本旁釋之，以圖復《大學》舊本之真，從之者甚多，然謗毁亦隨之。紛攘之中，乃有豐氏《石經古本大學》現世，託言“石經”“古本”，欲於此紛争之中佔一席地。

今考豐氏本家富藏書，然習染明末空疏詭詐之風，僞造此書，一時受其蒙蔽之人甚多，久之乃能辨定。今觀其書僞託魏石經本《大學》，其所定《大學》文本與鄭注孔疏本較近，惟不分章節，又增“顔淵問仁”以下二十二字，删“此謂知本此謂知之至也此謂修身在正其心”十八字，於文義本身並無悖謬之處。惟漢魏石經皆無《禮記》，《大學》之初刻石乃在唐石經，已是鄭注本，本無所謂唐石經以前之“石經《大學》古本”。所謂魏石經《大學》純屬子虚烏有，豐坊之僞在今日已不值一駁，然在當日卻頗能聳動一時，影附者甚多，亦可慨也矣。

此書紕繆之處早經清儒辨明，如毛西河《大學證文》即列舉甚多，今略舉其關乎大要者如下。鄭曉言魏石經《禮記》是魏政和中衛覬、邯鄲淳、鍾會等以小篆八分刻之于石，然政和乃北宋徽宗年號，曹魏並無“政和”之號。又據諸史衛覬、邯鄲淳、鍾會三人年歲相差甚大，斷不能同時作書，則其所言不已荒唐遠甚乎？毛氏《證文》又言漢魏之時見於史者有兩“賈逵”，鄒氏疏誤以東漢賈逵與曹魏賈逵混同，凡此皆切中其弊，於此晚明諸人之空疏無學亦可見一斑。

此書自問世以後，有王文禄、唐伯元等爲其表彰，其後鄒氏甚至上疏請以此立於學官，未果。王文禄乃爲其作旁注，收録於明萬曆所刊《百陵學山》，其後 1936 年商務印書館所編《叢書集成初編》即將其影印收入，頗易獲取。豐氏所僞雖於學術本身無益，然由此可覘晚明學術之風氣，是此書亦不可廢也。

石經論著提要十二種*

□陸駿元

［作者簡介］ 陸駿元，上海交通大學人文學院博士生（上海 200240）

後蜀毛詩石經殘本 一卷 王昶撰

清王昶撰。王昶生平見“金石萃編·石經殘字”提要，蜀石經概況見“蜀石經攷異”提要。此編亦《金石萃編》著録石刻之一種，列目卷一百二十二、五代之四，王秉恩（1845—1928）輯《石經彙函》，取是編而單行之，題曰“後蜀毛詩石經殘本”。是書所據迺廣仁義學王溥拓本之再拓本也，先是，黄易（1744—1802）之父樹穀（號松石）家居杭州武林門外王世貞（1526—1590）故第，開“廣仁義學”，聚羣書以供往來學者閲讀其中，此蜀石經毛詩殘拓亦松石所藏也。乾隆七年（1742）十二月十五，此卷曾攜至趙昱（1689—1747）家中，召集厲鶚（1692—1752）、丁敬（1695—1765）、全祖望共觀之，並各賦詩。及松石殁，義學中所藏散失，王溥家鄰近黄氏，後此卷歸溥也。此拓本有卷一卷二全帙，然至王溥後乃逸卷一上半，王昶所得，蓋摹溥拓而再拓之本。此卷起卷一《召南·鵲巢》箋“爵位故以興焉”至卷二末“二子乘舟”止，共存經注一萬二千五百四十一字，經書大字徑六七分，毛《傳》、鄭《箋》雙行小字，不兼及孔《疏》。凡《傳》不加“傳”字，《箋》則有“箋云”以示區别也。凡經、傳、箋均連貫寫之，不復離析；以卷二爲例，卷首首行題“毛詩卷第二”“毛詩國風”“鄭氏箋”，次行云“邶柏舟詁訓傳第三”，卷末章句一行即題“毛詩卷第二”，别無年號歲月。卷二又有小木印，長一寸五分，寬一寸，正書四行曰：“此書義助於浙江杭州府武林門外廣仁義學永遠爲有志之士公讀者”二十八字，皆朱色。拓本每行十四字，高尺許。

王昶是編並未録其全拓，僅列拓本中異文之句，下注明監本以校之。後備附傳記中之有關

* 本文爲國家社科基金重大項目“歷代儒家石經文獻集成”（13&ZD063）階段性成果。

蜀石經者，如《成都記》《玉海》、晁公武《石經考異序》、洪邁(1123—1202)《容齋隨筆》《經義考》、曹學佺(1574—1646)《四川名勝志》、吴任《十國春秋》《鲒琦亭集》等，使學者可據此而考之也。末有其總論，凡拓本之由來、形制，及其所載異文之可資考證者，均一一述其由來而攷其同異。其於石本、監本之異文者，據經、序、傳、箋之次，尤著意於訛字、衍文、異字之所以流變之狀況，故其考訂之詳、考辨之精，雖在馮登府《攷異》之前，猶能過之。如《采蘋》篇《傳》"蘋，大萍也"，監本作"大蓱"，王昶以爲蜀刻本《説文》，而監本本《爾雅》；下文"有齊季女"《傳》"必先醴之於宗室"，監本作"禮"，德甫以爲石經與定本同，而與毛《傳》異也；又如《燕燕》有"實是也"三字而監本無之，王昶以爲乃《釋文》誤入《傳》《箋》，據此可知，此一現象五代即然，不始於宋也；再如《日月》《箋》"是其所以不能定貌也"，監本作"完"，德甫以爲所以"完"訛爲"貌"者，乃"完""皃"形似，又寫"皃"爲"貌"也。是皆較馮書爲詳。蓋馮氏雖得其全，然於文字異同，所考仍頗游移，而王昶精於小學、深於學術，故其所辨尤詳而所論亦篤矣。今學者之考石經，非徒斤斤於異文之有無與得失，更須著意經本文字之所以是與所以誤者。世人雖云蜀石經謬誤甚多，然其所以致誤者，摹勒之誤而外，或有所本，或緣所由，蠡探其根本而明學術變遷之跡，此學者之事，而王昶是編爲今日研究之法則可也。他如以爲蜀刻避唐諱者乃沿開成本原文，而石本不避孟祥曾祖諱道者，或其曾祖先名道而改名巙，其論較之獨持歐史所記爲誤之論者，要爲合於邏輯而更高一層也。清人之攷此拓者，本書而外，尚有馮登府《蜀石經攷異》、吴騫(1733—1813)《蜀石經毛詩攷異》二種，其書互有同異，學者必合此三編而觀之，則庶幾可得蜀刻研究之全。

是書乃《石經彙函》從《金石萃編》中析出者，有王秉恩《石經彙函》本。

蜀石經春秋注考異　一卷
附歲閏朔晦攷疆域闕文又穀梁傳注攷異　楊繼振撰[①]

清楊繼振(1832—1897)撰。繼振字彦起，一字幼雲，又作又雲，號蓮公、燕南學人、蘇齋主人、星風堂主人、齊軒道人等。漢軍鑲黄旗人，官工部侍郎、廣東鹽運同知等，富有收藏而稱名咸、同間。雅好金石，辟有"石筝館""蘇齋""雪蕉館""星風堂"等，藏書印有"石經厂""古燕楊氏星風堂鑑藏""承壽雙碑之館""宏農楊氏世家""又雲""繼振"等。後幼雲卒，所藏幾盡散佚。

楊氏收藏之著者，爲此宋拓蜀石經三種：其一曰《周禮》卷九、卷十；其二曰《穀梁傳》卷九，

① 此條提要曾參攷王欣夫《蛾術軒篋存善本書録》庚辛稿卷一之書録，老輩學力之深，實筆者所不及，特記此以識之。

十九行；其三曰《左傳》卷十五“襄之二”全卷，共五十三葉半，每葉十二行，凡六百二十六行，經注一萬二千一百一十七字。三者均爲宋内府藏本。初，《左傳》殘拓在大興鄭世允處，沈兆霖（1801—1862）、何紹基（1799—1873）分别於咸豐七年（丁巳，1857）見之；後殘拓流出，楊鍾羲（1865—1940）《雪橋詩話餘集》載咸豐八年（戊午，1858），是本在北京廠肆式古堂主人處，復歸又雲。其後，又雲續得《周禮》《穀梁傳》二拓，遂改其室爲“石經厂”以識之。逮繼振卒，《左傳》殘拓先歸湖州張度（1830—1904），光緒二十六年（庚子，1900）後又歸李希聖（1864—1905）。據劉體乾（1880—1940）《蜀石經景本跋》，宣統二年（1910），《左傳》《周禮》殘本俱在陶榘林處，《穀梁》殘本在陳詒重處，最後均歸劉氏。繼振此三拓均爲宋内府藏本之流出者，有内府大印，爲海内孤本，健之影印其所藏刊本，今皆便於見之。

是書正文合“左氏傳校勘記”、“歲閏朔晦攷”、“疆域”攷、“三傳異同”、“穀梁傳”攷異爲一，所攷範圍均爲殘拓起訖。本書初題《蜀石經左氏傳校勘記》，後因名同阮元《校勘記》，故易今名。據扉頁題記，“左傳校勘記”起於咸豐十年（庚申，1860）八月十九日，訖於九月四日。是編乃用阮刻十行本《注疏》詳校，並以武英殿仿宋岳氏本及殿本《注疏》參正，間引别本，於《左傳》得一百三十六科，《穀梁傳》得二科，而蜀刻石本、今本之異同畢載此卷也。此編雖僅爲校勘，然所得有可補正今本者，如經十一年“同盟于亳城北”，“亳”服虔本作“京”，惠棟《左傳補注》依服説，謂京乃鄭地，在滎陽，阮元《校勘記》承其説。繼振以爲杜《注》明言鄭地，則應以《傳》《注》爲正，不必遂改經文；又如《傳》十一年“居安思危”，惠棟依《周書》“居”作“於”，並引《戰國策》之説，改“居”爲“於”。又雲以爲“居”“於”音近可通，各本同，無須煩改，仍以《傳》文爲是；所言較惠氏之泥古，遠爲通達曉暢。清代“漢學”大興，於《左氏》多有右服左杜之意，繼振一依經本文字爲準，所論實爲平允。又如“疆域”攷，“十一年，會于蕭魚”，杜預、孔穎達皆謂經書“秋”爲誤，而趙東山以爲下文“冬”在“會于蕭魚”上，顧亭林是之。繼振詳考前後史文，以爲鄭之至楚、秦之至晉，均距魯近，而襄公自鄭返魯，二國來告更遲，是以書法次第如此，不必過於拘泥，所攷至細而所論至暢也，由是足見又雲之功。此編亦多關注經本流衍之跡，如《傳》十年“師帥也”，攷諸本皆作“樂師”，惟淳熙本作“師帥”，與《周禮・地官》“師之言帥也”合；“先臨尸而逐賊”，諸本皆作“追盜”，淳熙本作“追賊”，惟宋本作“逐賊”，與石經合；由是可知，石經所刻多有淵源，蜀石經所祖爲太和之本，雖傳寫多誤，爲學者所譏，然猶可略見古本面貌也，吾人之考史校文，豈可以厚刊本而薄石經耶？是書卷末有張恩澍跋。

此書卷首有《題宋蜕蜀石經春秋經傳集解第十五殘本後倒用壽陽相國什韻》《石經校勘記成戲用前韻題此柬張君佩紳索和篇》二詩，以紀藏拓之喜。據幼雲“左氏校勘記”後題記，其校是書時，英國人方踞安定門，“城中辟兵者紛紛”，而楊氏獨“閉關株守”“日事丹鉛”，至九月十二日，和議始成。張恩澍跋稱其“每日脱有變，當挾此及《婁壽碑》與俱，如趙子固之於《蘭亭》也”，是可見其當日之志矣。

凡爲蜀石經校記者,《毛詩》以外,校此《左傳》《穀梁》者,尚有繆荃孫《蜀石經校記》一卷、劉體乾《蜀石經考》四卷及羅振玉《蜀石經春秋穀梁傳殘石》一卷,諸校之中,以楊氏爲最早。繆氏《蜀石經殘本跋》云:"(此本)光緒丙子在楊幼雲處見之,屬爲校異,因循未果。"後其於宣統三年(1911)從劉體乾處借得此本,乃成《校記》一卷。然繼振早於咸豐十年即校勘一過,此藝風所不知也。羅氏《蜀石經春秋穀梁傳殘石跋》亦云:"楊又雲太守曾撰《蜀石經考異》三卷,鮑子年屬之跋,見《觀古閣續叢槀》,今亦不知存否,坿記於此,以告世之言蜀石經故事者。"則雪堂知有是書而未見之也鮑康(1810—1881)字子年,號觀古閣主人,晚清錢幣、金石學家。其《繼幼雲蜀石經攷異跋》不見楊書,今收《觀古閣續叢稿》中。是書後歸王欣夫,又爲今復旦大學圖書館所藏,此亦斯編之幸也。據王欣夫《蛾術軒篋存善本書録》所載,是册所校不及《周禮》,然於册末附粘數葉以記《周禮》字數,此數葉已單列爲一册,即《蜀石經周禮現存字數攷》,詳此書提要。是書有"石經厂"朱文方印、"鮑康讀過"白文方印、"鑑振"白文方印、"蛾術軒篋藏書"朱文方印、"復旦大學圖書館藏"朱文方印等。

是編稿本今藏復旦大學圖書館。

蜀石經周禮現存字數攷 一卷 楊繼振撰

清楊繼振(1832—1897)撰。幼雲之生平及所藏蜀石經三種之情況詳見"蜀石經春秋注攷異"條。是書本乃附於《蜀石經春秋經注攷異》之後數紙,後單列裱裝而自爲一書。卷首夾一紙,引晁公武《郡齋讀書志》中言以爲蜀石經之介紹。正文實統計又雲所收蜀石經《周禮》卷九、卷十之字數。卷九起"雍氏"至"正隸之事"止,共三十八頁,存字一萬〇五百五十三字,卷十《周禮・秋官・司寇下》起"布憲掌號令"至"車秉"止,共三十九頁,存字一萬一千二百六十四字。《周禮》二卷共計存字二萬一千八百十七字。卷末又附計《穀梁傳》字數共存三百二十六字,則楊氏最後得《穀梁》殘拓也。據卷中所記,卷九字數統計在同治三年(甲子,1864)十二月七日三更,卷十之字數統計則在同年十二月初九日三更未盡之時,似於此時得《周禮》殘拓,喜悦之情溢於筆端。然幼雲所藏蜀刻三種,逮其卒後歸劉健之,則藏品之聚散亦有時矣。是書卷首鈐"復旦大學圖書館"朱文長方印。

是書現藏復旦大學圖書館。

北宋石經補攷　一卷　李遇孫撰

清李遇孫撰。遇孫字慶百，號金瀾，嘉興(今浙江省嘉興市)人。其五世祖爲李秋錦，秋錦於康熙中徵博學宏詞科，與兄繩遠、弟符，號"嘉興三李"。金瀾與其從兄李超孫、富孫(1764—1843)，亦並以文學名於時，號"後三李"，三人皆與馮登府爲友。遇孫以優貢官處州訓導，所著《尚書隸古定釋文》八卷，孫星衍序以爲足存晉代舊文及唐、宋相傳字體。性嗜金石，嘗撰《金石學録》四卷，凡三代以來，至漢、魏、六朝、唐、宋、元、明逮本朝諸家，著述之及於金石者，無不備見於是録都三百餘人，於歷代金石學之源流、沿革均悉然於心。又有《栝蒼金石志》十二卷附《續志》四卷、《日知録續補正》三卷、《筆彊偶數》一卷、《鶴徵前録》一卷等，輯《天香録》六卷。有《芝省齋吟稿》八卷。

是書附《金石學録》《金石起原説考補》二書之後。歷來之説石經者，詳於開成以前，而於兩宋則略焉，非視學術價值爲然，其殘石之存於今者實亦鮮焉。北宋石經刊九經於石，今所存者僅《周禮》《禮記》殘石各一小塊，清初諸儒至朱彝尊猶未見也。李書卷首云："《北宋石經補考》補諸老輩《石經考》之未詳也。"蓋是書仿顧、萬、杭三家《石經考》，取宋明以來諸家之説之見於著録者，各加案語於後以補正之，以爲石經考史之助。金瀾於汴學石經存亡之源流敘述井然，於各家書中之謠傳、訛誤者均有辨析。宋明以來學者，如江休復(1005—1060)、王應麟(1223—1296)、周密(1232—1298)、李燾(1115—1184)、葉適(1150—1223)、朱翌(1097—1167)、顧起元(1565—1628)、陳頎(1414—1487)等八家，於北宋石經之存亡皆有論説，或以爲宋時即已磨滅破碎、罕有完者，或以爲石經沈於黄河淤泥之下，或以爲其用爲柱礎。又杭世駿《攷異》引楊慎(1488—1559)、王延年、汪祚之説，云石碑在靖康之難時爲金人掠去，又有以爲石本明初猶在者，諸説紛繁，互相牴牾者甚多。遇孫均一一辨證，以爲石板元末猶存，泰半亡於元明易代之際，諸家以爲亡於金、元人之手者俱未深攷。北宋石經當日記載即少，後世又難得一窺，此皆學者未親睹石本，各據記載而紛呈臆説也。本朝學者如吴玉搢、畢沅等致力於蒐討石經，終得其實情以駁前人之説，遇孫尤以此儆之，而本書亦討論丁晏(1794—1875)藏拓以前，北宋石經流傳之最清晰者也。

是書又敘乾嘉以來，學者考見北宋石經之始末"馮登府《北宋石經攷異》"提要所敘同。蓋畢秋帆、錢竹汀二氏均言開封府學前獨存《周禮》卷一至卷五數石，先是，邵晉涵從原石拓《周禮》十二版共三百四十二行，悉數贈予彭元瑞。而孫衍慶佐豫州學使幕時，又得陳留校官所拓九版二百六十八行，與彭拓相較，惟闕"太宰五日保庸"至"八日山澤之賦"，"大宰之小治"至"小宰以敘其事”,“小宰日廉辨”至“觀志”三版七十二行。遇孫自海昌徐壽魚家得其祖傳本十葉卷一三葉、卷五五葉、卷六接卷六之尾爲一葉、卷六一葉,即與從兄富孫作考釋文字,刊入馮登府《北宋石經攷異》,因此,至遇孫時,畢、錢二氏所見之碑仍無恙也,而諸家所藏亦不出彭拓範圍。金瀾於卷末歎曰:“蓋土中續出之碑,豈有止數乎?”後丁晏於淮安書肆得汴學石經舊拓四大册,共三百九十一紙,其出遇孫今之所得,又不止倍矣。

是書有鈔本及道光四年李氏芝省齋雜著本,鈔本據王書藏南京大學。

北宋石經續攷異　一卷　丁養元撰

清丁養元撰。養元字又吾,少有文名。道光己酉(二十九年,1849)大饑,遂倡捐行振資,後由縣學廩膳生議敘訓導。同治中,歷署象山訓導、桐廬教諭。養元素精小學,著有《禹貢錐指節要》《鷀螢》等。晚年作《五經字攷》,甫成《易》《書》二經而歿,年五十八據《長興縣志》所載,道光二十九年爲縣學生,而年五十八,則其生卒年約在道光十年(1820)至光緒十年(1884)間。

是書附馮登府《北宋石經攷異》之後,爲同治十三年(1874)長興丁氏單行本之僅有者,卷首署名“丁頤甫輯”,卷末有養元跋語,頤甫爲養元之子,蓋此書父子合作也。據“周禮殘碑”題下自注所云,因丁氏所得石經拓本有多於馮氏者,故據以攷異,以續馮書。此卷前列所收拓本起訖,後仿柳東書例攷石本、傳本異文並真、篆異同。汴學石經拓本,彭拓得《周禮》殘本十二葉三百四十二行,馮拓得二百六十九行詳見“《北宋石經攷異》”提要,而丁氏拓本《周禮》而外,又得《禮記》殘字,共計十五葉四百三十二行,其中《禮記》存《三年問》文四行,《周禮》部分與馮拓同者凡五葉,餘皆柳東所未見者頤甫於注中云:“與葉氏同者凡三葉。”,此葉氏爲葉紉之。注言葉氏亦有北宋石經《周禮》殘本六葉(不言行數),似未出彭拓之範圍,又可知北宋石經舊拓雖難得,然各有流傳。紉之好金石之學,與顧廣圻(1766—1835)、瞿中溶等相與過從,曾撰《續金石萃編》。今列丁拓起訖如下:“周禮卷弟一”凡一百〇七行,起“治官之屬”至“徒四十人”止計十八行,較馮氏少十二行;起“九嬪世婦”至“女御八人女”止計十三行,與馮氏同;起“五日保庸”至“山澤之賦”止計二十九行,馮氏所無;起“之小治”至“三日以敘作其事”止計三十行,馮氏所無;“周禮卷弟二”凡三十九行,起“世婦大器掌沐浴”至“以其王及后”止此九行馮氏所無,與下卷合爲一葉;“周禮卷弟三”凡一百〇八行,起“周禮卷弟三地官司徒弟二”至“上士八人”止計十八行,馮氏所無;起“保氏”至“徒百有二十人”止計三十行,馮氏所無;起“府二人”至“下士四人”止計三十行,馮氏所無;起“掌蜃”至“胥四人徒”止計三十行,馮氏所無;“周禮卷弟五”凡六十四行,起“其玉器而奉之”至“凡諸侯之適子”止凡三十行,馮氏同;起“所其職器令之𣪠其事”至“周禮卷弟五”止計四行,馮氏同,此四行與下卷當合爲一葉;“周禮卷弟六”凡八十四行,起“周禮卷弟六春官宗伯大司樂”至“六舞大合"止計二十四行，馮氏同；起"日月之變動"至"以攷政事以"止計三十行，馮氏所無；起"會之凡賜闕之"此行篆文佚至"會同亦如之大器歞"止計三十行，馮氏所無；"周禮卷弟七"凡三十行，起"里日國畿"此行篆文佚至"司馬以旗致民平列陳"止此末一行文佚，計三十行，馮氏所無；又殘《禮記》四行，起"然而服以是斷之者豈不送死有已復生有節也哉"止。丁氏所藏拓本較彭拓尤多百餘行，且其所收《禮記・三年問》殘字，爲歷來諸家著述之所未及後羅振玉得《禮記》殘拓，其中無《三年問》，則其補攷尤爲珍貴也。

丁氏攷異例同柳東，其攷異文二十八條，俱考訂精審，其中篆文與《説文》所載可互相證明者，如"以觀妖祥"，石經"妖"作"媄"，養元據《説文》《左傳》《洪範》等例證之；又如"守其厲禁而蹕之"，石經"蹕"作"䟆"，丁氏引陸德明《經典釋文》亦作"䟆"，言其爲"古字之僅存者"；再如"八月奪"，石經"奪"作"奞"，養元以爲石經真書作"奪"乃從俗字也。是皆可證石經篆文之存古意者。養元又以爲石經真體可從正字而實係俗字者，如"幣"之作"弊"、"敘"之作"叙"，是皆其不可知之者，以俟後之博雅君子教之。

是書有同治十三年那個丁氏重刊本。

漢石經攷異補正　一卷　瞿中溶撰

清瞿中溶(1769—1842)撰。中溶字萇生，又字木夫，江蘇嘉定(今上海市嘉定區)人，諸生，例授湖南布政司理。木夫爲錢大昕女婿，淹通金石之學，其任職湖南之時，承修《湖南通志》，於金石一門，最爲賅備，此其學之所長也。晚歲歸田，境遇頗窘，著述多散佚。道光二十二年(1842)卒，年七十三。其著作之存於今者，本書而外，尚有《漢武梁祠堂石刻畫像攷》六卷、《集古官印攷》十七卷、《集古虎符魚符考》一卷、《奕載堂古玉圖録》一卷、《洗兔録集證辨證》一卷、《古泉山館題跋》一卷、《吴郡金石志》不分卷、《古泉山館金石文編殘稿》四卷等，諸書於金石所記特詳，宗族姻親、友朋子姪無不備載。瞿氏又深於經學，於經傳異文及古今版本流衍至爲注意，所著如《三禮石經辨正考》《春秋三傳經異文備考》《古文孝經釋文辨證》《諧聲表》《宋本漢書坿録札記》《隸釋隸續大義拾補》《魏石經遺字舉正》《蜀石經考異補正》《唐石經考異補證》等，俱承竹汀衣缽，惜今無傳。又有《奕載堂文集》一卷、《古泉山館詩集》八卷、《瞿木夫自訂年譜》二册存世。

清初之攷石經者，顧亭林、萬季野、杭堇浦也，中溶以爲三氏咸於漢魏石經爲一字、三字之説不能取決，至杭氏反以三字爲漢、而四十八碑爲魏石經者尤甚。而諸人重在辨史，於石經殘字於今本之異同均不置一詞。瞿氏因仿亭林之例，據洪氏《隸釋》《隸續》所載補録石經殘字，兼採衆書以爲疏證,復辨明史實以補正三書。是書卷一考辨石經史事,舉凡史傳諸説、考史文獻,均詳列之而後附案語;卷二載惠棟(1697—1758)《九經古義》中所考漢石經語,間下己意,又攷熹平石經之流傳情況。是書於熹平石經之文字、史事、收藏、流變靡不畢載,洵爲新出殘石以前最爲賅備之著作也。

此編勝義備出。考史部分,木夫於碑石之損益變遷及宋代諸家收弆之始末多有致意。又謂《隋志》所載一字石經七種,三字石經有兩種,既以"一字石經"列"三字石經"以前,則一字爲漢,三字爲魏,《後漢書》所言正始石經"一字"者,實乃"三字"之訛誤。如是,則字體、經數曉然,是可斷千古之訟也。考文部分,瞿氏以爲經典文字流傳日久,其中謬誤相承不少,熹平石經猶是漢儒傳寫之本,故文句之異於今者往往語義較長。惠氏《九經古義》攷石經之異於今本者二十四處,中溶復補二十五例,如《詩》"不嫁不穡",石經及漢碑皆作"嗇",考之經典,則鄭《箋》、杜《注》、《釋文》皆可證二字無異;《論語》"植其杖而芸",石經作"置"作"耘",考《釋文》則皆有本也。瞿書諸例,皆校厳板本,並攷群書傳、注而校其異同。木夫又以爲皇侃本《論語》多與熹平石本同,如"子張其不可者拒之",皇侃本及石本"拒"俱作"距";"萬方有罪罪在朕躬",皇侃本及石本"罪"字均不重,云云。是咸可攷漢魏之本而補惠之所不及也。是書猶重考辨各經在漢代之授受情況,如以爲"漢初爲傳訓者皆與經别行"、"漢時經生各有師承,其所讀之書非一家之言",等又以爲石刻《尚書》爲今文非孔壁古文、石經《公羊》用嚴本、而何注乃顔本,是俱蠡探經學流傳脈絡而言前人所未言也。兩宋以來所傳拓本蓋寡,然學者亦有見之者,如顧亭林所見鄒平張氏與京師孫氏摩本、翁方綱(1733—1818)所云金匱錢泳藏本等,雖皆舊拓無復新者,而木夫均未之見也。是時熹平殘石俱未出土,則學者所據者,惟洪氏二書與舊拓所載之吉光片羽。然其究未如後世可目見新出殘石之爲實也,此又木夫之所局限。

中溶之述石經始於道光二年(1802),諸作成於其五十九歲至六十四歲間:據《年譜》,道光七年(1827)三月,作《蜀石經毛詩攷》,校録《漢石經考異補正》畢;八年(1828)二月,輯《魏石經遺字舉正》一卷成;十二年(1812),校寫《唐石經考異補證》成,十四年,校畢。諸書之中,精力盡萃《唐石經攷異補正》《年譜》或稱"集證"、或稱"補證",歷十年而成,瞿氏《自訂年譜》"道光十二年壬辰"條云:"自去秋令五兒校寫《唐石經攷異集證》,至是,各經俱成,約計重編至今將十年矣。"其書歷時十年,計七百餘頁,分二十卷作十册,其中《易》《書》一,《詩》一,《周禮》一,《儀禮》一,《禮記》二,《左傳》二,《公》《穀》一,《孝經》《論語》《爾雅》一。蓋續補竹汀之書也。其餘,《魏石經遺字舉正》自洪适《魏三體石經左傳遺字》中析出《尚書》遺字二百八十八字,又如馮登府《魏石經攷異》之例,取三體石經及《汗簡》《古文四聲韻》中所收之字,以類附録卷末;《蜀石經攷異補正》續補杭世駿《石經攷異》之錯舛及未及者,攷文字之同異以觀經本之沿革。道光以還,石經研究名家輩出,孫星衍《魏三體石經遺字攷敘》、馮登府《石經攷異》梓行於前,劉傳瑩(1818—1848)、李兆洛(1769—1841)諸作考校於後,瞿氏之作適其時也。然其書僅《漢石經考異補正》存於今,餘皆不可得,此亦學林之失也《瞿木夫先生自訂年譜》"道光十五年乙未"條云:"八月,滄浪亭言馮柳東太史欲爲余刻七鏡圖録,並索漢、魏各經攷。"則馮登府曾閲瞿氏石經諸作也,惜柳東《石經補攷》刊於道光八年,後並未增訂,是以瞿書如何,不可考知。

是編臺北"國家圖書館"有鈔本。此本乃張鈞衡(1872—1927)藏木夫手稿本,瞿氏著作多散佚,其存於今者,多賴張氏,適園叢書本亦據此本刊刻。又有適園叢書本、民國三年(1914)刻本等。

石經考　一卷　李兆洛撰

清李兆洛(1769—1841)撰。兆洛字申耆,號養一,江蘇陽湖(今常州市)人,曾從游盧氏於龍城書院。嘉慶甲子(九年,1804)舉鄉試第一,乙丑(十年,1805)得進士,改庶吉士,散館,授安徽鳳臺知縣,在任七年。後主講江陰暨陽書院幾二十年。道光二十一年(1841)卒,年七十三。養一精音韻、史地、曆算之學,長於文辭。編著《地理韻編》二十一卷、《篇題文鈔》七十一卷、《皇朝文典》七十四卷、《紀元編》三卷末一卷,修《鳳臺縣志》十二卷。又有《養一齋文集》二十卷、《補遺》一卷、《續編》六卷、《養一齋詩集》八卷等行世。

是書集歷代史乘、傳記中之有關石經者清石經而外爲一編,分若干主題以敘之,其意主史事而不在文字。養一於書中鮮少論斷,惟排比文獻以自現其意,各立標題而眉目清晰,頗見裁剪之功。目次如右:漢魏一字三字之辨、漢魏石經存毀之迹、晉石經、北魏石經、唐天寶石經、唐開成石經、後蜀石經、孟蜀石經殘碑、宋開封石經、宋太宗御書石經、宋吴郡石刻御書六經、金太學石經、元汴梁學修復石經、以下録諸經之散刊者、以下經圖之刊石者、石經刻數辨、壁經、鏤版。舉凡經文之刻於石者,其相關史事兆洛皆録之,乃取石經廣義之定義也,故多有與六朝石經無涉之文。然養一實亦知之,"石經刻數辨"後有案語云,"自漢訖宋,凡六刻而已",後歷數六朝石經之目及所刊經數、字體;又謂其餘諸刻"皆不足當刊刻之數",則李氏實以本書爲史料之彙編也。是書石經史料搜羅之全,恐無出其右者,其爲初學者入門之參考可也。清初,學者之攷石經者多議其史,以其事未之定也。乾嘉以後,又多以今本校石本,考辨文字之異同。養一雖悉録洪适《隸釋》之殘字,然終未有所考,而其攷史之過於前人,又理之所宜也。

是書之不同於他攷者,乃視石經爲經典文字版本之一種也,與後世刊本無異。蓋兆洛以爲秦漢之漆文竹帛、晉唐之用卷軸及唐末宋初之變爲書册,雖書寫載體不同而其性質則一。是故卷末有"鏤版"一條,繫石本與刊本爲一體,視不同介質之書寫爲一連續之進程。向之考石經者,或重石本,或重刊本,均不能取其全者。然石本猶當時之刊本,二者實一也。此養一先生識見之卓於他人者也。是編坿《養一先生文集》後,故今不多見,是又足惜者。

是書有清咸豐元年維風堂《李養一先生文集》本、光緒十年趙氏能静居鈔本等。賈貴榮《歷代石經研究資料輯刊》於此二本均有影印。

漢石經殘字證異　二卷　孔廣牧撰

清孔廣牧(1836—1861)撰。廣牧字笠塘,一字力堂,曲阜(今山東省曲阜市)人,孔子七十世孫。父繼鑅,道光丙申(1836)進士,咸豐八年(1858),遊德興阿幕府,是年太平軍攻江北大營,清軍敗之,死於軍中。廣牧以難廕入太學,後偶感寒,病卒,時年二十六。廣牧雖英年早逝,亦頗有著述,本書而外,有《禮記天算釋》一卷、《先聖生卒年月日攷》一卷存世,嘗撰《禮記鄭讀攷》《大清儒學案》,均未卒業。

是書爲廣牧少時之作,分上下兩卷,上卷載《尚書》,下卷列《魯詩》《公羊》《論語》。世之攷石經者,多列傳世之本而以石本讎對之,本書乃先列石本文字於前,而校以刊本;石本以《隸續》所載爲主,參以《東觀餘論》《廣川書跋》。各經之中,《尚書》用梅本,《詩經》用《毛詩》,《公羊》用何休本,《論語》用皇侃《義疏》、邢昺兩本,體例精嚴,取捨恰當。是編之旨,迺取熹平石經之字異於它本者,條舉件繫,疏通證明。凡師授之殊、古今文之别、通假之歧、轉寫之訛者,皆詳爲鉤稽而定其是非,所論精審謹嚴,多爲不刊之論。如《尚書》"相時憸民",石經"憸"作"散",力堂據《説文》,以爲當作"思","散"即"散"之變體,而今文假"散"爲"思";又"此厥不聽",石經"聽"作"聖",乃引段玉裁《撰異》之説,以爲二字聲近相通;再如《論語》"子貢",石經"貢"作"贛",以爲端木賜實字"子贛",然皇、邢本俱云"貢"者,迺"字之省借耳";"植其杖而芸",石經作"置""耘",廣牧以"置""耘"當是"櫃""蕓"之省等。諸説咸深悟聲音、文字之理,辨證在在有出乎前儒而上者。是書引證廣泛,多採本朝研經成果,如江聲《尚書集注音疏》,段玉裁《古文尚書撰異》《説文解字注》,高郵王氏《經義述聞》《廣雅疏證》,顧藹吉《隸辨》,顧炎武《唐韻正》,孫星衍《尚書今古文注疏》,王鳴盛《尚書後案》,黄丕烈(1763—1825)《國語札記》,吴玉搢(1698—1773)《别雅》,翁方綱《兩漢金石記》,臧琳《經義雜記》,孔廣森(1751—1786)《公羊通義》,陳鱣(1753—1817)《論語古訓》,翟灝《四書攷異》,盧文弨《論語音義考證》,郝懿行(1757—1825)《爾雅義疏》,邵晉涵(1743—1796)《爾雅正義》,成蓉鏡《經義駢枝》,祁式璟《淮南子高讀攷》,張荔生《毛詩鄭讀攷》等。是時諸作皆備,廣牧折衷衆書、詳爲討論,攷漢石經之載於《隸釋》者,宜乎其莫精於是書也。

是書出馮登府《攷異》之後,其所引、所辨又過於馮氏,則學術趨進,亦理之必然。道、咸以後，考熹平石經者莫詳於此二書，亦其所考局限《隸釋》，而殘石猶未出土也。本書卷首有劉壽曾(1838—1882)序，述本書之所由來。蓋孔家世與儀徵劉氏通好，廣牧子昭汖(字顯弼，1855—1889)爲劉壽曾二妹淑曾之婿，固三世親誼也。然繼鑅先死於軍，力堂繼之以病，昭汖又不慎涉水而亡，三代俱死非命，而二世英年早夭也。恭甫雖整比董理此書於顯弼在世時，然其世家姻親之好，與表微扶佚之志，亦憑此書而昭。恭甫序言其父毓崧(1818—1867)甚推此書，以爲乃"治經字者不可少之書"，洵非過譽也。卷中"王維厥度心"條引劉文淇(1789—1854)説、"何隱爾試也"條引劉壽曾説，亦可表白當日兩家"共堅承學之志"也。

是書有家刻本及東方文化會圖書館鈔本，均藏北京故宫博物院。

漢魏石經考　三卷　劉傳瑩撰

清劉傳瑩(1818—1848)撰。傳瑩字實甫，號椒雲，漢陽(今屬湖北省武漢市)人。道光己亥(1839)舉人，官國子監學正，其學以通經史、立功業爲正，尤熟於胡渭(1633—1714)、閻若璩(1636—1740)輿地之學，舉凡字數、音韻、天文、推算、古文家之説，皆得其大旨。嘗究身心倫常之理，著《明性》《明教》《明治》三篇，以推闡其説，後病卒，年三十。椒雲與曾國藩(1811—1872)友善，故滌生得其遺著《孟子要略》五卷、附録一卷而校刊之，桐城方宗誠(1818—1888)輯有《劉茮雲先生遺集》四卷。

是書乃同邑黄元吉從其孫劉淮誠藏稿得之，爲傳瑩遺作，藁非完帙。前有黄元吉、光緒姚晉圻(1857—1916)二序，後有田明昶跋，序跋作於光緒十年至十二年(1884—1886)間，蓋三人董理此編後付刊也。書分三篇，上篇論漢石經，中篇攷魏石經，下篇題"石經雜證"，共十三目，列之如下：曰漢石經，曰魏石經，曰《隋志》一字石經《春秋》一卷在漢刻六經説，曰漢石經以一家爲主附載諸家説，曰魏石經止《尚書》《春秋左氏傳》説，曰《洛陽伽藍記》不可据説，曰一字石經《毛詩》、一字石經《鄭氏尚書》爲魏晉間刻石説，曰陸《釋文》不引石經説，曰西漢無大學辨，曰漢儒釋經及試博士用隸書，曰西漢五經各家立學官攷，曰石經雜證。前六目皆據原稿，而自"一字石經《毛詩》"以下悉爲田明昶據原目補寫也。

據田曨初跋云："國朝言石經，馮柳東攷文字獨詳，源流則椒雲較確。"則是書側重辨明石經史，實繼顧、萬、杭諸書一脈，而欲與馮書分途治之。書中先列史、傳文字於前，後有椒雲自注案語以爲考辨，並附姚晉圻、田明昶注語以補正劉説。清初諸儒於漢魏石經，多有不可定其何爲一字、何爲三字者，傳瑩以爲酈道元(472—527)《水經注》以三字屬魏，而《隸釋》以一字屬漢，是皆親撫原石、親見原拓者，所言最爲真確。書中於萬季野、杭大宗説頗多著墨，蓋欲辨析二書之所未明者。田跋稱傳瑩於其垂死之日猶拳拳於是書,而此書乃其信心之作也。今觀之斯編,實未然也。如云熹平石經經數爲六,只列《公羊》而未有《春秋》;又云魏石經只《尚書》《左傳》二部,是皆與史實相違。而田氏補者,所攷亦疎,如以爲晉裴頠(267—300)曾刻一字石經《毛詩》與一字石經《鄭氏尚書》,駁季野未就之説,以爲裴氏"既奏修石經","雖四方多故,不應一經未就",特其石亡矣;又指陸德明不能免於南北異學門户之見等,是皆未見殘石又失攷於史事者也。乾嘉以來,學者多措意於經本石本文字異同,然於考史一門未嘗無獲,朱彝尊、翁方綱、瞿中溶等輩皆有所辨,漢魏石經史事幾成定論,而椒雲仍斤斤於此者,雖姚、田二氏略有釐正,蓋所聞猶未廣而所言猶未備也,其未竟之稿歟?然則是書仍有所得,傳瑩攷魏石經但刻《尚書》《左傳》二經,以爲二書字數總計二十一萬餘字,三體三倍之約六十六萬字,若二十五碑表裏皆書字,每碑容三千餘字,須兩百碑,而史傳所載四十八碑,恐是劫餘所剩也。劉氏所考結論雖誤,然以碑所容字數、碑數與經書總字數對勘,藉以蠡測所立經數與經本爲何者,傳瑩乃第一人也,後此法爲海寧王國維所效,是亦椒雲善讀書之一證也。惜乎其書後半原文已亡,不可見其所考也。

是書有光緒十二年沌城黄文吉精刻本、楊守敬校黄刻本等。

北宋汴學篆隸二體石經跋 一卷 王秉恩撰

王秉恩(1845—1928)撰。秉恩字雪澄、雪澂、雪塵、雪岑等,號東西南北之人,又號息塵盦主,華陽(今四川雙流)人。師從張之洞(1837—1909),同治十二年(1873)癸酉科舉人,歷任廣東布政司、廣東知府、廣東按察使等。光緒初,南皮薦其爲廣雅書局提調,任内所刻《廣雅叢書》聞名海内。辛亥革命後,寓居上海,精於目録、校勘之學,富於藏書,築藏書樓"强學簃""養雲館"等,藏書印有"王雪澄經眼記",與繆荃孫(1844—1919)、葉昌熾(1849—1917)等交遊甚密,彙刻《石經彙函》,集有清以來石經研究著作爲一編,最便學者。民國十七年(1928)卒,年八十三。有《息塵盦詩稿》六卷,《王雪澂日記》《寄安室日記》等。

北宋石經流傳於世者甚希,乾嘉諸老如錢大昕、吴玉搢等多僅見《周禮》拓本,自彭元瑞從邵晉涵處得《周禮》殘拓十二版共三百四十二行原爲三百五十四行,羅振玉覈之,實爲三百四十二行,後李遇孫、馮登府等所收均弗之及。咸豐七年(1857),丁晏(1794—1875)於書肆得四大册汴學石殘拓,中有《周易》《尚書》《毛詩》《春秋》《禮記》《周禮》《孟子》諸經共三百九十一紙,後之藏家無過此數。儉卿之藏後部分歸貴池劉世珩(1875—1926),民國元年(1912),雪澄避地上海,遂於蔥石家見此諸拓,此書即爲之跋也。是時《石經彙函》早已付梓,故彙函中但存丁晏《汴學石經記》而未及原拓。據雪澄是跋，此拓各經情況如下：《周易》凡二十八開，存《升》《困》不全《井》《革》全《鼎》《歸妹》存《上六》一爻《巽》缺首《兑》缺末《未濟》諸卦，《繫辭傳》“寇至負也者”至“盜之招也”，“大衍”存一節；《尚書》凡四十二紙，《堯典》有小序，以下多列《書序》，然多不全，有《牧誓》全五典；《禮記》凡一百二十紙，分兩側，存《曲禮》《檀弓》《王制》《月令》《曾子問》《内則》《玉藻》《樂記》《雜記》《經解》《坊記》《中庸》《表記》，間傳《三年問》《鄉飲酒》義；《春秋》凡二十四紙，二體書與他經不同，隸書尤小，僅存昭公十三、十四、十七、二十、二十二、二十三年；《周禮》凡二十八紙，字體非一人書；《孟子》凡三十七紙，真篆與他經差别；總計七經，共存三百七十九紙，每張八行，行十字，約三萬零三百二十字。雪澄詳録拓本情況，並附己之考證於各經之後。蓋其以爲自古、籀之變爲隸、楷，孳乳相生，後之字體不盡符六書之義，乃至訛謬百出，而踳駁乖剌不可究詰。隸、楷自爲一體，不能以小篆繩之，故學者須明字學源流，知其前後演變，深悟六書之理，方能求得經義之真。職是之故，雪澄所考俱有根柢，如《尚書》“柴望武成”，石經“柴”作“祡”，雪澄引《説文》《釋文》之説，以爲“柴”即“祡”之假借，以其燔柴，故作“柴”，是以經典不必改“祡”爲“柴”；又如《周禮》“大賓客則攝而薦果”，石經篆作“祼”，鄭《注》讀“果”爲“祼”，而唐石經《大宗伯》以下諸職經文皆作“果”，讀爲“祼”，雪澄據鄭説及各本文字，以爲“祼”謂正字，而“果”乃“祼”之省叚也；再如《周禮》石經“蹕”字真篆同，朱彝尊以爲當從走，雪澄以爲《説文》無“蹕”字，今《周官》惟《大司寇》中有作“趩”者據《經典釋文》所載，實“趩”當從走爲正，“蹕”者或體也。諸説均深於小學，尤於文字演變及經典用字之所以然者詳爲昭示，故疏證多較馮登府爲精。又有正馮氏之説者，如《禮記》中“於”字石經篆多作“烏”，柳東以爲“於”可假爲“烏乎”之“烏”，然不得以“烏”假“於”，因此以篆文爲誤，雪澄以爲“於”“烏”古爲一字，終釋馮氏之疑。雖此書僅爲跋文，然於睪經考文亦頗多助益也。世之治北宋石經者，秉恩之考，豈可遺哉？

是書之首多論北宋石經之史，秉恩以爲宋人不甚重篆書，謂大徐當開國之初，名高一時，士大夫從其遊者衆；然至小徐之時，時人雖賞其文詞，而終晦其《説文》也。小學至有清以降方爲興盛，此實爲秉恩所歎息者也。而本書之末，雪澄復云：“自學校多廢經不讀，經學日即淪亡。昔五代亂離，彼長樂老尚爲鏤板權輿，今並此無之，可不悲哉！”民國初興，西學東漸，雪澄又歎其時之無學也。然學問之興亡更替，猶如鐘擺之來回擺蕩也。以秉恩而言之，民初之形勢猶昔日之兩宋。然今以宏觀視角視之，其安知來日文化之復興無如有清之右文邪？秉恩願此跋“爲讀石經者攷證之資”，此其宜也。

是編有彊斆宧雜鈔本。

漢石經殘字 拓本一册 阿維越致撰

阿維越致輯,民國二十五年(1936)神州國光社石印本。阿維越致又作"阿鞞跋致",乃佛教中"不退轉位"之意,撰輯者爲何人不可攷。據拓本前《敘》所云:"諸家拓本鳩集匪易,以所得前後付印,不及詮次。"則輯者糾集諸拓而合刊之,玩其"不及詮次"之語,似其編輯初衷非關學術,短時間内刊印未及整理之漢石經殘字於一編,則可能爲出版社之舉。據編者書前敘言,本書所作之由,乃補正羅振玉(1866—1940)《漢熹平石經殘字集録初編》之所未逮也。民國十一年(1922),河南洛陽出土漢魏石經殘石二百餘塊,後續有之,一時轟動學界,發掘、摹拓者蜂起。民國十七年(1928),孫壯(1879—?)編、馬衡(1881—1955)序次《集拓新出漢魏石經殘字初集》印行,明年,雪堂合前編所存熹平石經爲五十二石,並己之所藏二十七石(共七十九石),附陶祖光(1882—1956)、趙萬里(1905—1980)所藏九紙拓本,編爲一册,是爲《集録》初編本。本書共收熹平石經殘拓五十一葉,總計二百七十九石已去其重複者,較羅編又多出二百十一石。本書所拓未依經編次,似依所收之先後論列,每石皆攷其出處,拓本磨滅或僅單字致不可攷者,則曰"未詳",有一百十八石。凡雪堂初編已收之殘石,則於其後標"羅云",間附零星考證。然本書所補,實爲徒然。據編者《敘》云:"稿粗定,復得其(指雪堂)所爲《續編》《三編》,則余所考證諸石悉在。"則其在刊印以前,雪堂已刊出《續編》《三編》,而本書增補之二百十一石俱在二編之内,實爲編者所難料。

雖然,是書於雪堂所攷多有釐正,如《魯詩》校記,羅氏據"於緝"二字,强謂《魯詩》《文王》非《大雅》首章,實在"卷阿"之後。編者以爲《文王》篇爲《大雅》始,"不聞漢儒别有異説",不可執單詞孤證而"詭更正文"。後馬衡亦以爲雪堂"説似武斷,未敢苟同";第廿三葉石三《論語》校記,羅氏疑在《季氏》篇之末,編者以爲校記應在《堯曰》篇末,並與"繼絶"在一石,正雪堂之誤;又如第六葉石三《詩·周頌·載芟良耜》,羅氏以爲《毛詩》之"之其饟"之"饟"字,石經字已泐,實非"饟"字,然不能定其爲何字。編者以爲乃"餉"字,並引《禮記·郊特牲》《漢書·食貨志》注證之,補羅所不知。以上皆慎爲考訂而精鑿不刊者。而編者非盡詆雪堂者,第卅二葉石七,羅云"春秋襄廿一年"而吴維孝以爲乃《論語·憲問》篇,編者是羅而非吴,均有所援據,可知此拓本原有所爲也。然編者亦有所失,如羅編《周易》第一石,雪堂校讀云:"利用獄也,石經誤'也'字。"蓋石經殘字爲"利用獄",羅據今本讀之,編者以爲雪堂誤以肴辭接象傳,今檢殘字及今本,實編者誤也;又如《周易》第二石存"初""九""不"字,羅氏定其爲《蒙》《需》《訟》三卦,編者以爲《易》中"初九"凡三十餘見,何能遂定其出處,雖其審慎之態度可嘉,然據後出土之殘石,羅説是也。要而言之，使此書出於《續編》《三編》之前，則於雪堂初編不失補正之意，既其刊於二編之後，則存此一册以見學者治學之跡可也。豈學問之有先後歟？近人謂此書所言“大都不合”“言不足據”，是亦求之過苛而所攷未深也。

集拓漢熹平石經者，當日有孫壯、馬衡、吴維孝、羅振玉諸君，是書躋身其中，猶可以爲挈經之一助。後馬衡刊《漢石經集存》，收漢石經殘石至全，最便學者，則是書之價值亦没落矣。

是書有民國二十五年神州國光社石印本。

《左傳》“蒐”及其相關詞彙考論

□黄聖松

［摘　要］《春秋》經傳與《國語》常見“蒐”字，有“索求”“田獵名”“演習”“校閲車馬”“治兵”“巡守”“聚”等七義，本義爲“索求”；諸義又可歸納爲“田獵演習”與“校閲車馬”二種。此外，《春秋》經傳與《國語》又見“治兵”“大閲”與“脩賦”“庀賦”“繕賦”“悉索敝賦”等詞，其義又與“蒐”近似。本文分析“蒐”與諸詞之關聯及差異，認爲“蒐”可概括“田獵演習”“校閲車馬”，“治兵”“大閲”雖可釋爲“演習”，唯二者不舉行“田獵”，與“蒐”藉“田獵”以“演習”不同。“治兵”“大閲”又稍有區別，前者偏重“演習”過程，後者主要指“檢閲”與“計算”人員、兵器與武備。“脩賦”“庀賦”“繕賦”“悉索敝賦”雖與“大閲”意近，唯“治理”“賦”諸詞係由“鄉”“遂”系統各級官員，依登録簿籍内容於原籍清查，與“大閲”藉“演習”以“檢閲”與“計算”人員、兵器與武備不同。

［關鍵詞］《左傳》；蒐；治兵；大閲；賦

［作者簡介］ 黄聖松，成功大學中國文學系教授（臺南　70101）

一、前　　言

漢人許慎（約 58—約 147）《説文解字》（以下簡稱《説文》）：“蒐，茅蒐，茹藘。人血所生，可以染絳，从艸、鬼。”①知“蒐”乃製作染料之草。《左傳》《國語》常見“蒐”字，近人楊伯峻（1909—1992）《春秋左傳詞典》釋爲二義：（一）“田獵，檢閲軍隊”；（二）“聚也。”②陳克炯《左傳詳解詞典》釋“蒐”爲三義：（一）“動詞，春獵，一説秋獵”；（二）“動詞，田獵兼習武”；（三）“動詞，藏匿、隱瞞。”③隱五（前 718）《傳》：“故春蒐、夏苗、秋獮、冬狩，皆於農隙以講事也。”晉人杜預（222—285）《春秋左氏傳集解》（以下簡稱《集解》）：“蒐，索，擇取不孕者。”唐人孔穎達（574—648）《春

① 許慎著，段玉裁注：《説文解字注》，黎明文化出版公司，第 31 頁。

② 楊伯峻：《春秋左傳詞典》，漢京文化事業公司 1987 年版，第 816 頁。

③ 陳克炯：《左傳詳解詞典》，中州古籍出版社 2004 年版，第 1032—1033 頁。

秋正義》(以下簡稱《正義》):“《爾雅·釋天》四時之獵,①名與此同。……《周禮·大司馬》職:‘中春教振旅,遂以蒐田。’②……其名亦與此同。”③又《國語·周語上》:“王治農于籍,蒐于農隙。”三國吴人韋昭(204—273)《注》:“春田曰蒐。蒐,擇也,禽獸懷妊未著,搜而取之也。”又《齊語》:“春以蒐振旅,秋以獮治兵。”《注》:“春田曰蒐。”④楊伯峻《春秋左傳注》(以下簡稱《左傳注》):“蒐、苗、獮、狩皆田獵名,亦以之習武,因四時而異。”⑤知“蒐”爲春季田獵之名。

《左傳》《國語》又常見“蒐”與戰争相關,如僖二十七(前633)《傳》:“冬,楚子及諸侯圍宋。宋公孫固如晉告急。……於是乎蒐于被廬,作三軍,謀元帥。”《集解》:“晉常以春蒐禮改政令,敬其始也。”(第267)頁《國語·晉語四》:“乃大蒐于被廬,作三軍。”(第283頁)晉師編制原爲“二軍”,⑥於本年“作三軍”,故於被廬舉行“蒐”。翌年僖二十八(前632)《傳》:“曾侯將伐曹,假道于衛。衛人弗許。還,自南河濟,侵曹、伐衛。”(第270頁)知晉師“蒐于被廬”後隨即侵略曹、衛,稍後又與楚國戰於城濮,可證“蒐”與戰争關係密切。⑦又僖三十一年(前629)《傳》:“秋,晉蒐于清原,作五軍以禦狄。”(第287頁)此事又載《國語·晉語四》:“以趙衰之故,蒐于清原,作五軍。”《注》:“晉本三軍,有中軍、上、下。今有五,益新上、下。”(第279頁)晉國“蒐于清原”之目的,一則改易編制由三軍擴爲五軍,一則準備防禦狄之入侵,亦爲部隊投入戰争作準備。又文六(前621)《傳》:“六年春,晉蒐于夷,舍二軍。使狐射姑將中軍,趙盾佐之。陽處父至自温,改蒐于董,易中軍。……宣子於是乎始爲國政。”(第313頁)晉之“蒐于夷”乃裁撤五軍以恢復三軍,又爲制度變革時而“蒐”。“改蒐于董”係由陽處父主導,更换中軍帥爲趙盾。此次“蒐”雖

---

① 《爾雅·釋天》:“春獵爲蒐,夏獵爲苗,秋獵爲獮,冬獵爲狩。”見郭璞注,邢昺疏:《爾雅注疏》,藝文印書館1993年版,據清嘉慶二十年版(1815)江西南昌府學版影印,第100頁。

② 《周禮·夏官司馬·大司馬》:“中春教振旅,司馬以旗致民,平列陳,如戰之陳。……遂以蒐田,有司表貉,誓民;鼓,遂圍禁;火弊,獻禽以祭社。”見鄭玄注,賈公彦疏:《周禮注疏》,藝文印書館1993年版,據清嘉慶二十年版(1815)江西南昌府學版影印,第442頁。爲簡省篇幅及便於閱讀,下文徵引本書時,逕於引文後夾注頁碼,不再以注腳呈現。

③ 杜預集解,孔穎達正義:《春秋左傳注疏》,藝文印書館1993年版,據清嘉慶二十年版(1815)江西南昌府學版影印,第59頁。爲簡省篇幅及便於閱讀,下文徵引本書時,逕於引文後夾注頁碼,不再以注腳呈現。

④ 韋昭:《國語韋昭註》,藝文印書館1974年版,影印天聖明道本·嘉慶庚申(1800)讀未見書齋重雕本,第22、166頁。爲簡省篇幅及便於閱讀,下文徵引本書時,逕於引文後夾注頁碼,不再以注腳呈現。

⑤ 楊伯峻:《春秋左傳注》,中華書局2000年版,第42頁。爲簡省篇幅及便於閱讀,下文徵引本書時,逕於引文後夾注頁碼,不再以注腳呈現。

⑥ 閔元(前661)《傳》:“晉侯作二軍,公將上軍,太子申生將下軍。”(第188頁)

⑦ 劉文强先生認爲晉之“蒐于被廬”,“文公‘作三軍’,重點在軍事指揮權的轉移,同時配合的措施則是行政權一併移轉,這表現在土地包租代管制上。二者互爲表裡,相輔相成,其實一體兩面的事。後人不明其故,以爲‘作三軍’只是擴張軍備,或至多以爲只是軍政制度的改革,皆未能究其全貌。”見劉文强:《論“被廬之蒐”》,《中山人文學報》1994年第2期,第1—20頁。拙文僅就形式層面討論“蒐”之現象,至於“蒐于被廬”之深層影響,請讀者參見劉先生鴻文。

非改易編制，因是更動中軍帥人選，仍與軍制相關，且藉此標舉中軍帥地位。又文十七（前610）《傳》："晉侯蒐于黄父，遂復合諸侯于扈，平宋也。"（第349頁）日本人竹添光鴻（1842—1917）《左傳會箋》（以下簡稱《會箋》）："宋人弑君之明年，會于扈以平宋，故曰復合。"①此次"蒐"之目的在"平"宋，而《左傳》所載"平"諸侯之例，常見挾武力優勢威脅對方就範。②故筆者認爲此"蒐"乃會同諸侯之師以"平"宋，仍與動員武力相關。又宣十四（前595）《傳》："夏，晉侯伐鄭，爲邲故也。告於諸侯，蒐焉而還。"《集解》："蒐，檢閲車馬。"（第404頁）晉國伐鄭而"蒐"，亦是"蒐"與軍事動員關聯之證。又襄十三（前560）《傳》："晉侯蒐于綿上以治兵。……荀偃將中軍，士丐佐之。……使趙武將上軍，韓起佐之；欒黶將下軍，魏絳佐之。新軍無帥，晉侯難其人，使其什吏率其卒乘官屬，以從於下軍，禮也。"《集解》："爲將命軍帥也，必蒐而命之，所以與衆共。"（第554頁）此年之前晉設四軍，第四軍即《傳》所載"新軍"。"蒐"於綿上時因無適任人選，故裁徹"新軍"恢復三軍編制。且此次之"蒐"亦重新選拔六位帥佐，是"蒐"與兵制改易相關之例。《會箋》認爲：

> 蒐有二，有因時而蒐，有因事而蒐。隱五年臧僖伯所言春蒐、夏苗、秋獮、冬狩，是因時而蒐也。此年蒐于被廬，作三軍，謀元帥；三十一年蒐于清原，作五軍，趙盾爲卿；文六年蒐于夷，舍二軍；陽處父改蒐于董，易中軍。此類皆因事而蒐也。立一將，舉一事，必因蒐而

---

① ［日］竹添光鴻：《左傳會箋》，天工書局1998年版，第663頁。爲簡省篇幅及便於閲讀，下文徵引本書時，逕於引文後夾注頁碼，不再以注腳呈現。

② 僖十一（前649）《傳》："夏，揚、拒、泉、皋、伊、雒之戎同伐京師，入王城，焚東門，王子帶召之也。秦、晉伐戎以救周。秋，晉侯平戎于王。"（第222頁）又僖十五（前645）《傳》："壬戌，戰于韓原。……秦獲晉侯以歸。……乃許晉平。"（第231—232頁）又僖三十二（前628）《傳》："夏，狄有亂，衛人侵狄，狄請平焉。"（第287頁）又文九（前618）《傳》："楚子師于狼淵以伐鄭。囚公子堅、公子尨及樂耳。鄭及楚平。"（第321頁）又同年版《傳》："秋，楚公子朱自東夷伐陳，陳人敗之，獲公子茷。陳懼，乃及楚平。"（第321頁）又宣元（前608）《傳》："宋人之弑昭公也，晉荀林父以諸侯之師伐宋，宋及晉平，宋文公受盟于晉。"（第361頁）又宣三（前606）《傳》："晉侯伐鄭，及郔。鄭及晉平，士會入盟。"（第367頁）又宣十二（前597）《傳》："十二年版春，楚子圍鄭，旬有七日。……退三十里而許之平。"（第388—389頁）又宣十五（前594）《傳》："夏五月，楚師將去宋。……宋人懼，使華元夜入楚師。……退三十里，宋及楚平。"（第408頁）又成二（前589）《傳》："冬，楚師侵衛，遂侵我師于蜀。……楚侵及陽橋，孟孫請往賂之以執斲、執鍼、織紝，皆百人，公衡爲質，以請盟。楚人許平。"（第429頁）又成十四（前577）《傳》："八月，鄭子罕伐許，敗焉。戊戌，鄭伯復伐許。庚子，入其郛。許人平以叔申之封。"（第465頁）又襄九（前564）《傳》："楚子伐鄭。子駟將及楚平。……乃及楚平。"（第529—530頁）又襄十（前563）《傳》："諸侯之師城虎牢而戍之，晉師城梧及制，士魴、魏絳戍之……鄭及晉平。"（第542頁）又襄二十五（前548）《傳》："冬十月，子展相鄭伯如晉，拜陳之功。子西復伐陳，陳及鄭平。"（第623頁）又哀元（前494）《傳》："吴王夫差敗越于夫椒，報檇李也。遂入越。越子以甲楯五千保于會稽，使大夫種因吴大宰嚭以行成。吴子將許之。……三月，越及吴平。"（第990—992頁）又哀十七（前478）《傳》："冬十月，晉復伐衛，入其郛，將入城。……衛人出莊公而與晉平。"（第1046頁）

受舉者，欲使衆知，是與衆共之之意。（第 490 頁）

李孟存、李尚師《晉國史》將晉國之“蒐”内容析爲三項：“一是使士卒熟悉編隊戰陳之法；二是通過大蒐整編軍隊，變更軍制；三是宣布軍律，簡選各軍將帥。”①寇占民、萬宏亮《春秋時期晉國“大蒐禮”試析》將晉國“蒐”之功能分爲“變更軍制”“選任將佐”“制定法令”“示威争霸”等四種；②概言之，皆與戰争及軍制關聯。

襄二十四（前 549）《傳》：“齊侯既伐晉而懼，將欲見楚子。楚子使薳啓强如齊聘，且請期。齊社，蒐軍實，使客觀之。陳文子曰：‘齊將有寇。吾聞之：兵不戢，必取其族。’”《集解》：“祭社，因閲數軍器，以示薳啓彊。戢，藏也。族，類也。取其族，還自害也。”（第 610 頁）《會箋》謂“取者，召而來之之意。”（第 1179 頁）陳文子認爲若非發動戰争而不慎藏兵器武備，必將反噬“兵不戢”之人，預言齊國將遭兵寇。齊國非爲戰争而“蒐軍實”，引起陳文子不滿，由此反證“蒐軍實”須因發動戰争方可爲之。須注意者爲，此次齊國“蒐軍實”乃因“社”而起。類似記載又見昭十八（前 524）《傳》：“七月，鄭子産爲火故，大爲社，祓禳於四方，振除火災，禮也。乃簡兵大蒐，將爲蒐除。”《集解》：“爲，治也。”《正義》：“祭社有常，而云‘大爲社’者，此非常祭之月，而爲火特祭。”（第 842 頁）舉行“社”祭常一併爲“蒐”，可證於《禮記・郊特牲》：“唯爲社事，單出里。唯爲社田，國人畢作。……季春出火，爲焚也。然後簡其車賦，而歷其卒伍，而君親誓社，以習軍旅。”漢人鄭玄（127—200）《注》：“簡、歷謂算具陳列之也，君親誓社，誓吏士以習軍旅。既而遂田，以祭社也。”③知祭“社”前須舉行今日所謂田獵、圍獵之“田”，④既而“簡其車賦，而歷其卒伍。”由是可知祭“社”亦須動員人員與武備，故與“蒐”有密切關係。⑤

春秋末魯昭公及魯定公時期，魯國數次之“蒐”則與執政卿鞏固權力有關。昭八（前 534）《經》：“秋，蒐于紅。”《集解》：“革車千乘，不言‘大’者，經文闕也。紅，魯地，沛國蕭縣西有紅亭。遠疑。”（第 767 頁）同年《傳》：“秋，大蒐于紅，自根牟至于商、衛，革車千乘。”《集解》：“大蒐，數軍實，簡車馬也。根牟，魯東界，琅邪陽都縣有牟鄉。商，宋地，魯西竟，接宋、衛也。言千乘，明大蒐，且見魯衆之大數也。”（第 769 頁）清人馬宗璉（1757—1802）《春秋左傳補注》：“此是諸侯遍境出車，始有千乘。自根牟至於商、衛，正是盡魯東西之境。”⑥《左傳注》承馬氏之見，認爲

① 李孟存、李尚師：《晉國史》，三晉出版社 2014 年版，第 425 頁。

② 寇占民、萬宏亮：《春秋時期晉國“大蒐禮”試析》，《中原文化研究》2014 年第 1 期，第 125—127 頁。

③ 鄭玄注，孔穎達正義：《禮記注疏》，藝文印書館 1993 年版，據清嘉慶二十年版（1815）江西南昌府學版影印，第 489—491 頁。

④ 楊伯峻：《春秋左傳詞典》，第 214—215 頁。陳克炯：《左傳詳解詞典》，第 833 頁。

⑤ 魏建震：《先秦社祀研究》，人民出版社 2008 年版，第 116—118、256 頁。

⑥ 馬宗璉：《春秋左傳補注》，《皇清經解》，清咸豐庚申（1860）補刊本，卷一二七九，第 9 頁。

“大蒐”爲“大檢閲,諸侯有遍境出軍之法。……自東至西,全國動員,而大蒐於紅,革車千乘。”(第1302頁)此次“大蒐”目的未見諸家申論,筆者認爲當與魯國執政卿權力轉移關聯。昭五(前537)《經》“舍中軍。”(第742頁)同年《傳》:“五年春王正月,舍中軍,卑公室也。毁中軍于施氏,成諸臧氏。……及其舍之也,四分公室,季氏擇二,二子各一,皆盡征之,而貢于公。”(第742頁)魯國三軍經“舍中軍”後存二軍,又四分二軍而季氏取其二,孟氏與叔孫氏各取四分之一。此事乃魯國軍事制度重大變革,唯不見該年或稍後魯國有“蒐”之記録。至魯昭公七年(前534)季武子季孫宿謝世,①季孫宿之孫季平子意如繼位。依昭二十一(前521)《傳》:“夏,晉士鞅來聘,叔孫爲政。季孫欲惡諸晉,使有司以齊鮑國歸費之禮爲士鞅。”《集解》:“叔孫昭子以三命爲國政。”《集解》又謂季平子“憎叔孫在己上位,欲使得罪於晉。”(第868頁)清人顧棟高(1679—1759)《春秋大事表・春秋魯政下逮表》據此認爲,魯昭公七年(前534)季武子謝世後,叔孫昭子繼爲魯國執政,故季平子憎其在己之上。②筆者認爲魯昭公八年(前534)“蒐”於紅,當是藉此正式標舉叔孫昭子執國政之地位而有此“大蒐”。

昭十一(前563)《經》:“大蒐于比蒲。”《傳》:“五月,齊歸薨。大蒐于比蒲,非禮也。”(第785頁)舉行“大蒐”之由,筆者認爲仍與叔孫昭子彰顯其執國政之地位有關。昭十二(前562)《傳》:“季悼子之卒也,叔孫昭子以再命爲卿。及平子伐莒克之,更受三命。”《集解》:“十年,平子伐莒。昭子不伐莒,亦以例加爲三命。”(第791頁)《左傳注》則認爲據昭十(前532)《經》:“秋七月,季孫意如、叔弓、仲孫貜帥師伐莒”(第781頁),“不過季平子爲主帥而已,昭子雖未與師,其四分公室所得之師必出,或由叔弓率之,故亦以功受三命。”(第1335頁)依此知魯昭公十二年(前562)時,叔孫昭子與季平子雖皆受三命,然執政權仍在叔孫昭子。故顧氏謂“叔孫爲正卿,雖平子有功,亦應歸功首輔,乃是舊例如此,故季孫憎其在己上也。”③筆者推測正因二人皆爲三命之卿,季平子既爲“四分公室”有其二之大族,叔孫昭子爲標舉執政地位,故於本年再行“大蒐”。昭二十二(前520)《經》:“大蒐于昌間。”(第871頁)近人傅隸樸(1907—?)《春秋三傳比義》謂“昭公八年秋蒐於紅,十一年夏大蒐於比蒲,今春又大蒐於昌間,……都是著季氏專政,專講武事,不修文教,致爲盟主所討所執。”④傅氏謂上列魯國“大蒐”皆因季氏專政而起,其説不確。筆者認爲本年“大蒐”與上引昭二十一(前521)《傳》“叔孫爲政,季孫欲惡諸晉”(第868頁)相關。誠如顧氏所言,《傳》載“使有司以齊鮑國歸費之禮爲士鞅”,乃季平子欲藉此嫁禍叔孫昭子,果然“士鞅怒,曰:‘……是卑敝邑也,將復諸寡君。’魯人恐,加四牢焉,爲十一牢。”(第868頁)筆者推測叔孫昭子應對此事不滿,故於翌年再行“大蒐”,藉此凸顯執國政身分。定

① 昭七(前534)《經》:“冬十有一月癸未,季孫宿卒。”(第758頁)

②③ 顧棟高著,吴樹平、李解民點校:《春秋大事表》,中華書局1993年版,第1752頁。

④ 傅隸樸:《春秋三傳比義》,臺灣商務印書館2006年版,第1179—1180頁。

十三(前 497)《經》與定十四(前 496)《經》又載魯國“大蒐干比蒲”(第 980 頁、第 983 頁),定十四(前 496)《經》又記“邾子來會公。”《集解》:“會公于比蒲。”(第 983 頁)知此次“大蒐”,魯定公亦於比蒲接見邾子。

至於二次“大蒐”之由,諸家仍未説明。筆者認爲應與魯定公十二年(前 498)“墮三都”之事關聯。定十二(前 498)《傳》:“仲由爲季氏宰,將墮三都,於是叔孫氏墮郈。季氏將墮費,公山不狃、叔孫輒帥費人以襲魯。……費人攻之,弗克。……國人追之,敗諸姑蔑。二子奔齊,遂墮費。……冬十二月,公圍成,弗克。”《集解》:“三都,費、郈、成也。彊盛將爲國害,故仲由欲毁之。”(第 980 頁)雖已墮郈與費,最終仍功虧一簣,孟氏之成邑仍未墮之。顧氏謂“三桓”“始之欲用孔子墮費、郈者,憤陪臣也。至孟氏不肯墮成,二家亦漸漸生悔,而急于是冬借女樂以退孔子。”[①]顧氏所言“是冬借女樂以退孔子”,見載《史記·魯周公世家》:“季桓子受齊女樂,孔子去。”[②]知孔子於魯定公十二年(前 498)去魯。[③]筆者推測“三桓”歷經“墮三都”之事,爲重振聲威而於魯定公十三年(前 497)“大蒐于比蒲。”雖昭五(前 537)《傳》謂“四分公室,季氏擇二,二子各一”(第 742 頁),然由上引定十二(前 498)《傳》所記,“國人”追擊侵入國都之費人,顯然有部分“國人”仍效力魯定公。“墮三都”之事因成邑之宰公斂處父不願配合,[④]最後功敗垂成。魯定公十三年(前 497)與十四年(前 496)“大蒐于比蒲”之目的,筆者推測應是整飭魯軍效忠“三桓”,毋使再有“國人”協助魯定公之情事發生。此外,定十四(前 496)《經》:“邾子來會公”(第 983 頁),此事記於“大蒐于比蒲”之後。且《集解》謂“會公於比蒲”(第 983 頁),顯然“三桓”舉行“大蒐”時魯定公亦在現場,推測前次“大蒐于比蒲”亦如是。安排魯定公親臨“大蒐”,不僅藉此羞辱

---

① 顧棟高著,吴樹平、李解民點校:《春秋大事表》,第 1765 頁。

② 司馬遷著,裴駰集解,司馬貞索引,張守節正義,[日]瀧川龜太郎考證:《史記會注考證》,復文圖書出版社 1991 年版,第 563 頁。

③ 《史記·孔子世家》:“定公十四年版,孔子年版五十六,由大司寇行攝相事,有喜色。……齊人聞而懼,……於是選齊國中女子好者八十人,皆衣文衣而舞康樂,文馬三十駟,遺魯君。陳女樂文馬於魯城南高門外,季桓子微服往觀再三,將受,乃語魯君爲周道游,往觀終日,怠於政事。子路曰:‘夫子可以行矣。’孔子曰:‘魯今且郊,如致膰乎大夫,則吾猶可以止。’桓子卒受齊女樂,三日不聽政;郊,又不致膰俎於大夫。孔子遂行,宿乎屯。”見司馬遷著,裴駰集解,司馬貞索引,張守節正義,[日]瀧川龜太郎考證:《史記會注考證》,第 733 頁。《孔子世家》所載與《魯周公世家》有異,元人李廉(生卒年不详)《春秋會通》:“胡氏所引《史記》,明年版(筆者按:魯定公十三年版)孔子由大司寇攝相事,至十四年版然後行,則恐未必然。……案《經》文,明年版無更敗起廢之事,而築囿、大蒐,絶與墮都之意不侔故也。”見李廉:《春秋會通》,《文津閣四庫全書》,商務印書館 2005 年版,第五十五册,第 232 頁。顧氏亦言:“若説此年版(筆者按:魯定公十二年版)攝相,至十四年版然後行,豈有聖人當國而築囿、大蒐,焉用彼相,而孔子亦何爲重書之于册乎!”見顧棟高著,吴樹平、李解民點校:《春秋大事表》,第 1765 頁。因是之故,筆者不取《孔子世家》之文,以魯定公十二年版孔子去魯而周遊列國之始。

④ 定十二(前 498)《傳》:“將墮成,公斂處父謂孟孫:‘墮成,齊人必至于北門。且成,孟氏之保障也。無成,是無孟氏也。子僞不知,我將不墮。’”(第 980 頁)

魯君,更强化魯師效忠"三桓"之力度。至於翌年又"大蒐于比蒲",筆者推測另有一因,應與《經》所載"城莒父及霄"(第983頁)有關。《集解》:"公叛晉,助范氏,故懼而城二邑也。"《正義》:"以《傳》稱公會齊侯、衛侯,謀救范、中行氏,知爲叛晉之故,懼而城此二邑。"(第983頁)若以此推測,本年"大蒐"亦因戒懼晉之報復而動員部隊,二事當有密切關聯。總而言之,魯國於春秋晚期數次"大蒐",主要是爲鞏固執政卿權力,廣義而言仍與掌握軍權有莫大關係。黄樸民《夢殘干戈——春秋軍事歷史研究》謂"蒐""較多是在大的政治、軍事行動前夕舉行。"[①]由上文説明可知,舉行"蒐"其實不僅在軍事行動前夕,與軍事制度相關之重大政治變革前後皆可見"蒐"之活動。

《左傳》之"蒐"除與田獵、檢閲部隊與軍事編制改易相關,戰事發生期間亦見"蒐"之記録。成十六(前575)《傳》載晉、楚鄢陵之戰時,雙方自"旦而戰,見星未已。"(第478頁)楚大夫子反"命軍吏察夷傷,補卒乘,繕甲兵,展車馬,雞鳴而食,唯命是聽。"(第478頁)楚國此舉頗令晉師恐懼,此時晉大夫苗賁皇建議晉師"蒐乘、補卒,秣馬、利兵,修陳、固列,蓐食、申禱,明日復戰!"(第478頁)後因楚共王殺子反而使晉師大獲全勝。又襄二十六(前547)《傳》記魯成公十八年(前573)晉、楚彭城之戰時,原本"晉將遁矣",雍子乃謂"簡兵蒐乘,秣馬蓐食,師陳焚次,明日將戰"(第636頁),晉師終獲大捷。上引於戰事期間發生之"蒐",因與本文探究於軍事行動前、軍事制度相關之重大政治變革前後之"蒐"稍異,故須另撰一文討論,於本文不再展開。[②]此外,《左傳》《國語》又見"治兵",《正義》又述及"治賦",《春秋》經傳又有"大閲",諸詞與"蒐"有何關係,彼此如何繫聯,僅見近人楊寬(1914—2005)《"大蒐禮"新探》與《西周史》之專章觸及"蒐"與"治兵""大閲"之别。[③]筆者不揣疏陋,以《〈左傳〉"蒐"及其相關詞彙考論》爲題,將讀書心得形諸文字,就教於方家學者。

二、"蒐"字意義解析與分類

"蒐"常見《左傳》,《集解》對此卻有數種解釋。第一節引隱五(前718)《傳》,《集解》:"蒐,索,擇取不孕者。"(第59頁)知"蒐"有"索求"義。第一節引《正義》,釋"蒐"爲春季田獵之名,係由"索求"引申之,此其一也。第一節已引文獻説明,"蒐"又爲春季田獵之名,此其二也。然桓四(前708)《穀梁傳》:"春曰田,夏曰苗,秋曰蒐,冬曰狩。"[④]則謂秋季田獵之名爲"蒐",與《左

---

① 黄樸民:《夢殘干戈——春秋軍事歷史研究》,岳麓書社2013年版,第118頁。

② 黄聖松:《〈左傳〉文詞釋讀三則》,《高雄師大國文學報》第29期,第57—88頁。

③ 楊寬:《"大蒐禮"新探》,《古史新探》,中華書局1965年版,第256—279頁。楊寬:《西周史》,臺灣商務印書館1999年版,第661—682頁。楊氏《西周史》第五章"'大蒐禮'新探"内容爲迻録《"大蒐禮"新探》,爲簡省篇幅,下文引録僅取《"大蒐禮"新探》。

④ 范寧集解,楊士勛疏:《春秋穀梁傳注疏》,藝文印書館1993年版,據清嘉慶二十年版(1815)江西南昌府學版影印,第32頁。

傳》所載有異。楊寬認爲將“蒐、苗、獮、狩作爲四季不同的狩獵名稱，同時又作爲不同方式的狩獵名稱，是有根據的。”①楊寬謂古人依不同季節野獸生長與活動規律，分别安排不同狩獵地區與對象，且採取不同方式捕獵，故狩獵之名亦有異。近人瞿同祖(1910—2008)《中國封建社會》整理《春秋》經傳記載，認爲“春夏秋俱有蒐，春冬俱有狩，何故？似乎蒐狩的名辭，在當時並没有嚴格的規定。”②瞿氏之見，可備一説。

此外，《左傳注》又謂“蒐、苗、獮、狩皆田獵名，亦以之習武，因四時而異。”(第 42 頁)知“蒐”又由田獵之名引申爲“習武”，即後世所謂“演習”，此其三也。楊寬認爲戰争“所用武器就是狩獵工具，戰争方式也和集體圍獵相同”，所以“軍事訓練和演習可以借用田獵來舉行。”③至於需要“演習”之由，陳恩林《先秦軍事制度研究》認爲，乃因春秋時期仍爲“兵農合一”之“民兵制度”，意即“服役人員平時散在村社爲農，戰時臨時徵集爲兵”；④故須透過“田獵”徵集服役人員，達到軍事“演習”之目的。⑤此觀念起源甚早，學者蒐羅殷商甲骨資料，證實商代已有此制。⑥近人李亞農(1906—1962)《“大蒐”解》認爲，隨時間推移，春秋時代“蒐”之“軍事演習”是“國家的軍事措施，田獵不過是附帶的行動。”⑦

又文十八(前 609)《傳》：“少皞氏有不才子，毀信廢忠，崇飾惡言；靖譖庸回，服讒蒐慝，以誣盛德，天下之民謂之窮奇。”《集解》：“蒐，隱也。”《正義》：“蒐索，隱伏，是蒐得爲隱也。服虔亦以蒐爲隱。隱慝，謂陰隱爲惡也。”(第 354 頁)《左傳注》認爲此處“蒐有二義，服虔與杜預俱謂

① 楊寬：《“大蒐禮”新探》，《古史新探》，第 256—279 頁。

② 瞿同祖：《中國封建社會》，里仁書局 1984 年版，第 348 頁。

③ 楊寬：《“大蒐禮”新探》，《古史新探》，第 263 頁。類似意見又見朱順龍：《春秋史》，上海人民出版社 2001 年版，第 463—464 頁。施鴻琳：《〈左傳〉戰爭中的戰略與戰術研究》，天空數位圖書公司 2011 年版，第 235 頁。黄樸民：《夢殘干戈——春秋軍事歷史研究》，第 116—117 頁。商豔濤：《西周軍事銘文研究》，華南理工大學出版社 2013 年版，第 85 頁。

④ 陳恩林：《先秦軍事制度研究》，吉林文史出版社 1991 年版，第 113—116 頁。類似意見又見錢玄：《三禮通論》，南京師範大學出版社 1996 年版，第 392 頁。黄樸民：《夢殘干戈——春秋軍事歷史研究》，第 77—78 頁。

⑤ 楊寬：《“大蒐禮”新探》，《古史新探》，第 263 頁。類似意見又見藍永蔚：《春秋時代的步兵》，木鐸出版社 1987 年版，第 302—303 頁。王曉衛、劉昭祥：《軍制史話》，國家出版社 2005 年版，第 27—28 頁。姚中秋：《華夏治理秩序史・第二卷》，海南出版社 2012 年版，第 713 頁。

⑥ 董作賓：《武丁狩龜卜辭淺説》，《大陸雜誌》1954 年第 12 期，第 354 頁。姚孝遂：《甲骨刻辭狩獵考》，《古文字研究》第六輯，中華書局 1981 年版，第 34—66 頁。王貴民：《商周制度考信》，明文書局 1989 年版，第 234—236 頁。許進雄：《中國古代社會——文字與人類學的透視》，臺灣商務印書館 1995 年版，第 45 頁。羅琨、張永山：《中國軍事通史・夏商西周軍事史》，軍事科學出版社 1998 年版，第 137—138 頁。羅琨：《商代戰争與軍制》，中國社會科學出版社 2010 年版，第 535—544 頁。商豔濤：《西周軍事銘文研究》，第 87—92 頁。

⑦ 李亞農：《“大蒐”解》，《學術月刊》1957 年第 1 期，第 42—46 頁。

‘蒐，隱也’，蓋以蒐爲廋，《廣雅》及《方言》並云：‘廋，隱也。’[①]則蒐慝者，與‘掩義藏賊’之意同，[②]隱瞞爲惡之人之謂也。如讀蒐如字，則《爾雅·釋詁》云‘聚也’，聚積姦慝之人之謂也。”（第639頁）《會箋》則釋此爲“蒐，聚也。蒐羅姦慝之人，而爲群小之淵藪。”（第675頁）知《會箋》主張將此“蒐”釋爲“聚”。若以《集解》之見，則“蒐”又釋爲“隱匿”，此其四也。

又宣十四（前595）《傳》：“夏，晉侯伐鄭，爲邲故也。告於諸侯，蒐焉而還。中行桓子之謀也，曰：‘示之以整，使謀而來。’”《集解》：“蒐，簡閱車馬。”（第404頁）晉國此役不僅伐鄭，更重要者在“告於諸侯，蒐焉而還。”《會箋》之説最得此旨，認爲“告於諸侯者，以討鄭之罪徧告也，非徵會也。晉侯親伐，聲罪於諸侯。蒐以示整，得方伯之體。”（第768頁）《會箋》謂此役乃晉“大喪師於邲，故示之以戎備之盛也。”（第768頁）則“蒐”又有“校閱車馬”義，此其五也。類同此釋者又見第一節引成十六（前575）《傳》，《集解》：“蒐，閱也。”（第478頁）又襄二十四（前549）《傳》：“楚子使薳啓强如齊聘，且請期。齊社，蒐軍實，使客觀之。”《集解》：“祭社，因閱數軍器，以示薳啓彊。”（第610頁）《集解》以“閱數”釋“蒐”，亦屬“校閱”義。又上節所引襄二十六（前547）《傳》：“簡兵蒐乘，秣馬蓐食，師陳焚次。”《集解》：“蒐，閱”（第636頁），亦釋爲“校閱”。又昭八（前534）《傳》：“秋，大蒐于紅，自根牟至于商、衛，革車千乘。”《集解》：“大蒐，數軍實，簡車馬。”（第769頁）又哀十一（前484）《傳》：“退而蒐乘。”《集解》：“蒐，閱。”仍釋爲“校閱”。至於“校閱”之意爲何？《説文》：“校，木囚也。”清人段玉裁（1735—1815）《注》：“囚，繫也。‘木囚’者，以木羈之也。”[③]典籍常見“校”釋爲計算，如《周禮·地官司徒·酇長》：“以時校登其夫家。”《注》：“校，數也。”（第237頁）又《荀子·王霸》：“故憂患不可勝校也。”唐人楊倞（生卒年不詳）《注》：“校，計。”[④]又《史記·平準書》：“貫朽而不可校。”南朝宋裴駰（生卒年不詳）《史記集解》引三國魏人如淳（生卒年不詳）之説：“校，數也。”[⑤]又《漢書·揚雄傳下》：“簡力狡獸，校武票禽。”唐人顔師古（581—645）《注》：“校，計量也。”[⑥]可證“校”得釋爲“計量”“計數”。至於“閱”字之意詳論於第四節，亦有“計算”義，如是則“校閱車馬”意指計算車馬等兵器武備之數量。

又昭十八（前524）《傳》：“乃簡兵大蒐，將爲蒐除。”《集解》：“治兵於廟。”（第843頁）將“蒐”釋爲“治兵”，此其六也。關於“治兵”之意將在第三節説明，於此不再贅述。又定四（前

---

① 《方言》卷三：“廋，隱也。”見揚雄著，錢繹箋疏：《方言箋疏》，中華書局1991年版，第131頁。《廣雅·釋詁》：“廋、蔽、潛、匿、恩、遁，隱也。”見張揖輯，王念孫疏證，鍾宇訊點校：《廣雅疏證》，中華書局2004年版，第128頁。

② 文十八（前609）《傳》：“昔帝鴻氏有不才子，掩義隱賊，好行凶德；醜類惡物。”（第354頁）

③ 許慎著，段玉裁注：《説文解字注》，第270頁。

④ 荀況著，王先謙集解，沈嘯寰、王星賢點校：《荀子集解》，中華書局1997年版，第211頁。

⑤ 司馬遷著，裴駰集解，司馬貞索引，張守節正義，[日本]瀧川龜太郎考證：《史記會注考證》，第511頁。

⑥ 班固著，顔師古注：《漢書》，宏業書局1996年版，第3563—3564頁。

506)《傳》:“取於相土之東都以會王之東蒐。”《集解》:“王東巡守。”《正義》:“‘會王東蒐’,則爲從王巡守。”(第948頁)《會箋》謂“王之巡守,亦因田獵以教習兵士。巡守又作巡狩,義兩通過也。前《傳》曰‘王巡虢守’,則巡所守之義固有之。”(第1791頁)楊寬亦謂“東蒐”是“指王到東土舉行‘大蒐禮’,也就是‘巡狩’”,認爲“顯然就是舉行具有軍事檢閱和演習性質。”①王貴民《古代巡守制度的史迹及其圖案化》釋之頗詳,讀者可參閱其説。②據此則“蒐”又有“巡守”義,此其七也。

總上所引,知《集解》釋《左傳》“蒐”字有“索求”“田獵名”“演習”“隱匿”“校閱車馬”“治兵”“巡守”七義。唯“蒐”解爲“隱匿”當如《左傳注》所釋,應是讀“蒐”爲“廋”所致,可初步排除。除上述六義外,《爾雅·釋詁》釋“蒐”爲“聚”,晉人郭璞(276—324)《注》:“春獵爲蒐。蒐者,以其聚人衆也。”③《集解》釋《左傳》“蒐”字有六義,再增《爾雅》釋“蒐”爲“聚”則有七義,然何者爲“蒐”之本義?

先秦典籍常見“蒐”“搜”異文現象,如昭二十九(前513)《傳》:“文公是以作執秩之官爲被廬之法。”《集解》:“僖二十七年文公蒐被廬,脩唐叔之法。”唐人陸德明(550?—630)《經典釋文》(以下簡稱《釋文》):“蒐,本又作搜。”(第926頁)又《公羊傳》桓四(前708)《傳》:“狩者何?田狩也,春曰苗,秋曰蒐,冬曰狩。”《釋文》:“廋,本又作搜,亦作蒐。”④又《穀梁傳》桓四(前708)《傳》:“春曰田,夏曰苗,秋曰蒐,冬曰狩。”《釋文》:“麋氏本又作搜,音同。”⑤又《列子·周穆王》:“至於巨蒐氏之國。”楊伯峻《注》引清人汪中(1744—1794)之説,謂“巨蒐即《禹貢》之渠搜也。⑥”⑦不唯如此,“蒐”與聲符同爲“叟”之“廋”亦見異文,如《公羊傳》昭八(前534)《傳》:“秋,蒐于紅。”《釋文》:“廋,所苗反,本亦作蒐。”又《公羊傳》昭二十二(前520)《經》:“大蒐于昌姦。”《釋文》:“大廋,所求反,本亦作蒐。”又《公羊傳》定十三(前497)《經》:“大蒐于比蒲。”《釋文》:

---

① 楊寬:《“大蒐禮”新探》,《古史新探》,第266頁。

② 王貴民認爲“巡守”“起源於古代的遠狩活動。這種遠狩活動亦即武裝巡視。商周時代的狩獵活動具有軍事訓練、演習的作用,其規模大、地域遠,狩獵就有武裝巡視的目的,所以稱爲‘巡狩’。起初,它的巡視對象是敵國外患,也兼著考察歸順王國的方國動態,並且隨之視察封國、都邑的守備狀況或它們對王朝的效忠程度。隨著王朝統一性的加强,外患的威脅減少,而後面兩項巡視内容逐漸上升爲主要,即由軍事爲主轉變爲政治爲主。”見王貴民:《古代巡守制度的史迹及其圖案化》,原載《中國史研究》1990年版第3期,收入中國社會科學院歷史研究所編:《古史文存(先秦卷)》,社會科學文獻出版社2004年版,第170—183頁。

③ 郭璞注,邢昺疏:《爾雅注疏》,第21頁。

④ 公羊壽傳,何休解詁,徐彦疏:《春秋公羊傳注疏》,藝文印書館1993年版,據清嘉慶二十年版(1815)江西南昌府學版影印,第51頁。

⑤ 范寧集解,楊士勛疏:《春秋穀梁傳注疏》,第32頁。

⑥ 《尚書·禹貢》:“崑崙、析支、渠搜,西戎即敘。”見題孔安國傳,孔穎達正義:《尚書注疏》,藝文印書館1993年版,據清嘉慶二十年版(1815)江西南昌府學版影印,第87頁。

⑦ 題列禦寇著,楊伯峻集釋:《列子集釋》,中華書局1979年版,第97頁。

“大廋,所求反,本又作蒐。”[①]此外,“蒐”與“獀”亦見異文,如《禮記·祭義》:“古之道,五十不爲甸徒,頒禽隆諸長者,而弟達乎獀狩矣。”《注》:“春獵爲獀,冬獵爲狩。”[②]《孔子家語·正論》引“獀”作“蒐”。[③]“蒐”“搜”上古音皆爲山母幽部,[④]復有典籍異文之證,推測《左傳》“蒐”字應是“搜”之假借。第一節引《説文》謂“蒐”爲染料之草“茅蒐”,“茅蒐”當爲“蒐”之本義。

《説文》:“搜,衆意也,一曰求也。”《注》:“其意爲衆,其言爲搜也。《魯頌·泮水》曰:‘束矢其搜。’《傳》:‘五十矢爲束,搜,衆意也。’[⑤]此古義也。”[⑥]段氏引《毛詩·魯頌·泮宫》,認爲許慎釋“搜”爲“衆意”乃“古義也”,則“搜”若爲形容詞確有衆多義。[⑦]至於“搜”作動詞則如許氏所言,可釋爲“索求”。“搜”字所从“叟”旁又隸定作“叜”,《説文》釋爲“老也,从又、灾。籀文从寸,叜或从人。”《注》:“《方言》:‘傁、艾,老也。東齊、魯、衛之間凡尊老謂之傁,或謂之艾。’[⑧]”[⑨]清人朱駿聲(1788—1858)《説文通訓定聲》釋“叟”“即搜之古文,从又持火,屋下索物也,會意。爲長老之稱者,發聲之詞,非本訓。”[⑩]近人于省吾(1896—1984)《殷契駢枝續編》認爲“朱解叟之本義至塙。”[⑪]知“叟”本義當如朱氏所釋,乃持火於屋下索物狀,是“搜”之古文,有“搜索”“索求”義。[⑫]循此脈絡,既證“蒐”乃“搜”之假借,“搜”之本字“叟”有“索求”義,推知《左傳》“蒐”字諸義亦當以“索求”爲本義。

“蒐”於《左傳》有“索求”“田獵名”“演習”“校閱車馬”“治兵”“巡守”等六義,再增《爾雅》釋“蒐”爲“聚”則有七義。“蒐”爲“田獵名”,其義當由“索求”獵物而來。此外,田獵之“蒐”不唯“索求”獵物,更如隱五(前718)《傳》所言:“皆於農隙以講事也。”《左傳注》謂“講事,講習武事,所謂教民戰也。”(第42頁)《周禮·夏官司馬·大司馬》載四季“講習武”事:“中春教振旅,司馬以旗致民,平列陳,如戰之陳。……中夏教茇舍,如振旅之陳。……中秋教治兵,如振旅之陳。……中冬教大閱。”(第442—445頁)姑且不論此説是否實施於春秋,可確知“蒐”亦須“索求”戰鬥人員以習武事,方能舉行“演習”,

① 公羊壽傳,何休解詁,徐彦疏:《春秋公羊傳注疏》,第279、294、333頁。

② 鄭玄注,孔穎達正義:《禮記注疏》,第823—824頁。

③ 王肅編,楊朝明、宋立林通解:《孔子家語通解》,齊魯書社2009年版,第505頁。

④ 郭錫良:《漢字古音手册》,北京大學出版社1986年版,第176頁。

⑤ 毛亨傳,鄭玄注,孔穎達正義:《毛詩注疏》,藝文印書館1993年版,據清嘉慶二十年版(1815)江西南昌府學版影印,第769頁。

⑥ 許慎著,段玉裁注:《説文解字注》,第617頁。

⑦ 向熹:《詩經詞典》,商務印書館2014年版,第489頁。

⑧ 《方言》卷六:“傁、艾、長,老也。東齊、魯、衛之間凡尊老謂之傁,或謂之艾。”見揚雄著,錢繹箋疏:《方言箋疏》,第246頁。

⑨ 許慎著,段玉裁注:《説文解字注》,第116頁。

⑩ 朱駿聲:《説文通訓定聲》,中華書局1984年版,第270頁。

⑪ 于省吾:《殷契駢枝續編》,《甲骨文獻集成》,四川大學出版社2001年版,第八册,第254頁。

⑫ 彭邦炯認爲甲骨文“[illegible]”不應釋爲《説文》之“叜”,“應該是从守从火,以守得聲,義爲看守火。”見彭邦炯:《甲骨文[illegible]、[illegible]非灾叜辯》,《古史文存(先秦卷)》,第238—250頁。

知"蒐"之"演習"義乃自"田獵名"引申而得。此外,釋爲"校閲兵馬"之"蒐"亦是"索求"兵車與戰鬥人員於指定地點,方得檢視校閲。至於"蒐"釋爲"巡守",上文已引《會箋》之見,謂"巡守"可讀爲"巡狩",亦有"田獵"義,同於上述"索求"獵物及徵集戰鬥人員以講武事而"演習"。

至於《爾雅·釋詁》釋"蒐"爲"聚",筆者認爲可視爲"索求"之引申,意即"索求"而"聚集"。上文已引《説文》釋"蒐"爲"衆",又係因"索求""聚集"而引申爲"衆多"義,推求其本仍爲"索求"。若筆者申述無誤,宣十二(前575)與襄二十六(前547)《傳》"蒐乘"之"蒐"亦當釋爲"索求"。總而言之,"蒐"之本字當爲"搜",《左傳》"蒐"字諸義當以"索求"爲本;其他如"田獵名""演習""校閲車馬""治兵""巡守""聚",皆由"索求"義引申擴充。除"索求"義外,其他引申義性質大致可分"田獵演習"與"校閲車馬"二類。"田獵"與"演習"之關係前文已述,故筆者將二義合爲一類。"治兵"之意將於第三節細論,大致而言"治兵"主要爲"演習"義,故可歸諸"田獵演習"一類。學者或許質疑:是否有不具"演習"義之"田獵"?《左傳》與《國語》記諸侯、卿大夫"田"之記載計三十二則,①如

① 《左傳》"田"之記載計二十五則:1.莊八(前686)《傳》:"冬十二月,齊侯游于姑棼,遂田于貝丘。"《集解》:"田,獵也。"(第144頁)2.僖二十四(前636)《傳》:"其後余從狄君以田渭濱。"《集解》:"田,獵。"(第254頁)3.文十(前617)《傳》:"宋華御事……乃逆楚子,勞且聽命。遂道以田孟諸。宋公爲右盂,鄭伯爲左盂。"《集解》:"于,田獵陳名。"(第323頁)4.文十六《傳》:"既,夫人將使公田孟諸而殺之。……冬十一月甲寅,宋昭公將田孟諸,未至,夫人王姬使帥甸攻而殺之。"(第348頁)5.宣二(前607)《傳》:"初,宣子田於首山,舍于翳桑。"《集解》:"田,獵也。"(第365頁)6.宣四《傳》:"鄖子田,見之,懼而歸。"(第370頁)7.成十七(前574)《傳》:"厲公田,與婦人先殺而飲酒,後使大夫殺。"(第483頁)8.襄四《傳》:"浞行媚于内而施賂于外,愚弄其民而虞羿于田。"《集解》:"樂之以游田。"(第507頁)9.襄四《傳》:"於是晉侯好田,故魏絳及之。"(第508頁)10.襄四《傳》:"公説,使魏絳盟諸戎。修民事,田以時。"(第508頁)11.襄十七《傳》:"衛孫蒯田于曹隧,飲馬于重丘,毁其瓶。"《集解》:"越竟而獵。"(第574頁)12.襄二十八《傳》:"齊慶封好田而耆酒,與慶舍政。"(第654頁)13.襄二十八《傳》:"冬十月,慶封田于萊,陳無宇從。"(第654頁)14.昭三《傳》:"齊侯田於莒。"(第725頁)15.昭三(前539)《傳》:"子産乃具田備,王以田江南之夢。"(第726頁)16.昭四《傳》:"四年版春王正月,許男如楚,楚子止之;遂止鄭伯,復田江南,許男與焉。"(第726頁)17.昭四《傳》:"宋太子佐後至,王田於武城,久而弗見。"(第731頁)18.昭四《傳》:"田於丘蕕,遂遇疾焉。"(第733頁)19.昭七《傳》:"楚子之爲令尹也,爲王旌以田。"(第758頁)20.昭二十《傳》:"十二月,齊侯田于沛,招虞人以弓,不進。"《集解》:"言疾愈行獵。"(第858頁)21.昭二十一《傳》:"乃與公謀逐華貙,將使田孟諸而遣之。"(第868頁)22.昭二十二《傳》:"夏四月,王田北山,使公卿皆從,將殺單子、劉子。"《集解》:"王知單、劉不欲立子朝,欲因田獵先殺之。"(第873頁)23.定元《傳》:"是行也,魏獻子屬役於韓簡子及原壽過,而田於大陸,焚焉,還,卒於甯。"(第940—941頁)24.哀七《傳》:"及曹伯陽即位,好田弋。"(第1011頁)25.哀十一《傳》:"初,晉悼公子憖亡在衛,使其女僕而田。"《集解》:"田,獵。"(第1018頁)《國語》"田"之記載計七則:1.《周語上》:"王田不取群。"《注》:"不盡群也。"(第12頁)2.《周語下》:"田于鞏,使公卿皆從,將殺單子,未克而崩。"(第103頁)3.《周語下》:"是歲也,魏獻子合諸侯之大夫于狄泉,遂田于大陸,焚而死。"《注》:"田,以火田也。"(第106頁)3.《齊語》:"昔吾先君襄公筑臺以爲高位,田狩畢弋。"《注》:"田,獵也。狩,圍守而取禽也。畢,掩雉兔之網也。弋,繳射也。"(第159頁)4.《晉語一》:"獻公田,見翟柤之氛,歸寢不寐。"(第191頁)5.《晉語二》:"公田,驪姬受福。"(第208頁)6.《晉語九》:"既獻,言于公,與鼓子田于河陰,使夙沙厘相之。"(第349—350頁)7.《晉語九》:"趙簡子田于螻,史黯聞之,以犬待于門。"《注》:"螻,晉君之囿。犬,田犬。門,君囿門。"(第356頁)

莊八(前 686)《傳》:“冬十二月,齊侯游于姑棼,遂田于貝丘。”《集解》:“田,獵也。”(第 144 頁)又僖二十四(前 636)《傳》:“其後余從狄君以田渭濱。”《集解》:“田,獵。”(第 254 頁)又宣二(前 607)《傳》:“初,宣子田於首山,舍于翳桑。”《集解》:“田,獵也。”(第 365 頁)又《齊語》:“昔吾先君襄公筑臺以爲高位,田狩畢弋。”《注》:“田,獵也。”(第 159 頁)《集解》與韋《注》既釋“田”爲“獵”,知其單純僅爲田獵、圍獵,此其一也。且二書所載“田”之事,雖内容繁簡不一,皆不涉及“校閲兵馬”“演習”内容,此其二也。知“田”不具“演習”義,與“蒐”兼具“田獵”與“演習”不容混淆。此外,《春秋》經傳與《國語》又見“狩”之記載八則,[①]如隱五(前 718)《傳》:“故春蒐、夏苗、秋獮、冬狩,皆於農隙以講事也。”《集解》:“狩,圍守也。”(第 59 頁)又桓四(前 708)《經》:“四年春正月,公狩于郎。”《集解》:“冬獵曰狩。”(第 104 頁)又《周語上》:“王治農于籍,蒐于農隙,耨獲亦于籍,獮于既烝,狩于畢時,是皆習民數者也。”《注》:“冬田曰狩。狩,圍守而取之。”(第 22 頁)知“狩”亦爲田獵義,[②]近似於“田”。須説明者爲僖二十八(前 632)《經》:“天王狩于河陽。”《集解》:“晉實召王,爲其辭逆而意順,故《經》以王狩爲辭。”(第 269 頁)《傳》:“是會也,晉侯召王,以諸侯見,且使王狩。仲尼曰:‘以臣召君,不可以訓。故書曰“天王狩于河陽”,言非其地也,且明德也。’”《集解》:“晉侯大合諸侯,而欲尊事天子以爲名義。自嫌强大,不敢朝周,喻王出狩,因得盡群臣之禮,皆譎而不正之事。”(第 276 頁)知此處之“狩”實爲周襄王諱,非真爲田獵。此外,昭十二(前 530)《傳》:“楚子狩于州來,次于潁尾,使蕩侯、潘子、司馬督、囂尹午、陵尹喜帥師圍徐以懼吴。”《集解》:“狩,冬獵也。”(第 793 頁)何以《傳》言楚靈王“狩”於州來,卻又遣軍“圍徐以懼吴”?《會箋》認爲此役目是“楚已滅陳、蔡,將事北方,患吴撓其後,乘滅陳、蔡之威伐徐,欲以先聲脅吴,使不動爾。”(第 1520 頁)推測楚靈王藉田獵之名而突襲徐國,藉以警告吴國切莫輕舉妄動。田獵本是準軍事動員,故戰鬥人員、後勤人員、兵車及武備等一應俱全。

---

① 《春秋》經傳“狩”之記載計六則:1.隱五(前 718)《傳》:“故春蒐、夏苗、秋獮、冬狩,皆於農隙以講事也。”(第 59 頁)2.桓四(前 708)《經》:“四年版春正月,公狩于郎。”《傳》:“四年版春正月,公狩于郎。書時,禮也。”(第 104 頁)3.莊七(前 687)《經》:“冬,公及齊人狩于禚。”(第 104 頁)4.僖二十八(前 632)《經》:“天王狩于河陽。”《集解》:“晉實召王,爲其辭逆而意順,故《經》以王狩爲辭。”(第 269 頁)《傳》:“是會也,晉侯召王,以諸侯見,且使王狩。仲尼曰:‘以臣召君,不可以訓。故書曰“天王狩于河陽”,言非其地也,且明德也。’”《集解》:“晉侯大合諸侯,而欲尊事天子以爲名義。自嫌强大,不敢朝周,喻王出狩,因得盡群臣之禮,皆譎而不正之事。”(第 276 頁)5.昭十二(前 530)《傳》:“楚子狩于州來,次于潁尾,使蕩侯、潘子、司馬督、囂尹午、陵尹喜帥師圍徐以懼吴。”《集解》:“狩,冬獵也。”(第 793 頁)6.哀十四(前 481)《經》:“十有四年版春,西狩獲麟。”《集解》:“冬獵曰狩。”(第 1030 頁)《傳》:“十四年版春,西狩於大野,叔孫氏之車子鉏商獲麟,以爲不祥,以賜虞人。”(第 1031 頁)《國語》“狩”之記載計二則:1.《周語上》:“王治農于籍,蒐于農隙,耨獲亦于籍,獮于既烝,狩于畢時,是皆習民數者也。”《注》:“冬田曰狩。狩,圍守而取之。”(第 22 頁)2.《齊語》:“昔吾先君襄公筑臺以爲高位,田狩畢弋,不聽國政,卑聖侮士,而唯女是崇。”《注》:“田,獵有。狩,圍守而取禽也。”(第 159 頁)

② 楊伯峻:《春秋左傳詞典》,第 475 頁。陳克炯:《左傳詳解詞典》,第 805 頁。

楚靈王此役發動奇襲,客觀條件本已具足,筆者認爲此則之"狩"應視爲特例。《春秋》經傳與《國語》所揭諸"狩"之例,《集解》與韋《注》皆釋爲狩獵,亦不見"校閲兵馬""演習"内容,知"狩"與"田"與"蒐"兼具"田獵"與"演習"不容混淆。"巡守"義上文已引《會箋》之見,認爲"王之巡守,亦因田獵以教習兵士。"(第 1791 頁)此外,李亞農認爲定四(前 506)《傳》"會王之東蒐","此地所説的東蒐,即金文、《尚書》中經常説到的周成王征伐東國的事實。蒐不外乎就是戰爭的文雅的稱謂。因此,舉行軍事演習,從而加以武力威脅,也可以叫做蒐。"①李氏亦主張"巡守"實質即"軍事演習",則"巡守"應歸於"田獵演習"。《集解》最常釋"蒐"爲"校閲車馬",意指計算車馬、兵器等武備之數量,此義可獨立爲一類。

學者或許認爲"田獵演習"可連帶"校閲車馬",反之亦然,大可不必細分。如楊寬分析《周禮·夏官司馬·大司馬》記述"中冬,教大閲"一段,②認爲前半部爲教練之禮,即後世所謂閲兵之禮;後半部則藉田獵進行軍事演習。③然誠如筆者於第一節之末所言,《春秋》經傳與《國語》除"蒐"外,尚見"治兵""大閲""脩賦""庀賦""繕賦""悉索敝賦"等詞,與"蒐"之意涵部分重疊。諸詞或偏於"蒐"字"田獵演習"義,或近於"蒐"之"校閲車馬"義。故將"蒐"分爲二類,有利於下文論述。第三至第五節針對上列與"蒐"字意義相關諸詞予以分論,下節先述"治兵"之意。

三、釋"治兵"

《春秋》經傳述及"治兵"計十一則,《國語》亦見三則。楊伯竣釋"治兵"之義有四:"定期演習""將戰前演習""授兵器""用兵"。陳克炯僅分爲三:"頒發武器""平時定期大習武""謂用兵,興兵"。④朱順龍《春秋史》認爲,"由於檢閲和整訓軍隊不能完全分開,所以有時檢閲也叫治兵。"⑤施鴻琳《〈左傳〉戰爭中的戰略與戰術研究》亦持此見。⑥王曉衛、劉昭祥《軍制史話》認爲"田獵活動,後來往往徑直稱'治兵'、'簡車徒'等,除演兵耀武外,已極少有狩獵的目的。"⑦二氏所謂"田獵活動"係指"蒐",由是可知二氏亦認爲"治兵"爲"蒐"之代稱。諸家皆釋"治兵"有"演習"義與"校閲"義,然未再申言與"蒐"之關係。爲簡省篇幅與集中討論"治兵"與"蒐"之關

① 李亞農:《"大蒐"解》,《學術月刊》1957 年第 1 期,第 42—46 頁。
② 本段文字甚繁,爲簡省篇幅而不盡徵引,敬請讀者自行參看。
③ 楊寬:《"大蒐禮"新探》,《古史新探》,第 256—261 頁。又見楊寬:《西周史》,第 662—663 頁。
④ 楊伯峻:《春秋左傳詞典》,第 416 頁。陳克炯:《左傳詳解詞典》,第 743 頁。
⑤ 朱順龍:《春秋史》,第 463 頁。
⑥ 施鴻琳:《〈左傳〉戰爭中的戰略與戰術研究》,第 232 頁。
⑦ 王曉衛、劉昭祥:《軍制史話》,第 33 頁。

聯,本節僅論"治兵"解爲"演習"義者,釋作"用兵"義者則不予贅述。①

《左傳》"治兵"之文有七則乃楊、陳二氏釋爲"演習"者,第一則隱五(前718)《傳》:"故春蒐、夏苗、秋獮、冬狩,皆於農隙以講事也。三年而治兵,入而振旅。"《集解》:"雖四時講武,猶復三年而大習。出曰治兵,始治其事。入曰振旅,治兵禮畢,整衆而還。"《正義》:"治兵、振旅,坐作進退,其禮皆同。"(第59頁)知無論"治兵"與"振旅",其禮儀與制度皆同。此外,《穀梁傳》莊八(前686)《傳》:"出曰治兵,習戰也。入曰振旅,習戰也。"唐人楊士勛(生卒年不詳)《疏》:"此治兵、振旅皆云'習戰'者,《周禮》仲秋教治兵,仲春教振旅。出入幼賤雖殊,同是教戰之法,故此傳二者皆以習戰言之。"②知《穀梁傳》將"治兵"與"振旅"同釋"習戰"——即楊、陳二氏所謂"演習",係因《周禮·夏官司馬·大司馬》既載"中春教振旅",又謂"中秋教治兵,如振旅之陳。"(第442—444頁)既言教"治兵"如"振旅",推知二者其實意同,"同是教戰之法。"《公羊傳》莊八(前686)《傳》:"祠兵者何?出曰祠兵,入曰振旅,其禮一也,皆習戰也。"漢人何休(129—182)《解詁》:"禮:兵不徒使,故將出兵,必祠於近郊。陳兵習戰,殺牲饗士卒。"③然《禮記·曲禮上》鄭玄《注》:"《公羊》字誤也。以治爲祠,因爲作說。"④知"祠兵"實指"治兵",《公羊傳》主張"治兵"與"振旅""其禮一也,皆習戰也",亦皆是"演習"。

第二則僖二十七(前633)《傳》:"楚子將圍宋,使子文治兵於睽,終朝而畢,不戮一人。子玉復治兵於蔿,終日而畢,鞭七人,貫三人耳。……冬,楚子及諸侯圍宋。"(第266—267頁)《集解》:"子文時不爲令尹,故云'使治兵',習號令也。睽,楚邑。……蔿,楚邑。"(第266頁)子文與子玉先後於楚邑睽與蔿"治兵",《集解》釋爲"習號令",亦是"演習"義。第三則宣十五(前594)《傳》:"秋七月,秦桓公伐晉,次于輔氏。壬午,晉侯治兵于稷,以略狄土,立黎侯而還。"《集解》:"略,取也。稷,晉地,河東聞喜縣西有稷山。"(第409頁)同年六月晉已"滅赤狄潞氏,以潞子嬰兒歸。"(第406頁)故《左傳注》認爲"晉雖滅潞,其餘狄土未必服,故晉治兵以强取之"(第764頁),似將此"治兵"解爲"征伐"。然若對照第二則僖二十七(前633)《傳》,楚國二次"治兵"

① 僖二十三(前637)《傳》:"晉、楚治兵,遇於中原,其辟君三舍。"(第252頁)此文又見《國語·晉語四》:"晉、楚治兵,會于中原,其避君三舍。"《注》:"治兵,謂征伐。"(第257頁)《左傳注》謂"此處爲外交辭令,避免戰爭字樣"(第409頁),咸認爲"治兵"可代指征伐、戰爭。又昭五(前537)《傳》:"冬十月,楚子以諸侯及東夷伐吳。……吳子使其弟蹶由犒師,楚人執之,將以釁鼓。王使問焉,曰:'女卜來吉乎?'對曰:'吉。寡君聞君將治兵於敝邑,卜之以守龜。'"(第748頁)《傳》既言楚國率諸侯之師伐吳,吳君夷末遣其弟蹶由至楚軍犒師,顯然此處"治兵"亦借代征伐、戰爭。《國語·晉語四》載公子重耳之言:"若以君之靈,得復晉國,晉、楚治兵,會于中原,其避君三舍。"《注》:"治兵,謂征伐。"(第256—257頁)知此則"治兵"亦代指征伐。

② 范寧集解,楊士勛疏:《春秋穀梁傳注疏》,第49頁。

③ 公羊壽傳,何休解詁,徐彦疏:《春秋公羊傳注疏》,第85頁。

④ 鄭玄注,孔穎達正義:《禮記注疏》,第60頁。

皆於楚邑；此則亦載晉國“治兵”於晉地，顯然此“治兵”亦當釋爲“習號令”。第四則襄十八（前555）《傳》：“子庚帥師治兵於汾。於是子蟜、伯有、子張從鄭伯伐齊，子孔、子展、子西守。”《集解》：“襄城縣東北有汾丘城。”（第578頁）《會箋》謂汾在清代“河南許州府襄城縣東北”（第1117頁），《春秋大事表·春秋列國地形犬牙相錯表》謂清代許州府“臨穎、襄城、長葛三縣皆鄭地”，①推知汾乃鄭地。由第二則《傳》可知，楚“治兵”於睽與蔿，目的乃爲圍宋之役演習。第三則《傳》載晉師先“治兵”於稷，目的亦是“以畧狄土”而“習號令”。第四則諸家雖未釋“治兵”之意，然《傳》載鄭人“治兵”於汾，隨後一部分鄭師即“從鄭伯伐齊”，顯然亦當釋爲“習號令”。三則記載與第一節所引舉行“蒐”後征伐他國事蹟相符，可證“治兵”與“蒐”性質相同。

第五則與第六則同見昭十三（前529）《傳》，二則内容所涉實爲一事：

> 晉成虒祁，諸侯朝而歸者皆有貳心。爲取郠故，晉將以諸侯來討。叔向曰：“諸侯不可以不示威。”乃並徵會，告于吴。秋，晉侯會吴子于良，水道不可，吴子辭，乃還。七月丙寅，治兵于邾南。甲車四千乘。羊舌鮒攝司馬，遂合諸侯于平丘。……八月辛未，治兵，建而不旆。壬申，復旆之。諸侯畏之。（第809—812頁）

晉國築虒祁之宫極豪奢之能事，②故諸侯如《集解》所言，“賤其奢也。”（第809頁）又因魯昭公十年（前526）魯國“平子伐莒，取郠”（第783頁），引發晉國不滿。晉大夫叔向認爲二事已動摇晉國盟主地位，故謂“諸侯不可以不示威”，乃“徵會”諸侯於平丘。《集解》於前處“治兵”未予説明，然於後文“八月辛未，治兵”句釋“治兵”爲“習戰”，知前則“治兵”亦當釋爲“演習”。學者或許質疑，《傳》既載晉侯“徵會”諸侯於平丘，《集解》卻釋“治兵”爲“習戰”，如此豈非矛盾？筆者認爲不然。魯昭公四年（前538）楚靈王與諸侯會於申，《傳》載楚大夫椒舉之言：

> 臣聞諸侯無歸，禮以爲歸。今君始得諸侯，其慎禮矣。霸之濟否，在此會也。夏啓有鈞臺之享，商湯有景亳之命，周武有孟津之誓，成有岐陽之蒐，康有酆宫之朝，穆有塗山之會，齊桓有召陵之師，晉文有踐土之盟。（第730頁）

---

① 顧棟高著，吴樹平、李解民點校：《春秋大事表》，第616頁。

② 昭八（前524）《傳》：“八年皈春，石言于晉魏榆。晉侯問於師曠曰：‘石何故言？’對曰：‘石不能言，或馮焉。不然，民聽濫也。抑臣又聞之曰：“作事不時，怨讟動于民，則有非言之物而言。”今宫室崇侈，民力彫盡，怨讟並作，莫保其性，石言，不亦宜乎？’於是晉侯方築虒祁之宫，叔向曰：‘……是宫也成，諸侯必叛，君必有咎，夫子知之矣。’”（第768頁）師曠藉“石言于晉魏榆”之事以勸諫晉平公，認爲虒祁之宫“崇侈”，耗費民力太甚。叔向預言若繼續建造虒祁之宫，必然引發諸侯不滿而叛晉，由是可推知該宫所費不貲，當極盡豪奢之能事。

《集解》:"周成王歸自奄,大蒐於岐山之陽。"《正義》:"書序云:'成王歸自奄,在宗周,誥庶邦,作《多方》。'其經云:'告爾四國多方。'[①]則於時諸侯大集,故謂岐陽之蒐在此時也。"(第730頁)此事又載《竹書紀年》卷十八,周成王"六年,大蒐于岐陽。"[②]然《國語·晉語八》:"昔成王盟諸侯于岐陽,楚爲荆蠻,置茅蕝,設望表,與鮮卑守燎,故不與盟。"(第337頁)《傳》謂"岐陽之蒐"而《晉語八》記爲"盟諸侯于岐陽",復佐以《尚書·多方》之文,可確知此"岐陽之蒐"亦有會盟之實。以此推之,椒舉所言"六王、二公"[③]事蹟雖記以"享""命""誓""蒐""朝""會""師""盟"等詞,實則咸指鳩合諸侯之事,皆屬盟會性質。此外,昭四(前538)《傳》再記椒舉之言:

> 夫六王、二公之事,皆所以示諸侯禮也,諸侯所由用命也。夏桀爲仍之會,有緡叛之。商紂爲黎之蒐,東夷叛之;周幽爲大室之盟,戎狄叛之,皆所以示諸侯汏也,諸侯所由棄命也。(第731頁)

《集解》:"黎,東夷,國名。"(第731頁)《竹書紀年》卷十五亦載紂之"四年,大蒐于黎。"[④]《韓非子·十過》亦録此事,唯記"黎"爲"黎丘"。[⑤]椒舉列此負面之例以諫楚靈王,謂夏桀、商紂與周幽因"示諸侯汏也,諸侯所由棄命也。"知三王之"會""蒐""盟"爲聚集諸侯之事,亦皆有盟會性質才是。

先秦典籍有"兵車之會"一詞,如《周禮·夏官司馬·戎僕》:"凡巡守及兵車之會,亦如之。"(第490頁)又《公羊傳》僖二十一(前639)《傳》:"宋公與楚子期以乘車之會,公子目夷諫曰:'楚,夷國也,强而無義,請君以兵車之會往。'"[⑥]又《穀梁傳》莊二十七(前667)《傳》:"桓盟不日,信之也。信其信,仁其仁。衣裳之會十有一,未嘗有歃血之盟也——信厚也。兵車之會四,未嘗有大戰也——愛民也。"《穀梁傳》更標舉齊桓公於魯僖公八年(前652)與諸侯盟於洮,魯僖公十三年(前647)會於鹹,魯僖公十五年(前645)盟於牡丘,魯僖公十六年(前644)會於淮,皆爲"兵車之會"。[⑦]考諸《左傳》僖七(前653)《傳》:"閏月,惠王崩。襄王惡大叔帶之難,懼不立,不發喪,而告難于齊。"(第216頁)故僖八(前652)《傳》謂"八年春,盟于洮,謀王室也。"(第

---

① 見題孔安國傳,孔穎達正義:《尚書注疏》,第255頁。

② 雷學淇:《竹書紀年版義證》,藝文印書館1977年版,第261頁。

③ 昭四(前538)《傳》載椒舉之言:"夫六王、二公之事。"《集解》:"六王,啟、湯、武、成、康、穆也。二公,齊桓、晉文。"(第731頁)

④ 雷學淇:《竹書紀年版義證》,第197頁。

⑤ 韓非著,王先慎集解,鐘哲點校:《韓非子集解》,中華書局1998年版,第62頁。

⑥ 公羊壽傳,何休解詁,徐彦疏:《春秋公羊傳注疏》,第143頁。

⑦ 范寧集解,楊士勛疏:《春秋穀梁傳注疏》,第78、82、83、85頁。

216 頁)《會箋》謂“桓公盟於首止而世子之位定,[1]今惠王崩,叔帶復圖争立,故大子告難於齊。王使於十二月至,齊桓於正月盟諸侯於洮,誓戴嗣王,諸侯聽命。”(第 366 頁)知洮之盟名義爲“盟”,實是齊桓公徵集諸侯以效忠周襄王,且以武力優勢迫使王子帶打消争立天子之企圖。又《左傳》僖十三(前 647)《傳》:“夏,會于鹹,淮夷病杞故,且謀王室也。秋,爲戎難故,諸侯戍周。齊仲孫湫致之。”《集解》:“戍,守也,致諸侯戍卒于周。”(第 223 頁)據《傳》可知鹹之會目的有二:一爲“淮夷病杞故”,一爲“謀王室”。前者《傳》未載諸侯具體作爲,後者則知“謀王室”乃因“戎難故”,故鹹之會後見“諸侯戍周”。諸侯戍卒於鹹之會後,由齊大夫仲孫湫統領,逕至周王城戍守,以防戎人侵擾王畿。因諸侯各率部隊參與鹹之會,故能撥交戰鬥人員戍周,此乃《穀梁傳》稱此爲“兵車之會”之由。又《左傳》僖十五(前 645)《經》:“三月,公會齊侯、宋公、陳侯、衛侯、鄭伯、許男、曹伯盟于牡丘,遂次于匡。公孫敖帥師及諸侯之大夫救徐。”《集解》:“諸侯既盟次匡,皆遣大夫將兵救徐,故不復具列國别也。”(第 229 頁)牡丘之盟後諸侯隨即遣軍救徐,亦是動用武裝參與軍事行動,故《穀梁傳》稱爲“兵車之會”。又《左傳》僖十六(前 644)《傳》:“十二月,會于淮,謀鄫,且東略也。”《集解》:“鄫爲淮夷所病故。”(第 238 頁)《會箋》謂齊桓公“合九國之師于淮,兵威之盛,足使不戰而襲服人。”(第 417 頁)《傳》既謂淮之會爲“謀鄫”,使其不再受淮夷侵凌;《會箋》又謂齊桓公合九國之師以“東略”,知《穀梁傳》何以稱此會爲“兵車之會”。

“兵車之會”之界定,《左傳》定四(前 506)有段文字可供參考。國君出境若爲軍事目的,須“祓社釁鼓,祝奉以從,於是乎出竟”;反之,“若嘉好之事,君行師從,卿行旅從。”(第 946 頁)《集解》釋“嘉好之事”爲“朝會”(第 946 頁),知國君、卿參與盟會僅“君行師從,卿行旅從”,毋須舉行“祓社釁鼓”等儀式。《左傳注》謂“此師、旅僅以守衛及預防萬一”(第 1535 頁),其規模顯然不能與發動戰争爲目之軍事動員比擬。所謂“兵車之會”雖仍是諸侯會盟,然因目的爲動員諸侯武力征伐或戍守,推測與會諸侯已知將有軍事行動,故須徵調正規武裝部隊,其需求已非“君行師從,卿行旅從”之“師”“旅”得以擔綱。若上述理解無誤,昭四(前 538)《傳》所載“成有岐陽之蒐”與“商紂爲黎之蒐”亦可視爲“兵車之會”。如是則昭十三(前 529)《傳》既謂晉國“徵會”於諸侯,又言晉國“治兵于邾南”,亦可理解爲“兵車之會”。唯此次“兵車之會”目的當如昭十三(前 529)《傳》叔向之言:“諸侯不可以不示威”,故“治兵于邾南,甲車四千乘”以向諸侯“示威”。《傳》既稱此會爲“治兵”,《集解》又釋“治兵”爲“習戰”,故本文仍將此“治兵”解爲“演習”。

第七則襄十三(前 560)《傳》:“荀罃、士魴卒,晉侯蒐于緜上以治兵。使士匄將中軍,辭

---

① 僖五(前 655)《經》:“公及齊侯、宋公、陳侯、衛侯、鄭伯、許男、曹伯會王世子于首止。秋,八月,諸侯盟于首止。”(第 205 頁)《傳》:“會于首止,會王太子鄭,謀寧周也。”《集解》:“惠王以惠后故,將廢大子鄭而立王子帶。故齊桓帥諸侯會王大子,以定其位。”(第 207 頁)

曰……。荀偃將中軍，士匄佐之。……使趙武將上軍，韓起佐之；欒黶將下軍，魏絳佐之。”（第554—555頁）《集解》：“爲將命軍帥也，必蒐而命之，所以與衆共。”（第554頁）《傳》載晉國“蒐于緜上以治兵”，且選定六位三軍帥佐，顯然與第一節所引晉國諸“蒐”之例相符，皆於“蒐”後選定帥佐人選，故杜預逕以“蒐”字釋之。《傳》謂“晉侯蒐于緜上以治兵”，將“蒐”與“治兵”並列。《左傳注》謂“蒐，田獵並訓練軍隊。治兵，檢閱”（第999頁），似認爲“蒐”與“治兵”不同。至於二者之别爲何，此部分留待第六節細論，於此不予贅述。

此外，《國語·齊語》亦見“治兵”：“春以蒐振旅，秋以獮治兵。”《注》：“秋田曰獮。《周禮》：‘仲秋教治兵’，遂以獮田。”（第166頁）韋《注》以《周禮·夏官司馬·大司馬》“中秋教治兵，如振旅之陳”（第444頁）釋“治兵”。《疏》謂“凡出兵曰‘治兵’，入曰‘振旅’。春以入兵爲名，尚農事。秋以出兵爲名，秋嚴尚威故也。”（第444頁）此處認爲“治兵”爲軍隊“出”兵征伐，“振旅”爲部隊凱旋“入”國，上文已説明，實則二者禮儀與制度皆同。據上文所述，則此處“治兵”仍爲“演習”義。又《晉語五》：“乃使旁告于諸侯，治兵振旅，鳴鍾鼓，以至于宋。”（第289頁）韋《注》未言此處“治兵”之意，然“鳴鍾鼓，以至于宋”句，韋《注》謂“伐宋在魯文十七年。”（第289頁）文十七（前610）《傳》：“晉侯蒐于黄父，遂復合諸侯于扈，平宋也。”（第349頁）第一節已説明此次“蒐”之目的在“平宋”，《晉語五》則記爲“治兵”。第二節釋“蒐”之意有“演習”義，此處“治兵”亦當釋爲“演息”，唯以不同詞彙記録。

最後須説明《左傳》莊八（前686）《經》：“甲午，治兵。夏，師及齊師圍郕。”《傳》：“八年春，治兵于廟，禮也。夏，師及齊師圍郕。”《集解》：“治兵於廟，習號令，將以圍郕。”（第143頁）《正義》：

> 彼言治兵、振旅，皆謂因田獵而選車徒、教戰法、習號令，知此治兵亦是習號令。此治兵於廟，欲就尊嚴之處，使之畏威用命耳。但軍旅之衆非廟内所容，止應告於宗廟，出在門巷習之。昭十八年《傳》稱“鄭人簡兵大蒐，將爲蒐除。”杜云：“治兵於廟，①城内地迫，故除廣之。”②是告於廟，習於巷也。（第143頁）

《傳》載魯國先“治兵”於廟，隨即出征與齊師聯合圍郕，實與第一節所引舉行“蒐”後征伐他國事蹟相符。然《會箋》認爲既然“此治兵，習伐郕之衆也。廟門外即中門外，君在廟而誓戒將校諸司，因以整勒一軍，不必疑軍衆非廟域所容也。鄭伯伐許，授兵於大宫，大抵相類。”（第211頁）《左傳注》亦主張“諸治兵皆於郊野，而此則於廟。故《五經異義》引《左氏》説，甲午治兵爲授兵

① “廟”原作“廣”，然昭十八（前524）《傳》杜預《集解》實作“廟”，今據彼逕訂爲“廟”。
② 原文見杜預集解，孔穎達正義：《春秋左傳注疏》，第843頁。

於廟。則此治兵僅指授兵而言。”(第 173 頁)《左傳注》又引隱十一(前 712)《傳》:“鄭伯將伐許。五月甲辰,授兵於大宫。”(第 80 頁)《左傳注》認爲“授兵必於太廟”,本則亦謂“治兵于廟”,知此“治兵”實指“授兵”,不當如《集解》與《正義》釋爲“習號令”,即後世所謂“演習”。上文已列舉《左傳》釋爲“演習”之“治兵”,即便是昭十八(前 524)《傳》“乃簡兵大蒐,將爲蒐除”(第 843 頁),演習地點應在國都及城邑或空曠處,①未見於“廟”“治兵”之例。故莊八(前 686)《經》《傳》之“治兵”當從《會箋》與《左傳注》之見,釋爲“授兵”爲宜。

總上所述,《左傳》“治兵”有數義,除“授兵”與借代爲“對外用兵經略”,經本節論述知尚有“演習”義,與“蒐”部分意義重疊。至於“治兵”與“蒐”是否有别?差異處何在?此皆留待第六節説明。除“治兵”外,《左傳》尚見“大閲”及“脩賦”“庀賦”“繕賦”“悉索敝賦”等詞彙,皆與“蒐”及戰争息息相關。在討論彼此關係前,須釐清諸詞内容,請見第四節與第五節説明。

四、釋 “大 閲”

上文引用《周禮》曾見“大閲”一詞,《春秋》經傳亦見此詞。《公羊傳》昭十一年(前 531)《傳》:“大蒐者何?簡車徒也。何以書?蓋以罕書也。”唐人徐彦(生卒年不詳)《疏》:“故比年簡徒謂之蒐,三年簡車謂之大閲,五年大簡車徒謂之大蒐。”②不僅以年數差異解釋“蒐”“大閲”與“大蒐”之别,亦指出三者内容分别爲“簡徒”“簡車”與“簡車徒”。李亞農認爲“所謂比年、三年、五年一類的説法,大概是想當然爾。”③此説畢竟出於唐人,是否爲春秋實況則有待商榷。第二節述及《左傳》“蒐”字有“校閲車馬”義,似“大閲”與“蒐”互有關涉。“大閲”於《春秋》經傳僅各一見,楊伯竣釋爲“軍事大檢閲車馬”,陳克炯釋爲“戰備上的大檢閲”,④亦未述及與“蒐”關係。桓六(前 706)《經》:“秋八月壬午,大閲。”(第 109 頁)《傳》:“秋,大閲,簡車馬也。”(第 112 頁)《集解》:“齊爲大國,以戎事徵諸侯之戍,嘉美鄭忽。而忽欲以有功爲班,怒而訴齊。魯人懼之,故以非時簡車馬。”(第 109 頁)《正義》:

---

① 李亞農認爲昭十八(前 524)《傳》“乃簡兵大蒐,將爲蒐除”,“必須知道蒐的主要的内容是軍事演習,而不是田獵,才可以理解何以鄭國的大蒐不舉行於曠漠的原野,而舉行於人煙稠密的首都之内。”見李亞農:《“大蒐”解》,《學術月刊》1957 年第 1 期,第 42—46 頁。

② 公羊壽傳,何休解詁,徐彦疏:《春秋公羊傳注疏》,第 280—281 頁。

③ 李亞農:《“大蒐”解》,《學術月刊》1957 年第 1 期,第 42—46 頁。

④ 楊伯峻:《春秋左傳詞典》,第 46 頁。陳克炯:《左傳詳解詞典》,第 512 頁。

《周禮》雖四時教戰，而遂以田獵，但蒐閲車馬，未必皆因田獵。田獵從禽，未必皆閲車馬。何則？怠慢之主，外作禽荒，豈待教戰方始獵也。……且比蒲、昌間皆舉蒐地，此不言地者，蓋在國簡閲，未必田獵。昭十八年鄭人簡兵大蒐在於城内，此亦當在城内。（第109頁）

依《集解》之見，魯國於秋季"大閲"乃因同年稍早北戎伐齊，齊國遣使向鄭求援，鄭大子忽率諸侯之師救齊而大敗戎師。齊國饋諸侯餼，魯國班定受餼次第卻使鄭國受辱。大子忽心生忿恨而醖釀攻魯，故有桓十（前702）《經》"齊侯、衛侯、鄭伯來戰于郎"之役。（第120頁）鄭國報復雖遲至魯桓公十年（前702），然《集解》認爲魯桓公六年（前706）秋季之"大閲"與此事相關，"故以非時簡車馬"以防範齊、鄭聯軍來襲。《正義》謂"蒐閲車馬，未必皆因田獵"；不僅將"蒐"與"閲車馬"連用，又申言其與田獵之關係。此外，魯國"大閲"目的顯然爲積極備戰，實與第一節所引"蒐"之例證相符。此則"大閲"不記地點，《正義》認爲當在國都舉行，如是則與昭十八（前524）《傳》"乃簡兵大蒐，將爲蒐除"（第843頁）之例相同。筆者認爲桓六（前706）《經》《傳》皆言"大閲"，雖《傳》又釋"大閲"爲"簡車馬"，然是否如《正義》所言，謂"大閲"之"簡車馬"與昭十八（前524）《傳》"乃簡兵大蒐，將爲蒐除"（第843頁）同在城内舉行，實有待商榷。

《周禮·夏官司馬·大司馬》："中冬教大閲。"《注》："大閲，簡軍實。"（第445頁）"軍實"亦見《左傳》隱五（前718）："歸而飲至，以數軍實。"《集解》："飲於廟，以數車徒、器械及所獲也。"（第59頁）又宣十二（前597）《傳》："無日不討軍實。"《集解》："軍實，軍器。"（第393頁）又襄二十四（前549）《傳》："齊社，蒐軍實，使客觀之。"《集解》："祭社因閲數軍器。"（第610頁）又《國語·楚語上》："榭不過講軍實。"《注》："軍實，戎事也。"（第391頁）《會箋》謂"軍實亦或有以兵器言者，……或有以戎士言者。"（第60頁）知《集解》釋"軍實"爲軍器武備及人員，①則鄭《注》釋"大閲"爲"簡軍實"，意同桓六（前706）《傳》之"簡車馬"。上文所引《左傳》諸文二見"簡"字，如襄二十六（前547）《傳》："簡兵蒐乘，秣馬蓐食。"《集解》："簡，擇；蒐，閲。"（第636頁）又昭十八（前524）《傳》："乃簡兵大蒐，將爲蒐除。"《集解》："治兵於廟，城内地迫，故除廣之。"（第843頁）此外，《集解》又常以"簡"釋"蒐"，如宣十四（前595）《傳》之《集解》："蒐，簡閲車馬。"（第404頁）又昭八（前534）《傳》之《集解》："大蒐，數軍實，簡車馬。"（第769頁）則"簡"與"蒐"關係頗爲密切。第二節已説明"蒐"有"校閲車馬"義，上引桓六（前706）《傳》又謂"大閲，簡車馬也"，則"蒐"應與"閲""簡"頗有關聯。《説文》："閲，具數於門中也。"《注》："具者，供置也。數者，計也。計者，筭也。云'於門中'者，以其从門也。《周禮》'大閲'注曰：'簡軍實也。'《左氏春秋》

① 楊伯峻釋"軍實"有三義：田獵所獲、戰中所俘獲、軍隊中所有人員以至士卒。陳克炯僅釋爲二義：擒獲物，戰果；士兵和軍器。見楊伯峻：《春秋左傳詞典》，第416頁。陳克炯：《左傳詳解詞典》，第743頁。楊氏之第三義僅述及軍隊人員，未含軍器等武備，有違《集解》之説。

'大閲'《傳》曰'簡車馬也。'引申爲閲歷，又引申爲'明其等曰閥，積其功曰閲。'"①又襄九(前564)《傳》："商人閲其禍敗之釁。"《集解》："閲，猶數也。"(第525頁)知"閲"有"計算"義。至於"簡"之意，上引襄二十六(前547)《傳》之《集解》已釋爲"擇"，《説文》："擇，柬選也。"②然先秦典籍亦見"簡"釋爲"閲"者，如《周禮·天官冢宰·小宰》："二曰聽師田以簡稽。"《注》引漢人鄭衆(？—83)之語："簡稽士卒、兵器、簿書，簡猶閲也，稽猶計也。"《疏》："謂師出征伐及田獵，恐有違法，則當閲其兵器與人，並筭足否。"(第44頁)又《地官司徒·遂大夫》："正歲，簡稼器，修稼政。"《注》："簡猶閲也。"《疏》："彼約束典田，大夫必身親檢校之，以證稼政之事。"(第236—237頁)又《春官宗伯·大宗伯》："大田之禮，簡衆也。"《注》："古者因田習兵，閲其車徒之數。"《疏》："簡，閲也，謂閲其車徒之數也。"(第277頁)此外，"簡"又有"計算"義，如《禮記·郊特牲》："然後簡其車賦，而歷其卒伍，而君親誓社，以習軍旅。"《注》："簡、歷謂算具陳列之也。"③知"簡"又如"閲"，亦有"計算"義。既然"簡"有"揀擇"與"計算"二義，則《左傳》"簡"字用法確有檢討必要。

《春秋》經傳"簡"字用於軍事相關之記載，除上文已揭示桓六(前706)《傳》："秋，大閲，簡車馬也"(第112頁)；襄二十六(前547)《傳》"簡兵蒐乘，秣馬蓐食"(第636頁)；昭十八(前524)《傳》"乃簡兵大蒐，將爲蒐除"(第843頁)等三則；另見襄三(前570)《傳》："三年春，楚子重伐吴，爲簡之師。"《集解》："簡，選練。"(第500頁)《左傳注》釋"爲簡之師"爲"蓋在出兵之前，先行演習而挑選軍吏、士卒。"(第925頁)然《會箋》認爲"爲，去聲；爲伐吴故，簡閲其士卒，將以大有捷也。此蓋楚大用師於吴之始，故簡之。"(第967頁)《會箋》於襄三(前570)《經》："三年春，楚公子嬰齊帥師伐吴"(第499頁)句釋云："蓋始大舉伐之，故告。"(第966頁)《會箋》雖未特意釋"簡"字之意，然由"蓋始大舉伐之""楚大用師於吴"可知，似未將"簡"解爲"揀擇"。反因楚國大舉侵吴，須動員大量人員與物資，故"簡"字從"檢閲""計算"義。又襄二十五(前548)《傳》："子彊曰：'久將墊隘，隘乃禽也，不如速戰。請以其私卒誘之，簡師，陳以待我。……'從之。……登山以望，見楚師不繼，復逐之，傅諸其軍，簡師會之。吴師大敗。"《集解》："簡閲精兵，駐後爲陳。"(第622頁)《會箋》認爲前處"簡師"是"簡其師也"，後處"簡師"是"所簡之師也。"(第1196頁)《左傳注》釋"簡師"爲"子彊與息桓等四人謀，欲四人簡選精兵，佈列陣勢以等待之。……傅，近也。近楚軍。楚所精選之兵與五人之私卒會攻吴師。"(第1104頁)二書之見皆同杜氏之説，則此處之"簡"爲"揀擇"義。又昭十四(前528)《傳》："夏，楚子使然丹簡上國之

① 許慎著，段玉裁注：《説文解字注》，第596頁。
② 許慎著，段玉裁注：《説文解字注》，第605頁。
③ 鄭玄注，孔穎達正義：《禮記注疏》，第491頁。

兵於宗丘,且撫其民。……使屈罷簡東國之兵於召陵亦如之。"《正義》:"然則兵者,戰器之名。戰必令人執兵,因即名人爲兵也。此'簡上國之兵',謂料簡人丁之彊弱於宗丘之地。集而簡之,且即慰撫其民也。"(第 819—820 頁)《正義》所言"料簡人丁"之"料",《説文》:"料,量也。"《注》:"量者,稱輕重也。稱其輕重曰量,稱其多少曰料,其義一也。"①《國語·周語上》:"宣王既喪南國之師,乃料民于太原。"《注》:"料,數也。"(第 21 頁)又《楚語上》:"楚師可料也,在中軍王族而已。"《注》:"料,數也。"(第 386 頁)又《戰國策·秦策四·秦昭王謂左右》:"王之料天下過矣。"宋人姚宏(生卒年不詳)謂"料,數也。"②知"料"亦有"計算"義。《會箋》謂"兵者,戰器之名也,卒乘車馬凡兵備皆包焉。簡謂比數之。"(第 1557 頁)《會箋》所言"比數",即《周禮·地官司徒·小司徒》"及三年則大比,大比則受邦國之比要",《注》謂"大比,謂使天下更簡閱民數及其財物也。"(第 168 頁)知"比"即"檢閱""計算"義,與"簡"之"計算"義同。《左傳注》以上引襄三(前 570)《傳》之《集解》"選練"釋此處之"簡",認爲"簡練者,選擇而治之也,與簡閱同義。"(第 1365 頁)然筆者認爲既是"簡上國之兵"與"東國之兵",且藉此"撫其民",似將"簡"解爲"揀擇"義將難以通釋二者關聯。若依《正義》與《會箋》之見,則謂通盤檢閱人員、兵器與武備,且藉此撫恤百姓,更能融通全文。須説明者是,此處之人員包括戰鬥人員與後勤人員。後勤人員由"役人"充任,而"役人"組成分子爲"國人"之農、工、商等三種職業屬性。③再計以擔任戰鬥人員之"士",即"國人"組成分子皆涵蓋於内。④故此處之"簡"當釋爲"計算"義爲確。

《左傳》"簡"字既有"揀擇"與"計算"二義,桓六(前 706)《傳》"秋,大閱,簡車馬也"(第 112 頁)之"簡"爲何義?筆者認爲此處"簡車馬"乃釋《經》之"大閱",而"大閱"之"閱"乃"計算"義,故"簡車馬"當解爲"檢閱""計算"車馬武備。至於桓六(前 706)《經》之"大閱"(第 109 頁),與昭十八(前 524)《傳》"乃簡兵大蒐,將爲蒐除"(第 843 頁),是否皆於城内舉行?筆者認爲上引昭十四(前 528)《傳》"夏,楚子使然丹簡上國之兵於宗丘,且撫其民。……使屈罷簡東國之兵於召陵亦如之"(第 819—820 頁)是最佳佐證。《集解》謂"上國,在國都之西,西方居上流,故謂上國。"(第 820 頁)《集解》又謂"兵在國都之東者"(第 820 頁)爲"東國之兵",顯然"上國"與"東國"皆楚之"國"境,僅分爲西、東二偏而各"簡"之。春秋諸國之"國"乃"封""郛"之内,⑤典籍又稱此區域爲"郊"。⑥清人焦循(1763—1820)《群經宫室圖》:

① 許慎著,段玉裁注:《説文解字注》,第 725 頁。

② 劉向:《戰國策》,里仁書局 1990 年版,第 230—231 頁。

③ 黄聖松:《〈左傳〉輿人考》,《文與哲》2005 年第 6 期,第 35—68 頁。黄聖松:《〈左傳〉"役人"考》,《文與哲》2011 年第 18 期,第 81—104 頁。黄聖松:《〈左傳〉"役人"續考》,《文與哲》2012 年第 20 期,第 1—40 頁。

④ 黄聖松:《〈左傳〉國人研究》,天空數位圖書有限公司 2013 年版。

⑤ 黄聖松:《〈左傳〉"郭"、"郛"考》,《臺大中文學報》2013 年第 42 期,第 53—112 頁。

⑥ 黄聖松:《〈左傳〉"郊"考》,《文與哲》2014 年第 25 期,第 131—182 頁。

國有三解，其一，大曰邦、小曰國，如“惟王建國”，“以佐王治邦國”是也；其一，郊内曰國，《國語》《孟子》所云是也；其一，城中曰國，《小司徒》“稽國中及四郊之都鄙夫家。”……蓋合天下言之，則每一封爲一國。而就一國言之，則郊以内爲國，外爲野。就郊以内言之，又城内爲國，城外爲野。蓋單舉之則相統，並舉之則各屬也。①

依焦氏之説，“國”分爲廣狹三層：最狹義者是國都“城”内爲“國”，次者指國都“郊”内爲“國”，最廣義者指全部封國。近人何茲全（1911—2011）《中國古代社會》：

焦循所説的國的三種意思，是國家發展中的三步曲。他説的第一種國家是領土國家，是國家的發展階段；第三種國家，是城邑的初起，是城邦國家的初期階段；第二種國家是城邦國家向領土國家的過渡，仍應屬於城邦國家範疇。②

何氏所謂由城邦國家過渡至領土國家，實是一國發展過程。由原本“點”狀之國都，逐步擴及國都周邊地區，乃至發展其他都邑，最後以“面”之概念指稱疆域内所有領土。若以焦氏之見檢視“上國”與“東國”，顯然此“國”之層次爲焦氏所指國都“郊”内之“國”。若爲“簡兵大蒐”與“大閱”，動員人數必然衆多，恐難於焦氏分類最狹義之“國”——國都“城”内之“國”舉行。故“簡兵大蒐”與“大閱”當如昭十四（前528）《傳》“簡上國之兵”與“簡東國之兵”，於焦氏所謂第二層次之“國”舉行。

至於“簡兵大蒐”與“大閱”是否定然於“郊”舉行？第一節曾引昭八（前534）《經》：“秋，蒐于紅。”（第767頁）《傳》：“秋，大蒐于紅，自根牟至于商、衛，革車千乘。”（第769頁）紅之地望《集解》雖舉一説，然已謂其地遠於魯境而有疑焉，《春秋大事表・春秋列國都邑表》亦主張《集解》之説“當更考。”③《會箋》引《後漢書・郡國志》泰山郡奉高縣，唐人李賢（654—684）等《注》：“《左傳》昭八年‘大蒐于紅，至於商、衛。’紅亭在縣西北。”④故《會箋》認爲“春秋所書，當在奉高”（第1473頁）；近人譚其驤（1911—1992）《中國歷史地圖集》亦從此説。⑤考諸譚氏所編地圖，紅地左近有龜陰，定十（前500）《經》：“齊人來歸鄆、讙、龜陰田。”《集解》：“三邑，皆汶陽田也。”（第976頁）《集解》又言：“陽虎年以此奔齊。”（第977頁）知三邑本爲魯地，爾後陽虎於魯

① 焦循：《群經宫室圖》，上海古籍出版社1995年版，據華東師大學圖書館藏清道光半九書塾刻本影印，卷一，第15頁。

② 何茲全：《中國古代社會》，北京師範大學出版社2001年版，第92頁。

③ 顧棟高著，吴樹平、李解民點校：《春秋大事表》，第730—731頁。

④ 劉范曄著，李賢等注：《後漢書》，宏業書局1984年版，第3453頁。

⑤ 譚其驤：《中國歷史地圖集》，曉園出版社有限公司1991年版，第一册，第26—27頁。

定公九年(前 501)攜三邑奔齊,至此年齊國返還魯國。紅地東北有嬴,桓三(前 709)《經》:"三年春正月,公會齊侯于嬴。"《集解》:"嬴,齊邑,今泰山嬴縣。"(第 102 頁)紅地東北之嬴已屬齊,西側之龜陰又屬魯,知紅地當處魯、齊邊境,爲魯之"野""鄙"地區。由是可知"蒐"可於"郊"或"野""鄙"舉行;要之,於開闊空曠處皆可"簡兵大蒐"與"大閱"。

總上所述,《左傳》釋"大閱"爲"簡車馬"。"簡"既有"揀擇"與"計算"二義,經本節討述而認爲"簡車馬"與"大閱"當從第二義,應釋爲"檢閱""計算"人員、兵器與武備,與"蒐"又頗近同。除"大閱"外,《左傳》尚見"脩賦""庀賦""繕賦""悉索敝賦"與"蒐"及戰爭息息相關。在討論彼此關係前,須釐清"脩賦""庀賦""繕賦""悉索敝賦"之内容,請見第五節説明。

五、釋"脩賦""庀賦""繕賦""悉索敝賦"

《左傳》《國語》見"賦"與"脩""庀""繕"等動詞關聯。成元(前 590)《傳》:"冬,臧宣叔令脩賦、繕完、具守備。"(第 420 頁)又襄八(前 565)《傳》:"乃及楚平,使王子伯駢告于晉,曰:'君命敝邑:"脩而車賦,儆而師徒,以討亂略。"'"(第 521 頁)又襄二十五(前 546)《傳》:"量入脩賦,賦車籍馬,賦車兵、徒兵、甲楯之數。"《集解》:"量九土之所入,而治理其賦税。"(第 624 頁)知《集解》以"治理"釋"脩"字。《左傳注》於上引成元(前 590)《傳》謂"脩賦是一事,即襄二十五年《傳》'量入脩賦'之'脩賦',治理軍賦。"(第 784 頁)知《左傳注》亦以"治理"釋"脩"。又襄二十五(前 548)《傳》:"楚蔿掩爲司馬,子木使庀賦,數甲兵。"《集解》:"庀,治。"《正義》:"庀訓爲具,而言治者,以下説治賦之事,治之使具,故以庀爲治也。"(第 623 頁)《會箋》謂"庀,具也,兵生於賦,故數甲兵必須具賦也。"(第 1200 頁)"庀"或釋"具"、或釋"治",或可從《正義》"治之使具"之見,則"庀"亦有"治理"義。除"脩賦""庀賦"外,《魯語下》另見"繕賦":"叔孫穆子曰:……今我小侯也,處大國之間,繕貢賦以共從者,猶懼有討。"[①]"繕"又見僖十五(前 645)《傳》:"征繕以輔孺子。"《集解》:"繕,治也。"(第 232 頁)又成十六(前 575)《傳》:"補卒乘,繕甲兵,展車馬。"《集解》:"繕,治也。"(第 478 頁)又襄九(前 564)《傳》:"巡丈城,繕守備,表火道。"《集解》:"繕,治也。"(第 523 頁)又哀二十四(前 471)《傳》:"軍吏令繕,將進。"《集解》:"繕治戰備。"(第 1049 頁)近人徐元誥(1876—1955)《國語集解》:"繕,治也。共與供同。從者,謂大國,謙稱也。"[②]則"繕貢賦以共從者"之"繕"亦有"治理"義。"治理"爲管理、統治,[③]"治理""賦"之目的當是掌握

① 韋昭:《國語韋昭註》,第 133—134 頁。
② 徐元誥集解,王樹民、沈長雲點校:《國語集解》,中華書局 2002 年版,第 182 頁。
③ 《漢語大詞典》編輯委員會、《漢語大詞典》編纂處:《漢語大詞典》,漢語大詞典出版社 1990 年版,第五册,第 1126 頁。

“賦”之精確數量。至於“賦”之具體内容，楊伯峻釋爲“徵納軍用財物與士卒”，陳克炯大致意同楊伯峻之見。①總之，“治理”在此猶如後世所謂盤點，“治理”“賦”指整頓與掌握用於戰争之武備、財物與戰鬥人員、後勤人員數量。

至於“治理”“賦”之對象爲何？以上引襄二十五（前548）《傳》“楚蔿掩爲司馬，子木使庀賦，數甲兵”爲例，劉家和《關於蔿掩庀賦》主張楚國境内所有賞田皆列入“庀賦”範圍。②晁福林《先秦社會形態研究》亦認爲“庀賦時不考慮國、野或都、鄙的差别，也不將貴族的采地劃在徵收範圍之外，這都表明了楚國君主擁有著廣泛的土地所有權。”③近人田昌五（1925—2001）、臧知非《周秦社會結構研究》意見則與之相反，認爲“蔿掩治賦只能限於楚王所控制的土地，或稱之爲公室之土。卿大夫的采邑、賞田是不在納賦之列的。”④其證在成七（前584）《傳》：“楚圍宋之役，師還，子重請取於申、吕以爲賞田。王許之。申公巫臣曰：‘不可。此申、吕所以邑也，是以爲賦，以御北方。若取之，是無申、吕也，晉、鄭必至于漢。’王乃止。”《集解》：“分申、吕之田以自賞。言申、吕賴此田成邑耳，不得此田，則无以出兵賦而二邑壞也。”（第443頁）申公巫臣向楚共王建言，申、吕爲北方重邑，是楚國北境賴以徵“賦”之地。若將申、吕作爲“賞田”賜予子重，⑤楚軍將無法於二邑徵“賦”，晉、鄭勢力將達至漢水流域。田、臧二氏認爲此段文字：

> 説明楚之采邑賞田不在國家取賦範圍之内。當然，這對普通農民來説並無意義，采邑之民不事於國家，則要使於私門，楚國卿大夫之族多有族兵，采邑之民當是組成部分之一。蔿掩和子木等人都有其土地臣民和族兵，他們治賦不會損害自己利益。⑥

田、臧二氏所謂“普通農民”即上節所述“國人”，二氏認爲此次“治理”“賦”之對象不涉及卿大夫

① 楊伯峻：《春秋左傳詞典》，第878頁。陳克炯：《左傳詳解詞典》，第1132頁。又吴永章：“軍賦雖是按土田的高下多寡而定的，但卻不能直接用土田之生産的計量單位而必須將其折合成軍備單位來交納。這也是當時各國通行的辦法。”見吴永章：《楚賦税制初探》，《江漢論壇》1982年第7期，第67—71頁。劉玉堂認爲“賦”“包括人馬、鎧甲和兵器。”見劉玉堂：《楚國經濟史》，湖北教育出版社1995年版，第38頁。

② 劉家和：《關於蔿掩庀賦》，《江漢論壇》1984年版第3期，第76—80頁。

③ 晁福林：《先秦社會形態研究》，北京師範大學出版社2003年版，第533頁。又見晁福林：《春秋戰國的社會變遷》，商務印書館2011年版，第562頁。

④ 田昌五、臧知非：《周秦社會結構研究》，西北大學出版社1996年版，第117頁。

⑤ 《周禮·夏官司馬·司勳》：“掌六鄉賞地之法，以等其功。……掌賞地之政令，凡賞無常，輕重視功。凡頒賞地，參之一食，惟加田無國正。”《注》：“賞地，賞田也。……‘等’猶差也，以功大小爲差。”（第454—455頁）楊氏釋“賞田”爲“以田爲賞物”，見楊伯峻：《春秋左傳詞典》，第877頁。陳氏亦謂“賞田”是“作爲賞賜之田”，陳克炯：《左傳詳解詞典》，第1132頁。概言之，依鄭《注》所釋，“賞田”係因功所賞之田，其多寡則據功之大小而有異。

⑥ 田昌五、臧知非：《周秦社會結構研究》，第117頁。

個人采邑與賞田之民，筆者認爲其説大致可從。下文徵引《周禮》記載三套地方行政系統，若依其内容，則"鄉""遂"系統每三年須"大比"，即檢閲各"鄉""遂"之人民、六畜、車輦數量。至於"采地"系統卻未見相關徵發人員與物資之記載，亦可證"治理""賦"應不含田、臧二氏所言采邑與賞田。[①]然須注意者是，昭十六(前 526)《傳》載"有禄於國，有賦於軍。"《集解》："受禄邑。軍出，卿賦百乘。"(第 826—827 頁)《會箋》謂"卿大夫稱百家之乘，故杜有此説。然此亦大抵言之，未必皆百乘。"(第 1573 頁)《左傳注》謂"有采邑之卿大夫皆出軍賦，在國家戰争時，率屬邑軍隊作戰。"(第 1377 頁)卿大夫之采邑與賞田基本而言不受國家控管，然於國家出征時須以其采邑與賞田多寡，將其"私屬"與該位卿大夫所率國家部隊混編，[②]則卿大夫"有賦於軍"當無疑義。[③]至於上揭諸條"治理""賦"之對象是否涵蓋卿大夫采邑與賞田？此間細節頗爲複雜，因篇幅有限無法於此詳盡説明，當另撰一文討論。

"治理""賦"是否具週期性，抑或於特定時間實施？成元(前 590)《傳》記魯國"脩賦"前，該年三月"作丘甲"(第 419—420 頁)。又襄二十五(前 546)《傳》楚國"庀賦""脩賦"前，楚國司馬蔿掩先"書土、田：度山林，鳩藪澤，辨京陵，表淳鹵，數疆潦，規偃豬，町原防，牧隰皋，井衍沃。"(第 623—624 頁)《集解》謂"書土、田"之意爲"書土地之所宜"(第 623 頁)，"書土、田"後進行"庀賦""脩賦"之事。又《魯語下》叔孫穆子言魯國"繕賦"在"季武子爲三軍"後(第 133 頁)，係魯襄公十一年(前 562)事。上引"脩賦""庀賦""繕賦"三事皆在國家制度變革時——或爲"作丘甲""作三軍"之田制與軍制改革，或爲"書土、田"之全國重新丈量土地。[④]此外，上引襄八(前 565)《傳》記鄭國遣大夫王子伯駢向晉國説明，鄭國迫於楚國壓力將與其"平"。[⑤]至於楚國伐鄭之由，乃因鄭國受晉國指示，"悉索敝賦，以討于蔡，獲司馬燮，獻于邢丘。"故此時楚國"來討曰：

---

① 《周禮·天官冢宰·大宰》："以八則治都鄙。"《注》："都鄙，公卿大夫之采邑，王子弟所食邑。"(第 27 頁)又《天官冢宰·小宰》："掌治法以考百官府、群都縣鄙之治，乘其財用之出入。"《注》："群都，諸采邑也。"《疏》："'群都，諸采邑也'者，謂大都、小都、家邑三處也。"(第 48 頁)此處謂"都鄙"爲公卿大夫之"采邑"。《秋官司寇·縣士》："縣士掌野。"《注》："都、縣、野之地，其邑王子弟公卿大夫之采地，則皆公邑也。"(第 530 頁)此處又稱"都、鄙、野之地"爲卿大夫大之"采地"，可證鄭玄所言"采地"與"采邑"無别。

② 黄聖松：《〈左傳〉"私屬"考》，《成大中文學報》2015 年第 50 期，第 1—56 頁。

③ 姚中秋謂"周王和諸侯的軍隊，其實主要由大夫組成。換一個角度，周王和公侯的戰争能力，主要依賴於作爲自給臣的大夫的效忠程度。"姚氏之説不可信從。見姚中秋：《華夏治理秩序史·第二卷》，第 717 頁。

④ "作丘甲"、"作三軍"、"書土、田"歷來説法紛陳，已非本文所能論述，當另撰他文説明。

⑤ 《左傳》"平"字楊伯峻分析爲七義：一、國與國間締造和平，媾和；二、使他國間解怨結好；三、平定；四、使高低一致，使平齊；五、治理；六、五味適合；七、使平和。見楊伯峻：《春秋左傳詞典》，第 202 頁。陳克炯分析"平"字爲九義：一、動詞，平定、平息；二、動詞，國與國之間媾和；三、動詞，内部調解糾紛；四、動詞，平治、治理；五、動詞，齊一，使高低均等；六、形容詞，和鞋、一致；七、形容詞，平和、平靜；八、形容詞，適當、得宜；九、動詞，使平和。見陳克炯：《左傳詳解詞典》，第 445—446 頁。此處"平"字之意當爲楊氏所釋第一義、陳氏所釋第二義，即鄭國與楚國媾和。

'女何故稱兵于蔡?'"(第 521 頁)知於發動戰争前亦須"脩賦"。此外,《魯語下》:"其歲,收田一井,出稯禾、秉芻、缶米。"《注》:"其歲,有軍旅之歲也。"(第 155 頁)知禾、芻、米等"收田一井"之物資當是發動戰争前徵收,亦可證"治理""賦"在發動戰争時。制度變革與發動戰争皆無週期可言,故筆者初步排除"治理""賦"具週期性。且由上文分析可知,"治理""賦"時間應在制度變革與發動戰争前,可視爲特定時間實施。

文十七(前 610)《傳》:"命之罔極,亦知亡矣,將悉敝賦以待於鯈。"(第 350 頁)此處單用"悉"字與"賦"關聯,有時又以"悉索"爲動詞,如襄八(前 565)《傳》:"敝邑之人不敢寧處,悉索敝賦,以討于蔡。"《集解》:"索,盡也。"(第 521 頁)《左傳注》謂"悉索同義詞連用,盡也。意謂收盡我國軍事力量。"(第 958 頁)又襄三十一(前 542)《傳》:"是以不敢寧居,悉索敝賦,以來會時事。"(第 686 頁)考諸《説文》:"悉,詳盡也。"[①]《爾雅·釋詁》:"㲄、悉、卒、泯、忽、滅、罄、空、畢、罊、殲、拔、殄,盡也。"[②]知"悉""索"皆有"盡"義,《左傳注》釋"悉索"爲"收盡"。上引襄八(前 565)《傳》鄭國大夫王子伯駢告於晉之語,與"悉索敝賦,以討于蔡"同爲一事。上文已説明"治理""賦"時間在制度變革與發動戰争前,此處又繫聯"脩賦"與"悉索敝賦"二詞,似乎"治理""賦"往往須"悉""索"之,如此方能應付戰争所需。然考諸《左傳》,春秋諸國發動戰争,出征兵車數量爲整體軍力之部分,未必全數動員。近人童書業(1908—1968)《春秋左傳研究》"春秋時出征兵數與全國兵數比例"言:"要之,征伐之事,自不能傾國以出,而不留守備,一般戰役,不動人衆,約出全國兵數三分之一已足,其有特殊原因必須多用者,自不在此限。"[③]童氏認爲出兵征戰大約動員全國總兵力三分之一,此説有待商榷。《左傳》有二則"居守"之例,文七(前 620)《傳》:"宣子與諸大夫皆患穆嬴,且畏偪,乃背先蔑而立靈公,以禦秦師。箕鄭居守。趙盾將中軍,先克佐之;荀林父佐上軍;先蔑將下軍,先都佐之。"(第 317 頁)又成十六(前 575)《傳》:"晉侯將伐鄭。……乃興師。欒書將中軍,士燮佐之;郤錡將上軍,荀偃佐之;韓厥將下軍,郤至佐新軍。荀罃居守。"(第 473 頁)"居守"之意楊伯峻認爲是"對外作戰時,有重臣居國内執政,曰居守。"[④]陳克炯釋爲"非常時期,大臣留在國都處理政事。"[⑤]筆者認爲"居守"除楊、陳二氏所謂留處國内負責政事外,亦擔負軍事守備之責。由上引二條晉國"居守"之文可知,六卿僅留一卿於國内;易言之,晉國兵車幾乎動員出境征伐,僅餘三分之一或少於三分之一兵車"居守"。又僖二十八(前 632)《傳》載晉、楚城濮之戰時,"晉車七百乘"(第 272 頁)出征。晉國甫於魯僖公

① 許慎著,段玉裁注:《説文解字注》,第 50 頁。
② 郭璞傳,邢昺疏:《爾雅注疏》,第 21 頁。
③ 童書業著,童教英校訂:《春秋左傳研究(校訂本)》,中華書局 2006 年版,第 330 頁。
④ 楊伯峻:《春秋左傳詞典》,第 390 頁。
⑤ 陳克炯:《左傳詳解詞典》,第 430 頁。

二十七年(前 633)“蒐于被廬,作三軍,謀元帥”(第 267 頁),知是時晉國有“三軍”之數。若以“一軍”三百乘兵車計算,[①]晉國兵車約莫千乘。城濮之戰晉國動員七百乘兵車,約佔全國兵車數量三分之二,僅餘二百乘左右“居守”,意即三分之一兵車守備國内,又與童氏看法不同。此外,成二(前 589)《傳》載晉、齊鞌之戰,“晉侯許之七百乘。郤子曰:‘此城濮之賦也。有先君之明與先大夫之肅,故捷。克於先大夫,無能爲役,請八百乘。’許之。”(第 422 頁)晉景公時晉師雖仍爲三軍,此時兵車數量應多於晉文公在位期間,估計有千餘乘之譜。然晉以八百乘出征,亦高於童氏“約出全國兵數三分之一已足”之説。故筆者認爲出征與守備兵車數量及比例,當因時、因地、因征伐對象而有所不同,恐未能如童氏所言有固定比例。即便如此,對外征戰仍須保留部分兵車於國内“居守”,以拱衛國都預防不測。此外,昭二十(前 522)《傳》:“衛公孟縶狎齊豹,奪之司寇與鄄。有役則反之,無則取之。”《集解》:“公孟,靈公兄也。齊豹,齊惡之子,爲衛司寇。……鄄,豹邑。縶足不良,故有役則以官邑還豹使行。”(第 854 頁)《傳》謂公孟平時奪取衛國司寇齊豹之官邑,待齊豹“有役”時又還與齊豹使其履行。至於“役”之内容,[②]依《左傳》《國語》分析,可大致歸納爲“戰争”“徭役”與“盟會”三類。[③]國家有“役”須徵發諸邑輪流執行,可推知發動戰争時當非全國動員。如是理解,則一國之“賦”當未能“悉”“索”之。

既如筆者所言,一國之“賦”未必能“悉”“索”,又當如何解釋相關記載?上引三段“悉”“索”“賦”之文皆爲外交辭令,文十七(前 610)《傳》乃“鄭子家使執訊而與之書,以告趙宣子”(第 349 頁);襄八(前 565)《傳》是“王子伯駢告于晉”(第 521 頁);襄三十一(前 542)《傳》係鄭國子産回覆“士文伯讓之”之詞。(第 686 頁)陳彦輝《春秋辭令研究》認爲,“委婉謙和是《左傳》行人辭令

① 黄聖松:《童書業〈春秋左傳研究〉軍事類詞條考訂》,《屏東教育大學學報(人文社會類)》2009 年第 33 期,第 67—88 頁。

② 楊伯峻分析《左傳》“役”字爲八義:一、動詞,服役;二、戰役;三、戰場;四、運輸線;五、名詞,役使;六、役徒、役夫;七、盟會;八、役屬國。見楊伯峻:《春秋左傳詞典》,第 312—313 頁。陳克炯亦析“役”之義爲八:一、名詞,勞役;二、名詞,服勞役的人;三、名詞,供役使的僕人;四、名詞,事情;五、名詞,戰事;六、名詞,服役的地方,此指戰地;七、名詞,指屬國;八、動詞,服役效力。見陳克炯:《左傳詳解詞典》,第 351—352 頁。

③ “役”指“戰争”數量最衆,如隱五(前 718)《傳》:“四月,鄭人侵衛牧,以報東門之役。”(第 61 頁)又桓二(前 710)《傳》:“初,晉穆侯之夫人姜氏以條之役生太子,命之曰仇。”(第 96 頁)又莊十一(前 683)《傳》:“十一年版夏,宋爲乘丘之役故,侵我。”(第 152 頁)因篇幅有限,未能一一列舉,敬請讀者自行查閱。“役”指“徭役”者如僖十三(前 647)《傳》:“秦於是乎輸粟于晉,自雍及絳相繼,命之曰‘汎舟之役’。”(第 224 頁)又襄十七(前 556)《傳》:“宋皇國父爲大宰,爲平公築臺,妨於農收。子罕請俟農功之畢,公弗許。築者謳曰:‘澤門之皙,實興我役。邑中之黔,實慰我心。’子罕聞之,……曰:‘吾儕小人皆有闔廬以辟燥濕寒暑。今君爲一臺,而不速成,何以爲役?’”《集解》:“役,事也。”(第 575 頁)又昭三十二(前 510)《傳》:“己丑,士彌牟營成周,……以令役於諸侯。”(第 933 頁)“役”指“盟會”者如昭七(前 535)《傳》:“嬰齊受命於蜀。……今君若步玉趾,辱見寡君,寵靈楚國,以信蜀之役。”《集解》:“蜀盟在成二年版。”(第 760 頁)又哀二十(前 475)《傳》:“黄池之役,先主與吴王有質,曰:‘好惡同之。’”《集解》:“黄池在十三年版。”(第 1048 頁)實則“黄池之役”乃指哀十三(前 482)《經》:“公會晉侯及吴子于黄池。”(第 1027 頁)

的共同之處。”[①]成二(前589)《傳》記齊頃公向晉軍“請戰”,謂“子以君師辱於敝邑,不腆敝賦,詰朝請見。”(第423頁)同年《傳》又載齊頃公使賓媚人向晉人云:“子以君師辱於敝邑,不腆敝賦,以犒從者。”(第426頁)僖三十三(前627)《傳》:“不腆敝邑。”《集解》:“腆,厚也。”(第289頁)“不腆”爲不豐厚、不富厚,則以“不腆”謙稱“敝賦”——本國軍賦,[②]亦是委婉謙和之辭。故筆者認爲“悉索敝賦”應理解爲:本國竭盡所能籌措發動戰争所需物資與人員,儘管國力不甚富厚,仍“悉”“索”而“治理”此“賦”——藉此凸顯本國順從他國要求而努力置辦之情。至於真否“悉”“索”一國之“賦”而出征,恐不符上文所述保留部分軍力以“居守”之實況。依上文所論,發動戰争須“治理”“賦”,然未必如外交辭令所言,皆“悉”“索”一國之“賦”。

至於“治賦”具體内容爲何,《左傳》《國語》無更詳盡記載可資察考,《周禮》則有相關文字以供討論。《周禮》記載三套地方行政系統,《地官司徒·大司徒》:“令五家爲比,使之相保;五比爲閭,使之相受;四閭爲族,使之相葬;五族爲黨,使之相救;五黨爲州,使之相賙;五州爲鄉,使之相賓。”《注》:“閭,二十五家;族,百家;黨,五百家;州,二千五百家;鄉,萬二千五百家。”(第159頁)此系統爲“比、閭、族、黨、州、鄉”六級,以“鄉”爲最高行政單位。《周禮》尚見“遂”系統,《地官司徒·遂人》:“遂人掌邦之野,……五家爲鄰,五鄰爲里,四里爲酇,五酇爲鄙,五鄙爲縣,五縣爲遂。”《注》:“鄰、里、酇、鄙、縣、遂,猶郊内比、閭、族、黨、州、鄉也。鄭司農云:田野之居,其比伍之名與國中異制,故五家爲鄰。”(第232頁)其行政區劃爲“鄰、里、酇、鄙、縣、遂”六級,以“遂”爲最高行政單位。須注意者爲,《傳》謂以“遂”爲最高行政單位者,“猶郊内比、閭、族、黨、州、鄉”;且謂此系統與“國中異制”,知前文以“鄉”爲最高行政單位者爲“國中”之制,後者以“遂”爲最高行政單位者爲“野中”之制。此外,《地官司徒·小司徒》:“九夫爲井,四井爲邑,四邑爲丘,四丘爲甸,四甸爲縣,四縣爲都。”《注》:“采地制井田異於鄉、遂。”《疏》:“此小司徒佐大司徒掌其都鄙,都鄙則三等采地是也。”(第170—171頁)《注》既謂“采地制井田異於鄉、遂”,知此系統即“采地”之制,劃分“井、邑、丘、甸、縣、都”六級。

《地官司徒·小司徒》又言:

> 乃頒比法于六鄉之大夫,使各登其鄉之衆寡、六畜、車輦,辨其物,以歲時入其數,以施政教,行徵令。及三年則大比,大比則受邦國之比要。乃會萬民之卒伍而用之:……,以起軍旅,以作田役,以比追胥,以令貢賦。(第168—169頁)

① 陳彦輝:《春秋辭令研究》,中華書局2006年版,第123頁。
② 楊伯峻:《春秋左傳詞典》,第686頁。陳克炯:《左傳詳解詞典》,第603頁。

既謂“頒比法于六鄉之大夫”，知“鄉”系統由六鄉之大夫負責其事。《注》：

> 登，成也，成猶定也。衆寡，民之多少。物，家中之財，歲時入其數，今四時言事。大比，謂使天下更簡閱民數及其財物也。“受邦國之比要”，則亦受鄉、遂矣。……要，謂其簿。……賦，九賦也，鄉之田制與遂同。（第168—169頁）

依上文所載，六鄉大夫須確切掌握所治各鄉人民、六畜、車輦數量，且登載於簿籍；每年各鄉須清查，三年更有全國“大比”——即檢閲上述内容實際數量。更重要者乃國家“以起軍旅”時，六鄉之大夫須據此簿籍“以令貢賦”，顯然“賦”之内容應包括各鄉人民。類似記載又見“遂”系統，《地官司徒·遂人》：“以歲時登其夫家之衆寡及其六畜、車輦，辨其老幼、癈疾與其施舍者，以頒職作事，以令貢賦，以令師田，以起政役。”《注》：“登，成也，猶定也。夫家，猶言男女也。……賦，九賦也。政役，出士、役徒。”《疏》：“‘政役，出士、役徒’，即上注遂之軍法，如六鄉者是也。”（第234頁）遂人掌理一國之遂，亦須登録所轄人民、六畜及車輦數量。此處經文未如“鄉”系統載明“及三年則大比”，然《注》認爲既然《小司徒》已謂“受邦國之比要”，則“大比”“亦受鄉、遂矣”（第168頁），意指“鄉”“遂”系統皆須如是，故《遂人》不再贅述。“遂”系統亦如“鄉”系統，國家發動戰爭時須“以令貢賦”“以起政役”；不僅須依簿籍出“賦”，亦須徵發“士”與“役徒”從征。上文已指出“士”指戰鬥人員，“役徒”即後勤人員，皆屬“國人”組成分子。國家發動戰爭時“治理”“賦”，即依“鄉”“遂”系統所登録簿籍，徵發人員、六畜、車輦等物資。上文已説明，國家動員時不至於“悉”“索”所有人員與物資，須保留以爲應變。除發動戰爭時須“治理”“賦”外，制度變革時復如是。上文已釋《左傳》三次制度變革而“治理”“賦”之事，或爲軍制改革、或爲土地重新丈量。軍制改革與土地重新丈量定然牽動人員編制與隸屬，故有重新登録簿籍之必要，定然須“治理”“賦”。

了解“脩賦”“庀賦”“繕賦”“悉索敝賦”之意，可再進一步説明四詞與“蒐”之關係。《會箋》於襄八（前565）《傳》“悉索敝賦”處言：

> 二年《傳》以“以索馬牛，皆百匹。”杜云：“索，簡擇好者。”[①]是索有簡擇之義。“悉索敝賦”謂盡國中之車徒而簡擇之也。蓋索之言蒐索也，《白虎通·田獵篇》曰：“秋謂之蒐何？索肥者也。”[②]《漢書·百官公卿表》注引服虔曰：“蒐，索也。”[③]然則索亦猶蒐也。昭十一年

① 原句見襄二（前571）《傳》。（第498頁）

② 班固著，陳立疏證，吴則虞點校：《白虎通疏證》，中華書局1994年版，第590頁。

③ 《漢書·百官公卿表上》：“騪粟都尉，武帝軍官，不常置。”服虔：“騪秧搜狩之搜。蒐，索也。”見班固著，顏師古注：《漢書》，第731頁。

《公羊傳》曰：“大蒐者何？簡車徒也。”①此即“悉索敝賦”之謂矣。（第 1004 頁）

《會箋》謂“悉索敝賦”之“索”有“簡擇”義，更謂“索之言蒐索也”，則“悉索敝賦”似與“蒐”有密切關聯。上文已釋“悉”“索”有“盡”義，又《周易・繫辭上傳》：“探賾索隱，鉤深致遠。”《正義》：“索，謂求索。”②知“索”有“索求”義，實與第二節所論“蒐”字諸義之本爲“索求”相同。第一節已言《左傳》“蒐”與田獵、檢閱部隊與軍事編制改易相關，須“索求”戰鬥人員及車馬等武備物資集中於某地進行，實與“悉索敝賦”目的一致。不唯如此，上文已説明“脩賦”“庀賦”“繕賦”等“治理”“賦”之意，指整頓與掌握用於戰争之武備、財物與戰鬥人員、後勤人員數量。此外，執行“治理”“賦”之時間在制度變革與發動戰争前，又與第一節所陳“蒐”之例相符。既然“脩賦”“庀賦”“繕賦”“悉索敝賦”内容與執行時間與“蒐”頗爲一致，知四詞部分意涵與“蒐”重疊。至於上二節所論“治兵”“大閲”及本節所述“脩賦”“庀賦”“繕賦”“悉索敝賦”與“蒐”之差異，則留待第六節説明。

六、《春秋》經傳所見諸詞與“蒐”之關聯

第二節説明“蒐”有“索求”“田獵名”“演習”“校閲車馬”“治兵”“巡守”“聚”等七義，諸義性質又分爲“田獵演習”與“校閲車馬”二種。第三節説明《左傳》“治兵”之意除“授兵”與“對外經略”外，更集中於“演習”義，與第二節所釋“蒐”七義之“演習”義重疊。第四節討論《春秋》經傳“大閲”，筆者認爲《左傳》以“簡車馬”釋“大閲”，而“簡”於《左傳》既有“揀擇”與“計算”二義，則“簡車馬”之“簡”當取後者，指檢閲與計算人員、兵器與武備，與“蒐”之“校閲車馬”義重疊。第五節分述《左傳》“脩賦”“庀賦”“繕賦”“悉索敝賦”等“治理”“賦”之意，指整頓與掌握用於戰争之人員、武備、財物之數量，亦與“蒐”之“校閲車馬”義重疊。上引諸詞與“蒐”字用法部分重疊，至於其差異則有待釐清。

楊寬認爲“治兵”與“蒐”之别在於“治兵”不必藉田獵以“演習”，其説可從，③唯楊氏未舉例證成其説。首先可注意襄十三（前 560）《傳》：“晉侯蒐于緜上以治兵”（第 554 頁），將“蒐”與“治兵”並列。又文十七（前 610）《傳》：“晉侯蒐于黄父，遂復合諸侯于扈，平宋也。”（第 349 頁）

---

① 見公羊壽傳，何休解詁，徐彦疏：《春秋公羊傳注疏》，第 280 頁。

② 王弼、韓康伯注，孔穎達正義：《周易注疏》，藝文印書館 1993 年版，據清嘉慶二十年版（1815）江西南昌府學版影印，第 157 頁。

③ 楊寬：《“大蒐禮”新探》，《古史新探》，第 256—279 頁。

此事於《國語·晉語五》記爲“乃使旁告于諸侯,治兵振旅,鳴鍾鼓,以至于宋。”(第289頁)將“蒐”與“治兵”代换,知“蒐”往往兼以“治兵”。“治兵”具“演習”義,“蒐”則兼具“田獵”與“演習”。既言“蒐”而“治兵”,知“蒐”既“田獵”亦“治兵”,二事並行。第二節説明《左傳》“蒐”之分類,筆者將“田獵”與“演習”併爲一類,並述及《左傳》另見“田”字表示單純之田獵、圍獵,不與“蒐”混淆。易言之,若僅爲單純田獵、圍獵,《左傳》《國語》皆以“田”字記之。故《春秋》經傳與《國語》之“蒐”已非單純田獵活動,是結合“田獵”與“演習”之準軍事行動。反之,若僅謂“治兵”時,應僅是單純“演習”而不行“田獵”。隱五(前718)《傳》:“故春蒐、夏苗、秋獮、冬狩,皆於農隙以講事也。三年而治兵,入而振旅。”《集解》:“雖四時講武,猶復三年而大習。出曰治兵,始治其事。”(第59頁)知四時“講武”外,三年又有“治兵”以“演習”,證實“治兵”可獨立辦理,不必然與“蒐”同時舉行。又僖二十七(前633)《傳》:“楚子將圍宋,使子文治兵於睽,終朝而畢,不戮一人。子玉復治兵於蔿,終日而畢,鞭七人,貫三人耳。”《集解》:“治兵,習號令。”(第266頁)《傳》既以“治兵”記之,且《集解》又釋“治兵”爲“習號令”——即後世所謂“演習”,知“治兵”不涉及“田獵”而僅爲“習號令”之“演習”。由是可證“治兵”非僅是“蒐”之代稱,其内容確有不同。

這種“習號令”之“演習”,徒卒部伍必然乘兵車、持武備列陣演練,須於空曠處進行戰技訓練及操演,似又與釋爲“簡車馬”之“大閲”有異。姚中秋《華夏治理秩序史·第二卷》認爲,春秋諸侯國之“軍力集中於中間層級的大夫之手,按照經學家的説法,他是最低層次的君。合乎邏輯的是,爲維護自己的權威,爲保持軍力之有效使用,大夫以上的君,也即公侯和周王,只要可能,就會定期舉行‘大閲’或者‘大蒐’,以檢閲大夫可以提供給自己的車、士、徒的數量。”[①]姚氏將“大閲”與“大蒐”對舉,似已發現二者内涵當有不同,可惜未具體説明其異。第四節已謂“大閲”重點在“檢閲”“計算”人員、兵器與武備,然《周禮·夏官司馬·大司馬》又言“中冬教大閲”(第445頁),内容仍涉及“演習”,如此豈非矛盾?《會箋》於桓六(前706)《傳》“秋,大閲,簡車馬也”釋云:

> 閲者,具數,一一數之也。《周禮·大司馬》四時於農隙必較閲,以講武事。……周之八月即夏之六月,而大閲之名於制不合,故《傳》特解之曰:“簡車馬也。”以明此所爲閲,是擇車徒、蒐廄馬。雖曰大閲,非田獵也。其所以大閲,則《經》文自明白,故不釋也。(第151頁)

筆者認爲“大閲”乃藉由“演習”以“檢閲”“計算”人員、兵器與武備,與“演習”無衝突疑慮;昭十

---

① 姚中秋:《華夏治理秩序史·第二卷》,第716頁。

三(前529)《傳》"七月丙寅,治兵于邾南。甲車四千乘"(第809頁)即是一證。《左傳注》認爲此處特言"甲車四千乘",係"所謂示威也"(第1353頁),乃呼應《傳》載叔向之言:"諸侯不可以不示威。"(第809頁)《集解》釋此句爲"知晉薄德,欲以威服之。"(第809頁)原計於本年"秋,晉侯會吴子于良"(第809頁),然因"水道不可,吴子辭,乃還"(第809頁)之際,"治兵于邾南。"筆者認爲凸顯兵車之數"甲車四千乘",除《左傳注》所闡之意,更是藉"治兵"以"檢閱""計算"人員、兵器與武備,目的乃展示晉國軍備與雄健國力以威懾諸侯。由是可知"治兵"與"大閱"不妨皆具"習號令"之"演習"義,且皆不需藉"田獵"即可舉行。[①]唯二者側重稍有不同:"治兵"目的主要是"演習","大閱"則强調"檢閱"與"計算"人員、兵器與武備。

第五節説明"脩賦""庀賦""繕賦""悉索敝賦"等"治理""賦"之意,乃指整頓與掌握用於戰争之人員、武備、財物之數量,似又與"大閱"之意相近。筆者認爲"賦"雖包括人員、武備、財物等内容,然"治理""賦"與"大閱"之别是"治理""賦"不必聚集人員、武備、財物於一處,以供"檢閱"與"計算"。當如第五節所引《周禮·地官司徒》諸文所示,由"鄉""遂"系統各級官員,依登録簿籍内容於原籍清查。學者或許質疑,若依《周禮·地官司徒》所載"鄉""遂"系統清查之事,似爲常態性例行事務,何需於《春秋》經傳及《國語》特别記載?筆者於第五節已説明,典籍所載"治理""賦"之時間皆在制度變革與發動戰争前,爲因應制度變革與發動戰争之需,故須重新"檢閱"與"計算"人員、武備、財物,故特别記載以别例行公事。"脩賦""庀賦""繕賦""悉索敝賦"内涵雖與"大閱"相近,然實際"檢閱""計算"方式仍有不同。由是觀之,"脩賦""庀賦""繕賦""悉索敝賦"諸詞雖與"蒐"之"檢閱車馬"義關聯,因舉行"檢閱""計算"方式不同於"蒐""治兵"與"大閱",此當爲諸詞之異。

由上説明可知,"蒐"指涉内容範圍最廣,可包納"田獵演習"與"校閱車馬"二義。"治兵"與"大閱"皆可釋爲"演習",二者與"蒐"之别在於不舉行"田獵"。至於"治兵"與"大閱"又稍異,前者偏重"演習"過程,後者主要指"檢閱"與"計算"人員、兵器與武備。"脩賦""庀賦""繕賦""悉索敝賦"雖與"大閱"意近,唯"治理""賦"諸詞係由"鄉""遂"系統各級官員,依登録簿籍内容於原籍清查,與"大閱"透過"演習"方式"檢閱"與"計算"人員、兵器與武備不同。

七、結　　語

本文分析《春秋》經傳與《國語》所載"蒐"字諸文,具體結論如下。(一)《春秋》經傳與《國

① 楊寬:《"大蒐禮"新探》,《古史新探》,第256—279頁。

語》所載“蒐”字，有“索求”“田獵名”“演習”“校閱車馬”“治兵”“巡守”“聚”等七義。“蒐”之諸義當以“索求”爲本，其餘意涵皆由此引申，又可規納爲“田獵演習”與“校閱車馬”二種。（二）“治兵”有數義，除“授兵”與借代爲“對外用兵經略”，亦有“演習”義。（三）《左傳》釋“大閱”爲“簡車馬”，皆釋爲“檢閱”“計算”人員、兵器與武備，亦有“演習”義。（四）“脩賦”“庀賦”“繕賦”“悉索敝賦”等“治理”“賦”，意指整頓與掌握用於戰争之武備、財物與戰鬥人員、後勤人員數量。（五）“治兵”與“大閱”皆可釋爲“演習”，二者不舉行“田獵”，與“蒐”透過“田獵”以“演習”不同。“治兵”與“大閱”又稍異，前者偏重“演習”過程，後者主要指“檢閱”與“計算”人員、兵器與武備。（六）“脩賦”“庀賦”“繕賦”“悉索敝賦”雖與“大閱”意近，唯“治理”“賦”諸詞係由“鄉”“遂”系統各級官員，依登録簿籍内容於原籍清查，與“大閱”透過“演習”方式“檢閱”與“計算”人員、兵器與武備不同。

《白虎通》之“或曰”與“一説”

□〔日〕田中麻紗巳
劉瑩譯，石瑊校

［摘　要］ 本文主要分析了《白虎通》中四十余處引用“或曰”“一説”的記述。後漢章帝時期，在白虎觀討論當時經學説的異同，對於多數争論裁定出的正確而妥當的解釋，都記録在了《白虎通》之中。其書的大部分只記載了定下來的解釋，只有約四十處的末尾以“或曰”還有“一説”爲始附上了别的解釋。其中正確而妥當的解釋稱之爲主説，“或曰”“一説”以下稱爲别説。通過分析，可以把别説分爲補充主説，提示異説，還有反對主説三類。參照諸例，提示異説的情况最多，反對主説的用例最少。在與經學説的關係中，補充主説的别説，即便有不同于《春秋》説和《禮》説等之處，主説與别説也都屬於今文學派之説。提示異説的用例雖然也幾乎同樣如此，但有少數的别説是與古文説同説的今文説。在反對主説的用例中，果然有主説和别説都是今文説之例，别的情况有主説是與古文説相似的今文説，而别説是今文學派的他説之例，還有主説是今文説而别説是古文説之例。雖然是極少數，但是確有認可古文説的情况。當時的朝廷被今文學派的博士官獨佔，參加白虎觀論議的也都是今文經學的習得者。只是，參加的賈逵是兼修今文學的古文學派，而丁鴻是兼修古文學的今文學派。也許正因爲他們的支持，少量的古文學説才得以存在。稍後賈逵的弟子許慎著《五經異議》，就是從古文學派的立場討論經學説。重視今古文學的框架的大勢已然存續，只是不拘泥于這種傾向的萌芽在白虎觀論議中應該也是可以見出的。

［關鍵詞］ 補充・異説・反对；多數説與少數説；今古文的兼修①

［作者簡介］ 田中麻紗巳，京都女子大學教授；劉瑩，北京大學哲學系博士研究生；石瑊，北京大學哲學系博士研究生

《白虎通》中有冠以“或曰”及“一説”的表述。記其數，“或曰”有三十四條，“一説”有十條，通過這些基本可以窺見此書全貌。②通過考察使用“或曰”和“一説”的部分，也許此書的某一面可以變得明晰，因此本文嘗試著对其进行探讨。首先對“或曰”和“一説”的内容進行探討和分類，接著從今古文學説的層面對其進行分析，最後將以上結果置于《白虎通》的整體關聯中進行梳理。

① 譯者按：此論文原文並無摘要、關鍵詞，值此文譯成中文之際，特别邀請田中先生新作，在此致謝。

② 本稿中所用本子爲盧文弨校定的《白虎通》（《百部叢書集成》所收《抱經堂叢書》本。以下，簡稱“盧本”）。

一

《白虎通》由《爵》至《崩薨》的四十三篇構成。其各篇之中，圍繞該篇主題選取的個別事件的小節，是由以包含著問題及回答爲形式的許多小節的集合。這些小節的數量各篇不同。而且雖然小節主要根據一種意見或解釋來總結，但是也有之前談到的那樣，也會有一些以“或曰”或者“一説”開頭，將别的意見或解釋添加在末尾的情況。

解讀《白虎通》，陳立的《白虎通疏證》最有助益，本稿也參考了此書(《皇清經解續編》所收。下文簡稱“疏證”)。關於“或曰”，《疏證》也稍有言及，這些對“一説”也應該同樣適用。首先《疏證》談到了“《白虎通》所載‘或説’，多與今文經師不合”(《疏證》卷四)。認爲“或曰”之類與今文學派的師説多有不合之處。而且提到了“《白虎通》雜論經傳，多以前一説爲主，‘或曰’皆廣異聞也”(同書卷一)，“案《白虎通》之例，凡‘一説’有數義者，以首一義爲主，餘則廣異聞”(同書卷二)等。把“或曰”等解釋爲了廣採異聞。还有“故又引‘或説’，……爲别解也”(同書卷八)，把“或曰”等视为了别的解釋。

陳立這種認爲多數“或曰”與今文學派的師説不合的理解，應該有必要仔细考察。然而他把首先記録下來的説法視爲主要的説法，把“或曰”等作爲别解，應該是妥當的。本稿爲了做出區分，把開始的意見解釋稱爲“主説”，把“或曰”“一説”稱爲“别説”。

對以“或曰”“一説”開始的别説進行探討和分類，應該有好幾種方法，在這裡筆者著眼于對《白虎通》中各個小節中與主説相對的别説之意義進行考察。首先來看看《京師》篇。此篇對“京師”一語的説明是“京師者何謂也？千里之邑號也。京，大也。師，衆也。天子所居，故以衆言之。……《王制》曰：‘天子之田方千里’”，其後繼續道，“或曰：夏曰夏邑，殷曰商邑，周曰京師。《尚書》曰‘率割夏邑’，謂桀也；‘在商邑’，謂殷也”。前面的主説部分止于闡述京師的普遍説法，因此後面的别説附加敘述了夏殷周三代京師稱呼的不同之處。可以説這是在某方面對主説加以了補充。

接下來看看《三教》篇。主説是“《樂・稽耀嘉》曰：‘顔回問①：“三教變，虞夏何如？”曰：“教者，所以追②補敗政、靡弊、混濁，謂之治也。舜之承堯，無爲易也。”’”在此之前的部分，雖然显示了三教爲“忠”“敬”“文”，但是作爲古代王朝教化之基本的三教，在由舜至禹的統治繼承之際

① 依據盧文弨之説改“尚”爲“問”。

② 盧本作“追”，依《四部叢刊》本改爲“追”，《疏證》亦作“追”。

是如何的呢？作爲對這一設定問題的回答，因爲從堯到舜的繼承没有“追補敗政、靡弊、混濁”的必要，因此並没有改易，也就是三教似乎并没有變化。然而即便是從堯到舜的情況是可以判明的，極爲重要的從舜到禹的情況卻並不明晰。因此，主説之後繼續説道，“或曰：三教改易，夏后氏始。”别説講的三教是從禹開始被改易的説法，補充了主説的不足。

與以上《京師》《三教》篇不同的用例當然也是有的，接下來就舉出這樣的用例，首先來看看關於三皇和五霸的例子。《號》篇中有“三皇者，何謂也？謂伏羲、神農、燧人也”，接著説“或曰：伏羲、神農、祝融也。《禮》曰：‘伏羲、神皇、祝融，三皇也。’”主説中作爲三皇之一的“燧人”，在“或曰”中被“祝融”所取代。同篇中“五霸者，何謂也？昆吾氏、大彭氏、豕韋氏、齊桓公、晉文公也。……”與之相對，有“或曰：五霸，謂齊桓公、晉文公、秦穆公、楚莊王、吴王闔閭也。……”，還有説“或曰：五霸，謂齊桓公、晉文公、秦穆公、宋襄公、楚莊王也。……”列舉出的五霸人物各不相同。如此，在《號》篇的用例中，“或曰”提示出了與主説相對的别解。

《爵》篇中有“何以知天子之子亦稱世子也？《春秋傳》曰：‘公會王世子于首止。’”這里雖然提到了將天子之子稱爲世子，然而接下來“或曰：天子之子稱太子。《尚書傳》曰：‘太子發升于舟’。《中候》曰：‘廢考，立發爲太子。’明文王時稱太子也。”這是説天子之子爲太子。例中的“發”即爲之後的武王。這一例中，與主説相對，别説提出了異説。

還有與這些不同的用例。不妨以五帝之號的有無來考察一下。《號》篇：“五帝無有天下之號何？五帝德大能禪，以民爲子，成于天下，無爲立號也。”這是説五帝雖保有天下卻没有立號。與之相對“或曰：唐虞者，號也。唐，蕩蕩也。蕩蕩者，道德至大之貌也。虞者，樂也。言天下有道，人皆樂也。故《論語》曰：‘唐虞之際。’帝嚳有天下，號曰高辛。”堯、舜、帝嚳，還有顓頊、黄帝，這五帝都擁有天下且有號。别説否定了主説。

《考黜》篇：“諸侯有九賜，不習其賜者何①？子之能否，未可知也。”天子因功勛而賞賜的九賜，即便給予了諸侯，其子也不能繼承，這是由於其子之能否不明的緣故。與此相對“或曰：得之，但未得行，其習以專也。三年有功，則皆得用之矣。二考無功，則削其地而賜自并之②。”子雖然可以繼承其父所得的九賜，然而之所以可以自由地得以使用，是因爲三年之後能舉出功業。如果再過三年後，在考查之際被判定爲没有功業，其領地則會被一起削除。在附加條件的基礎上子可以繼承其父所得之物，别説是主説的反論。

《王者不臣》篇：“王者臣不得爲諸侯臣，以其尊當與諸侯同。《春秋傳》曰：‘寓公不世，待以初。’”王之下臣與諸侯同等尊貴，因此不能成爲諸侯之臣，作爲旁證之例，即便是亡國的君主也

---

① 依盧文弨之説加“不”字。且接下來之“習”，盧文弨言“習，當與襲同”。

② 依盧文弨之説改“知”爲“之”。

應該與君主有同等的待遇。另一方面，别説“或曰：王者臣得復爲諸侯臣者，爲衰世主上不明，賢者非其罪而去，道不施行，百姓不得其所，復令得爲諸侯臣，施行其道。《易》曰：‘不事王侯。’此據言王之致仕臣也。言不事王可知。復言侯者，明年少復得仕於諸侯也。”因爲王的昏愚而導致賢臣離去的時候，賢臣可以爲了行道于世而成爲諸侯之臣，年齡上也是如此，年老而致仕之人暫且不論，年少則可再度仕于諸侯。主説從“尊貴”這種形式層面而論，别説可以説從賢臣的有用性這一實質層面對其加以了否定。

《蓍龜》篇中提到了聖人與卜筮的關係：“聖人獨見先睹，必問蓍龜何？示不自專也。”聖人明明能够預先識别常人看不見之物，那爲什麽还要询问蓍草和龜甲呢？對此設問的回答，是爲了顯示避免專斷。這是承認了聖人具有與凡人不同的預知能力，在此基礎上進行的卜筮不過是爲了體現聖人謙虚的態度。與此相對，“或曰：清微無端緒，非聖人所及。聖人亦疑之。《尚書》曰‘女則有疑’，謂武王也。”渾沌難以察覺的微妙物事，毫無思考的綫索，即便聖人也無法判斷，因此會産生疑問，武王也會有懷疑之處。如此，似乎解釋爲了因爲存在著即便是聖人的傑出能力也不及的事物，因此聖人也會卜筮。主説把聖人作爲超越性的存在來描繪，而别解則可以視爲對此的反駁。

如上所述，以“或曰”“一説”標記出的别説，從對主説的意義而言，大體上可以劃分出三種類型。第一種類型是《京師》《三教》篇之例①，結果是别説成爲了主説的補足、補充。第二種類型是《號》《爵》篇之例②，别説提示出了與主説相對的别解和異説。還有第三種《號》《考黜》篇等之例③，别説與主説相對立，幾乎否定了主説。還有，“或曰”“一説”各例的數量，屬於第二種類型的最多，其次是第一種類型，最後是第三種類型④。

二

因爲《白虎通》的内容有必要從今文學與古文學的關係來探討，因此接下來我們來考察“或曰”“一説”。只是“或曰”“一説”之例半數以上是很難進行今文學、古文學的判别的。關於主説和别説都基本可以區分出今古文的例子，筆者將依照在第一部分中做出的三種分類，按順序從第一種類型開始探討。還有，這部分中陳立的《疏證》也是極爲有益的。

① 别的例子有《五祀》篇的“一説”“或曰”，《五刑》篇的“或曰”等。

② 别的例子有《鄉射》篇的“或曰”，《姓名》篇的“一説”等。

③ 别的例子有《封公侯》篇的“一説”等。

④ 並不是説所有的“或曰”“一説”都能以這三種類型截然相分，但是整體而言基本可以做此區分。

首先看《崩薨》篇:"臣子死,君往弔之何? 親與之共治民,恩深義重。厚慜躬見之。故《禮·雜記》曰:'君弔臣,主人待于門外,見馬首不哭。君至,主人先入。君升自阼階,西向哭。主人居中庭從哭。'"君主弔唁下臣之死,是因爲君臣之間有著深厚的恩誼,引用了《禮·雜記》來敘述君主吊唁之際的具體情形。然而此記述與《禮記》的《雜記》不類,卻與《喪大記》之文類似。另一方面,别説"或曰:大夫疾,君問之無數。士疾,一問之而已。大夫卒,比葬不食肉,比卒哭不舉樂。士比殯不舉樂。"敘述了大夫與士生病時君主問候的回數,以及在大夫與士去世的時候,限制君主食肉及奏樂的要求。雖然是補充主説没有言及的事情,别説的全文基本引自《禮記》的《雜記下》。也就是説,主説可以看作以《禮記》的《喪大記》爲基礎,而别説引用的是《雜記》,兩説都以《禮記》爲依據。今本的《禮記》包含著《月令》等,全書雖然不能視爲今文學派的文獻,但是《王制》採取了與古文的《周禮》相對的今文派的根據,這也是事實。本稿引用了多篇《禮記》作为依据,大體而言可以將此書的大部分視爲今文系。這樣一來,《崩薨》篇的例子無論是主説還是别説都屬於今文系。

《諫諍》篇裡敘述道,下臣三諫君主后離去,出郊之時,君主會做出將其放逐或是給予安慰挽留從而使之返回朝廷的決定,而這一決定是通過贈玉來傳達的。"賜之環則反,賜之玦則去。明君子重恥也。《王度記》曰:'反之以環[1]。其不得反者亦與之物[2]。明有分土無分民也。'……[3]"對於三諫之臣,贈予環(意味著歸還),即是安慰挽留使之返回朝廷,而贈之以玦(意味著訣别)則不得不離開國都。這在儒家學説中也許是普遍的看法,但君子以此來決定進退,在《王度記》一文中的論點是值得注意的。《王度記》爲《大戴禮》的佚篇,因爲戴德的禮學是今文學,所以主説以今文系的意見解之。别説爲"或曰:天子之臣,不得言放。天子以天下爲家也。親屬諫不得放者,骨肉無相去離之義也。《春秋傳》曰:'司馬子反曰:"君請處乎此,臣請歸。"'子反者,楚公子也,時不得放"。這是對主説追加的敘述,即天子之下臣是不得言"放",且不得放逐作爲親屬的下臣。這裡説到的"天子以天下爲家",如《疏證》中指出的一樣,是從《公羊》的"王者無外"(隱公元年及其他)的思想中來的,引用的《春秋傳》也是《公羊》(宣公十五年)。因此這一"或曰"應該可以視爲出自《公羊》家。結果是,《諫諍》篇的此例,可以説是從《公羊》學的立場來補充今文系的禮學説。

以上《崩薨》《諫諍》篇的兩例,屬於第一種類型。接下來我們來探討一下第二種類型的四個例子。首先來看看《嫁娶》篇,"天子諸侯一娶九女者何? 重國廣繼嗣也",這裡談到了天子與

① 依陳立之説改"玦"爲"環"。
② 依陳立之説改"待"爲"得"。
③ 省略部分與主旨關聯不大,"《詩》曰:'逝將去女,適彼樂土。'"且,這裡使用了"女"字,雖然韓《詩》作"汝",然而魯《詩》和毛《詩》似乎皆作"女"。參照王先謙《詩三家義集疏》卷七。

諸侯一次性娶九個女子。這之後,“適九者何? 法地有九州,承天之施,無所不生也。一娶九女,亦足以承君之施也。九而無子,百亦無益也。《王度記》曰:‘天子諸侯一娶九女。’”效法地有九州而娶九人,並且舉出了《王度記》的例子,應該是從今文系的禮家來解釋的。另一方面,別説“或曰:天子娶十二女。法天有十二月,萬物必生也。”①這里顯示出了與主説不同的解釋,即天子娶十二人,是爲了效法天。娶十二女之事在《公羊》成公十年的何休注中也可以看到“唯天子娶十二女”,《疏》稱此注爲《保乾圖》之文。因爲《保乾圖》爲《春秋》緯,因此結果是,“或曰”和《疏證》都成了“今文《春秋》説”的《公羊》家學説。因爲《公羊》中有“諸侯壹聘九女”(莊公十九年),所以這種天子娶十二女的説法很可能是《公羊》家内部産生的。總之這一例被視爲了出自與今文系禮家相對的《公羊》家的異説。

《爵》篇中有“殷爵三等,謂公侯伯也。所以合子男從伯者何? 王者受命,改文從質,無虚退人之義。故上就伯也。《尚書》曰:‘侯甸任衛作國伯’,謂殷也。《春秋傳》曰:‘合伯子男以爲一爵。’”這是説殷的爵位分公侯伯三等,伯爵中包含了子男兩爵。《疏證》説這是“今文《春秋》説”,而《春秋傳》論述爲《公羊》桓公十一年的傳文。且認爲將子男上升到包含于伯爵之中這一點是“蓋《公羊》先師舊有此義。”這應該是妥當的解釋。還有,引文的《尚書》被視爲《今文尚書》②。與此主説相對,“或曰:合從子,貴中也。……③”雖然與主説同樣改周從殷將爵位分爲了三等,但是在伯子男三爵中重視無過不及的中等而統稱爲子爵,這應該是提出了異説。而且“從子”可見于《公羊》桓公十一年的何注“《春秋》改周之文,從殷之質。合伯子男爲一,一辭無所貶,皆從子”。也就是説,“或曰”如《疏證》的“《公羊》先師異説”一般,作爲《公羊》家的一説,在白虎觀議論之時被保存了起來。結果在這一《爵》篇的例子中,主説和别説都是《公羊》説,主説被解爲援引了今文《尚書》學的經文。

《宗族》篇中有,“《尚書》曰:‘以親九族。’族所以九者何? 九之爲言究也。親疏恩愛究竟,謂之九族也。父族四,母族三,妻族二。父族四者……”。這裡解釋《尚書・堯典》“九族”的具體内容,即與父同姓的一族或者父親的姐妹出嫁有子的一族的父之四族,與母之三族,還有妻之兩族。與此相對,别説“一説:合言九族者,欲明堯時俱三也”,“九族”的内容爲父母妻三族,這一點與主説相同。然而其族之數每族爲三,這一點與主説不同。話説回來,白虎觀論議的與會者之中有賈逵的弟子許慎,許慎著《五經異義》(以後簡稱《異義》)。《異議》中也採取了這一

① 此《嫁娶》篇的例子“《王度記》曰:……”之後是“《春秋公羊傳》曰:……謂之姪者何? 兄之子也。娣者何? 女弟也”,之後接著是“或曰:……”。但是“《春秋公羊傳》曰”以下回答的是别的設問,“或曰”以下稍有偏離當是“《王度記》曰:……”的别説。

② 孫星衍《尚書今古文註疏》卷十六將此句解爲《今文尚書》之文。

③ 省略部分是説,以《春秋》經文爲例,可以明確“子爵”之“子”與父子之“子”的紛亂。

“九族”(《左氏》桓公六年《疏》等所收),《疏證》認爲其中的“今《禮》戴、《尚書》歐陽説”與這裡的主説大致相同。這應該是妥當的見解,主説應該視爲今文派的禮家及《尚書》家的學説。而且,《異義》中也收録了古《尚書》説,把“九族”解釋爲了從高祖至玄孫。①從祖父的祖父一族,祖父的父親一族,往下到曾孫之子一族,即以自我爲中心往上的四代以及往下的四代就成了九代之族。同樣的思考方式可見于《尚書・堯典》的孔《傳》。也就是説,今文説的“九族”包含了異姓,而古文説只有同姓,如此形成了對立。這樣一來《宗族》篇的主説與今文學的禮家及《尚書》家是同説,“一説”的基本思考方式也與主説相同,因此或許是今文學内部的(恐怕是《尚書》家的)異説。當時,如古《尚書》説的古文説應該已經出現了,但是别説也没有採用。

《考黜》篇論及諸侯的黜陟時講“五十里,不過五賜而進爵土。七十里,不過七賜而進爵土。能有小大,行有進退也。”這是説擁有方五十里領土的子爵和男爵的諸侯受“五賜”,授予與之相應的爵位和領土,同樣方七十里的侯爵、伯爵的諸侯受“七賜”,授予與之相應的爵位和領土。②與之類似的文字在《公羊》莊公元年的何注中,“禮,百里不過九命,七十里不過七命,五十里不過五命。”在這之前,有“禮有九錫。一曰車馬、……九曰秬鬯。皆所以勸善扶不能”,對此疏言“此《禮》緯《含文嘉》文也”,《考黜》篇的開始也有幾乎相同的文字,“《禮》説:九錫,車馬、衣服、樂則、朱户、納陛、虎賁、鈇鉞、弓矢、秬鬯,皆隨其德所行而賜③”,盧文弨説“案此皆《禮》緯《含文嘉》之文”。而且,《禮記・曲禮》上的疏中談到了《周禮・大宗伯》的“九命”與此處的“九錫”之間的關係,“鄭司農以《周禮》九命與九錫是一也”,更進一步引《異義》,可以見到許慎所講的“九賜”“九命”。這個“賜”(《考黜》篇中也是)應該與“錫”同義,鄭衆、許慎認爲“七命”“五命”相當於“七錫”“五錫”的鈇鉞、納陛(爲了使升降的樣子不被外面看到而做的階梯,用於天子的宫殿),何休也持相同意見。而且《考黜》篇的“五十里,……”也可以看作與鄭衆等的同説。

與這樣的主説相對,别説爲“一説:盛德始封百里者,賜三等,得征伐專殺斷獄。七十里伯始封,賜二等,至虎賁百人。後有功,賜弓矢。復有功,賜秬鬯,增爵爲侯,益土百里。復有功,入爲三公。五十里子男始封,賜一等,至樂則。……”别説將九錫分三等,方五十里的子爵、男爵,賜一等受第三的樂則,方七十里的伯爵,賜二等受第六的虎賁,成爲侯爵之人得方百里,因爲是第三等,所以受第九的秬鬯。

---

① 《左氏》桓公六年之疏:“古《尚書》説,九族者,從高祖至玄孫,凡九,皆同姓。”還有接下來提到的《尚書・堯典》“以親九族”之孔傳“……以睦高祖玄孫之親”。且《宗族》篇在此例之前有“族者何也? 族者湊也,聚也。……上湊高祖,下至玄孫,一家有吉,百家聚之,……”因此可以認爲在白虎觀論議之時古《尚書》説的思考方式已然存在。

② 《疏證》中的“然則此以子男五賜,侯伯七賜,與鄭衆、許慎、何休、范甯之説同也。蓋亦古文家説”,依從了方五十里對應子爵、男爵,方七十里對應侯爵、伯爵的解釋。

③ 依盧本所收的汪繩祖之説改“可”爲“所”。

來看看主説與别説的差異，領土之於侯爵，主説爲方七十里，别説爲方百里。九錫全都不同，侯、伯、子、男各爵，主説是鈇鉞、鈇鉞、納陛、納陛，而别説是秬鬯、虎賁、樂則、樂則。而且，《疏證》認爲主説"蓋亦古文家説"。確實鄭衆是《周禮》的學者，許慎也是古文學派。但是何休也持相同意見，九錫的内容與順序在緯書中已經講到了，所以可以認爲在白虎觀論議之時，《公羊》説中存在著與主説相同的解釋。因此《考黜》篇的主説，在古文學的《周禮》家等的學説中，應該可以視爲與《公羊》家同説。而且關於"一説"，《疏證》説"蓋今文説也"。雖然提及其根據，《禮記・王制》有"公侯田方百里，伯七十里，子男五十里"，因爲以侯爵爲方百里，所以可以推測《疏證》之言以此爲基礎。如此，别説則爲今文《禮》説。

接下來考察第三種類型的三個例子。首先《謚》篇有"夫人無謚何？無爵，故無謚"。君主的夫人没有謚號，應該是因爲生前没有與之相應的爵位。關於夫人没有爵位，《爵》篇以"婦人無爵何"爲開始議論道，"故《禮・郊特牲》曰：婦人無爵，坐以夫之齒"。確實與《禮記》的《郊特牲》基本是同樣的文字，在其他篇中也可以看到同樣的記述[①]。《爵》篇接下來説到"《禮》曰：生無爵，死無謚"。這被視爲用了《儀禮・士冠禮》一文[②]。如此，"夫人無謚"的説法可以説與今文《禮》學有著很深的關聯。然而《疏證》舉出了服虔認爲魯隱公之母被授予謚號是"非禮"的例子[③]。通常認爲白虎觀論議之時《左氏》説中這種意見已經存在，因此"夫人無謚"這種説法就成爲了與今文《禮》家關係頗深，且很有可能與古文《左氏》家也同説的説法。

另一方面，别説"或曰：夫人有謚。夫人一國之母，修閨門之内，則群下亦化之。故設謚以彰其善惡。《春秋傳》曰：葬宋恭姬。《傳》曰：其稱謚何？賢也。《傳》曰：哀姜者何？莊公夫人也。"這是以夫人有謚號來否定主説。因爲夫人是一國之母，如果能管理好家庭之内，則可以感化衆多的下屬（而且可以在國中産生良好的影響），因此給予謚號可以彰顯其生前的德行。在此之上作爲證據引用的《春秋傳》，在襄公三十年的經文中，接下來的"傳"是《公羊》的傳文。在此經兩個月前的經文中有"宋災，伯姬卒"，因爲給這個伯姬加上了"恭"（《春秋》中爲"共"）的謚號，所以《公羊》將其解釋爲了褒獎，把給予謚號當做了理所當然的事。而且接下來的"傳"也是《公羊》僖公二年的傳文，經文對"葬我小君哀姜"中加上的謚號完全没有貶義的説明。還有之前引用的《爵》篇的"……死無謚"之後有"《春秋》録夫人皆有謚。……"這也是立足于承認夫人謚號的《公羊》的觀點給出的解釋。也就是説，《謚》篇的這個例子與"夫人無謚"的今文《禮》家關係頗深，而且似乎與《左氏》家是同説，然而從《公羊》家中出現了"有謚"的反對説法。

---

① 《禮記・郊特牲》中有"故婦人無爵，從夫之爵，坐以夫之齒"，且《雜記》上也有"凡婦人從其夫之爵位"。

② 《儀禮・士冠禮》中有"古者生無爵，死無謚"。《禮記・郊特牲》也有引用。

③ 劉文淇《春秋左氏傳舊注疏證》隱公元年中收録了《通典》百四引用的"服虔云：聲子之謚，非禮也"。聲子是隱公的妾母，《左氏》隱公元年的傳中有"繼室以聲子，生隱公"。"聲"爲謚號。

《嫁娶》篇中可以看到這樣的記載，“適夫人死，後更立夫人者，不敢以卑賤承宗廟。自立其娣者，尊大國也。《春秋傳》曰：叔姬歸于紀。叔姬者，伯姬之娣也。伯姬卒，叔姬升于嫡，經不譏也。”這是説，諸侯的夫人逝世的時候，要重新立夫人，這是爲了避免與卑賤的妾共同繼承舉行神聖的宗廟祭祀。主説接著説到，所立的夫人是已故前夫人之娣，也就是前夫人出嫁之時作爲媵而隨嫁的妹妹，列舉出《春秋》所載魯之叔姬跟隨姐姐伯姬嫁到紀國的經文①，後來伯姬去世后叔姬升爲夫人，《春秋》没有加以譏諷。這裡作爲“《春秋傳》曰”而引用的隱公七年之經中，三傳之中只有《穀梁》附上了簡短的出於别的觀點的傳文。然而此經文的何注談到，叔姬在立爲夫人之後有賢行而保全了婦道②。這是在肯定從娣到夫人的基礎上的解説。白虎觀論議之時的《公羊》説也同樣如此，因此《疏證》把主説看成“今文《春秋》説”，應該是指《公羊》説，因此可以説是妥當的見解。

與此相對，别説講的是，“或曰：嫡死，不復更立。明嫡無二，防簒殺也。祭宗廟，攝而已。以禮不聘爲妾，明不升。”夫人去世之後不再行册立，這是爲了堵上他人通過簒殺夫人從而成爲下任夫人之途，宗廟的祭祀中妾不過是夫人的代理。似乎認爲代理也没有什麼問題。更進一步，以《禮記・内則》“聘則爲妻，奔則爲妾”爲依據，没有依禮正式迎娶便只能有妾的待遇，也就是説，在一開始以妾的身份嫁入之人不能升到夫人的位置。

話説回來，《異義》中有當妾之子被立爲君主之時，妾母是否應該作爲夫人來對待的議論，肯定和否定的説法都被記録了下來。而且只有《穀梁》説認爲以妾爲妻是非禮的而加以了否定，之後撰寫了《駁五經異義》的鄭玄也與《穀梁》同調，“《禮・喪服》父爲長子三年，……明無二嫡也。女君卒，貴妾繼室攝其事可，不得復立夫人。……”③這與《嫁娶》篇的“或曰”之文相似，主旨也幾乎相同。這樣一來可以認爲“或曰”是從《穀梁家》出來的。④結果，《嫁娶》篇的這個例子，可以解釋爲出自與《公羊》家相對的《穀梁》家，依據《禮記》來加以反對的説法。

《爵》篇有言“所以名之爲冢宰何？冢者，大也。宰者，制也。大制事也。故《王度記》曰：‘天子冢宰一人，爵禄如天子之大夫。’”冢宰在天子的朝廷統治百官，在説明其字義的基礎上，

① 作爲“《春秋傳》曰”而引用的部分。且此經講，叔姬因爲年幼所以在伯姬出嫁后，五年間止于魯，到隱公七年的時候嫁入紀國。

② 《公羊》隱公七年何注：“叔姬者，伯姬之媵也。至是及歸者，待年父母國也。……媵賤書者，後爲嫡，終有賢行。……叔姬歸之，能處隱約，全竟婦道。故重録之。”

③ 《異義》及《駁五經異義》之文可見於《通典》卷七十二等。且與此相關，拙著《兩漢思想的研究》第四章第一節也有所討論。

④ 《疏證》將此“或曰”視爲“此古文《春秋》及《禮》家説也”。雖然大體而言依據的是《左氏》杜注的“古文《春秋》”之説，然而從妾母的處境際遇之論來看，很難説是白虎觀論議之際的《左氏》説。

引用《王度記》敘述了其爵位和俸禄相當於天子的大夫。應該可以看作是今文系的《禮》家的説法。與之相對,“或曰:冢宰視卿,《周官》所云也”,談到了冢宰的爵禄相當於天子之卿,這記載於《周禮》之中。冢宰從其職掌來看,應該是與卿而非與大夫相當的存在。别説認爲冢宰應該有更高的待遇。其所根據的《周禮》天官的序官中,有“大宰卿一人”①,“或曰”應該指的此處,當出自《周禮》家。也就是説,《爵》篇的這個例子,可以説是出自與今文系的《禮》説相對的古文學《禮》説的反對説法。

以上的考察,首先第一種類型中的兩個例子,主説和别説都可以視爲今文系或者説今文派的學説。第一種類型中其他的例子也是如此,無論主説還是别説都没有用古文系或者古文派的説法。也就是説基本上是以今文學内部的意見和解釋貫穿始終,其中或者以與主説同家的學説來補充,或者以别家的説法來補足。接下來在第二種類型的四個例子中,有三個例子還是解釋爲了主説和别説都是今文説乃至今文系的學説。而且主説和别説既有出自同家,也有出自别家。還有主説援引别家之經,或者由兩家組成同説的例子。因爲有些學者的學説是一致的或者説有著相關之處,因此結果上就一同構成了主説。還有一例,主説是古文説,卻有著與今文的《公羊》説同説的可能性。别説雖然似乎是今文《禮》説,但尤其應該值得關注的是,主説雖然採用了古文説,卻似乎與今文説同説。第三種類型的三個例子,主説與别説都可視爲今文説的只有一例。别的情況,主説與今文《禮》家的關係頗深,然而卻似乎與古文的《左氏》家也同説,與此相對,别説是今文的《公羊》家的學説,而且與主説的今文系《禮》説相對,别説是以《周禮》爲基底的古文《禮》説。

如果把從第一種類型到第三種類型作爲一個整體來看的話,不僅是主説,别説也可以考慮爲今文説及今文系的情況是很多的。因此,在第一部分開始談到的陳立的“《白虎通》所載或説,多與今文經師不合”這一評論,應該是不確切的。而且,雖然依據今文學内部其他家的經傳,然而有些學者卻有著相同的解釋,這樣的例子也是有的,但這在當時很少見。②只是,這是今古文兩學交叉的例子,即便是少數,在考慮白虎觀論議中今古文關係之時也是不容忽略的。

---

① 《周禮》在此處之前是“乃立天官冢宰”,其鄭注爲“冢宰,大宰也”。

② 以皮錫瑞《駁五經異義疏證》來考察的話,《異義》收録的約百條佚文中,作爲“《公羊》《穀梁》説”或者“《易》孟氏、韓《詩》説”的今文派内數家的同説之例有五條。而且,古文派同樣的例子有“古《周禮》《孝經》説”(《孝經》説也是古文)和“古《周禮》及《左氏》説”兩條。只是,并不見跨今古文兩派的同説之例。且,狩野直喜《兩漢學術考》説到,雖然西漢的學問是一經專門,然而到了東漢,雖然只守一經的人也很多,但是兼修諸經的人也是有很多的。

三

將以上的考察放在《白虎通》全體的關聯之中來探討，正是本稿試圖整理的問題。因爲白虎觀論議是學者們“講義五經之同異”(《後漢書・章帝紀》)，因此對於每個問題都會提出各種不同的意見和解釋，其結果，最有説服力的意見，也就是最能讓參加者接受的意見會被認定爲妥當的説法。這個得到最多讚同的意見或解釋可以稱之爲多數説，這就是主説。而且，《白虎通》的大部分都單以這種多數説的主説構成。在這些情形之中，以某種形式來記述别的意見和解釋可以認爲是幾乎没有的。但是，雖然不能成爲主説，卻有著很多的支持和讚同，由此而附記收録在主説中的情況也是偶爾有的，這就是“或曰”“一説”的别説，因此别説可以视为少數説。總之，白虎觀論議的結果，可以歸納爲多數説、少數説、以及連少數説都成不了的三類学说。

在第二部分探討了與《宗族》篇的“九族”相關的例子，其中主説與别説都是今文説，認爲“九族”包含著與父親同姓之族，母親和妻子等異姓之族也包含其中。另一方面，在白虎觀論議不久寫就的《五經異義》中，记载的是“九族”只由同姓構成的古《尚書》説。這種古《尚書》説在白虎觀論議之時當然已經存在，而且可以设想在討論“九族”之際它被作爲一説而提起。與《宗族》篇的主説相對，比起别説，古《尚書》説才具有質的差異，對立的程度也很大，因此是更適合“講議五經之同異”的意見。只是“九族”，古《尚書》説完全没有觸及，所以連成爲少數説這種程度的支持也没能獲得。這樣的例子應該是很多的。

那麼，成爲少數説的别説的“或曰”“一説”之中，第一種類型即補充主説的例子，因爲擴展了主説的幅度使得主説得以展開，硬要説的話，可以解釋爲主説的一部分，因此以少數説的形式被收録也是合理的。另外，在第二和第三種類型中，存在著表明主説的異説和别解，或者提出反對説法的用例，這就暗示出了白虎觀論議的另一面，非常值得玩味。因爲即便是少部分，也説明了不能與主説統一的部分確實是存在的。白虎觀論議是爲了消解圍繞“五經之同異”的對立和論争，整理出應該成爲標準的見解，然而還殘留著一些没法徹底統一的個别問題。這意味著異説、别解還有反對的説法以後還會依舊持續存在，甚至也不能奪去連别説都成不了的意見或解釋的這種餘地。還有，對以後的經學界而言，在考慮《白虎通》的權威和正統性的時候，就絶不能無視這種别説的存在。必須加以留意的是，《異義》雖然是私人著書，卻完成于《白虎通》之後不久，它是從與《白虎通》不同的觀點出發，來討論經學上的各個問題。

話説回來，在第二部分考察的結果中，第一種類型幾乎終結在了今文學内部的討論之中。

這一類型，即便主説是今文説，別説也應該可以用古文學來補足和充實主説。然而，或是因爲這樣的事例幾乎没有，或是因爲這樣做的指向太弱，總之没能出現用古文説來補足的情況。結果是，白虎觀論議中，今文派的多數説最后朝向了用今文學、今文系來補充的方向發展。而且，在第二種類型中也是，異説和别解果然大多數還是今文説或者今文系的説法。也就是可以解釋爲，在白虎觀論議中補充多數説，以及提出異論的少數説的大部分都出自今文學、今文系。不得不説是今文派佔據了優勢。

到白虎觀論議之時的後漢初期今古文對立，雖然《左氏》的立學是最大的問題，但如果把"或曰""一説"的諸例放在一起來看，作爲詞彙的"左氏"之名并未出現。這一現象擴展到《白虎通》全書亦然，"春秋公羊傳""公羊傳"還有"春秋穀梁傳"的用語可以偶爾見到，[①]而"春秋左氏傳""左氏傳"卻完全看不到。頻出的"春秋傳"多數也指《公羊》，留下的經文等完全没有意指《左氏》的情形[②]。表面看來，應該説《春秋》學中以《公羊》學爲中心的今文學有著壓倒性的優勢。

原本，白虎觀論議的參加者大多是今文派，古文派只有兼修今文學的賈逵，而且這一論議並非要解決今古文學的争議，而是爲了統一今文學内部經説的混亂，因此一般看來，賈逵等主張的古文説不會被採用。[③]這似乎與之前論述過的今文派的優勢是相符合的。但是應該有必要更進一步加以考察。

首先關於白虎觀論議的參加者，因爲應該以擔任朝廷官職的人選爲中心，所以從今文派獨佔博士官的狀況來看，今文學者爲多數是當然的，其中甚至有諸如李育這種與古文派尖鋭對決的公羊學者也是事實。然而另一方面也有如丁鴻一般的人物。他被封爲魯陽鄉侯的時候，受章帝之命參加了論議，"鴻以才高，論難最明，諸儒稱之，帝數嗟美焉。時人嘆曰：'殿中無雙丁孝公'"。(《後漢書》列傳二十七)之後歷任少府、太常、司徒等要職，他是從學於歐陽《尚書》大家桓榮的今文《尚書》學者。然而在《後漢書・儒林傳》之中可以見到，後擔任太中大夫等的楊倫，"少爲諸生。師事司徒丁鴻，習古文《尚書》"。丁鴻修古文《尚書》已經到了可以教授别人的程度。白虎觀論議中兼修古文學的今文派也出席了，而且很活躍。

今古文兩派中存在著各自兼修古文和今文的丁鴻、賈逵，這一點能否與第二部分已經闡明的以下的内容聯繫起來呢？在第二種類型中，提出異説和别解的"一説"似乎是今文《禮》説，然而主説是古文《禮》説及其與之同説的今文《公羊》説的例子(《考黜》篇)，只有一例。第三種類

① 根據《白虎通索引》(北海道中國哲學會《中國哲學》資料專刊第三號)，可見"春秋公羊傳"五處，"公羊傳"一處，"春秋穀梁傳"四處。

② 根據《白虎通索引》，在可見的五十處"春秋傳"之中，其中約八成是指"公羊"。

③ 參照前揭狩野書。且，同書也指出了接下來論述到的丁鴻的古文學兼修。

型有各種例子，有與被視爲今文系《禮》説的主説相對，別説爲明顯是《周禮》的古文《禮》説的例子(《爵》篇)，還有別説雖爲今文《公羊》説，但主説爲似乎與今文《禮》説相關聯的意見，然而卻可以視爲與古文《左氏》説同説的例子(《謚》篇)。這些例子的存在顯示出，白虎觀論議中的古文學，雖然使用情況絶不多見，然而卻有與今文學解釋相同的情況。這是否可能與丁鴻和賈逵等的參加有關呢?

雖然包含著重複舉出的例子，但在第二部分的考察之中，存在著《公羊》説被視爲少數説的別説的例子(《諫諍》篇、《嫁娶》篇的"天子娶十二女"、《謚》篇)。尤其值得關注的是在《左氏》説似乎與主説同説的用例中，《公羊》説成爲了別説(《謚》篇)。只要是今文的《公羊》學就能掌握著主導權，這種説法似乎不能一概而論。而且當時，在《左氏》之後成爲問題的《周禮》，正如已經敘述過的那樣用"或曰"引出，別的列舉《周官》的也有五例，全是以引用《周禮》爲基礎的。而且其中一例用了與別説類似的部分，別的幾乎構成了主説。①其中之一是《嫁娶》篇説到春天舉行婚禮的地方，與《周官》一起《夏小正》也被引用了，《疏證》説"此古《周禮》説及《禮》戴説也"。如此，今古文的《禮》學爲同説。

這樣來看的話，白虎觀論議就不僅是今文學内部的經説了，關於經學全體的問題，在重視今文和古文這一框架的大勢中，雖然是少量但也加入了一些不必太拘泥于這種框架的傾向，因此可以推測論議是在兩者的交錯中進行的。如果將《白虎通》内容擴大範圍詳細分析的話，支持和採用古文學説的例子應該還可以找出更多。而且，在之前《宗族》篇關於"九族"的例子中，雖然解釋并不讚同古《尚書》説，但其原因應該在這種説法本身。古《尚書》説將"九族"解釋爲了以自己爲中心上到高祖四代，下至玄孫四代，即共九代的同姓，然而這樣的"九族"要同時存在不是難以想象的嗎?②在白虎觀論議中，有著重視超越學派差異的合理性的一面(這與現代也是相通的)。

話説回來，在以上選取的用例中，有兩個關於君主夫人的值得咀嚼的例子。一個是諸侯的夫人死去的時候，是否應該重新改立下一任夫人的《嫁娶》篇。其中當立的主説出自《公羊》家。另一個問題是君主的夫人是否有謚號的《謚》篇，這裡出現了認爲有謚號的《公羊》家的別説。當然也許並没有故意放在別説，但是結果就是没能成爲主説。而且通過這兩個例子，夫人的位置一定要充實不能虛位，而且夫人歿后要贈與謚號，《公羊》説一以貫之非常重視夫人的立場和存在。但是多數説，並不同意夫人的再立(大體而言是在歿之後)，和贈予謚號的厚遇(與夫之

① 根據《白虎通索引》，除了《爵》篇之外，"周官"還可見於《社稷》《喪服》《耕桑》《龜蓍》《嫁娶》的各篇，與別説相似的例子是《耕桑》篇。而且，在佚文中也有一處舉出了"周官"。

② 前註中已例舉的《左氏》桓公六年的《疏》，説明了古《尚書》没有依據杜注的理由，是因爲親愛自己的祖先與子孫是當然的，而且説"其高祖玄孫無相及之理"。

君主差别對待）。這在顯示出白虎觀論議與《公羊》説的距離的同時，可以解釋成體現出了前者因爲是由諸學派、學者主導的討論，因此作爲當時的思考方法達成了穩妥的結論。雖然僅僅是從兩個例子展開的推論，然而應該可以這樣考慮。而且，在兩漢之際，皇后在廢位後直接册立下一任皇后，且在後漢的明帝贈予母陰皇后謚號以後就成爲了慣例，從這一實情來看，結果是《公羊》説從經學的立場支持了當時的狀況。另一方面，多數説在承認這一實情的同時，非難了其他方面。只是白虎觀論議與兩漢的現實之間的關係，是應該在更多的積累之上來考察的重要問題，這就是今後的課題了。①

① 白虎觀論議與兩漢的現實之間的關聯，已有一些發表出的研究成果。日原利國《漢代思想的研究》第二部三・四，接受了前揭狩野書，將白虎觀論議歸結爲古文被否定從而今文一方獲得勝利，在此基礎上這次論議表面上標榜《公羊》内在卻接近《左氏》，將經書進行了國家主義性的解釋，加入了後漢絶對主義的理論。還有，邊土名朝邦《〈白虎通義〉研究序説——尋求新的視角》（《荒木教授退休幾年中國哲學史研究論集》所收）基本是用與日原書相同的觀點來考察的，尤其重視與舉辦白虎觀論議的章帝的關聯，以此來分析《白虎通》的内容，從諸侯處境的實質與形式的斷裂中，來看取章帝對法術主義和禮教主義的態度。

《周易音義》之“著”字音注考*

□儲麗敏

［摘　要］ 宋元遞修本和敦煌殘卷本《周易音義》中存在 200 多條此有彼無的音注，其中“著”字的音注有四條此有彼無的情況。結合《經典釋文》爲字出音的體例、《經典釋文》各音義相對應的經注原文等材料，通過綜合運用比勘、校讎、數據統計等多種研究方法，我們懷疑這四處“著”的音注都是有問題的。

［關鍵詞］ 經典釋文；周易音義，“著”，音注

［作者簡介］ 儲麗敏，安徽大學文學院博士研究生（合肥　230601）

一、引　　言

陸德明的巨著《經典釋文》（下簡稱《釋文》）在流傳的過程中，受到多次增改，今本已非原貌[①]。我們在整理校勘《周易音義》的過程中，發現“著”字的音注情況，在宋元遞修本[②]和敦煌殘卷本[③]中都存在問題。在此，我們試圖綜合運用内證法，外證法，文獻校讎法，數據統計與分析等方法，對《釋文》中的常用多音字“著”的出音情況予以詳細考察，以確定兩個版本中這四條此有彼無的“著”字音注是否爲《釋文》原出。

二、“著”字常讀音的確定

（一）常讀音的界定

《釋文》是通過對經注隨文注音以達到訓解古經古注的目的，因此，其注音對象就是疑難

*　項目來源：《經典釋文》文獻與語言研究 14ZDB097。本文初稿曾在“第十屆中古漢語國際學術研討會”上宣讀（四川大學 2017 年 10 月），並得到包括儲泰松、丁喜霞等在内諸位專家學者的批評指正，同時《經學文獻研究集刊》的匿名審稿專家也提出了寶貴的意見和建議，在此一並表示衷心感謝。文中尚存問題概由本文作者負責。

①　楊軍、儲泰松：《〈周易〉〈尚書〉重音音切研究》，《中國音韻學研究會太原國際研討會論文集・2010》，九州出版社 2012 年。

②　陸德明：《經典釋文》，上海古籍出版社影印宋元遞修本，2013 年版。

③　張涌泉：《敦煌經部文獻合集》，中華書局 2008 年版，第 4357—4435 頁。

字、多音字和通假字。一個常用單音字，在不作假借時是無需注音的，如果在有可能被看爲假借字而産生歧義的情況下，需要標明其常讀音，一般會用“如字”的形式標記，這個“如字”標記的就是該字的“常讀音”。同時，一個多音字在特定上下文里，如果需要提示應按它最常見的音義解讀，也會用“如字”來標記，這個“如字”音也是它的“常讀音”。一個字用反切或直音注出它的非常見義、假借義，這個音就是該字的“異讀音”。亦即非疑難字、冷僻字的“常讀音”在不會産生歧義的情況下無需注音，在有可能産生歧義時，一般以“如字”標記。①

(二) “著”的常讀音

1.《釋文》爲“著”出音情況

表一　“著”在《釋文》中的注音分佈表(首音②)

“著”音韻地位		平				上		去						入						
		魚				語		御						藥						
		澄				端	澄	澄	端/知					端/知						澄
經注出現次數		直魚反	直除反	直居反	音儲	竹吕反	音宁	直據反	張慮反	丁庶反	珍慮反	知慮反	都慮反	丁略反	陟略反	張略反	中略反	豬略反	知略反	直略反
周易	30								4											2
尚書	10								1							1				
毛詩	46			1					1		2								2	6
周禮	64			1						1				8		1		1	1	23
儀禮	49													8						5
禮記	98						1		14			4		3						7
左傳	42		1	2				1	4				1	1	1	1	1			7
公羊傳	45													1						2
穀梁傳	40								2					1		1				1
論語	5					1						1								1
莊子	缺								1					1						
爾雅	14	1			1									4						7
小計	443	1	1	4	1	1	1	1	27	1	2	5	1	27	1	4	1	1	3	61
	144	7				1	1	1	36					37						61

① 楊軍:《〈經典釋文〉音注性質考察的方法》,《紀念蔣禮鴻先生誕辰100周年暨第九屆中古漢語國際學術研討會論文集》,杭州2016年。

② 《經典釋文·序録》:“今之所撰,微加斟酌。若典籍常用、會理合時,便即遵承,標之於首……”首音至爲重要,故本文重點討論。

由表一知,《釋文》爲“著”出音 144 次,其中直音 2 次。“音儲”,“儲”是非常用字,且在中古只有一個音,即平魚澄母;“音宁”,因“宁”是非常用多音字,故其如字音也出注,《釋文》僅音三次,即 1.于宁,直吕反,劉直慮反 593.27, 2.當宁,徐珍吕反,又音儲,門屏之間曰宁 653.11, 3.宁,音佇 1629.10。《説文》①:宁,辨積物也。大徐直吕切。《類篇》第一音項也是“直吕切”。另“宁”的注音字“佇”,《釋文》不注音,此字《廣韻》唯“直吕切”一音,《集韻》《類篇》同“丈吕切”。據上,“宁”的常讀音爲“上語澄”。故《釋文》共爲“著”注七音:平魚澄母,上語端母,上語澄母,去御澄母,去御端/知母,入藥端/知母,入藥澄母。

2.“著”的常用義

“著”字在經注中共現 443 次,《釋文》未出注 299 次。考察各經經注原文②,發現未出注之“著”大都可釋爲:彰也,顯也,明也。示例如下:

(1)《尚書・堯典》:歸格于藝祖用特。傳:言祖則考著。今案,此“著”釋爲“顯”,《釋文》未出音。

(2)《毛詩・衛风・碩人》:碩人其頎,衣錦褧衣。箋云:为其文之大著。今案,此“著”釋爲“顯現”,《釋文》未出音。

(3)《穀梁傳・桓公五年》:天王使任叔之子來聘。傳:故微其君臣而著其父子。今案,此“著”釋爲“顯也,明也”。各經注中出現而《釋文》未出注的其他“著”字情況同此,不贅述。

3.“著”的常讀音

表二 《釋文》與幾部韻書中對“著”的出音情況表

“著”音韻地位	平				上		去						入						
	魚				語		御						藥						
	澄				知端	澄	澄	端/知					端/知						澄
《釋文》出音	直魚反	直除反	直居反	音儲	竹吕反	音宁	直據反	張慮反	丁庶反	珍慮反	知慮反	都慮反	丁略反	陟略反	張略反	中略反	豬略反	知略反	直略反
《王三》出音	無				無	無	無	張慮反					竹略反 張略反						持略反/ 直略反
《廣韻》出音	直魚反				丁吕切	無	無	陟慮切					張略反						直略反

① 段玉裁:《説文解字注》,上海古籍出版社 1988 年影印本,第二十八卷,第 737 葉。

② 阮元:《十三經注疏附校勘記》,中華書局 1979 年影印本。

续表

<table>
<tr><td rowspan="3">"著"音韻地位</td><td>平</td><td colspan="2">上</td><td colspan="2">去</td><td colspan="2">入</td></tr>
<tr><td>魚</td><td colspan="2">語</td><td colspan="2">御</td><td colspan="2">藥</td></tr>
<tr><td>澄</td><td>知端</td><td>澄</td><td>澄</td><td>端/知</td><td>端/知</td><td>澄</td></tr>
<tr><td>《類篇》出音</td><td>陳如切</td><td>展吕切</td><td>丈吕切</td><td>無</td><td>陟慮切</td><td>陟略切</td><td>直略切</td></tr>
<tr><td>《集韻》出音</td><td>陳如切</td><td>展吕切</td><td>丈吕切</td><td>無</td><td>陟慮切</td><td>陟略切</td><td>直略切</td></tr>
</table>

"著"在《廣韻》中有五音，分别是 1.直魚切，義：太歲在戊曰著雍。2.丁吕切，義：著任。3.陟慮切，義：明也。處也。立也。補也。成也。定也。4.張略切，義：服衣於身。5.直略切，義：附也。結合被《釋文》出音之"著"所在的經注原文，得《廣韻》中的這五個音義分别對應《釋文》中的"直魚反、直除反、直居反、音儲"，"竹吕反、音宁"，"張慮反、丁庶反、珍慮反、知慮反、都慮反"，"丁略反、陟略反、張略反、中略反、豬略反"和"直略反"。《王三》和《廣韻》均未收"音宁"，而在《類篇》和《集韻》中有"丈吕切"，謂"門屏間也"。《釋文》的直據反在其他韻書中均未見。城著，直據反，又張慮反 1031.30 經注原文：宣子使城著而遂逐之《左傳・襄公二十一年》，"著"指城邑名，爲專有名詞，《釋文》出音以示提醒。綜上，《釋文》中義爲"明，顯"的"著"的常讀音爲"陟慮切"。

三、爲"著"出常讀首音①的正常情況②

表三　《釋文》用如字音爲"著"注首音情況

<table>
<tr><td></td><td>條目</td><td>首音</td><td>又音</td><td>其他信息</td><td>備　注</td><td>經典釋文</td><td>頁碼</td></tr>
<tr><td>1</td><td>積著</td><td>張慮反</td><td></td><td>衆經不音者皆同</td><td></td><td rowspan="4">周易音義</td><td>76.09</td></tr>
<tr><td>2</td><td>未著</td><td>張慮反</td><td></td><td></td><td>敦煌殘卷本無</td><td>100.03</td></tr>
<tr><td>3</td><td>以著</td><td>張慮反</td><td></td><td></td><td>敦煌殘卷本無</td><td>101.14</td></tr>
<tr><td>4</td><td>著矣</td><td>張慮切</td><td></td><td></td><td></td><td>121.05</td></tr>
</table>

① 儲麗敏：《〈經典釋文・周易〉中常用異讀字的常讀音註音情況研究》，貴州大學碩士畢業論文，2017 年 6 月。

② 雷昌蛟、楊軍：《試析〈經典釋文〉爲常用異讀字注常見音的原因》，《安徽大學學報》2014 年第 3 期，第 75—81 頁。

续表

	條目	首音	又音	其他信息	備　　注	經典釋文	頁碼
5	著	張慮反				尚書音義	142.20
6	著春	張慮反		後不音者放此		毛詩音義	220.10
7	著	珍慮反					347.04
8	著	珍慮反					356.20
9	著服	徐丁庶反	一知略反			周禮音義	444.15
10	著焉	知慮反				禮記音義	757.10
11	名著	知慮反					757.30
12	好惡著	張慮反					770.16
13	著其	知慮反					771.31
14	以著	張慮反					772.43
15	以著	張慮反		注同			773.04
16	賢著	知慮反					780.09
17	猶著	張慮反	又直略反	下同			806.38
18	猶著	張慮反		下同			819.03
19	而著	張慮反					820.06
20	之著	張慮反			興福寺本無		824.11
21	不著	張慮反			興福寺本裁去不存		834.31
22	唯著	張慮反			興福寺本不存		836.06
23	則著	張慮反	又張略反		興福寺本唯張略反		838.36
24	著	張慮反			興福寺本無		841.35
25	而著	張慮反		注同	興福寺本無		851.12
26	巳著	張慮反			興福寺本無		854.39
27	以著	張慮反			興福寺本無		855.08
28	著儉	張慮反		後不音者同		左傳音義	882.16
29	著之	張慮反	舊直略反				962.11
30	及著	徐都慮反	一音除慮反				1013.26
31	及著	張慮反	又直慮反				1028.20
32	有著	張慮反	徐治居反	注及下同			1098.04
33	著上	張慮反	又張略反			穀梁傳音義	1289.37
34	六年著鄭	張慮反		注同			1295.14

续表

	條目	首音	又音	其他信息	備　注	經典釋文	頁碼
35	著	知慮反				論語音義	1358.23
36	殆著乎吾所以著也	郭，著音張慮反	注同。又一音張略反	司馬云：吾所以著者外化也，汝殆庶於此耳。吾一不化者，則非汝所及也	暫不討論	莊子音義	1519.16

(一) 有體例説明的情況

由上表一、表三得，《釋文》中的"張慮反"、"丁庶反"、"珍慮反"、"知慮反"和"都慮反"都同"著"的常讀音"陟慮切"，共計 36 處。其中，有三條反切常讀首音有體例説明，是《釋文》原出之音。

第 1 條，積著：張慮反，衆經不音者皆同 76.09。經注原文：初六，履霜堅冰至。傳：而後積著者也。其"著"爲常用義"顯"。考察《釋文》各經《音義》，此"著"爲《釋文》的首個常讀音常用義的"著"，詞條末有"衆經不音者皆同"以作説明。

第 6 條，著春，張慮反，後不音者放此 220.10。經注原文：彼茁者葭。傳：葭，蘆也。箋云：記蘆始出者，著春田之早晚。此"著"爲常用義"顯"。考察《毛詩音義》及經注，此"著"爲其中的首個常讀音常用義的"著"，詞條末有"後不音者放此"，此"後"即此後的整個《毛詩音義》。

第 28 條，著儉，張慮反，後不音者同 882.16 情況同第 6 條。

(二) 特殊情況

有四條常讀反切音是《釋文》爲特殊情況作的説明，以示提醒和區分。

第 9 條，著服，徐丁庶反，一知略反 444.15。經注原文：屨自明矣，必連言服者，著服各有屨也者。此"著"義"明也"，爲區别常與"服"搭配的"著"的動詞義"服衣於身"。

第 30 條，及著，徐都慮反，一音除慮反 1013.26。經注原文：晉侯懼而退入于房，去旌卒，享而還及著雍。該"著"爲地名"著雍"中的用字。第 31 條，及著，張慮反，又直慮反 1028.20。經注原文：濟河，及著雍，病，目出，此"著"義同第 30 條。

第 32 條，有著，張慮反，徐治居反，注及下同 1098.04。經注原文：單子其將死乎，朝有著定，此"著"來自固定用語"著定"(朝内列位常處謂之表著)。

四、爲"著"出常讀首音的非正常情況

據考察，除上七條音注之外，常用異讀字的常讀音在有歧義時一般標注"如字"①。今本《釋文》中爲"如字音"標注的"張慮反"(20 次②)、"珍慮反"(2 次)、"知慮反"(5 次)和"都慮反"(1 次)都是有問題的。現一一考察探討如下。

(一)《周易音義》《尚書音義》中的四次常讀音"張慮反"不該注

第 2 條，未著，張慮反 100.03。經注原文：初六，晉如摧如，貞吉。罔孚，裕無咎。傳：處卦之始，功業未著。今案，該"著"爲常用義"顯現"，無需出音。

第 3 條，以著，張慮反 101.14。經注原文：上九，有孚，威如終吉。傳：以著于外者也。今案，此"著"爲常用義"顯現"，無需出音。

第 4 條，著矣，張慮切 121.05。經注原文：動静有常，剛柔斷矣。傳：則剛柔之分著矣。今案，此"著"爲常用義"顯，明"，無需出音。

第 5 條，著，張慮反 142.20。經注原文：昔在帝堯，明文思光宅天下，傳：言聖德之遠著，今案，此"著"爲常用義"彰顯"，無需出音。

(二)《毛詩音義》中的兩次常讀音不該出音

第 7 條著，珍慮反 347.04。經注原文：文王在上，於昭于天《大雅・文王》，箋云：其德著見於天。下一篇《大明》：明明在下，赫赫在上，傳：故赫赫然著見於天。"著"不出音。同篇的不顯其光，箋云：欲其昭著示後世，"著"亦無音。根據上下文，經注中連續出現的三次"著"都是其常用義"彰，顯"，何故獨"其德著見於天"之"著"出音？顯然是有問題的。

第 8 條，著，珍慮反 356.20。經注原文爲：因心則友，則友其兄，則篤其慶，載錫之光《皇矣》。箋云：始使之顯著也。其前，爰及姜女，聿來胥宇《大雅・緜》。箋云：著大姜之賢知也，"著"不出音。其後，上帝不寧，不康禋祀，居然生子《生民》。箋云：姜嫄以赫然顯著之徵，"著"不出音。這三次相繼出現于經注的"著"都是常用義"彰，顯"，何故首末兩次不注音，唯獨中間一次注音？顯然被注之音有問題。

(三)《禮記音義》中的十八處常讀音不該出音

考察第 10 至第 17 條的經注原文，發現 4 條"知慮反"和 4 條"張慮反"不該注，具體原因同

① 雷昌蛟：《〈經典釋文〉常用異讀字注音問題研究》，貴州人民出版社，2016 年。

② 第 36 條"郭，著音張慮反"，由於《莊子音義》所據經注版本尚未確定，故而，此處不作討論，剩 20 條。

上。第17條,猶著,張慮反,又直略反,下同806.38的經注原文爲:勤大命,施于烝彝鼎,傳:施,猶著也,此"著"作釋義,顯然讀其常讀音,無須出音;第18條,猶著,張慮反,下同819.03的經注原文爲:鳶飛戾天,魚躍于淵,言其上下察也,傳:察,猶著也,情況同第17條。另,在《禮記》經注中的第一個"猶著"爲"就屨跪而舉之屏於側"之傳:就,猶著也,此"著"同第17、18條,何故前二者《釋文》出音,而首次出現的卻不出音?

將後8條"張慮反"同興福寺本進行比勘[①],能直觀證明該8條也是不該有的:

第20條,之著,張慮反824.11,興福寺本無此條。《中庸》:惡其文之著也。今案,據經文,此"著"義爲"顯露"。

第21條,不著,張慮反834.31。《緇衣》:而惡惡不著也。今案,此"著"爲"顯明"之義。興福寺本《緇衣》自"惡惡"條下"惡"字以後裁去不存,無可比對。

第22條,唯著,張慮反836.06。《奔喪》:唯父母之喪,見星而行,見星而舍。注:言唯著異也。今案,"著異"即"顯示不同"之義。興福寺本《奔喪》全缺,無可比對。

第23條,則著,張慮反,又張略反838.36。興福寺本作:則著,張略反。無張慮反。《問喪》:不居肉袒之體也。注:肉袒則著免。今案,此"著免"爲動賓結構,斷無讀"張慮反"之理,是此音爲後人添加,既妄且謬矣。

第24條,著,張慮反841.35。興福寺本無此條。《閒傳》:大功之喪,麻葛兼服之,注:包特著其義。今案,此"著"義"彰顯"也。

第25條,而著,張慮反,後同851.12。興福寺本無此條。《大學》:見君子而后厭然揜其不善而著其善。今案,此"著"爲"顯示"義。

第26條,已著,張慮反854.39。興福寺本無。《大學》:雖有善者,亦無如之何矣。注:以其惡之已著也。今案,此"著"義"彰顯"。

第27條,以著,張慮反855.08。興福寺本無。《冠義》:故冠於阼以著代也。疏:所以著明代父之義也。今案,此"著"亦義"顯示"。

綜上,今本《禮記音義》中"著"的"張慮反"一音,凡是可以跟興福寺本比對的,全部都是今本有而興福寺本無,這是"著"字讀"張慮反"時不當出音最有力的證據。

(四)《左傳音義》《穀梁傳音義》《論語音義》中四處常讀音不該出音

第29條,著之,張慮反,舊直略反962.11,經注原文:鑄鼎象物《左傳·宣公三年》,傳:象所圖物,著之於鼎,今案,此"著"義"顯現",無須出音。

---

① 楊軍、儲泰松:《從興福寺本〈禮記音義〉殘卷論今本〈釋文〉的首音》,《漢語史學報》2016年第16輯,第1—14頁。

第33條，著上，張慮反，又張略反 1289.37，經注原文：赤，蓋郭公也，何爲名也《穀梁傳・莊公二十四年》，傳：以郭公著上者，則是諸侯失國之例。第34條，六年著鄭，張慮反，注同 1295.14，經注原文：公會齊侯、宋公、陳侯、衛侯、曹伯伐鄭，圍新城《穀梁傳・僖公六年》，傳：著鄭伯之罪也。今案，此二“著”爲“顯示”義。

第35條，著：知慮反 1358.23，經注原文：夫子之文章可得而聞也《公冶長第五》，傳：文彩形質著見。今案，此“著”也爲常用義“顯現”，無須出音。

五、小　結

至此，我們可以確定，見於宋本而殘卷無的未著：張慮反 100.03 和以著：張慮反 101.14 本不該有，爲后人所加。同樣，未見於宋本而殘卷有的於著，張慮反（詞條 89.09 和 89.10 之間）和令著，張慮反（在 117.02 和 117.03 之間）也很可能是後人增添。

宋元遞修本和敦煌殘卷本《周易音義》中存在的200多條此有彼無的音注須一一考證出孰是孰非。通過綜合比勘、校讎、數據統計等多種方法，爲了將現有的研究方法和研究思路詳述其中，供我們考察剩餘“此有彼無”之音注作參考，不斷提高研究的嚴謹性和可信性，受篇幅限制，本文僅以“著”字爲例。另，見于宋本而“殘卷無此條”的當事，丁棠反 87.13、下濟，節細反 85.02、施令，力政反 87.04、稼，音嫁 92.13 等也十分可疑，不該出音。

總之，我們期望通過運用新的方法和思路，本著實事求是的原則，剔除《釋文》中非陸氏音注，以期給中古漢語語音提供一份可信的參考資料。

《老子八十一化圖》與全真道祖譜

□馬小鶴

［摘 要］ 元代全真道權勢凌駕佛教之上，佛教以《老子八十一化圖》爲突破口，在辯論中擊敗全真道，《老子八十一化圖》被禁。但全真道徐圖恢復，數次成功地爲其五祖、七真請封，確立了其祖譜的地位。明代道士李得晟、邵元節深得明世宗寵信，主持祈嗣醮，支持重印《老子八十一化圖》，其真人圖上繪了趙宜真、劉淵然、邵以正、喻道純、李得晟、邵元節等有師承、同事關係的八個道士之像，以續全真道祖譜。

［關鍵詞］《老子八十一化圖》；全真道；趙宜真；李得晟；邵元節

［作者簡介］ 馬小鶴，哈佛大學哈佛燕京圖書館中國研究館員

筆者在研究日本新出《摩尼誕生圖》時，曾論證此圖未受《老子八十一化圖》（以下簡稱《八十一化圖》）影響，①參考了胡春濤先生所著《老子八十一化圖研究》。隨後注意到胡著及其他相關研究尚未涉及高濤藏《金闕玄元太上老君八十一化圖説》（高濤藏本），②遂對哈佛燕京圖書館的高濤藏本複印本進行研究。本文先簡述《八十一化圖》的出現與被禁，然後追溯全真道祖譜的形成和演變，通過對《八十一化圖》真人圖及李得晟所撰後序的分析，結合利用《賜號太和先生（邵元節）全集》等資料，闡明邵以正、李得晟、邵元節將本派納入全真道祖譜的做法，以及李得晟、邵元節權勢極盛與《八十一化圖》復出的關係。

一、《八十一化圖》的出現與被禁

全真道爲王重陽（1112—1170）所創，尊鐘離權、吕洞賓、劉海蟾爲祖師。在他與馬鈺、丘處機、劉處玄、譚處端、王處一、郝大通、孫不二等七個弟子（七真）的努力下，全真道成爲北方最大

---

① 馬小鶴：《日藏〈摩尼誕生圖〉與〈摩尼光佛・下生讚〉》，《美術學報》2016 年第 3 期，第 4—17 頁；馬小鶴：《日藏〈摩尼誕生圖〉補考》，《西域研究》2016 年第 4 期，第 57—69 頁、圖 1—4、第 142 頁。

② 《册府千華—民間珍貴典籍收藏展圖録》，國家圖書館出版社 2015 年版，第 190—192 頁。

的道教新流派。七真中以丘處機(1148—1227)影響最大。他應成吉思汗之召,於元太祖十五年(1220)率領尹志平、李志常、宋德方等弟子從山東萊州(今掖縣)出發,兩年後抵達大雪山(興都庫什山),謁見了成吉思汗,向其講述養生之道。成吉思汗待之甚厚,命其掌管天下道教,詔免道院和道人的賦税差役。隨其西遊的弟子被統稱爲十八士。丘處機西行與成吉思汗會見,被全真道道士比附爲老子化胡,後來又編繪《八十一化圖》來宣揚此説。丘處機回燕京(今北京)後,居天長觀(後改名長春宫),這裡成爲蒙元時期全真掌教大宗師的駐蹕之地,北方道教的中心。丘處機去世後,尹志平繼任掌管全真道(1227—1238),在長春宫東面興建白雲觀,在觀内建成處順堂,安葬丘處機。①

李志常繼任爲全真道第三代掌教(1238—1256),全真道勢力更盛,與佛教矛盾日益激烈。佛教方面指責乙卯(1255)間李志常等毁滅釋迦佛像、白玉觀音舍利寶塔,謀占梵刹四百八十二所;傳襲王浮僞語《老子八十一化圖》,惑亂臣佐。②佛教以《八十一化圖》爲攻擊的突破口。《辯僞録》卷一指責:"丘處機妄言謟上,李志常矯飾媚時,萃逋役之罪徒,集排釋之僞典,令狐璋首編妄説,史志經又廣邪文,效如來八十二龕,集老子八十一化。"③在佛道辯論中,全真道失敗。李志常於次年去世,《辯僞録》描繪其死因:"進退狼狽,愁思内欝,變成腦疽,股慄魂驚,又感雷震,因而殂焉。"④這種描繪可能有所誇大,但無疑使後世道士不敢輕易重印《八十一化圖》。

全真道第四代掌教張志敬(1256—1270)時期,憲宗七年(1257)八月又發生了一場大辯論,仍以全真道失敗告終。參與辯論的十七個道士被迫削髮爲僧,焚毁《八十一化圖》及有關道經、刻板,退還道教侵佔的佛教寺院等。至元十八年(1281)九月,都功德司脱因小演赤奏言:"往年所焚道家僞經板本化圖,多隱匿未毁。其道藏諸書,類皆詆毁釋教、剽竊佛語,宜加甄别。"⑤全真道第六代掌教祁志誠(1272—1285)也參與了甄别。結果忽必烈下旨"今議得:除老子《道德經》外,隨路但有《道藏》説謊經文并印板,盡宜焚去。……更觀院裏畫著底、石碑上鐫著底八十一化圖,盡行除毁了者。"⑥《八十一化圖》並未徹底禁絶,仍有隱匿於民間者。但這次焚經不僅

① 李志常撰,王國維校註:《長春真人西遊記校註》,《王國維全集》,浙江教育出版社2009年版,卷十一,第540—544、591—598、605—608、616—618、623—627、629—630頁。

② 祥邁:《辯僞録》,張伯淳撰序,引自念常集:《佛祖歷代通載》,哈佛燕京圖書館藏明嘉靖二十四年本,卷廿一,第三十二～三十三葉,https://iiif.lib.harvard.edu/manifests/view/drs:53596394$864i《大正藏》第五十二册,no.2116,第751頁。http://tripitaka.cbeta.org/zh-cn/T52n2116_001.

③ 祥邁:《辯僞録》卷一,第三葉(《中華再造善本》據國家圖書館藏元刻本影印),北京圖書館出版社2002年版;《大正藏》第52册,第752頁。

④ 祥邁:《辯僞録》卷三,葉十七;《大正藏》第52册,第770頁上。

⑤ 祥邁:《辯僞録》卷五,葉三;《大正藏》第52册,第776頁下。

⑥ 祥邁:《辯僞録》卷二,葉卅～卅一;《大正藏》第52册,第764—765頁。

對全真道,而且對整個道教、中國古代文獻也是一次摧殘。以後任何道士想重印《八十一化圖》,必須自問是否權勢大到足以避免類似結局。

二、全真道祖譜

全真道在1255年至1281年以《八十一化圖》爲焦點的佛道鬥争中大敗,但是數任掌教都努力支撑危局,其中一個辦法是爲全真道的五祖、七真、十八士請封,確立全真道祖譜的正統地位。

早在這次佛道鬥争之前,宋德方(1183—1247)所撰的《全真列祖賦》就勾勒了全真祖師授受法統。[①]此賦所列的列祖見下表左邊第一欄。

張志敬掌教時,並未獲得憲宗册封,在佛道辯難中多次受辱,直到元世祖繼位後中統三年(1262)才得賜號"光先體道誠明真人"。至元六年(1269)應其請求,元世祖下詔褒贈全真道五祖七真以尊號,[②]全真道稍有復甦。其五祖七真的名號列入下表左邊第二欄。

祁志誠在至元七年(1270)爲其師宋德方請得"玄通弘教披云真人"封號。[③]開了爲十八士請封的先河。

張志仙掌教期間(1285—約1302)是全真道復甦的時代。秦州(今天水)大德六年(1302)所立《大元崇道詔書之碑》第二面爲《全真宗祖之圖》,共分五段,第一段是老子與道家諸子中的六個,第二段是五祖,第三段是七真,第四段是隨"長春演道主教真人(邱處機)"西游的十八士,第五段是在"長春演道主教真人邱(處機)"之後的全真道六位掌教,列入下表的左起第三欄。前五位掌教均有降生、昇天的月日,惟張志仙只有降生,而無昇天月日,可見立碑之年(1302)張志仙仍健在而爲掌教。[④]

苗道一第一次出任掌教(1308—1312)時,於至大三年(1310)二月爲全真道五祖七真申請到了更爲尊崇的封號;爲其祖師宋德方請得"玄都至道崇文明化大真人"八字封號,較前增加二

---

① 載張維:《隴右金石録》,甘肅省文獻徵集委員會1943年版,卷五,第三四~四〇葉;以《全真列祖賦》爲《敕封東華五祖七真碑》之第三面。參閲陳垣:《道家金石略》,文物出版社1988年版,第592—598頁,"大元崇道詔書之碑";景安寧:《宋德方法派與全真列祖論》,《文化與歷史的追索:余英時教授八秩壽慶論文集》,聯經2009年版,第675—712頁,以《全真列祖賦》爲第二面,以《全真宗祖之圖》爲第四面。

② 陳垣:《道家金石略》,第593頁。

③ 陳垣:《道家金石略》,第700頁。

④ 陳垣:《道家金石略》,第595—598頁。陳垣:《南宋初河北新道教考》,載《陳垣全集》,安徽大學出版社2009年版,第18册,第395頁。

字,更爲榮耀;也爲尹志平、李志常請得了大真人的八字封號;還爲十八士中的其他十五人請得了真人的六字封號;①名號均列入下表左起第四欄。

全真道道士劉志玄等泰定丙寅(1326)所撰《金蓮正宗仙源像傳》輯録至元六年褒封全真道五祖七真制詞、至大三年加封五祖七真、封贈十八士之制詞等,收入混元老子及全真道五祖七真傳記,每傳前有圖像。②此書所見列祖見下表左起第五欄。此書圖像很可能是後來《寶善卷》道教册全真列祖像和《八十一化圖》真人圖的濫觴。

《全真列祖賦》	至元六年詔書	全真祖宗之圖	至大三年詔書	《金蓮正宗仙源像傳》
		1		
		金闕玄元上德皇帝太上老君		混元老子
		無上真人關令尹		
		太極真人徐甲		
		通玄真人文子		
		洞靈真人亢倉子		
		沖虛真人列子		
		南華真人莊子		
		2		
東華帝君王(玄甫)公	東華紫府少陽帝君	東華紫府少陽帝君王(玄甫)	東華紫府輔元立極大帝君	東華帝君
正陽子鐘離(權)公	正陽開悟傳道真君	正陽開悟傳道真君鐘離(權)	正陽開悟傳道垂教帝君	正陽子
純陽子吕(洞賓)公	純陽演正警化真君	純陽演正警化真君吕(洞賓)	純陽演正警化孚佑帝君	純陽子
海蟾子劉(海蟾)公	海蟾明悟弘道真君	海蟾明悟弘道真君劉(海蟾)	海蟾明悟弘道純佑帝君	海蟾子
重陽子王(重陽)公	重陽全真開化真君	重陽全真開化真君王(重陽)	重陽全真開化輔極帝君	重陽子

① 《隴右金石録》卷五,第四〇～四三頁只根據拓本收録了五詔,還有另外四詔見於《道藏》,文物出版社、上海書店、天津古籍出版社 1987 年版,第 3 册,第 368—369 頁;《中華道藏》,華夏出版社 2004 年版,第 47 册,第 56—58 頁。參閲《道家金石略》,第 727、729—733 頁。十八士中尹志平、李志常、宋德方各有詔書封爲大真人,其他十五人次序也略作調整,在表格中與《全真祖宗之圖》對應,以便比較。

② 《道藏》,第 3 册,第 369—380 頁;《中華道藏》,第 47 册,第 58—68 頁。

續表

《全真列祖賦》	至元六年詔書	全真祖宗之圖	至大三年詔書	《金蓮正宗仙源像傳》
玉蟾子和(德謹)公				
靈陽子李公				
		3		
丹陽子馬(鈺)公	丹陽抱一無爲真人	丹陽抱一無爲真人馬(鈺)	丹陽抱一無爲普化真君	丹陽子
長真子譚(處端)公	長真雲水藴德真人	長真雲水藴德真人譚(處端)	長真凝神玄静藴德真君	長真子
長生子劉(處玄)公	長生輔化明德真人	長生輔化明德真人劉(處玄)	長生輔化崇玄明德真君	長生子
長春子丘(處機)公	長春演道主教真人	長春演道主教真人丘(處機)	長春全德神化明應真君	長春子
玉陽子王(處一)公	玉陽體玄廣度真人	玉陽體玄廣度真人王(處一)	玉陽體玄廣慈普度真君	玉陽子
廣寧子郝大通	廣寧通玄太古真人	廣寧通玄太古真人郝(大通)	廣寧通玄妙極太古真君	廣寧子
清浄散人孫仙姑	清浄淵貞順德真人	清浄淵貞順德真人劉[孫](不二)	清浄淵貞玄虚順化真君	清浄散人
		4		
默然子劉(通微)師叔		虚浄先生趙道堅	中貞翊教玄應真人趙道堅	
長清子嚴(處常)公		沖虚大師宋道安	元明普照崇德真人宋道安	
史風子(史處厚)		清和大師尹志平	清和妙用廣化崇教大真人尹志平	
回陽子于公		虚寂大師孫志堅	明誠體妙虚寂真人孫志堅	
雲中子蘇(鉉)公		清貧道人夏志誠	無爲抱真素德真人夏志誠	
雲陽子姚(玹)公		清虚大師宋德方	玄都至道崇文明化大真人宋德方	
		葆光大師王志明	頤神資道葆光真人王志明	

續表

《全真列祖賦》	至元六年詔書	全真祖宗之圖	至大三年詔書	《金蓮正宗仙源像傳》
		沖虛大師于志可	誠純復樸沖虛真人于志可	
		崇道大師張志素	應緣扶教崇道真人張志素	
		通真大師鞠志方(圓)	保真素樸静應真人鞠志圓	
		通玄大師李志常	真常妙應顯文弘濟大真人李志常	
		頤真大師鄭志修	通微復静沖虛真人鄭志修	
		玄真大師張志遠	悟真凝化純素真人張志遠	
		悟真大師孟志穩	重玄廣德沖用真人孟志穩	
		清真大師綦志清	體元抱德沖悟真人綦志遠	
		保真大師何志清	虛明凝静守一真人何志清	
		通玄大師楊志静	洞虛得一玄通真人楊志静	
		沖和大師潘德沖	通虛妙道沖和真人潘德沖	
		5		
		清和演道玄德真人尹(志平)		
		真常至德佑玄真人李(志常)		
		光先體道誠明真人張(志敬)		
		崇真光教純真真人王(志坦)		
		存神應化洞明真人祁(志誠)		
		輔元履道玄逸真人張(志仙)		

比較這五種全真道祖譜，可以看到，誰能入譜，并不十分固定。宋德方放進祖譜的玉蟾子和德謹、靈陽子李公、默然子劉通微、長清子嚴處常、醴泉史風子（史處厚）、回陽子于公、雲中子蘇鉉、雲陽子姚玹等，後來未得朝廷册封，未見諸此後的祖譜。經過至元六年元世祖的封贈，五祖、七真就比較固定了。大德六年碑上的《全真祖宗之圖》則反映了全真道延伸祖譜的努力，仍以五祖、七真爲核心，向上增添了老子和道家諸子中的六個，因爲直接以東華教主王玄甫接續老子，中間隔得太遠，加六個道家諸子，顯得比較像祖譜。向下則添加了十八士和丘處機以後的六位掌教。至大三年武宗下詔加封了五祖、七真，封贈了十八士，但是《金蓮正宗仙源像傳》仍只爲老子、五祖、七真立傳畫像，不包括十八士。

三、南北歸宗

元朝統一南北以後，爲北方全真道與道教南宗的交流提供了更好的條件。經過交流，彼此產生了合宗的要求。爲了使二宗合爲一宗，必須對二宗原來各自的祖師傳系作必要的調整。陳致虛（1290—?）發揮了積極推動作用，他在 1335 年左右所撰之《金丹大要》中建構了一個南北合宗的祖師譜系："華陽（王）玄甫、雲房（鐘離權）、（吕）洞賓授受以來，深山妙窟，代不乏人，……燕相（劉）海蟾受於純陽（吕洞賓），而得紫陽（張伯端），以傳杏林（石泰）、紫賢（薛道光）、泥丸（陳楠）、海瓊（白玉蟾），接踵者多。我重陽翁（王重陽）受於純陽，而得丹陽（馬鈺），全真教立，長春（丘處機）、長真（譚處端）、長生（劉處玄）、玉陽（王處一）、廣寧（郝大通）、清浄（孫不二）諸老仙輩，枝分縷濟，丹經妙訣，散滿人間。"①列入下表左邊第一欄。

至明代，全真道北、南五祖、七真的祖譜已得到公認。戴樸素約於景泰五年（1454）撰成善書《寶善卷》，分儒佛道綜合、儒教、釋教、道教四册。嘉靖十五年（1536）徽王朱厚爝出資第四次刊刻此書，請三教名人賈詠、楊菴、邵元節作序。萬曆年間（1573—1620）神宗朱翊鈞之母皇太后李氏請人以嘉靖十五年刻本爲底本，寫繪了一本，保存至今。其第四册即道教專册第一個子目爲"道德天尊寶字前後五祖七真像"，其真人祖師各有封號，②列入下表左起第二欄。

高濤藏本《八十一化圖》的真人圖有錯位，經過調整，列入下表左起第四欄，將原來折頁的順序列入下表左起第三欄，以便比較。左起第五、六欄説明高濤藏本《八十一化圖》真人圖上各真人的名號、派别及師承。

---

① 《道藏》，第 24 册，頁 2。《中華道藏》，第 27 册，第 523 頁。

② 王育成：《明代彩繪全真宗祖圖研究》，中國社會科學出版社 2003 年版，第 10—11、13、33—34 頁，圖八～十；彩版二六、三七～四六、四八、五五、五九、六二、六九～七六、七八、八二、八五、九一～一〇〇。

《金丹大要》	《寶善卷》真人祖師封號	折頁	高濤藏《八十一化圖》真人祖師封號	三十一真人祖師名號	所屬派別及師承
	[老子寶字]		[老子出關圖]		
			[尹喜受經圖]		
	文子通玄真人	7	尹文子真人	尹　文	道家諸子
	亢倉子洞靈真人		士成綺真人	士成綺	道家諸子
	莊子南華真人	8	崔瞿子真人	崔　瞿	道家諸子
	列子沖虛真人		柏矩子真人	柏　矩	道家諸子
		9	列子沖虛真君	列　子	道家諸子
			莊了南華真君	莊　了	道家諸子
華陽(王)玄甫	[東華紫府少陽帝君]	10	東華紫府帝君	王玄甫	北五祖
雲房(鐘離權)	[正陽開悟傳道]真君		正陽傳道帝君	鐘離權	北五祖
(吕)洞賓	[純陽演正警化]真君	11	純陽警化帝君	吕洞賓	北五祖
燕相(劉)海蟾	[海蟾明悟弘]道真君		海蟾弘道帝君	劉海蟾	北五祖
重陽翁(王重陽)	[重陽全真開]化真君	12	重陽開化帝君	王重陽	北五祖
紫陽(張伯端)	紫陽張真人		丹陽普化真君	馬　鈺	全真七子
杏林(石泰)	杏林石真人	13	長真蘊德真君	譚處端	全真七子
紫賢(薛道光)	道光薛真人		長生明德真君	劉處玄	全真七子
泥丸(陳楠)	泥丸陳真人	14	長春明應真君	丘處機	全真七子
海瓊(白玉蟾)	玉蟾白真人		玉陽普度真君	王處一	全真七子
丹陽(馬鈺)	[長生輔化]明德真人	15	廣寧太古真君	郝大通	全真七子
長春(丘處機)	[丹陽]抱一無爲真人		清浄順化元君	孫不二	全真七子
長真(譚處端)	[玉陽]體玄廣度真人	16	天台紫陽真人	張伯端	南五祖
長生(劉處玄)	[長]真雲水德蘊真人		杏林翠虛真人	石　泰	南五祖
玉陽(王處一)	[清]浄淵貞順德真人	1	道化紫賢真人	薛道光	南五祖
廣寧(郝大通)	[廣]寧通玄太古真人		泥丸翠虛真人	陳　楠	南五祖
清浄(孫不二)	[長]春演道主教真人	2	玉蟾紫清真人	白玉蟾	南五祖
			原陽趙真人	趙宜真	師承多元
		3	長春劉真人	劉淵然	趙宜真弟子
			通妙邵真人	邵以正	劉淵然弟子
		4	普濟喻真人	喻道純	邵以正弟子
			弘道宋仙卿	宋仙卿	邵以正弟子?
		5	普教杜真人	杜普毅	邵以正弟子
			致一邵真人	邵元節	兼修全真
		6	妙應李真人	李得晟	杜普毅弟子

五祖七真是全真祖譜的核心，比較穩定。其前的道家諸子，則並不固定。趙孟頫(1254—1322)作過《玄元十子圖》，今本無玄元老子，只有關尹子、文子、庚桑子、南榮子、尹文子、士成子、崔瞿子、柏矩子、列子、莊子等十子。[①]但這與全真道無關。《全真祖宗之圖》則在老君之外，有關令尹(即關尹子)、文子、亢倉子(即庚桑子)、列子、莊子等五人見於《玄元十子圖》，另加徐甲。《寶善卷》則在老子寶字之外，有文子、亢倉子、列子、莊子等四人見於《玄元十子圖》。《八十一化圖》則在老子出關圖、尹喜受經圖之外，有尹文子、士成綺(即士成子)、崔瞿子、柏矩子、列子、莊子等六人見於《玄元十子圖》。這説明《玄元十子圖》包括了主要道家諸子，不同的全真祖譜從十子中選四個或五個或六個，或加上其他道家人物(如徐甲)。

四、明代道士賡續全真祖譜

《八十一化圖》真人圖在南五祖之後，何以要加上趙宜真等八個明代道士？這與全真祖譜有何關係？又與《八十一化圖》的復出有何關係？在探討這些問題之前，先簡述明代道教的若干有關特點。首先，明太祖尊崇道教，洪武十五年(1382)於京師置道録司，爲管理道教的最高機構，隸屬禮部。道録司設：左、右正一各一人，正六品；左、右演法各一人，從六品；左、右至靈各一人，正八品；左、右玄義各一人，從八品。龍虎山設正一真人一名，正二品。其次，明太祖以首都南京的朝天宫爲國家宫觀，任命高道爲住持，承辦國家祭祀大典。在遷都北京後，明宣宗於宣德八年(1433)在新都的西北方創建朝天宫，道録司仍設在朝天宫中。明成祖於永樂(1403—1424)中在北京西郊創建靈濟宫，在禁城之西創建道教神霄派宫觀，後來稱顯靈宫，均爲國家宫觀。第三，朱元璋在征戰江南時，便積極争取正一道首領的支持。他認爲“朕觀釋、道之教，各有二徒。僧有禪、有教，道有正一、有全真。禪與全真，務以修身養性，獨爲自己而已；教與正一，專以超脱，特爲孝子慈親之設，益人倫，厚風俗，其功大矣哉！”[②]朱元璋及以後諸帝比較支持正一。全真道首領并不住在白雲觀，全真道分裂爲諸多小派，群龍無首，勢力不復元代可比。但南北五祖、七真的道統仍有很高聲望，邵以正、李得晟等並非全真道正宗，但利用其祖師趙宜真、劉淵然兼修全真的傳統，接續全真道祖譜，此即《八十一化圖》真人圖南五祖之後畫上八個明代道士的背景。

---

① 《道藏》，第3册，第257—261頁。《中華道藏》，第46册，第155—159頁。

② 《御製玄教齋醮儀文序》，見《道藏》，第9册，第1頁；《中華道藏》，第44册，第616頁。

趙宜真(?—1382),號原陽子,吉之安福(今江西吉安市安福縣)人,其先世居浚儀(今河南開封),一身兼得全真、清微、清明三派之傳。就全真派之傳而言,龍虎山第四十三代天師張宇初(1359—1410)言:趙宜真"復師吉之泰宇觀張天全,别號鐵玄,張師龍虎山金野菴,得金液内外丹訣,後復師南昌李玄一,玄一薦之师蒲衣馮先生,馮亦师野菴云。"①張天全、馮先生(馮外史)皆師從金野菴,金野菴即金志陽(1276—1336),金志陽"師全真李月溪,月溪,白紫清徒也。"②李月溪既師事紫清真人白玉蟾,又師事李志常:"月溪乃真常李真人之徒,真常又長春丘真人之高弟也。"③《逍遥山萬壽宫志》説:趙宜真"復師張廣濟得長春邱真人北派之傳,師李玄一得紫清白真人南派之學"。④赵宜真得内丹道南北之傳。其著作有《原陽子法語》,所論丹法大體與全真北派一致。

趙宜真與龍虎山也頗有關涉。張宇初言:"會壬辰(1352)兵興,(趙宜真)挾弟子西遊吴、蜀,暨還,遊武當,謁龍虎,訪漢天師遺跡。時天師沖虚公深嘉禮之,欲留不可。宫之學者多師焉。"⑤"沖虚公"即第四十二代天師張正常(1335—1378),號沖虚子。明洪武(1368—1398)初,趙宜真至江西雩都(今于都)紫陽觀,從事著述。景泰六年(1455),追贈崇文廣道純德真人。"其徒甚衆,纘承道脈者,劉淵然一人而已。"⑥

劉淵然(1351—1432),江西贛州人,年十六爲道士,號體玄子。"謁原陽(趙宜真)於雩都紫陽觀,盡得全真秘玅之術。"⑦《長春劉真人祠堂記》詳述了劉淵然與趙宜真的師生關係:

> 原陽趙真人見之,喜曰:"此子形全神清,真良器也,吾法嗣無過此。"留之座下,授以諸階元秘,攜歸金精山。復授以玉清、宗教、社令、烈雷、玉宸、黄籙、玉籙等書,及金火返還大丹之訣。棲神鍊炁,呼召風雷,驅役鬼神,濟拔幽顯,動有靈驗。⑧

---

① 張宇初:《峴泉集》,《道藏》,第33册,第232頁;《中華道藏》,第26册,第210頁。

② 張宇初:《峴泉集》,《道藏》,第33册,第231頁;《中華道藏》,第26册,第209頁。

③ 《歷世真仙體道通鑒續編》,卷五,《道藏》,第5册,第447頁;《中華道藏》,第47册,第615頁。

④ 金桂馨、漆蓬源纂:《逍遥山萬壽宫通志》,哈佛燕京圖書館藏光緒四年刻本,卷五,第三十一葉。http://nrs.harvard.edu/urn-3:HUL.FIG:005611717.參閱蓋建民、陳龍:《趙宜真道脈與著述文獻新考》,《四川大學學報(哲學社會科學版)》2009年第5期,第56—63頁。

⑤ 張宇初:《峴泉集》,《道藏》,第33册,第232頁;《中華道藏》,第26册,第210頁。

⑥ (光緒)《江西通志》,卷一百七十九,第十三葉,《續修四庫全書》,上海古籍出版社1995年版,第660册,第517頁。趙宜真生平可參閱:Fabrizio Pregadio, ed. *The Encyclopedia of Taoism*, London, New York: Routledge, 2008, v.2, pp.1245—7.

⑦ 楊榮:《長春劉真人傳略》,《金陵玄觀志》,卷一,第二十一葉,《續修四庫全書》,第719册,第146頁。

⑧ 王直:《長春劉真人祠堂記》,《抑菴後集》卷五,第四十七葉,《景印文淵閣四庫全書》,台灣商務印書館1983年版,第1241册,第427頁。

洪武癸酉(1393)劉淵然應徵赴闕,受朱元璋嘉獎,賜號高道,命於南京朝天宫建西山道院居之。受命乘驛傳上廬山、過鄂渚、至武當山,召還,擢道録司右正一。永樂(1403—1424)初,隨駕至北京,遷左正一。未幾謫居龍虎山,尋徙滇南龍泉觀(在今雲南昆明)三載。仁宗繼位(1425),遣内臣召還,封"沖虚至道元妙無爲光範演教長春真人",尋賜誥,加"莊靖普濟"四字,給二品印,與正一真人等,領天下道教事。宣德(1426—1435)初,進大真人。崇獎之榮,玄教罕比。七年(1432)乞歸南京朝天宫西山道院,半年後卒。①後被浄明道尊爲第六代祖師。張宇初嘗受道法於劉淵然,後與淵然不協,相詆訐。②

王世貞(1526—1590)《白雲觀記》云:"當是時全真之教徧天下,割張氏所謂正一之半,……蓋與元相終始。明興而其道始小屈,以劉淵然之見崇,……不能盡復其盛。"③陳銘佳認爲:"淵然爲宜真弟子,然宜真、淵然,全真派也。"④

劉淵然的弟子邵以正(?—1462)正式確認了全真傳承。《龍泉觀通妙真人祠堂記》記載了邵以正與劉淵然的師承關係:

> 真人(邵以正)先世家姑蘇(江蘇吴縣),洪武中,父母徙滇南,……時長春劉淵然倡道于滇,真人更往從之。其居距長春所凡三涉水,日以爲常。長春嘉其勤懇,悉以道秘授之。真人研幾極微,一一領解。長春喜曰:"吾道有所屬矣!"⑤

《長春劉真人祠堂記》記載了劉淵然推薦邵以正的細節:

> 宣德(1426—1435)之初,眷待益隆,賜之劍,問曰:"此劍當誰傳?"對曰:"臣法得之浚儀趙元陽,繼者惟邵以正耳。"即遣中使召還,使繼其後。⑥

邵以正在京自道録司左玄義,歷任右至靈、右演法,點校道藏經於禁中;陞任左正一,得真人賜號。凡朝廷有大禳祈,多命其主持。他出資建祠於龍泉觀之左,請户部尚書陳循(1385—

---

① 《明史》,卷二百九十九,"列傳一百八十七",中華書局1974年版,第25册,第7656頁。陳循:《龍泉觀長春真人祠記》,載陳垣:《道家金石略》,第1260—1261頁。參閲王陶:《明代道士劉淵然的傳導活動及其思想研究》,華東師範大學碩士論文,2016年,第二章,第8—15頁。

② 《明史》,卷二百九十九,"列傳一百八十七",第25册,第7654頁。

③ 王世貞:《弇州續稿》卷六十一,第二十七葉,《四庫全書》,第1282册,第805頁。

④ 陳銘佳:《長春道教源流》,廣文書局1975年版,第500頁。

⑤ 商輅:《龍泉觀通妙真人祠堂記》,載陳垣:《道家金石略》,第1265—1266頁。

⑥ 王直:《長春劉真人祠堂記》,《抑菴後集》卷五,第四十八葉,《四庫全書》,第1241册,第428頁。

1462)撰《龍泉觀長春真人祠記》;又出資建祠於南京棲真觀(舊西山道院)之左,請吏部尚書王直(1379—1462)撰《長春劉真人祠堂記》,紀念其師劉淵然。邵以正自撰《重建白雲觀長春殿碑》,略云:

都城西南,觀曰白雲,邱真人仙蜕在焉。舊有殿曰長春,乃清和尹宗師所構以覆遺蜕而奉真人者也。日就傾圮。念真人與先師劉真人偶同長春之號,而師祖趙真人又受北派金丹之傳於真人,而以正實嗣派之雲孫也,乃謀新之。殿三楹,既像真人於其中,復圖十八大師暨祖師、先師之像於其壁,經始於景泰丙子(1456),落成於次年(1457)。①

趙宜真、劉淵然、邵以正三代並非源於白雲觀,邵以正因領京師道教事,位高權重,其祖師趙宜真受北派金丹之傳,其師劉淵然與丘處機偶然同號長春,遂以自己的祖師、先師接續全真祖譜。

天順元年(1457),陞邵以正爲悟玄養素凝神冲默闡微振法通妙真人,仍掌道教事,越六載去世。邵以正畢生以淡泊存心,以簡浄處己,名冠羽流,望重縉紳。②

邵以正弟子喻道純的生平見於周洪謨《普濟喻真人志略》:

真人姓喻氏,諱道純,長沙清瀏人,聞通妙邵真人在京師領道教事,天下學道者皆雲集,遂詣謁。邵見而奇之,授以清微諸階符法,浄明、靈斗、禳星、煉度、玉清、混元、五雷、金籙、火符之秘,無不曉暢。正統甲子(1444),邵奉詔督校大藏經典,真人乃預校讎,由是所學者以博洽。景泰壬申(1452)春,拜道録司右玄義。丙子(1456),進左玄義,頃之,陞右正一天師。改元(1457),朝廷賜邵法劍、銀印,且問之曰:"朕所賜卿者,日後付之何人?"對曰:"臣固無似,臣徒雖多,而可託者,喻道純耳。"……甲午(1474),賜誥封"體玄守道安恬養素沖虚湛默演法翊化普濟真人",仍領道教事。乙未(1475)春,賜銀印,并敕命贈其父母,……南京西山道院實天師祖劉長春棲真之所,及都城西昭應觀皆圮且蕪,乃重構。臨終説偈而逝,享年七十。③

喻道純曾於成化十二年(1476)爲邵以正建祠堂於滇南龍泉觀,請吏部尚書商輅(1414—

① 《日下舊聞考》,于敏中等編纂,哈佛燕京圖書館藏清乾隆四十三年(1778)内府刻本,卷九十四,第十一葉;北京古籍出版社校註本1981年版,第5册,第1582頁。

② 邵以正生平可參閲馮千山:《邵以正生平、〈道藏〉及其他》,載《宗教學研究》1992(Z1),第46—48、52、39頁。*The Encyclopedia of Taoism*, v.2, pp.875—6.

③ 《金陵玄觀志》卷一,《續修四庫全書》,第719册,上海古籍出版社2002年版,第146—147頁。

86)撰《龍泉觀通妙真人祠堂記》。這一系都相當注重爲自己的祖師、先師建立祠堂,立碑,或在白雲觀畫像,以彰顯師承關係。

李得晟的祖師爲邵以正,先師爲普毅杜真人。李得晟弘治十六年(1503)十月陞任道録司左至靈,①後得妙應真人賜號,撰有《長春殿增塑七真仙範記》,再次確認從趙宜真、劉淵然、邵以正、杜普毅到自己爲止這一系的全真傳承:

> 白雲觀舊有處順堂,創自元未混一時。清和尹宗師藏厥師長春邱真人仙蜕於下,封土爲塚,構此爲覆者也。景泰丙子,我師祖通妙邵真人撤堂拓地,備勒貞珉。得晟於正德己巳(1509)拜謁祠下,覩簷牖脱落,日就傾圮,思繼先志,召匠鳩材,以堅易朽,補缺爲完,比昔加壯麗焉。復命匠氏埏埴增仙像六軀,通原像爲北派七真也。其東坐西向[者],首則丹陽先生馬鈺,次則長真先生譚處端,又次則長生先生劉處元;西坐東向者,有正陽先生王處一,廣寧先生郝大通,清静散人孫不二,次序悉與東坐相匹,惟中乃長春先生邱處機者是也。七真各有贈號,本元世祖至元六年之所錫。舊壁圖繪十八大師像及五真人像,第恐後人莫可辨識,遂訂野史,得隨師西域弟子,謂趙道堅、宋道安、尹志平、孫志堅、夏志誠、宋得方、王志明、于志可、張志素、鞠志圓、李志常、鄭志修、張志遠、孟志穩、綦志遠、何志清、楊志静、潘得沖數子耳。若夫原陽趙真人受北派金丹之傳者,及門受業也。長春劉真人,封號相類,異世同符者也。至如通妙邵真人、普毅杜真人,下及得晟,濫廁妙應真人,皆嗣派雲孫蒙其餘澤者也。繪形於群師之後。正德十一年歲次壬辰(1516)。②

邵以正、李得晟等自覺將本系與全真教譜系相接。③《八十一化圖》真人圖上的明代八人,除了這六位之外,尚有宋仙卿與邵元節。關於弘道宋仙卿,只能略作推測:他可能輩分與喻道純、杜普毅相當;是真人圖上唯一没有真人稱號的道士,可能是《八十一化圖》的傳承者。④關於邵元節,則有比較充分的資料説明他列入真人圖的背景,且與《八十一化圖》的復出關係密切。

---

① 《明實録》孝宗,卷二百四,第九~十葉,"中央研究院"歷史語言研究所 1966 年版,第 59 册,第 3804—3805 頁。

② 《日下舊聞考》,卷九十四,第十一葉;校註本,第 5 册,第 1582—1583 頁。

③ 張廣保:《全真教的創立與歷史傳承》,中華書局 2015 年版,第 377—380、385—386 頁。

④ 窪德忠認爲,宋仙卿可能是宋德方,見[日]窪德忠:《モンゴル朝の道教と仏教—二教の論争を中心に——》,東京:平河出版社 1992 年版,第 174 頁。胡春濤認爲,宋仙卿可能是明初南京朝天宫住持宋宗真,見胡春濤:《老子八十一化圖研究》,巴蜀書社 1999 年版,第 82 頁。

五、邵元節與李得晟

邵元節(1459—1539),原籍江西貴溪縣龍虎山大上清宫仙源觀道户,自幼父母雙亡。學道三年後,名日大振。嘉靖二年(1523)九月受正一道四十八代大真人張彦頨(1490—1551)所差,奉表上京,明世宗朱厚熜(1522—1566 年在位)命其典醮事。四年(1525)辭還,是冬復隨張彦頨朝覲到京,召對便殿,頗得世宗賞識。俾居顯靈宫,專司禱祀。五年(1526)封"秉誠致一真人",賜號"太和子",兼管朝天、顯靈、靈濟三宫,總領道教事,掌行醮事,賜銀印。①

嘉靖六年(1527)邵元節已六十九歲,二月上疏乞歸山。世宗只批准其暫回龍虎山,"原給與朝天、顯靈二宫關防之記二顆,今且命演範、妙應陳、李二真人暫代收管,回京交付真人,仍舊收掌。故諭限嘉靖六年十二月初一日見朝。"②妙應李真人即李得晟。八年(1529)以邵元節兼三宫住持,邵元節固辭而不成,在辭免掌醮的奏章中説:"況領道衆者,有嗣教真人,肇于漢而迨于今。掌三宫者,各宫住持列于前而繼于後。"可見他兼三宫住持,各宫仍有住持,朝天宫住持應爲李得晟。

嘉靖九年(1530)邵元節獲得世俗封贈,侵奪了官僚特權,引發了高金的上疏,從而使邵元節與李得晟休戚與共。《明實録》嘉靖九年九月六日記載:

> 兵科給事中高金奏曰:"陛下龍御之初,凡法祖、法師、國[師]、佛子有害正道者,盡從屏斥;近又諭禮官革姚廣孝之配享,以其爲釋氏之徒,不可並諸功臣也。臣每心説嘆服,以爲大聖人之崇正黜邪,有如此者。豈意有所謂真人邵元節者,誤蒙殊恩,以爲聖治累耶。夫官禄者,勸賢之資;爵賞者,礪世之具。元節,一道家流耳。因真人李得晟之請而波及之。縱使二人有恪修宗典、陰翊皇度之功,償以金帛足矣。豈可既顯其師,而賜之贈祭,復榮其身,而使之衣紫腰玉乎?廣孝既不可配享於太廟,則二人亦不可爵禄於聖朝。伏望削去真人之號,褫其紫玉之貴,奪其親、師贈祭之典,庶乎異端闢而正道崇也。"③

---

① 《賜號太和先生全集》(以下簡稱《太和全集》),卷一,第十葉,卷二,第五、十二、二十二葉,卷四,第一～八葉;《故宫珍本叢刊》,海南出版社 2000 年版,第 530 册(以下簡稱影印本),第 6—7、18、22、27、71—74 頁。

② 《太和全集》,卷一,第十二～十三頁;影印本,第 6—7、18、22、27、71—74 頁。

③ 《明實録》,世宗,卷一百十七,第二葉,史語所版,第 76 册,第 2765—2766 頁。張廷玉等撰:《明史》卷二百九,"列傳第九十七",第 18 册,第 5517 頁記載高金奏曰:"夫元節,……復賜其師李得晟贈祭。……望削元節真人號,并奪得晟恩卹。"胡春濤:《老子八十一化圖研究》,第 86 頁,據此認爲李得晟爲邵元節之師。恐誤。

高金抨擊邵元節的主要有兩條：爵禄與親、師贈祭。他指的是：庚寅(1530)春正月，邵元節預宴奉天殿，位二品班列。《賜號太和先生全集》不僅包括邵元節的詩作、上疏，還包括有關他的誥命、敕諭、圖贊、神道碑、墓志銘、行狀、祭文等，其中就有四月十五日敕贈其父爲太常寺寺丞，母爲安人的誥命；以及九月初一日賜其師范文泰爲輔教真人的誥命。①高金就是在這道誥命之後五天上疏的。邵元節九月十五日寫的奏章説：

> 近因李得晟乞贈伊父、母、師，伏蒙天恩，推彼以及臣親、師之號。……臣嘗風聞有人議曰："當時只多一邵道士，若無此人則朝端無事矣。"……乞敕禮部收回臣銀印、紫玉之賜，宥臣電斷霆誅之罪，賜臣骸骨還山。②

因爲李得晟乞贈其父、母、師，世宗給邵元節親、師贈祭之典，從而引起高金上疏。邵元節來自江西龍虎山，在京城并無基礎，驟得高位，成爲衆矢之的，遂與李得晟休戚與共。

世宗不僅没有懲處邵元節、李得晟，而且不允邵元節乞骸骨之奏，要他"安心供修本教"。世宗在位十年尚無皇嗣，極爲焦慮，深信邵元節主持的醮事能爲他求來皇嗣，豈肯放其歸山？《明史》邵元節傳記載"先是，以皇嗣未建，數命元節建醮。"《明實録》記載了最爲盛大的一次，從嘉靖十年(1531)十一月二十三日開始：

> 欽安殿啓建祈嗣醮事，登坛真人、官道各照樂舞生例，給浄衣一襲，真人加紵絲衣一襲，道官絹二縑。……上曰："兹醮事非諸斋可比，實朕祈天祷神求嗣，爲國重典，其以礼部尚書夏言充祈嗣醮坛監礼使，侍郎湛若水、顧鼎臣充迎詞導引官，文武大臣郭勛、李時、王憲、汪鋐、翟鑾，日輪一員，進香行礼，首終二日，朕親行之。"③

世宗親自參加首終二日的醮事，可見其對此事的重視。十一月二十七日他對大臣再次强調這次醮事的重要性：

> 上諭大學士李時等曰："卿等以朕建醮祈天，求生哲嗣，爲國重典。朕聞聖人有曰：'不孝之罪，無後爲大。'今朕大婚十載，近册九氏，嗣祥未兆，乃遵祖宗故事，修醮以祈。"④

① 《太和全集》，卷一，第十六～十八葉，卷四，第十九葉；影印本，第 9—10、80 頁。
② 《太和全集》，卷二，第十八～二十三葉，影印本，第 25—27 頁。
③ 《明實録》，世宗，卷一三二，第六～七葉，史語所版，第 77 册，第 3134—3135 頁。
④ 《明實録》，世宗，卷一三二，第十葉，史語所版，第 77 册，第 3141—3142 頁。

邵元節的貴溪同鄉夏言(1482—1548)爲其所撰之神道碑言:

兩命公祝天祈嗣於欽安殿,凡七晝夜。時臣言承乏禮部尚書,上命臣充醮壇監禮使,直宿玄武門,日再遣文武大臣上香瞻禮。公按玄科對越上帝,精誠孚格,時有祥雲繚繞,見於壇所。上心悦甚。①

中國國家圖書館藏《賜號太和先生相贊》是明代所傳至今最大的一部雕版畫册,是爲邵元節八十壽辰雕印的,有二十六幅圖及相贊。第九幅圖即"欽安殿祈求聖嗣相",壇所中間身穿道袍祈禱的道士即邵元節,身後左右各有三個官員,天空中祥雲繚繞。②

六、李得晟及其《重刊〈道德經註解〉後序》

世宗不僅命邵元節在宫中欽安殿舉行盛大祈嗣醮事,而且派李得晟赴齊雲山舉行祈嗣醮事。"嘉靖十一年(1532)二月十二日,司禮監太監黄偉傳奉聖旨:差紗應真人李得晟往直隸徽州府休寧縣齊雲山公幹。寫敕與他,沿途不許欺慢留難。該部知道。本月十三日,御馬監太監麥福傳奉聖旨:説與真人李得晟,帶去齊雲山官道李用濂等二十六員,侍職、鋪排十名,欽此。"敕寫道:

敕紗應真人李得晟:今特命爾前往直隸徽州府休寧縣齊雲山公幹。爾須嚴敬自持,率領道衆虔修齋醮,仰祈福佑,以稱朕祈神之意。③

李得晟就在得到聖旨兩天後的二月十五日(花朝日)爲《八十一化圖》寫了後序:

1 重刊《道德經註解》後序

夫《道德經》者,太上老子西度流沙,陟

① 《太和全集》,卷四,第四～五葉,影印本,第72—78頁。

② 趙前:《明代内府刻本〈賜號太和先生相贊〉》,《紫禁城》2004年第9期,第104—109頁,其中第108頁有插圖"欽安殿祈求聖嗣相"。讚亦見《太和全集》,卷三,第四十一～二葉,影印本,第63—64頁。

③ 魯點編:《齊雲山志》,哈佛燕京圖書館藏萬曆刻本,卷二,第四十六葉。http://nrs.harvard.edu/urn-3:FHCL:4740489 汪桂平點校、王卡審訂,社會科學出版社2015年版,第102頁。

函谷,關令尹喜請著書,蓋以授之道
德五千餘言,皆修齊治平之要,化民
成俗之功,則非他經之比也。孔子稱
2 老子曰"猶龍",蓋有見其神妙變化之
不可測,動則駕風雲而上天,静則頤
氣神于元海。況是編本於精神心得
之妙,言簡旨博,理深義微,豈可臆想
爲哉?雖道藏諸家訓注皆有得失,炎
3 漢時若河上公者,世傳玄元化身,獨
能推明是理,發爲註解,以開後世之
矇瞶。紫陽朱子輯六子成書,唯採是
註,其有補世教、尚玄風者矣。原
太上舊章,上繪化形圖像,下書經註,總
4 若干章,兹以命工繡梓,一而新之,匪
直爲敷教振宗之所謀哉。得晟自揣
庸愚,濫膺崇秩,累荷
國朝恩典,
寵賚殊深,復
5 錫祭誥,澤及幽壤,俾師資考妣,咸沐
褒封。蓋惟
君親師之恩,天地之大,曷克報稱?
《道德經》之註,日月之明,益顯于時,唯
此發心印造道德仙經,端爲上報
6 國恩,早延
聖嗣,
慈闈日永,
聖壽天長。洪惟我
太祖高皇帝萬幾之暇,留神是經,親撰
9 注釋精明,
御製首序,刊行天下,以廣其傳;使[率土]
後世之民,宗老氏之教者,口誦[心惟,]

咸知
太上之言，有符世教。殆其遷善[敏德，不]
10 賞而民自勸。刑清政簡，無爲[而天下]
化成，庶有裨於治化，則與周[公、孔子]
之道又何異哉？如此則報稱[之心，少]
抒於萬一也耶。是爲序。
嘉靖十一年龍集壬辰花朝日，
7 制授樂静凝玄清微志默悟法崇真履
和守一妙應真人，領道教事，兼
朝天宫住持，總領宫事；前崇玄静一
凝真高士，管道録司事，掌小直姑
天妃宫住持李得晟原明謹序。
8 （四个印章）凝玄子
唯吾知足
保合太和
樂静凝玄清微志默妙應真人①

此時李得晟的身份是“妙應真人，領道教事，兼朝天宫住持，總領宫事”。後序中説自己“累荷國朝恩典，寵賚殊深，復錫祭誥，澤及幽壤，俾師資考妣，咸沐褒封。”這顯然就是指上述嘉靖九年他乞贈伊父、母、師之事。後序接著説：“唯此發心印造道德仙經，端爲上報國恩，早延聖嗣，慈闈日永，聖壽天長。”這顯然以祝願“早延聖嗣”作爲重印《八十一化圖》的堂皇理由。並且將《八十一化圖》與《道德經》河上公注刻在一起，還加上了明太祖的《御製道德經序》，更是名正言順。李得晟獲得了赴齊雲山建祈嗣醮事的重任，自信不至於因爲刻印《八十一化圖》而重蹈李志常的覆轍，就在出發前夕寫下了這篇後序。

《齊雲山志》記載了李得晟主持的祈嗣醮事：

嘉靖壬辰(1532)五月，欽差玅應真人李得晟至齊雲山。欽奉皇帝聖旨：“朕以菲薄，仰荷天命，君臨海宇，奉守宗祧十一年，歲時若流，百千世統绪至重，諸嗣未立，朝夕戰懼。聞齊雲

① 見高濤藏本《八十一化圖》，折頁有錯位。原來的順序以阿拉伯數字標明，根據加拿大皇家安大略博物馆(Royal Ontario Museum)藏光緒三年(1877)刻本《注老子道德真经》(河上公章句)作了調整，殘缺的字也據其作了校補，放在方括號[ ]内。承浙江大學圖書館杜遠東多方協助釋讀後序，特此致謝。

山乃北極神真之福地，敬瀝誠懇，禱真靈垂鑒而錫庥。備香帛之儀，遣真人李得晟恭詣神祠下，取今五月初四日爲始，修建金籙祈恩求嗣繼緒保國大齋七晝夜，至初十日圓滿，修設九天監生醮禮三千六百分位，端拜玄恩，賜予賢子。緯宗社於萬年，世世守宗祧而主祀；保國祚於億載，代代宜君位以承天。年穀豐登，百姓有樂生之慶；邊疆寧謐，四方無警戒之虞。”①

李得晟雖然甚得寵信，但要重印《八十一化圖》，無疑還得借重邵元節的權勢。邵元節之所以同意自己被畫進其真人圖，除了樂於列入全真道祖譜之外，也應樂於列名在龍虎山前輩趙宜真、劉淵然之後。②邵元節可謂丘處機之後，最得皇帝寵信的道士。正是在這種背景下，元代佛道之爭中給道教惹來大禍的《八十一化圖》才得以復出。

七、邵元節及其《〈寶善卷〉道教序》

邵元節設醮欽安殿，大臣上香瞻禮，引起了朝臣的不滿。翰林院編修楊名上疏彈劾。③但世宗對楊名嚴刑追究，對邵元節則恩寵不斷：對其孫、曾孫授以官職；敕建真人府於都城西，歲給禄百石，撥校尉四十名。

嘉靖十二年五月賜邵元節莊田三十頃，蠲其租。八月皇儲生，兩個月後去世。十三年(1534)八月邵元節獲准回龍虎山展視新修葺的仙源宫，十四年(1535)邵元節從龍虎山還朝，舟至張灣，命中官迎入。④十五年(1536)邵元節上奏，説明金籙齋壇人手不足：“臣與妙應真人李得晟仰荷恩封重職，以及道録司官未滿十人，豈足登壇之用?”世宗應其要求任命了多名道官。⑤三月初四日，在邵元節真人封號上加“闡教輔國”四字，賜二品服飾。

此年，徽王朱厚爝投世宗之好，命人刊印《寶善卷》，邵元節爲《寶善卷》道教册寫了序：

《寶善卷》道教序

寶善者，非寶金玉也，乃以善爲珤也。善者，鍊之可以成聖成真，守之可以延生保命。

① 《齊雲山志》，卷二，第三十四～五葉；點校本，第94頁。

② 婁近垣編撰：《龍虎山志》卷七“人物志”，江西人民出版社，1996年，第82、84頁，列入了趙元陽(趙宜真)、劉淵然。第133—136、140—142頁有涉及邵元節的敕書、誥命，可與《太和全集》相印證。

③ 《明史》，卷二百七，“列傳第九十五”，第18册，第5471頁。

④ 《太和全集》，卷四，第二十～二十一葉，影印本，第27—28頁。

⑤ 《太和全集》，卷二，第三十三～三十五葉，影印本，第32—33頁。

善者,何道是也?夫自天地鴻濛未判,是道已寓其間。開闢以來,清濁奠位,而人生於其間。厥後理氣流行,有若老子柱下史者,鐘精英之秀,生足知之,闡揚是道,而爲道之宗主,著道德五千言。衍之,有解穀鍊形之術;有飛昇尸解之妙;有取精於玄牝,谷神不飛,守生養氣,還精補髓,可以長生之説;有鍊氣内修,吐納胎元之方。此方外全真之修養,未易窺測,必得其人,口傳秘訣,久久進修,庶幾可也。有云:不見可欲,使心不亂,無勞尔形,無揺尔精。天師云:上古之人,其知道者,法於陰陽,和於術數,食飲有節,起居有常,不妄作勞,故能形與神俱,而盡終其天年,度百歲而去。此理甚明,人所易曉。果能珎之重之,身體力行,雖未必有飛昇尸解之玅,自然疾病不生,心廣體胖,百年之期,可馴致也。以是善而謂之曰寶,不亦宜乎!是知照垂之珠,連城之璧,未足以爲寶也。敬惟徽國賢殿下,天資英邁,博覽百家書,有見於此而愛重之,刊以廣其傳,托元節序諸首,謹摭數言,僭以爲序云。

時嘉靖丙申歲(1536)九月菊旦,誥授清微妙濟守静修真凝玄演範志默秉誠護國闡教致一真人、領道教事、少保太子太保、禮部尚書、太和子邵元節撰。①

王育成先生對邵元節作序提出疑問:“衆所周知邵元節是明代正一派的著名道士,他對這種連續多頁的明顯突出、倡揚全真派祖師的圖繪方式會毫無所察嗎?這不大可能。是因時奉迎、還是迫於社會上下的種種認同而不得已爲之?實在是耐人尋味!”②

邵元節對倡揚全真派祖師的圖繪方式當然一目了然,不過並非不得已而爲之。相反,他與全真派李得晟的畫像一起列入《八十一化圖》真人圖,自然很樂意爲宣揚全真派祖譜的《寶善卷》道教册寫序,對“全真之修養”也不否定。

此年十月六日,皇第二子生,世宗將之歸功於邵元節屢禱之功,宣之内殿,掛綵簪花。閏十二月二十三日,加授邵元節爲禮部尚書,給一品服俸;後又贈其籍師李伯芳爲弘範真人,度師黄太初爲翊教真人。③《賜號太和先生相贊》第十七幅圖即“聖嗣誕生召公内殿掛彩簪花相”,邵元節未穿道袍,而是官員打扮,掛彩簪花。④

嘉靖十八年(1539)三月,世宗南巡湖廣承天府(原藩居之地),元節病不能從,十四日病亡;贈少師,有司營葬,用伯爵禮;謚文康榮靖。吏部尚書許讚(1473—1548)爲其所撰墓志銘清楚

① 王育成:《明代彩繪全真宗祖圖研究》,第30頁,圖八~十;彩版四~六。

② 王育成:《明代彩繪全真宗祖圖研究》,第4—5頁。

③ 《太和全集》,卷四,葉二十二,卷二,第四十~四十二葉,影印本,第81、36—37頁。邵元節三師均贈真人之號,無一言涉及李得晟爲其師。

④ 趙前:《明代内府刻本〈賜號太和先生相贊〉》,第104—109頁,其中第107頁有插圖“聖嗣誕生召公内殿掛彩簪花相”。相應的讚亦見《太和全集》,卷三,第四十四~五葉,影印本,第65—66頁。

地説明，邵元節兼修正一、全真：

> 讚又聞：自太上授經，後人祖師其道。一曰全真者，聚精養神，閉絶外慮，守冲抱一，以修吾身。一曰正乙者，秉正持一，役使鬼神，禳災祈福，以濟世人。蓋即體用之説也。今觀少師公學業事功，真能盡己盡人，兼全體用，與琴高、旌陽相先後矣。[①]豈非入玄教之奥室而得傳太上非常之道者歟！[②]

邵元節兼修全真、正一，但終究並非全真正宗，也未能像正一道張天師那樣世代相傳。他生前恩寵無以復加，但是世宗才去世，穆宗朱載坖（1537—1572）立即於隆慶元年（1567）正月下詔"削奪故真人邵元節、陶仲文官爵及誥命，毁卧碑牌坊，籍其田宅。"《八十一化圖》真人圖雖流傳至今，但以趙宜真、劉淵然、邵以正、喻道純、邵元節、李得晟等八人承接全真派祖師的企圖並未得到普遍承認。

八、結　　語

王重陽於金初創建全真道，在他及其七個弟子（七真）的努力下，全真道成爲北方最大的道教新流派。七真中以丘處機影響最大，他奉成吉思汗之命，率弟子從山東出發，不遠萬里，抵達中亞，向成吉思汗傳授養生之道。全真道進入全盛時期，丘處機西行與成吉思汗會見，被比附爲老子化胡，後來又編繪《八十一化圖》來宣揚老子化胡説。佛教遂以《八十一化圖》爲突破口，攻擊全真道。在元朝統治者面前的多次辯論中，道教均以失敗告終，《八十一化圖》被禁。此後全真道歷代掌教徐圖復興，數次成功地爲全真道五祖、七真、十八士請封，確立了全真道宗祖的地位。至明代，全真道北、南五祖、七真的祖譜已得到公認。

明代英宗、代宗（1436—1464）間，真人邵以正於 1457 年重建白雲觀長春殿，因其師祖趙宜真受北派金丹之傳，其師劉淵然與丘處機封號相類，遂將趙、劉之像畫在丘處機及其十八士之後。邵以正顯然意欲趙、劉和自己一起納入全真道祖譜。李得晟又於 1516 年重修白雲觀長春殿，又在趙宜真、劉淵然、其師祖邵以正之後，畫上其師普毅杜真人和自己，將此五人納入全真道祖譜。

---

① 《列仙傳》載：琴高爲戰國時趙國人，善鼓琴，曾爲宋康王舍人，有長生之術，後於涿水乘鯉歸仙。許遜（239—374）爲東晉道士，浄明道尊奉爲祖師。晉太康元年（280）出任旌陽令，人稱許旌陽。

② 《太和全集》，卷四，第十五葉，影印本，第 78 頁。

邵元節爲龍虎山道士，六十多歲至京師，得到世宗賞識，迅速升遷，1526年兼管朝天、顯靈、靈濟三宫，總領道教事，地位已在朝天宫主持李得晟之上。1530年李得晟乞贈其父母、師，世宗推及邵元節，爲其親、師贈祭，引起了朝臣上疏抗議。這使邵元節與李得晟休戚與共。世宗不僅没有懲處邵、李，而且命邵元節在欽安殿啓建祈嗣醮事。因爲世宗在位十年尚無皇嗣，極爲焦慮，對邵元節的祈嗣醮很重視。又於嘉靖十一年(1532)二月十二日下旨派李得晟赴徽州府休寧縣齊雲山，修建求嗣繼緒大齋。李得晟在得到此聖旨後兩天，爲《八十一化圖》寫了《重刊〈道德經註解〉後序》。邵、李權勢盛極一時，方敢支持重印《八十一化圖》。同時，在《八十一化圖》真人圖中，趙宜真、劉淵然、邵以正、喻道純、弘道宋仙卿、普毅杜真人、邵元節、李得晟等八人，被納入了全真道祖譜。

邵元節於1536年爲倡揚全真派祖師的《寶善卷》道教册作序，顯然頗爲認同全真道祖譜。許讚撰邵元節墓志銘也説明其兼修正一、全真。邵元節生前恩寵無以復加，但1567年被削奪官爵及誥命，毁卧碑牌坊，籍田宅。儘管趙宜真、劉淵然、邵以正、喻道純、邵元節、李得晟都是明代前期影響甚大的高道，但以他們接續全真道祖譜之舉，終究未得公認。

中國國家圖書館藏王念孫《方言疏證補》殘稿王國維鈔本研究

□張錦少

［摘　要］ 中國國家圖書館藏有王念孫《方言疏證補》殘稿王國維鈔本一册。據王國維的跋文,《方言疏證補》原有手稿本、清稿本兩種,王國維據手稿本寫定,"得十九紙有奇",後又以清稿本對校,"增得二紙",而我們今天看到收録在《高郵王氏遺書》的排印本就是根據清稿本而來的。筆者詳細比對了排印本和王國維的鈔本,發現二者文字詳略頗有不同,我們相信鈔本應當更接近原著,或者至少反映了王念孫撰作《方言疏證補》時的原始面貌。本文之撰,旨在介紹鈔本原貌,並以附録形式羅列排印本與鈔本的文字差異,藉此掌握王氏撰作《方言疏證補》之經過以及前後文字增訂、看法嬗變的原因,並嘗試爲學術界提供一個研究清代《方言》學史的新材料。

［關鍵詞］ 王念孫;稿鈔本;清代《方言》學史

［作者簡介］ 張錦少,香港中文大學中國語言及文學系副教授(香港,沙田區)

第一節　引　言

《方言》自東晉郭璞(276—324)注後,經過一千四百多年的傳抄翻刻,"斷爛訛脱,幾不可讀",①甚至被認爲"是書雖存而實亡"。至清代乾隆年間,戴震(1724—1777)始對《方言》加以校勘、疏解,撰就《方言疏證》十三卷,於是《方言》"始有善本"。②其後有盧文弨(1717—1796)的《重校方言》和王念孫(1744—1832)的《方言疏證補》,二書都是針對《方言疏證》的不足而撰作

---

① 見永瑢等總裁、紀昀等纂《欽定四庫全書·經部·〈方言〉提要》,上海古籍出版社據文淵閣本四庫全書影印 1987 年版,第 283 頁上。

② 盧文弨《重校方言·序》云:"《方言》至今日而始有善本,則吾友戴太史東原氏之爲也。"北京國際文化出版公司據《抱經堂叢書》本影印 1993 年版,第 39 頁上。

的，[1]其中《方言疏證補》只有一卷，是王氏的遺稿。1922 年，羅振玉（1866—1940）購得一箱王念孫的未刊叢稿，根據羅氏的記述，他從這些叢稿中，先選取部份可以寫定的遺稿"整理繕寫"，共得《方言疏證補》《釋大》《毛詩羣經楚辭古韻譜》等三種遺著，然後連同王氏的家狀誌傳以及遺文，"匯印爲《王氏遺書》"。[2]《高郵王氏遺書》在 1925 年印行，首次公布了《方言疏證補》的材料，自此學者始知王氏有研究《方言》的專著，而排印本《方言疏證補》也成爲了學者研究王氏《方言》之學的唯一憑藉。從發現遺稿到刊刻成書，經過了一個發現、整理、繕寫、排印、刊布的過程，其中整理、繕寫的實況由於没有記録，我們無從得知。近年筆者整理王氏著作的稿本、鈔本，在北京中國國家圖書館古籍館，找到了《方言疏證補》王國維（1877—1927）鈔本一册（見書影一）。經研究後，確定我們今天看到的排印本就是根據這個鈔本而來的。而本文之撰，旨在介紹鈔本原貌，並以附録形式羅列排印本與鈔本的文字差異，藉此掌握王氏撰作《方言疏證補》之經過以及前後文字增訂、看法嬗變的緣由，並嘗試爲清代《方言》學史提供新的材料，解決部分學術史上的問題。

第二節 《方言疏證補》殘稿王國維鈔本述要

2.1 鈔本實態

《方言疏證補》殘稿王國維鈔本一册二十一頁，原件現藏北京中國國家圖書館。根據王國維的跋文（見書影二），這個鈔本分了兩次鈔寫，第一次是在 1924 年夏天，王國維從羅振玉購藏的一箱王氏遺稿裏檢出《方言疏證補》草稿，這個草稿本只有十九條材料，是王念孫補證《方言疏證》卷一首十九條的材料，即由《方言疏證》第一"黨、曉、哲，知也"條補證至第十九"脩、駿、融、繹、尋，長也"條。王國維花了三天時間將這個草稿本寫定，共得十九葉紙。至於第二次的鈔寫是在三個月之後，由於羅振玉在遺稿裏發現了《方言疏證補》的清稿本，這個清稿本與草稿本在文字上有若干差異，包括對《方言疏證》卷一第十九條的補證文字較草稿本多出近六百多字（見書影三），以及較草稿本多出卷一第二十"允、訦、恂、展、諒、穆，信也"條的補證材料（見書

① 盧文弨在乾隆四十六年（1781）致丁杰論校正《方言》一書中説："《方言》一書，戴君疏證已詳，愚非敢掩以爲己也。然疏證之與校正，其詳略體例，微當不同，亦因其中尚有盡者，欲以愚見增成之，故别鈔一編。"見盧文弨著、王文錦點校：《抱經堂文集》，中華書局 1990 年版，卷二十《與丁小雅杰進士論校正〈方言〉書》，第 284 頁。另《重校方言・序》亦謂"余因以考戴氏書，覺其當增正者尚有也。"（同注 2），可見《重校方言》是針對《方言疏證》而寫的。而王念孫以《方言疏證補》名書，顯然是爲補正《方言疏證》而作的。

② 見羅振玉：《高郵王氏遺書》，江蘇古籍出版社 2000 年版，目録，第 1 頁下。

影四、五),王國維於是將清稿本、草稿本比對,並用朱筆校其異同。換言之,王國維的鈔本是整合《方言疏證補》草稿、清稿二本而成的。我們把王國維的鈔本比對後來收入《高郵王氏遺書》裏的《方言疏證補》排印本,發現二者文字幾乎完全相同,因此我們相信排印本就是根據鈔本排印的。

2.2 草稿本寫作年份考論

鈔本末葉有兩段跋文,是王國維述説發現草稿、清稿以及他寫定二本的經過,王氏指出:"稿中'鬱攸'一節《注》云:'説見《廣雅疏證》。'則此稿草於《廣雅疏證》既成(原注:嘉慶元年)之後。""'鬱攸'一節"指的是《方言疏證補》補證《方言》卷一第十一"鬱悠、懷、惄、惟、慮、願、念、靖、慎,思也"條的文字,王念孫云:

> 凡喜意未暢謂之鬱陶,積憂謂之鬱陶,積思謂之鬱悠,又謂之鬱陶,積暑亦謂之鬱陶,積火謂之鬱攸,其義並相近,説見《廣雅疏證》"鬱悠,思也"下。

"鬱悠,思也"見《廣雅》卷二下《釋詁》,[①]王國維據此推斷草稿寫於嘉慶元年(1796)王念孫撰就《廣雅疏證》之後。鈔本一直没有公布,學者當然不知道王國維有此一説,更重要的是王氏此説與學者通行的看法並不相同。劉盼遂《高郵王氏父子年譜》"乾隆五十二年(1787)"條下,根據王念孫寫給劉台拱(1751—1805)的一封信裏提到"去年夏秋間,欲作《方言疏證補》,已而中止"的一段話,[②]指出"《方言》則有戴氏《疏證》,雖有可補苴,然大體既得,所餘鱗爪,其細亦甚",所以這一年"成《方言疏證補》一卷,即復中止"。[③]王章濤雖然指出信中提及的"'此年',則爲乾隆五十三年(1788)",[④]但亦認爲王念孫"此二十條補證俱散見於後出的《廣雅疏證》各卷相關條目中。可見初欲爲《方言疏證補》,後緩斯事而轉治《廣雅》,並將補疏《方言》之成果移用於《廣雅疏證》中"。[⑤]

關於這個問題,我們的看法是:

第一,王念孫並没有在書信中提及《方言疏證補》的份量,劉盼遂所謂的"一卷"、王章濤所謂的"二十條補證"的看法,很明顯是根據後來收録在《高郵王氏遺書》裏的排印本而以意逆推

① 王念孫:《廣雅疏證》,江蘇古籍出版社 2000 年版,卷二下,第 13—15 頁。

② 見羅振玉輯:《高郵王氏遺書》,江蘇古籍出版社 2000 年版,卷四,第 8 頁。案此信無年份,今據王章濤《王念孫、王引之年譜》繫年在乾隆五十四(1789)年正月。

③ 劉盼遂:《高郵王氏父子年譜》,附載於《高郵王氏遺書》,頁 14。

④ 王章濤:《王念孫、王引之年譜》,廣陵書社 2006 年版,第 62—63 頁。

⑤ 《王念孫、王引之年譜》,第 63 頁。

的。而事實上草稿本只補證了十九條材料，排印本所見第十九條後半段以及第二十條材料，是王國維從清稿本增入的。

第二，考《廣雅疏證》始撰於乾隆五十三年八月，至乾隆五十四(1789)年正月"始完半卷"。[①]乾隆五十五年(1790)八月，[②]王念孫再寫信給劉台拱，才提及自己完成了《廣雅》卷一、卷二的疏證工作。[③]按照時間順序，如果《方言疏證補》一卷共二十條的材料在乾隆五十三年就寫定的話，那麽爲甚麽王念孫會在草稿裏預告讀者參考兩年後才寫成的《廣雅疏證》卷二下呢？今天看到的《方言疏證補》一卷二十條的材料，不可能全部都在乾隆五十三年寫成，至少第十一"鬱悠、懷、惄、惟、慮、願、念、靖、慎，思也"條。

第三，《方言疏證補》第十五"謾台、脅鬩，懼也"條，補證部分引用劉台拱的意見説："《注》内'謂噎憂也'，各本作'噎謂憂也'，余故友寶應劉氏端臨《經傳小記》云：'此當作"謂噎憂也"。《詩》"中心如噎"，《傳》曰："噎憂，不能息也。"噎憂，雙聲字。《玉篇》引《詩》"中心如噎"："謂噎不能息也。"增一"謂"字，最得毛氏之意。〔……〕。'念孫案：端臨此説，貫通毛《傳》《方言》之旨，今據以訂正。"劉台拱卒於嘉慶十年(1809)，然則此條肯定寫在此年以後。

準此，《方言疏證補》的寫作始於乾隆五十三年，歷經十七年以上始賡續成稿。王念孫其後又在草稿上乙改增删，寫定清稿一卷二十條。劉盼遂以戴震《方言疏證》"雖有可補苴，然大體既得，所餘鱗爪，其細亦甚"，來解釋王念孫没有繼續完成。戴震《方言疏證》是繼郭璞《注》後另一部研治《方言》的力作，開創之功大但疏闊之處多。《方言疏證補》裏王念孫的對其師的補證，或就聲求義，或羅列書證，既貫穿諸詞，亦觸類旁通，可謂青出於藍。我們認爲王念孫所謂的"已而中止"，只是指還没有寫完就停止了，並不表示他放棄了撰作《方言疏證補》的工作。這一點從上文的考論可以得到證明。王引之在《石臞府君行狀》裏説稱其父"嘗作《方言疏證補》一卷，精核過人，晚年猶以精力衰頹，不能卒業爲憾"，换言之，如果天假以年的話，王念孫補證《方言疏證》的成果肯定不止於那寥寥二十條。考《讀漢書雜志》卷十三"雙鳧"條下，王念孫引《方言》卷六第二十五"飛鳥曰隻，雁曰乘"條，指出《漢書.揚雄傳》"乘雁集不爲之多，雙鳧飛不爲之少"句中的"雙鳧"應爲"隻鳧"，夾注云："今本'隻'(筆者案，指《方言》)作'雙'，義與上文不合，乃後人所改，辯見《方言疏證補》。"[④]今本《方言疏證補》並無此條。《讀書雜志》有兩書互見之例，而且互見之書均已有成稿。以《讀漢書雜志》爲例，卷五"脩"條下王氏夾注云："説見《管子·

① 見羅振玉輯：《高郵王氏遺書》，江蘇古籍出版社 2000 年版，卷四，第 8 頁。

② 此處繫年據王章濤《王念孫、王引之年譜》，第 68—69 頁。

③ 王氏云："自前歲(引者案：乾隆五十三年，1788)仲秋至今，甫完兩卷。"見羅振玉輯：《高郵王氏遺書》，江蘇古籍出版社 2000 年版，卷四，第 9 頁。

④ 王念孫：《讀書雜志》，江蘇古籍出版社 2000 年版，志四之十三，第 37 頁。

形勢》篇。"①卷八"陽爲"條下云:"辯見《史記.淮南衡山傳》。"②等。《讀漢書雜志》於道光五年(1825)付梓,此前,《讀史記雜志》已經在嘉慶二十二年(1817)刊刻,《讀管子雜志》在嘉慶二十四年(1819)刊刻。以此例之,則王氏所謂"辯見《方言疏證補》"的這條材料也應該寫就。今天我們看到的《方言疏證補》是王國維從王念孫遺稿中整理出來,寫定刊印的。除此以外,會不會還有其他補證的材料因爲各種原因或散佚不存,或由私人收藏呢?這一點因爲文獻不足而無法確定,但可以肯定的是劉盼遂以王念孫因"所餘鱗爪,其細亦甚"而放棄補證《方言疏證》的說法不能成立。

2.3 草稿本與清稿本的差異

那麼從草稿本到清稿本,王念孫做了哪些改動呢?從鈔本前後兩次的鈔寫情況,我們發現王念孫的改動主要有改正錯字、删去文字、補入文字三類。草稿本間見錯字,王念孫在清稿本加以改正,例如:

[1] 第一"黨、曉、哲,知也"條,草稿本補證部分原作"智謂之哲,亦謂之曉,解寐謂之黨朗,亦猶火光寬明謂之爣朗矣",第三句"解寐謂之黨朗"的"寐"字清稿本改正做"寤"。案《方言》郭《注》云:"黨朗也,解寤貌。"③則"解寐謂之黨朗"當作"解寤謂之黨朗"。

[2] 第十九"脩、駿、融、繹、尋、延,長也"條,草稿本補證部分原作"《尔雅》:'繹,又祭也。周曰繹,商曰肜。'《高宗肜日》《正義》引孫炎《注》云:'"繹,祭之明日尋繹復祭也。"肜者,亦相尋不絶之意。'定八年《公羊傳》《注》云:'繹者,繼昨日事。'"最後一句"定八年"清稿本改正作"宣八年"。案"繹者,繼昨日事"一注見魯宣公八年《公羊傳》"繹之何?祭之明日也"下,④是"定公"當作"宣公"。

至於删去文字的情況比較複雜,有時候是删去所引的《疏證》文字,更多的是删去補證部分的文字。例如:

[3] 第一"黨、曉、哲,知也"條,草稿本引録《方言疏證》作:

《疏證》:案⑤知讀爲智。《廣雅》:"黨、曉、哲,智也。"義本此。智,古智字。<u>孫綽《遊天台山賦》"近智者以守見而不之,之者以路絶而莫曉",李善《注》云:"之,往也。假有之者,</u>

① 《讀書雜志》,志四之五,第11頁。

② 《讀書雜志》,志四之八,第6頁。

③ 周祖謨:《方言校箋》,中華書局1993年版,第1頁。

④ 公羊壽傳,何休解詁,徐彦疏:《春秋公羊傳注疏》,北京大學出版社2000年版,十三經注疏整理本,第391頁。

⑤ 排印本無"案"字。

以其路斷絶莫之能曉也。《方言》曰:‘曉,知也。’”此所引乃如字讀,與《廣雅》異。《注》内“黨朗”,疊韻字也。《廣韻》作“爣朗”,云“火光寬明”。

戴震認爲《方言》的“知也”與《廣雅》的“智也”都作名詞解,讀做去聲。他並不同意李善引《方言》“曉,知也”解釋《遊天台山賦》“之者以路絶而莫曉”中的動詞“曉”字,所以説:“此所引乃如字讀,與《廣雅》異”。王念孫在補證部分則説:

謹案:《尔雅》:“哲,知也。”故《皋陶謨》“知人則哲”,《史記·夏本紀》“哲”作“智”。①鄭注《周官·大司徒》云:“知,(原注:與智同。)明於事也。”智與明同義,故明謂之曉,(原注:卷十三云:“曉,明也。”)亦謂之哲。(原注:應劭注《漢書·五行志》云:“悊,明也。”悊與哲同。)智謂之哲,亦謂之曉。

這段文字的重點在於揭示《方言》這條的通語“知”字,除了可以作動詞“知”解外,還可以像戴震所説的作名詞“智”解,草稿本裏引用的《爾雅》《尚書》《史記》三個書證,就在於證明“哲”可以作“智”解,因此《方言》曰“哲,知也”。但是在清稿本裏,這三個書證都删去了。而所引《方言疏證》裏“孫綽《遊天台山賦》”至“與《廣雅》異”共62字也删去了。也就是説,以上有横底綫的文字,王念孫後來都删掉了,所以排印本裏没有這兩段文字。那麼給删去的這兩段文字彼此有關聯嗎?這種改動是否反映了王念孫學術觀點的變化呢?回答這個問題以前,我們不妨先來看《讀法言雜志》“允哲”條,王念孫解釋《法言·問明篇》“台哲堯儃舜之重”一句説:

念孫案:哲者,知也。(原注:知讀平聲,不讀去聲。)……《方言》:“曉、哲,知也。”“知”字平、去二聲皆可讀,故《方言》以“曉”“哲”同訓爲“知”。今人猶謂“不知事”爲“不曉事”也。(原注:《文選·遊天台山賦》“之者以路絶而莫曉”,李善《注》引《方言》“曉,知也”,知字正作平聲讀。)②

比類而觀,我們就知道王念孫删去草稿的這兩段文字,原因在於他對《方言》這一條的詞義理解與戴震有所不同。王念孫認爲方言詞“黨”“曉”“哲”都是知道、知曉、明白的意思,因此通語“知”當讀作平聲,作動詞用。因此戴震讀“知”爲“智”是不對的,草稿本裏用來證成戴説的《爾

---

① 排印本無此段文字。

② 《讀書雜志》,志餘上,第63頁。

雅》等三個書證自然不再適合保留。至於李善注《遊天台山賦》時引《方言》“曉，知也”有没有誤解《方言》原意，王念孫的看法與戴震完全不同，清稿本最終也就删去不録。

[4] 第十六“虔、劉、慘、㨆，殺也”條，草稿本補證部分作：

> 謹案：卷三云：“虔，殺也，青、徐、淮、楚之間曰虔。”《廣雅》：“虔，殺也。”義本此。《尔雅》云：“劉，殺也。”《盤庚篇》“無盡劉”、《君奭篇》“咸劉厥敵”，某氏《傳》並訓劉爲殺。《漢書·律厤志》引《周書·成武篇》曰：“咸劉商王紂。”《逸周書·世俘篇》同。劉之言戮也，故《説文》云：“殺，戮也。”又云：“鏐，殺也。摎，縛殺也。”（原注：《玉篇》：力問、居由二切。）《續漢書·禮儀志》云：“斬牲之禮名曰貙劉。”義並同也。《周書·顧命》云：“一人冕執劉。”《正義》引鄭《注》云：“劉蓋鑱斧。”《廣雅》云：“劉，刀也。”皆取義於殺。

有横底綫的兩段文字清稿本都删去。考《尚書述聞》“咸劉厥敵”條，王引之指出“咸、劉，皆滅也。猶言‘遏劉’、‘虔劉’也”，並同樣以《逸周書·世俘篇》及《漢書·律曆志》所引《尚書·成武篇》“咸劉商王紂”爲證。①未知清稿本删去這兩個書證的原因。至於《廣雅·釋器》“劉，刀也”條，則未見《疏證》引《方言》此條以爲證。②

至於補入文字的例子有：

[5] 第二“虔、儇，慧也”條，草稿補證部分原作“《齊風·還篇》‘揖我謂我儇兮’，毛《傳》云：‘儇，利也。’《正義》云：‘言其便利馳逐。’便利猶便捷，故此云宋楚之間謂之倢也。《淮南·主術篇》云：‘辯慧懁給。’譞、懁並與儇同”。鈔本“故此云宋楚之間謂之倢也”句下，據清稿本增入“《説文》：‘儇，慧也。’”五字。

[6] 草稿本補證至第十九“脩、駿、融、繹、尋，長也”條，清稿本新增第二十“允、訦、恂、展、諒、穆，信也”條之補證，增入“《疏證》：顔延之《宋文皇帝元皇后哀策文》‘壼政穆宣’，李善《注》引《方言》：‘穆，信也。’《説文》：‘燕、代、東齊謂信曰訦。’蓋取諸《方言》。《尔雅·釋詁》：‘允、展、諶、亮、詢，信也。’《疏》云：‘訦、諶、亮、諒、詢、恂，音義同。’謹案：《逸周書·謚法篇》：‘中情見貌爲曰穆。’是穆爲信也。《廣雅》：‘睦，信也。’睦與穆通”共 94 字。

以上的改動都體現在排印本裏，换言之，排印本最接近王念孫的定見，我們要對《方言疏證補》進行研究，當然應該以排印本爲準。不過王國維的鈔本，卻讓我們可以用一個縱向的角度，掌握王念孫撰作《方言疏證補》的經過，而文字前後的增訂改乙，也正好透露了王念孫學術觀點

① 王引之：《經義述聞》，江蘇古籍出版社 2000 年版，卷四，第 18 頁。
② 《廣雅疏證》，卷八上，第 42—43 頁。

的嬗變,因此鈔本的發現,還是具有較高的學術史價值。

上文所舉的例子,都是清稿本對草稿本的改動,但事實上草稿本本身也有三處改動,全屬删去文字,而王國維在鈔本裏都一一加以註明,這三處删訂包括:

[7] 第二"虔、儇,慧也。秦謂之謾,晉謂之㦣"條,草稿本補證部分作:

自宋劉淵併"皆"入"佳",後人但知有"佳",不知有"皆",以爲音"埋"即與"莫佳反"無異,故改爲"音悝",不知《玉篇》《廣韻》《集韻》"㦣"字俱無"悝"音。今據諸書訂正。

鈔本此後用雙行小字鈔寫了一段注文:

凡東漢人作箋、注,皆注與讀相連。魏晉以下,惟郭氏《尔雅》《方言》《山海經》注,皆注内有音,是書内音某及某某反之類,大半皆郭氏原文,非後人所加也。

王國維有案語曰:"此注本在'今據諸書訂正'句下,乃駁東原之説,後删去。"(見書影六)準此,這段駁正戴震的注文早在草稿本裏就給删去了。

[8] 第三"娥、嬴,好也"條,草稿本補證部分作:

《説文》:"姣,好也。""姝,好也。"又云:"袾,好佳也。"引《詩》"静女其袾",又云:"姁,好也。"引《詩》"静女其姁",並字異而義同。

鈔本此後用雙行小字鈔寫了一段注文:

卷十云:"娧,好也。"郭彼注謂"娃娧也",此注云:"言娃容也。"《文選》謝靈運《湖山瞻眺詩》"升長皆丰容",李善《注》:"丰容,悦茂貌。""丰悦"即"丰容"之轉耳。

王國維有案語曰:"原有此注,後删。"

[9] 第十一"鬱悠、懷、惄、惟、慮、願、念、靖、慎,思也"條,草稿本補證部分作:

《楚辭·九辯》云:"豈不鬱陶而思君。"是鬱陶爲思也。凡喜意未暢謂之鬱陶,積憂謂之鬱陶,積思謂之鬱悠,又謂之鬱陶,積暑亦謂之鬱陶,積火謂之鬱攸,其義並相近,説見《廣雅疏證》"鬱悠,思也"下。

鈔本"積火謂之鬱攸"句下,王國維案曰:"此句後删。"考《廣雅·釋詁》"鬱悠,思也"條,[①]《疏證》亦未有"積火謂之鬱攸"之語。

這三處改動中,我們對第一處的改動最感興趣。王國維指出第一處的改動,是王念孫在草稿本裏删去了原本用來駁正戴震的文字。那麼王念孫删訂的原因是他修正了自己的看法,改爲認同師説,還是另有緣由呢?底下我們從《方言疏證補》取捨《方言疏證》的情況,討論一下草稿本此處删訂的意義。

第三節　《方言疏證補》取捨《方言疏證》的情況

3.1　《方言疏證》與《方言疏證補》

段玉裁(1735—1815)在《戴東原震先生年譜》中記及戴震於乾隆二十年(1755)就開始了《方言》的研究,[②]直到乾隆三十八年(1773)"入四庫館纂修,取平時所校訂遍稽經史諸子之義訓相合,及諸家之引用《方言》者,詳爲疏證",[③]於乾隆四十一年(1776)完成《方言疏證》一書,從草創到成書歷時二十一年之久。戴震在《方言疏證序》中提到自己如何研究《方言》時説:"今從《永樂大典》内得善本,因廣搜羣籍之引用《方言》及《注》者,交互參訂,改正訛字二百八十一,補脱字二十七,删衍字十七,逐條詳證之。"[④]自此《方言》才有了一個善本。可惜的是戴震隔年(乾隆四十二年,1777)就辭世了,而《方言疏證》則由其姻親孔繼涵在乾隆四十三年(1778)校刻出版,收入《戴氏遺書》中。

這一年,王念孫在其家鄉的湖濱精舍"以著述爲事,窮搜冥討,謝絶人事",[⑤]第二年(乾隆四十四年,1779),完成了他校理《方言》的工作,有《方言》校本一册。乾隆四十五年(1780)以後,王念孫入都供職翰林院,首次看到《方言疏證》,於是取其《方言》校本與《疏證》對勘,劉盼遂

---

① 王念孫:《廣雅疏證》,江蘇古籍出版社2000年版,卷二下,第12—14頁。

② 段氏云:"是年以《方言》寫於李燾《許氏説文五音均譜》之上方,自題云:'乙亥春以揚雄《方言》分寫於每字之上,字與訓兩寫,詳略互見。'"玉裁按:'所謂寫其字者,以字爲主,而以《方言》之字傅《説文》之字也。寫其訓者,以訓爲主,而以《方言》之訓傅《説文》之字也。又或以聲爲主,而以《方言》同聲字傅《説文》。所謂詳略互見者,兩涉則此彼分見,一詳一略,因其便也。先生知訓詁之學自《爾雅》外,惟《方言》、《説文》切於治經,故傅諸分韻之《説文》,取其易檢。"段玉裁:《戴東原震先生年譜》,臺北崇文書店1971年版。據《經韻樓叢書》影印,第18—19頁。

③ 《戴東原震先生年譜》,第18頁。

④ 戴震:《方言疏證》,收入《戴震全書》,黄山書社1994年版,第三册,第6—7頁。案今各《方言疏證》刻本皆未載此序,《戴震全書》據段玉裁經韻樓本《戴東原集》卷十載録補入。

⑤ 《高郵王氏父子年譜》,第10頁。案《年譜》原作"以著述至事","至"當係"爲"字之譌。

認爲對勘的結果是“所見多同，其小異者一二事耳”。①考中國科學院圖書館收藏了一册《戴震遺書》原刻本《方言疏證》，殘存卷一至卷七，上有王念孫的批校，此批校本即當年王氏對勘所據。華學誠對此本做了一個詳細的研究，他以卷一爲例，指出“王氏手校戴本的校語涉及《方言》原文 30 餘條中的 20 餘條，有校語近 40 條，另有浮簽批語三則還未計在内”。②可見王念孫對戴震校勘、疏證《方言》及郭《注》的成果，有相當多不同的看法，絶非如劉盼遂所説的“小異”而已。也正因爲如此，王念孫才會萌生撰作《方言疏證補》的想法，並付諸實行。

3.2 《方言疏證補》取捨《方言疏證》的情況

王念孫年十三，其父王安國延請戴震“館于家”，命王念孫“從受經”，“相從一年，而稽古之學遂基于此”。③尊師是古人，特别是讀書人的共識、常識，王念孫也不例外。我們可以想像，王念孫在乾隆五十三年開始撰作《方言疏證補》時，面對的難題不是寫甚麽，而是怎樣寫，因爲他要駁正的是自己老師的遺著。當時跟王念孫同樣對《方言疏證》有不同意見的還有盧文弨，盧文弨的處理方法是索性重新對《方言》進行校勘，並出版《重校方言》，單從書名中的“重校”二字，可以看出盧氏對《方言疏證》的校勘成果並不滿意。王念孫對《方言疏證》的校勘、疏證都有意見，但他最終採用了一種折中的辦法。首先，王念孫採用了“補”的體例，他把自己的工作定性爲一種從屬的關係，《方言疏證補》是用來補充、訂正《方言疏證》的。其次，採用擇録的方法徵引《方言疏證》，從文字取捨當中間接指出戴震誤校、誤釋的地方，例如：

［10］第十“慎、濟、瞥、惄、溼、桓，憂也”條，戴震改“惄”爲“愵”，王念孫没有跟從戴校，仍作“惄”。底下我們比較一下《方言疏證》原文與《方言疏證補》的引文：

《疏證》	案:“愵”，各本作“惄”。《説文》云:“惄，飢餓也。一曰憂也。”
《疏證補》	《説文》 :“惄， 憂也。
《疏證》	“愵，憂貌，讀與惄同。” 陸機《贈弟士龍詩》
《疏證補》	“愵，憂貌，讀與惄同。”李善注陸機《贈弟士龍詩》
《疏證》	“惄焉傷别促”，李善《注》云:“《方言》:‘愵，憂也，
《疏證補》	引 《方言》作“愵，憂也”。
《疏證》	自關而西，秦、晉之間或曰惄。’”今據李善所引改正。④
《疏證補》	

① 《高郵王氏父子年譜》，第 12 頁。

② 華學誠:《王念孫手校明本〈方言〉的初步研究》，見氏著《華學誠古漢語論文集》，北京語言大學出版社 2012 年版，第 92 頁。

③ 《高郵王氏父子年譜》，第 4 頁。

④ 《方言疏證》，第 14 頁。

戴震本來據以校改《方言》的證據，在王念孫這樣擇録下，就僅成爲一條訓釋詞義的材料了。接著王念孫在補證部分對“惄，憂也”一訓做了詳細的辨正：

《小雅·小弁篇》：“我心憂傷，惄焉如擣。”是惄爲憂也。《文選·洞簫賦》“憤伊鬱而酷䀋”，李善《注》引《蒼頡篇》云：“䀋，憂皃。”《玉篇》音奴的切。䀋與惄同。上文云：“惄，傷也。”《尔雅》云：“惄，思也。”舍人《注》：“志而不得之思也。”思謂憂思也，故《尔雅》云“憂，思也”，舍人以“志而不得”釋“惄”字，正與《方言》同。卷十二云：“惄，悵也。”《玉篇》：“惆悵，失志也。”此正所謂“志而不得、欲而不獲、高而有墮、得而中亡，謂之惄”也。

準此，王念孫藉擇録師説，間接表達其異議，而補證部分則詳申己見。不過王念孫在補證部分從來没有正面批評過戴震，即使引用其他學者的意見，也會把批評戴震的文字删去，例如：

[11] 第十五“諺台、脅鬩，懼也。……宋、衛之間，凡怒而噎噫，謂之脅鬩”條，通行本郭《注》於“噎噫”下有“噎謂憂也”四字。戴震增一“噫”字，讀做“噎噫，謂憂也”①王念孫認爲郭《注》非有闕文，而是有倒文，“噎謂憂也”是“謂噎憂也”之誤倒，他在《方言疏證補》裏引用劉台拱的看法説：

《注》内“謂噎憂也”，各本作“噎謂憂也”，余故友寶應劉氏端臨《經傳小記》云：“此當作‘謂噎憂也’。《詩》‘中心如噎’，《傳》曰：‘噎憂，不能息也。’（王念孫原注：《正義》以爲‘憂深不能喘息，如噎之然’。此説非也，憂在心，與喘息何與，世豈有憂而不得喘息者乎?）噎憂，雙聲字。《玉篇》引《詩》‘中心如噎’：‘謂噎不能息也。’增一‘謂’字，最得毛氏之意。噎憂即欭嚘，氣逆也。《説文》‘欭’字《注》：‘嚘也。’《玉篇》‘嚘’字《注》：‘《老子》曰：“終日號而不嚘。”嚘，氣逆也，亦作欭。’《廣韻》：‘欭嚘，歎也。欭，氣逆也。’噎噫、噎憂，一聲之轉。”念孫案：端臨此説，貫通毛《傳》、《方言》之旨，今據以訂正。

今本《經傳小記》並無考辨《方言》此條，此説見於劉氏《方言補校》。②而劉台拱在解釋“噎噫”“噫憂”的聲轉關係後，還批評戴震説：“戴本作‘噎噫，謂憂也’，不知其義而妄增之，非是。”這段話在《方言疏證補》裏給删去了。

① 《方言疏證》，第17頁。
② 劉台拱：《劉端臨先生遺書》，藝文印書館據光緒十五年廣雅書局刊本影印1960年版，卷六，第2—3頁。

3.3 草稿本删去駁正戴説注文的原因

我們再來看草稿本裏删去的那段駁正戴震的文字：

[12] 第二"虔、儇，慧也。秦謂之謾，晉謂之㦙"條，"謾"字下，郭《注》曰："言謾訑。音訑，大和反。謾，莫錢反，又亡山反。"戴震認爲"《注》内'訑'即'訧'之俗字"，更指出"此書音某及某某反之類，多後人所加，雜入郭《注》。今無從辨别，姑仍其舊"。[①]《方言疏證補》草稿本、清稿本、排印本都有引録戴震這幾句話，只是草稿裏多了一個共57字的雙行夾注："凡東漢人作箋、注，皆注與讀相連。魏晉以下，惟郭氏《尔雅》《方言》《山海經》注，皆注内有音，是書内音某及某某反之類，大半皆郭氏原文，非後人所加也。"王國維認爲這個注因爲是"駁東原之説"，所以"後删去"。有了上文3.2的論述，我們就明白王念孫爲甚麼要删去草稿裏這一段直接批駁戴説的注文了。王念孫在補證部分説：

> 《注》内"土和反"，各本譌作"大和反"，"大和"則音"牠"。考《玉篇》《廣韻》"訑"字俱無"牠"音，又《集韻》一書備載《方言》之音，"訑"字亦不音"牠"，今據以訂正。

"《集韻》一書備載《方言》之音"，指宋丁度等人編纂《集韻》時，載録了郭璞替《方言》諸詞所注的讀音，王念孫據《集韻》並《玉篇》《廣韻》等書證，改各本郭《注》"大和反"爲"土和反"，這裏的"各本"也應該包括戴震的《方言疏證》。换言之，王念孫認爲"土和反"是郭《注》的原文，並非戴震所謂的"後人所加，雜入郭《注》"。

表面上看來，王念孫在求是與尊師之間，選擇了尊師。但是如果我們設身處地，站在王念孫身處的時代來考量的話，就會發現王念孫不但没有放棄求是，正是因爲他千方百計的在求是與尊師之間争取平衡，更凸顯了王念孫治學態度中的求是精神，草稿本裏有正面駁正師説的文字，是最好的證明。不過求是與尊師之間在當時無可避免會出現衝突，面對這種衝突，王念孫最終還是把那段僅有的駁正戴説的注文删去。我們認爲這種矛盾的心情，就是導致他欲作《方言疏證補》卻"已而中止"的主要原因。不過王念孫並没有放棄他補證《方言疏證》的工作。他最終採用了另外一種折中的辦法，就是改爲疏證《廣雅》。學者一般認爲《爾雅》已經有邵晉涵(1743—1796)的《爾雅正義》，《方言》已經有戴震的《方言疏證》，《説文》也有了段玉裁的《説文解字讀》，王念孫所以選擇疏證《廣雅》。這當然是原因之一，但是我們認爲還有一個更重要的原因，王念孫可以假《廣雅》以證其研治《方言》之所得。[②]《方言》

---

① 《方言疏證》，第4頁。

② 段玉裁《廣雅疏證序》指出王念孫"假《廣雅》以證其所得"，見《廣雅疏證》，段序，第1頁。

與《廣雅》關係密切,[①]王念孫在《廣雅疏證》裏提及"《廣雅》之訓多本《方言》"凡五次,[②]周祖謨在《方言校箋·序》裏早就提示過我們説:"《廣雅疏證》裏引到的《方言》文字都是經過校勘的,往往和戴、盧兩家不同。因爲散在全書裡,反而不被人重視了。"[③]王念孫在乾隆五十三年夏秋間中止了撰寫《方言疏證補》的工作,同年八月開始撰作《廣雅疏證》,這在時間上顯然不是偶然的兩件事。

第四節 《方言疏證補》對《重校方言》的批駁

王念孫治學求是的精神還體現在《方言疏證補》批駁《重校方言》的文字裏。

4.1 《重校方言》與《方言疏證補》

《方言疏證》刊行後一年多,盧文弨在乾隆四十五年(1780)來到北京,結識了丁杰(1738—1807),丁杰把自己的《方言》校稿全部送給了盧文弨。[④]盧文弨對丁杰的校稿非常欣賞,認爲"戴氏猶有不能盡載"、"其學實不在戴太史下",加上他認爲《方言疏證》"其當增正尚有",[⑤]於是根據不同的刻本、校本和類書古注來重新校正《方言》,[⑥]寫成了《重校方言》,是清人的第二個《方言》校本。王念孫撰作《方言疏證補》時,當然有注意到《重校方言》"增正"《方言疏證》的材料。我們在草稿本裏看到四則王念孫回應盧校的文字:

---

① 《方言》和《廣雅》是漢魏兩部重要的訓詁學專書。揚雄仿《爾雅》之例,"考九服之逸言,標六代之絶語"而成《方言》一書。而《廣雅》爲魏博士張揖所撰,其書沿用《爾雅》十九篇的舊目,擇撢漢儒之訓及《三蒼》、《説文》等書,以增廣《爾雅》。《廣雅》既然是爲了廣《爾雅》所未備而作,那麼《方言》中那些未見於《爾雅》的材料很自然會給張揖收進《廣雅》去。郭璞注《方言》已以《廣雅》證《方言》。

② 王念孫在《廣雅疏證》裏,明確指出《廣雅》訓釋本諸《方言》的地方,包括《釋詁》"踚,行也"條(卷一上,第22頁)、《釋言》"審、嗔,竝也"條(卷五上,頁143)、《釋言》"易、與,如也"條(卷五上,第9頁)、《釋蟲》"蛈蚗,蛪也"條(卷十下,頁1)。此外,《釋詁》"戲、歇、漏,泄也"條下,《疏證》云:"後人不知'戲'訓爲'泄',本出《方言》,遂移戲字入上條,今訂正。"(卷二下,第17頁)是王氏以爲《廣雅》此條訓本《方言》。

③ 《〈方言校箋〉自序》,《方言校箋》,第16—17頁。

④ 《〈重校方言〉序》:"乾隆庚子余至師,得交歸安丁孝廉小雅氏,始受其本讀之。"見盧文弨校:《重校方言》,北京國際文化出版公司1993年版(據《抱經堂叢書》本影印),第39頁。

⑤ 《〈重校方言〉序》,第39—40頁。

⑥ 根據《重校方言·校目》所列的刻本和校本分别有:
刻本有:宋曹毅之本、明永樂大典本、明正德丁卯華珵本、明新安吴琯本、明新安程榮本、明武林何允中本、明錢唐胡文煥本、明鄭樸編子雲集子本、明天啟丁卯虎林郎奎金本、明海寧陳與郊類聚本。梓粗竣始,始得見宋李孟傳刻本,《重校方言》有不及載者,另撰《補遺》一卷具之。
校本有:曲阜新刻新安戴東原校本、曲阜孔繼涵體生校、餘姚邵晉涵二雲校、元和余蕭客仲林校、長洲汪潛又陶校、嘉定錢大昭晦之校、寶應劉台拱端臨校、歸安丁杰升衢合衆家校本。

[13] 第三"娥、𡣕,好也。……自關而西,秦、晉之故都曰忓"條,草稿本補證部分作:

忓,各本皆作姸,下有《注》云:"姸,一作忓。"(原注:盧氏抱經校本"忓"訛作"忏"。)此校書者所記,非郭《注》原文,然據此知《方言》之本作"忓"也。

[14] 第四"烈、枿,餘也"條,郭《注》:"謂烈餘也,五割反。"草稿本補證部分作:

《注》内"謂烈餘也",各本"烈餘"皆作"烈餘",盧校①改爲"遺餘",云:"從卷二《注》改。"(原注:卷二:"孑藎餘也。"《注》:"謂遺餘。")念孫案:烈非遺字之訛,乃烈字之訛也。

[15] 第十"慎、濟、曙、惄、溼、桓,憂也"條,草稿本補證部分作:

盧云:"濟者,憂其不濟也,古人語每有相反者。"念孫案:若取相反之義,則當謂不濟爲濟,不當謂憂爲濟,憂與濟,豈語之相反者乎?此曲爲之説而終不可通也。

[16] 第十二"敦、豐、厖、夼、幠、般、嘏、奕、戎、京、奘、將,大也"條,草稿本補證部分作:

丁(引者案:丁杰)云:"《漢書·敘傳》:'凾雅故,通古今。'故,《詩·魯故》、《韓故》之'故',與'詁'同。雅,當如郭氏解。若以雅爲常,下節古雅訓'古常',尤不成辭。且'舊書'二字,亦不類漢人句法。"盧云:"丁説是也。'書雅'當連文。記,謂記載;故,謂訓詁;俗語,鄉俗之語。"念孫案:此當作以"舊書雅記"爲句,"故俗語不失其方"爲句。……《公羊傳》云:"門有古常。"《晏子春秋·雜篇》云:"重變古常。""古常"二字何以不成辭?《漢書·河間獻王傳》云:"皆古文先秦舊書。"《劉歆傳》云:"皆古文舊書。""舊書"二字,何以不類漢人語?若謂故爲"訓詁"之"詁",而"書雅"連讀,"記故"連讀,則真不成辭矣,以"舊書雅記故"連讀則愈不成辭矣。盧、丁之説皆非是。

而到了清稿本,王念孫在草稿本第十九"脩、駿、融、繹、尋、延,長也。……延,年長也"條下的補證部分,增入了一段約六百多字的文字:

① 排印本無。

"延,年長也",盧本改爲"延,永長也",云:"攷宋本亦如是。李善注《文選》,於阮籍《詠懷詩》'獨有延年術'引《方言》'延,長也',於嵇康《養生論》又引作'延,年長也',蓋即櫽括'施於年者謂之延'意。(原注:案:所引乃《方言》原文,非櫽括其意也。)《尔雅疏》引《方言》遂作'延,年長也',(原注:案:《疏》所引亦《方言》原文,非妄加'年'字也。)不出'永'字則下文'永'字何所承乎? 或遂据《尔雅疏》改此文,誤甚。"念孫案:盧説非也。訓"延"爲"年長"者,所以别於上文之訓"延"爲"長"也,既曰"延,年長也",又曰"施於年者謂之延",此復舉上文以起下文之"施於衆長謂之永"耳。凡經傳中之復舉上文者,皆不得謂之重複。盧自不曉古人文義,故輒爲此辯而不自知其謬也。舊本"年長"作"永長"者,涉下文"永"字而誤耳。若仍依舊本作"永",則其謬有三。《方言》一書皆上列字目,而下載方言,若既云"脩、駿、融、繹、尋、延,長也",又云"延,永長也",則一篇而兩目矣。《方言》有此例乎? 其謬一也。"延,長也"之文已見於上,故特别之曰"延,年長也"。若既云"延,長也",又云"延,永長也",則訓"延"爲"長"之文,上下凡兩見,古人有此重疊之文乎? 其謬二也。盧又謂但云"延,年長也",而不出"永"字,則下文"永"字無所承。案上文釋"思"之異語,云:"惟,凡思也。慮,謀思也。願,欲思也。念,常思也。"此皆承上之詞,若訓詁之連類而及者,則不必皆承上文,請以前數條證之。"晉、衛之間曰烈,秦、晉之間曰肄","肄"字,上文所無也。"汝、潁、梁、宋之間曰胎,或曰艾","艾"字,上文所無。"秦、晉之間,凡物壯大謂之嘏,或曰夏","夏"字,上文所無。若斯之類,不可枚舉。是訓詁之連類而及者,不必皆承上文也。此文云"凡施於年者謂之延,施於衆長謂之永",亦是訓詁之連類而及者,故"永"字亦無上文之可承。乃獨疑"永"字之無所承,則是全書之例尚未通曉,其謬三也。《文選注》《尔雅疏》引《方言》皆作"年長",自是確證。阮籍《詠懷詩》"獨有延年術",李《注》引《方言》以證"延年"二字,則所引亦必有"年"字,而今本脱之也。乃反以脱者爲是,不脱者爲非,傎矣,今訂正。

這段文字全部是用以批駁《重校方言》將"延,年長也"改作"延,永長也"的。相比起上面所舉的四個例子,這段後來增入的文字對盧説的批駁可以説是相當不客氣的,既謂"盧説非也",又指"盧自不曉古人文義,故輒爲此辯而不自知其謬也",最後更以"傎矣"二字作結。是非曲直不爲隱諱固然是求是精神的體現,但是我們在王念孫的著作裏,很少見到他如此直白嚴厲的駁斥其他學者。箇中原因很可能與王念孫質疑盧文弨的學術誠信有關,而當中牽涉王念孫認爲《重校方言》有暗襲己説的問題。

4.2 《重校方言》暗襲王念孫説考

上文 2.2 節裏提到王念孫先後兩次致書劉台拱,提及自己撰作《方言疏證補》以及《廣雅疏證》的情況。而在兩封書信裏,王念孫都不約而同提及《重校方言》的部分校改與自己的《方言》

校本暗合。乾隆五十三年寫的那封信説：

念孫己亥年(引案：乾隆四十四年，1779)曾有《方言》校本，庚子(引案：乾隆四十五年，1780)攜入都，皆爲丁君小雅録去。内有數十條不甚愜意者，往往見於盧紹弓先生新刻《方言》中，(原注：中有一條爲紹弓先生所不取。今本《方言》"杷"字《注》云："無齒爲朳。"念孫所校本於此上增"有齒爲杷"四字，紹弓先生云："'有齒爲杷'見顔師古《急就篇注》，此不當有。"今案：《説郛》本有此四字，又唐釋元應《一切經音義》云："《方言》：'杷謂之渠拏。'郭璞曰：'有齒曰杷，無齒曰朳。'"則是郭《注》原有此四字，不始於《急就篇注》也。)其愜意數條則紹弓先生所不録。[1]

考現藏上海圖書館的王念孫《方言》校本卷五"杷"字的校改，可證王氏所言非虚(見書影七)。至於乾隆五十五年寫的那封信，王氏云："前札云愜意數條者，'忍㤞'亦居其一，餘俟南歸後面質之。"[2]《重校方言》正文前有"校目"一篇，羅列據以校勘的各家刻本、校本，其中"校本"一欄有："曲阜新刻新安戴東原校本、曲阜孔繼涵體生校、餘姚邵晉涵二雲校、元和余蕭客仲林校、長洲汪瀶又陶校、嘉定錢大昭晦之校、寶應劉台拱端臨校、歸安丁杰升衢合衆家校本。"唯獨没有王念孫的校本，但王念孫在《重校方言》裏卻發現有一部分的校改跟自己的看法暗合。

關於這個問題，我們認爲《重校方言》與王校暗合之處，很可能出自丁杰的合衆家校本中。當年丁杰把王念孫《方言》校本的校改鈔録在自己的校本裏，但没有注明出處，後來丁杰把自己的校本送給盧文弨，盧文弨據以爲説，也没有一一辨别出處。不過這個誤會卻觸及到王念孫治學求是的底綫。求是的基本要求就是不作假，暗襲他説以爲己説明顯就是作假的行爲。梁啓超指出清人治學"凡採用舊説，必明引之，剿説認爲大不德"，[3]"掠美"在清人學術規範裏類同盜賊，[4]因此清人凡取前人舊説，皆註明來歷。顧炎武(1613—1682)曰："凡述古人之言，必當引其立言之人。古人又述古人之言，則兩引之，不可襲爲己説也。"[5]馬瑞辰(1777—1853)撰寫

---

① 《高郵王氏遺書》，卷四，第8頁。

② 《高郵王氏遺書》，卷四，第9頁。

③ 梁啟超：《清代學術概論》，上海古籍出版社2000年版，第47頁。

④ 清人反對掠美的論説所在多是，如江藩《經解入門》專闢"不可剽竊舊説"一節，其説曰："初學解經，見書不多，而妄取前人舊説，没其姓名，以爲己説，則盜賊何異？且安知我能剽之竊之，而人不能發之捕之乎？我所謂之書，人人必讀，我所未讀之書，人之已讀者正多。倘事剽竊，欺人乎？實欺己耳。人而欺己，則終身無實獲之事。"見《經學入門》，廣文書局1977年版，卷六，第5頁。又章學誠《乙卯劄記》云："考訂之書襲用前人成説，本不足怪，但須注明來歷耳。"見馮惠民點校：《乙卯箚記；丙辰箚記；知非日劄》，中華書局1986年版，第22頁。

⑤ 顧炎武撰、黄汝成集釋，秦克誠點校：《日知録集釋》，岳麓書社1996年版，第725頁。

《毛詩傳箋通釋》,卷首"例言"即註明:"説經最戒雷同。凡涉獵諸家,有先我得者,半皆隨時删削。間有義歸一是,而取證不同,或引據未周,而説可加證,必先著其爲何家之説。"①可見註明出處是清人的學術規範。總覽高郵王氏四種,凡屬採用他家之説,王氏父子必先標其名氏,甚至會删去自己與他家暗合之説,如《讀〈史記雜志〉敘》稱"近世錢少詹事大昕作《史記攷異》,討論精核,多所發明,足爲司馬氏功臣。後有梁明經玉繩作《志疑》一書,所説又有錢氏所未及者,而校正諸表,特爲細密。余夙好此學,研究《集解》《索隱》《正義》三家訓釋,而參攷經、史、諸子及羣書所引,以釐正譌脱,與錢氏、梁氏所説或同或異",又謂"凡所説與錢、梁同者,一從刊削,尚存四百六十餘條"。②準此,王念孫研究《史記》三家《注》的成果,要比《讀史記雜志》所載豐富。王氏爲免有鈔襲之嫌,所以凡與錢、梁二家意見相同的札記,一併削去,此其治學求是、求實的明證。

盧文弨在乾隆五十七年(1792)致書王念孫,邀請王氏合作疏證《廣雅》,並欲爲王氏刊刻已完成的《廣雅疏證》首數卷,結果没有成事。盧氏在信末特别强調自己"向來拙刻凡得之友朋者,雖一字一句必明所自,諒高明素能洞鑒也",③如果結合上文談及的背景,盧文弨"雖一字一句必明所自"這句話,在王念孫眼裏就顯得可圈可點了。考《史記·殷本紀》有"百姓怨望而諸侯有畔者,於是紂乃重刑辟,有炮烙之法"一段文字,王念孫在《讀史記雜志》"炮烙"條裏指出"炮烙"一詞當作"炮格",並據段玉裁以爲説:

> 段若膺曰:"'炮烙',本作'炮格'。江鄰幾《雜志》引陳和叔云:'《漢書》作"炮格"。'今案《索隱》引鄒誕生云:'格,一音閣。又云爲銅格,炊炭其下,使罪人步其上。'又楊倞注《荀子·議兵》篇:'音古責反。'觀鄒、楊所音,皆是'格'字無疑。鄭康成注《周禮·牛人》云:'互,若今屠家縣肉格。'意紂所爲亦相似,庋格、庋閣,兩音皆可通。《吕氏春秋·過理》篇云:'肉圃爲格。'高氏《注》:'格以銅爲之,布火其下,以人置上,人爛墮火而死。'《列女傳》所説亦相類。是其爲'格'顯然,而不但以燔灼爲義。今諸書皆爲後人改作'炮烙'矣。"④

王氏所引段説並未見載於段氏傳世的著作裏,不過我們相信"炮格"之説當是段玉裁的發明。盧文弨《鍾山札記》卷二"炮格"條下,同樣有一段考證的文字,而且與《讀史記雜志》所引段説幾

① 馬瑞辰撰,陳金生點校:《毛詩傳箋通釋》,中華書局2004年版,上册,第2頁。

② 《高郵王氏遺書》,卷三,第1頁。

③ 賴貴三編著:《昭代經師手簡箋釋》,里仁書局1999年版,第54頁。

④ 《讀書雜志》,志三之一,第4頁。

乎同出一轍，[1]這段考證文字之後，有"段若膺嘗正其誤"七字。[2]盧氏雖然指出了段玉裁嘗正《史記》"炮烙"一詞，但是從文字排列的先後次序來看，如果没有《讀史記雜志》作參照，我們很可能會以爲《鍾山札記》這一段考證文字出自盧氏。又《讀荀子雜志》"爲炮烙之刑"條，王氏先引盧氏《抱經堂叢書》本《荀子》校語，曰："盧云：'炮烙之刑，古書本作"炮格之刑"，格讀如庋格之格，古閣、格一也。《史記索隱》鄒誕生"音閣"，此《注》云："烙，古責反。"可證楊時本尚作"格"也。'"其後有案語曰："此段氏若膺説也，説見《鍾山札記》。"並有雙行夾注謂："昔嘗聞盧校《荀子》，多用段説，故盧本前列參訂名氏，有金壇段若膺。而書所引段説，則唯有《禮論》篇'持虎'一條。余未見段氏校本，無從採録，故但據所見之書，略舉一二焉。"[3]又《讀淮南内篇雜》"熱升"條，王氏釋《齊俗》篇"故糟丘生乎象樠，炮格生乎熱升"二句，曰："炮格，謂爲銅格，布火其下，置人於上也。格音如字，俗作烙，音洛，非。此段氏若膺説，見《鍾山札記》。"[4]準此可見在治學求是的前提下，王念孫對剿説之舉深以爲恥，且勇於揭發，不加隱諱。《拜經堂文集》卷三收録了一封臧庸(1767—1811)寫給王念孫的信，信中説："先生清德，著於海内。承諭學問、人品、政事三者，同條共貫，尤爲至論。即先聖微言，不外乎是。先生蓋真能以實學、實心而行實政者。"可以説王念孫治學、爲人、從政始終貫徹實事求是的精神。

第五節　結　　語

本文有以下幾個結論：

一、《方言疏證補》殘稿王國維鈔本一册二十一頁，原件現藏北京中國國家圖書館。這個鈔本分兩次鈔寫，第一次是根據草稿本，只有十九條材料，是王念孫補證《方言疏證》卷一首十九條的材料。至於第二次的鈔寫是由於羅振玉在遺稿裏發現了《方言疏證補》清稿本，這個清稿本與草稿本在文字上有若干差異，對《方言疏證》卷一第十九條的補證文字較草稿本多出近六百多字，而且較草稿本多出卷一第二十條的補證材料。王國維於是將清稿、草稿比對，並用朱筆校其異同。换言之，王國維的鈔本是整合《方言疏證補》草稿、清稿二本鈔寫而成的。

---

① 《讀史記雜志》所引段説與《鍾山札記》的文字只有四處些微的差别，包括(1)《鍾山札記》開首有"《史記·殷本紀》：'紂有炮格之法'"一句，《讀史記雜志》則作"'炮烙'，本作'炮格'"；(2)《鍾山札記》作"《史記索隱》"，《讀史記雜志》則作"《索隱》"；(3)《鍾山札記》作"烙，一音閣"，《讀史記雜志》"烙"作"格"；(4)《鍾山札記》作"《吕氏春秋·過理論》"，《讀史記雜志》則作"《吕氏春秋·過理篇》"。

② 盧文弨：《鍾山札記》，收入《抱經堂叢書》，直隸書局1923年版，卷二，第4—5頁。

③ 《讀書雜志》，志八之五，第14頁。

④ 《讀書雜志》，志九之三，第12頁。

二、《方言疏證補》的寫作始於乾隆五十三年，歷經十七年以上始賡續成稿。王念孫其後又在草稿上乙改增删，寫定清稿本一卷二十條。劉盼遂以戴震《方言疏證》"雖有可補苴，然大體既得，所餘鱗爪，其細亦甚"，來解釋王念孫没有繼續完成。戴震《方言疏證》是繼郭璞《注》後另一部研治《方言》的力作，開創之功大但疏闊之處多。今天看到王念孫的對其師的補證，或就聲求義，或羅列書證，既貫穿諸詞，亦觸類旁通，可謂青出於藍。因此我們認爲王念孫所謂的"已而中止"，只是指還没有寫完就停止了，並不表示他放棄了撰作《方言疏證補》的工作。

三、從鈔本前後兩次的鈔寫情況，我們發現王念孫的改動主要有改正錯字、删去文字、補入文字三類。以上的改動都體現在排印本裏，换言之，排印本最接近王念孫的定見，而草稿本卻反映了《方言疏證補》的原始面貌。我們要對《方言疏證補》進行研究，當然應該以排印本爲準。不過王國維的鈔本，卻讓我們可以用一個縱向的角度，掌握王念孫撰作《方言疏證補》的經過，而文字前後的增訂改乙，也正好透露了王念孫學術觀點的嬗變，因此鈔本的發現，還是具有較高的學術史價值。

四、王念孫在乾隆五十三年開始撰作《方言疏證補》時，面對的難題不是寫甚麽，而是怎樣寫，因爲他要駁正的是自己老師的遺著。他最終採用了一種折中的辦法。其一，王念孫採用了"補"的體例，他把自己的工作定性爲一種從屬的關係，《方言疏證補》是用來補充、補足、補正的。其二，採用擇録的方法徵引《方言疏證》，從文字取捨當中間接指出戴震誤校、誤證的地方。

五、王念孫千方百計的在求是與尊師之間争取平衡，凸顯了王念孫治學態度中的求是精神，應該説王念孫還是比較偏向求是。草稿裏有正面駁正師説的文字，是最好的證明。不過求是與尊師之間在當時無可避免會出現衝突，面對這種衝突，王念孫又顯得有點矛盾而猶豫不決，結果最終還是把那段僅有的駁正戴説的注文删去。我們認爲這種矛盾的心情，就是導致他欲作《方言疏證補》卻"已而中止"的主要原因。不過王念孫並没有放棄求是的治學態度，也没有放棄他補證《方言疏證》的工作。他最終採用了另外一種折中的辦法，就是改爲疏證《廣雅》，假《廣雅》以證其研治《方言》之所得。

六、《方言疏證補》有不少批駁盧文弨《重校方言》的文字，這些對盧説批駁的文字可以説是相當不客氣的。是非曲直不爲隱諱固然是求是精神的體現，但是我們在王念孫的著作裏，很少見到他如此直白嚴厲的駁斥其他學者。箇中原因很可能與王念孫質疑盧文弨的學術誠信有關，而當中牽涉王念孫認爲《重校方言》有暗襲己説的問題。我們認爲《重校方言》與王校暗合之處，很可能出自丁杰的合衆家校本中。當年丁杰把王念孫《方言》校本的校改鈔録在自己的校本裏，但没有注明出處，後來丁杰把自己的校本送給盧文弨，盧文弨據以爲説，也没有一一辨别出處。不過這個誤會卻觸及到王念孫治學求是的底綫。求是的基本要求就是不作假，暗襲他説以爲己説明顯就是作假的行爲。

附録：中國國家圖書館藏王念孫《方言疏證補》殘稿王國維鈔本(附校記)

《輶軒使者絶代語釋别國方言疏證補》第一

戴震疏證　王念孫補

(1) 黨、曉、哲，知也。楚謂之黨，①黨，朗也，解寤②貌。**或曰曉；齊、宋之間謂之哲。**

疏證：案③知讀爲智。《廣雅》："黨、曉、哲，智也。"義本此。智，古智字。孫綽《遊天台山賦》"近智者以守見而不之，之者以路絶而莫曉"，李善《注》云："之，往也。假有之者，以其路斷絶莫之能曉也。《方言》曰：'曉，知也。'"此所引乃如字讀，與《廣雅》異。④《注》内"黨朗"，疊韻字也。《廣韻》作"爣朗"，云"火光寬明"。

謹案：《尔雅》："哲，知也。"故《皋陶謨》"知人則哲"，《史記·夏本紀》"哲"作"智"。⑤鄭注《周官·大司徒》云："知，與智同。明於事也。"智與明同義，故明謂之曉，卷十三云："曉，明也。"亦謂之哲。應劭注《漢書·五行志》云："悊，明也。"悊與哲同。智謂之哲，亦謂之曉，解寤謂之黨朗，亦猶火光寬明謂之爣朗矣。何遜《七召》："月無雲而曭⑥朗。"曭⑦朗亦明貌。

(2) 虔、儇，慧也。謂慧了，音翾。**秦謂之謾，**言謾訑。音訑，土和反。謾，莫錢反，又亡山反。**晉謂之㦉，**音悝，或莫佳反。**宋、楚之間謂之倢。**言便倢也。**楚或謂之𧬯，**他和反，亦今通語。**自關而東趙、魏之間謂之黠，或謂之鬼。**言鬼脈也。

疏證：《荀子·非相篇》"鄉曲之儇子"，楊倞《注》云："輕薄巧慧之子也。"《楚詞·惜誦篇》"忘儇媚以背衆兮"、《惜往日篇》"或訑謾而不疑"，《説文》云："儇，慧也。""謾，欺也。沇州謂欺曰訑。"《注》内"訑"即"訑"之俗字。此書音某及某某反之類，多後人所加，雜入郭《注》。今無從辨别，姑仍其舊。"鬼脈"，各本訛作"鬼眎"，"脈"俗作"脉"，因訛而爲"眎"。後卷十内"𧖴，慧也"，《注》云："今名黠爲鬼𧖴。"𧖴與脈同⑧。《廣雅》："虔、謾、黠、儇、𧬯、㦉、捷、鬼，慧也。"義本此。倢、捷古通用。

謹案：卷十二云："儇，虔謾也。"《注》："謂惠黠也。"惠與慧通。《齊風·還篇》"揖我謂我儇兮"，毛《傳》云："儇，利也。"《正義》云："言其便利馳逐。"便利猶便捷，故此云宋楚之間謂之倢

---

① 《方言疏證補》排印本(以下簡稱"排印本")於郭《注》前皆有"注"字，抄本無。
② 排印本作"寤"。
③ 排印本無"案"字。
④⑤ 排印本無此段文字。
⑥⑦ 排印本作"曭"。
⑧ 今本《方言疏證》無此句。

也。《説文》:"儇,慧也。"《淮南·主術篇》云:"辯慧懁給。"譞、懁並與儇同。《賈子·道術篇》云:"反信爲慢。"慢與謾同。《注》内"訑"字即正文"謕"字也。《廣韻》訑、謕並土禾切,字或作詑,通作他。《燕策》云:"寡人甚不喜詑者言也。"《淮南·説山篇》云:"媒但者非學謾他。"字並與訑同。今高郵人猶謂欺曰訑,是古之遺語也①。凡慧黠者多詐欺,故欺謂之訑,亦謂之謾,慧謂之謾,亦謂之訑矣。《注》内"土和反"各本訛作"大和反","大和"則音牠。考《玉篇》《廣韻》訑字俱無牠音,又《集韻》一書備載《方言》之音,訑字亦不音牠,今據以訂正。㥟亦謾也,《注》"②音埋,或莫佳反",各本音埋作音悝,後人改③之也。《廣雅》:"㥟,慧也。"曹憲音莫佳、莫諧二反。莫諧正切"埋"字。《玉篇》《廣韻》"㥟"字但音"埋",不音"莫佳反"。《集韻》以《方言》《廣雅》竝有莫佳之音,故於十三佳、十四皆兩收之。自宋劉淵併"皆"入"佳",後人但知有"佳",不知有"皆",以爲音"埋"即與"莫佳反"無異,故改爲"音悝",不知《玉篇》《廣韻》《集韻》"㥟"字俱無"悝"音。今據諸書訂正。鬼亦黠也,④今高郵人猶黠爲鬼,是古之遺語也。凡東漢人作箋、注,皆注與讀相連。魏晋以下,惟郭氏《尔雅》《方言》《山海經》注,皆注内有音,是書内音某及某某反之類,大半皆郭氏原文,非後人所加也。⑤——國維案:此注本在"今據諸書訂正"句下,乃駁東原之説,後删去。

(3) 娥、嬴音盈,**好也。秦曰娥,**言娥娥也。**宋、魏之間謂之嬴。**言嬴嬴也。**秦、晉之間,凡好而輕者謂之娥。自關而東,河、濟之間謂之媌,**今關西人亦呼好爲媌,莫交反。**或謂之姣。**言姣潔也,音狡。**趙、魏、燕、代之間曰姝,**昌朱反,又音株。亦四方通語。**或曰妦。**言妦容也。音蜂。**自關而西,秦、晉之故都曰忏。**秦舊都,今扶風雍縣也。晉舊都,今太原晉陽縣也。其俗通呼好爲忏。五干反。**好,其通語也。**

疏證:《廣雅》:"嬴⑥、妦、媌、姣、妍,好也。"義本此。《古詩十九首》:"盈盈樓上女,皎皎當牕牖,娥娥紅粉糚。"李善《注》云:"盈與嬴同。"郭《注》於"娥""嬴"並重言之,又以"皎潔"釋"姣",正協此詩。《列子·周穆王篇》"簡鄭、衛之處子娥媌靡曼者",張湛《注》云:"娥媌,妖好也。"《楊朱篇》:"鄉有處子之娥姣者。"《詩·陳風》"佼人僚兮",《釋文》云:"佼,字又作姣,好也。"《邶風》"静女其姝",毛《傳》:"姝,美色也。"⑦《釋文》云:"《説文》作'袾'。"《鄭風》"子之丰兮",毛《傳》:"丰,豐滿也。"《釋文》云:"《方言》作'妦'。"

---

① 排印本無此二句。

② 排印本無此四字。

③ 排印本"後人改"三字易作"字之誤"。

④ 排印本作:《玉篇》、《廣韻》"㥟"字並音"埋"。《廣雅》:"㥟,慧也。"曹憲音莫佳、莫諧二反,"莫諧"正切"埋"字,"莫佳"之音亦與《方言》同,二音一屬佳韻,一屬皆韻,故《集韻》佳、皆二韻俱有"㥟"字,若"孔悝"之"悝"則在灰韻,與莫佳、莫諧之音俱不合,故《玉篇》、《廣韻》、《集韻》"㥟"字俱無"悝"音,今據以訂正。

⑤ 排印本無此注。

⑥ 今本《方言疏證》作聲符"嬴"字從"羊"不從"女"。

⑦ 今本《方言疏證》無此句。

謹案：卷二云："秦、晉之間，美貌謂之娥。"《説文》："秦、晉謂好曰娙娥。"《史記·外戚世家》云："邢夫人號娙娥。"《趙世家》云："吴廣女名娃嬴。"嬴與嬴同。《説文》："媌，目裏好也。"《太平御覽·人事部·二十二》引《通俗文》云："容麗曰媌，莫豹反。"《説文》："姣，好也。"①"姝，好也。"又云："袾，好佳也。"引《詩》"静女其袾"，又云："䫵，好也。"引《詩》"静女其䫵"，並字異而義同。卷十云："娧，好也。"郭彼注謂"娃娧也"，此注云："言娃容也。"《文選》謝靈運《湖山瞻眺詩》"升長皆丰容"，李善《注》："丰容，悦茂貌。""丰悦"即"丰容"之轉耳。②——案：原有此注，後删。忓，各本皆作妍，下有《注》云："妍，一作忓。"盧氏抱經校本"忓"訛作"忏"。此校書者所記，非郭《注》原文，然據此知《方言》之本作"忓"也。蓋正文本作"秦、晉之故都曰忓"，注文本作"忓，五干反"，祇因"五干"訛作"五千"，與"妍"字之音相同，而《廣雅》"妍"字亦訓爲好，後人多見"妍"少見"忓"，遂改"忓"爲"妍"，以從"五千反"之音，而一本作"忓"者，乃是未改之原文也，請以三證明之。《廣雅》"忓""妍"二字③俱訓爲"好"，然"忓"字在"娃"字之下，娃、忓二字相承，即本於《方言》。忓，曹憲音"汗"。《廣雅》又云："忓，善也。"善與好義相近。若妍字則在下文婍字之下，與娃字中隔二十五字不相承接，是《廣雅》訓妍爲好，自出他書，非本於《方言》，然④則《方言》之有"忓"無"妍"可知，其證一也。《集韻·平聲·二十五寒》："忓，俄干切，秦、晉謂好曰忓。"《去聲·二十八翰》："忓，侯旰切，好也。"《類篇》同。⑤皆本《方言》，而"妍"字《注》獨不訓爲"好"，《類篇》同。則《方言》之有"忓"無"妍"甚明。《集韻》"侯旰切"之音本於《廣雅音》，而"俄干切"之音，則本於《方言注》，"俄干"即"五干"。則注文之作"五干反"，又甚明，其證二也。《太平御覽》引《方言》云："娥、嬴，好也，自關而西，⑥秦晉之故都曰忓。"又引《注》云："其俗通呼好爲忓，五干反。"是宋初人所見本皆作"忓"，不作"妍"，⑦皆音"五干反"，不作"五千反"，⑧其證三也。元黄公紹《古今韻會》"妍"字《注》引《方言》"秦、晉之故都謂好曰妍"，則所見本已是"妍"字。⑨今據諸書訂正。《注》内"今扶風雍縣"，各本作"雍丘⑩"，後人妄改之也。《晉書·地理志》"扶風郡"有"雍縣"，無"雍丘縣"⑪。《御覽》引郭《注》云："秦舊都，今扶風雍縣也。"今據以訂正。

（4）烈、枿，餘也。謂烮餘也，五割反。**陳、鄭之間曰枿，晉、衛之間曰烈，秦、晉之間曰肄。**音謚，《傳》曰："夏肄是屏。"**或曰烈。**

疏證：《詩·大雅·雲漢序》"宣王承厲王之烈"，鄭《箋》云："烈，餘也。"烈與裂、𠛱音義同。

---

①⑥⑦⑧　排印本無此句。

②⑤　排印本無此注。

③　排印本無"二字"。

④　排印本無"然"字。

⑨　抄本此注原在"其證三也"前。

⑩　排印本作"邱"。

⑪　排印本作"無@'@雍邱@'@"。

《説文》:"裂,繒餘也。"《廣雅》:"𥝖,餘也。"枿,《説文》作"𣡌",云:"伐木餘也。"又作"蘖",《商書·盤庚篇》"若顛木之有由蘖",《釋文》云:"蘖,本又作枿。馬云:顛木而肄生曰枿。"《魯語》"山不槎蘖",韋昭《注》云:"以株生曰蘖。"《詩·周南》"伐其條肄",毛《傳》云:"肄,餘也。斬而復生曰肄。"肄、餘,語之轉。《尔雅·釋詁》:"烈、枿,餘也。"郭《注》云:"晉、衛之間曰蘖,陳、鄭之間曰烈。"與《方言》本文互異,蓋郭《注》偶訛耳。

謹案:《商頌·長發篇》"苞有三蘖",毛《傳》云:"蘖,餘也。"蘖音五割、魚列①二切。《説文》:"歺,列骨之殘也。讀如②'蘖岸'之'蘖'。"殘亦餘也。《廣韻》:"獸食之餘曰𩞁,音③五割切。"又《説文》:"孽,庶子也。"《玉藻》:"公子曰臣孽。"鄭《注》云:"孽當爲枿。"枿、孽一字也。烈與枿聲相近。《齊語》"戎車待游車之裂。與裂同。戎士待陳妾之餘",韋昭《注》云:"裂,殘也。殘亦餘也。"《説文》以"裂"爲"繒餘",故《左氏春秋經④》"紀裂繻,字子帛",裂與烈皆餘也。肄⑤,或通作隸。《玉藻》"隸束及帶",鄭《注》⑥:"隸讀爲肄。肄,餘也。"《注》内"謂𣧑餘也",各本"𣧑餘"皆作"烈餘",盧校⑦改爲"遺餘",云:"從卷二《注》改。"卷二:"孑蓋餘也。"《注》:"謂遺餘。"念孫案:烈非遺字之訛,乃𣧑字之訛也。𣧑讀若殘,《説文》:"𣧑,禽獸所食餘也,從歺,從肉。"《廣韻⑧》云:"𣧑,餘也。"《吕氏春秋·權勳篇》《注》云:"殘,餘也。"《周官·槁人》《注》云:"雖其潘瀾戔餘,不可褻也。"殘、戔並與𣧑同,故郭言⑨"謂𣧑餘也",今本作"烈餘"者,⑩烈字上半與𣧑相似,上下文又多烈字,因訛而爲烈。至遺與烈,形聲皆不相似,若本是遺字,無緣訛爲烈也,今訂正。——國維案:原本《玉篇》及慧琳《一切經音義》卷六十七並引此《注》作"謂殘餘也",足證王説。

(5)台、胎、陶、鞠,養也。台猶頤也。音怡。**晉、衛、燕、魏曰台,陳、楚、韓、鄭之間曰鞠,秦或曰陶,汝、潁、梁、宋之間曰胎,或曰艾。**《尔雅》云:"艾,養也。"

疏證:台、頤古通用。《詩·小雅》:"母兮鞠我。"毛《傳》:"鞠,養也。""保艾尔後"、"福禄艾之",毛《傳》皆云:"艾,養也。"《尔雅·釋詁》:"頤、艾,養也。"《疏》引《方言》作"晉、衛、燕、魏曰台",《廣雅》:"頤、陶,養也。"

謹按:《序卦》傳云:"頤者,養也。"頷謂之頤,室東北隅謂之頤。皆取義於養也。⑪鄭注《頤

① 排印本作"𣧑"。
② 排印本作"若"。今本《説文解字》亦作"若"。
③④⑦ 排印本無。
⑤ 排印本作"肄"
⑥ 排印本有"云"字。
⑧ 排印本作"雅"。
⑨ 排印本作"云"。
⑩ 排印本無"者"字,"烈"字上有"此"字,讀作"今本作'烈餘',此'烈'字……"。
⑪ 排印本無此段文字。

卦》云:“頤,口車輔之名也。震動於下,艮止於上,口車動而上,因輔嚼物以養人,故謂之頤。”《説文》:“養,从食,羊聲。”①“宧,養也,室之東北隅,食所居也。”義並同。《漢書·地理志》“祇台德先,不距朕行②”,師古曰:“台,養也,所敬養者,惟德爲先。”蓋承用《漢書》舊《注》,故與僞孔《傳》不同。據此則頤、台古字通,故郭云:“台,猶頤也。”《盤庚》“鞠人謀人之保居”,《正義》云:“鄭、王皆以鞠爲養。”《大元·元攡》“資陶虛無而生乎規”,范注③云:“陶,養也。”《尔雅》:“胎,始也。”《一切經音義》引舊《注》云:“胎,始養也。”《列女傳·序》云:“胎養子孫以漸教化。”《易林·解之大過》云:“胎養萌生,始見兆形。”是胎與養同義。艾通作乂。《皋陶謨》“萬邦作乂”,《周頌·思文》《正義》引鄭《注》云:“乂,養也。”

(6) 憮亡輔反、㤿音淹、憐、牟,愛也。韓、鄭曰憮,晉、衛曰㤿,㤿㥂多意氣也。汝、潁之間曰憐,宋、魯之間曰牟,或曰憐。憐,通語也。

疏證:《尔雅·釋詁》:“煤、憐,愛也。”郭《注》:“今江東通呼爲憐。”《疏》引《方言》作“秦或曰憐”。《釋訓》:“矜、憐,撫掩之也。”郭《注》:“撫掩猶撫拍,謂慰卹也。”《説文》:“憮,愛也。韓、鄭曰憮。煤,憮也,讀若侮。”煤、憮,蓋聲義通。“憮㤿”與“撫掩”亦聲義通。《廣雅》:“憮、㤿、牟,愛也。”義本此。

謹案:下文云:“憐、憮、㤿,愛也。陳、楚、江、淮之間曰憐,宋、衛、邠、陶之間曰憮,或曰㤿。”卷六云:“煤,憐也。”煤與憮同。《尔雅》:“憮,撫也。”郭《注》④:“憮,愛撫也。”撫與憮聲近而義同。

(7) 㥄、憮、矜、悼、憐,哀也。㥄亦憐耳。音陵。齊、魯之間曰矜,陳、楚之間曰悼,趙、魏、燕、代之間曰㥄,自楚之北郊曰憮,秦、晉之間或曰矜,或曰悼。

疏證:《詩·小雅》“爰及矜人”,毛《傳》:“矜,憐也。”《曲禮》:“七年曰悼”鄭《注》:“悼,憐愛也。”《廣雅》:“㥄、憮、齡、悼、憐,哀也。”義本此,矜、齡古通用。

謹案:卷六云:“㥄,憐也。”真、蒸二部聲相近,故從粦、從夌之字或相轉。《説文》:“蔆,芰也,從艸,淩聲。薳,司馬相如説蔆從遴。”《史記·萬石君傳》“徙居陵里”,徐廣曰:“陵,一作鄰。”是其例也,故郭云:“㥄,亦憐耳。”憮之言撫卹也,故《尔雅》云:“憮,撫也。”又云:“矜憐,撫掩之也。”卷十云:“無寫,憐也。沅澧之原,凡言相憐哀或謂之無寫。”無寫,亦憮也,急言之則曰憮,徐言之則曰無寫矣。寫,讀如“零露湑兮”之“湑”⑤,説見《唐韻正》。哀與愛聲義相近,故憮憐既訓爲

① 排印本無此段文字。
② 排印本無此句。
③ 排印本“注”作“望”。
④ 排印本有“云”字。
⑤ 排印本作“古讀若零露湑兮之湑”。

愛，而又訓爲哀。《吕氏春秋·報更篇》"人主胡可以不務哀士"，高《注》云："哀，愛也。"《樂記》"肆直而慈愛者"，鄭《注》云："愛，或爲哀。"

(8) 咺香遠反、**唏**虛几反、**灼**、音的，一音灼。**怛，痛也。凡哀泣而不止曰咺，哀而不泣曰唏。於方，則楚言哀曰唏。燕之外鄙、**鄙，邊邑名。**朝鮮、洌水之間，**朝鮮，今樂浪郡是也。洌水在遼東，音烈。**少兒泣而不止曰咺。**少兒猶言小兒。**自關而西，秦、晉之間，凡大人、少兒泣而不止謂之唴，**邱尚反。**哭極音絶亦謂之唴。平原謂啼極無聲謂之唴哴，**哴音亮，今關西語亦然。**楚謂之噭咷，**叫、逃兩音。字或作㕤，音求。**齊、宋之間謂喑，**音蔭，**或謂之惄。**奴歷反。

疏證：《春秋》成公十六年《公羊傳》"悕矣"，何休《注》云："悕，悲也。"宋玉《風賦》："中心慘怛。"《説文》："哀痛不泣曰唏，朝鮮謂兒泣不止曰咺，秦、晉曰唴，楚曰噭咷，宋、齊曰喑。"蓋本《方言》而小異其辭。《廣雅》："灼、怛、惄，痛也。欷、唴、喨，悲也。"義皆本此，唏與悕、欷，哴與喨，古通用。

謹案：《漢書·外戚傳》"悲愁於邑，喧不可止兮"，師古曰："朝鮮之間謂小兒泣不止名爲喧。"喧與咺通。唏，音虛豈、虛既二反，字亦作欷。《楚辭·九辯》云："憯悽增欷。"《淮南·説山篇》云："紂爲象箸，而箕子唏。"唏之言歔欷也。《説文》："歔，欷也。""欷，歔也。"《楚辭·離騷》①："曾歔欷余鬱邑兮，哀朕時之不當。"《史記·宋世家》："箕子朝周，過故殷虚，感宫室毁壞，生禾黍。箕子傷之，欲哭則不可，欲泣爲其近婦人，乃作麥秀之詩，以歌詠之。"即此所言②"哀而不泣"者，故馮衍《顯志賦》云："忠臣過故墟而歔欷也。"灼之言灼也。《後漢書·楚王英傳》："懷用悼灼。"灼與灼通。《説文》："憯，痛也。""怛，憯也。"是怛爲痛③。《檜風·匪風篇》"中心怛兮"，毛《傳》云："怛，傷也。"傷亦痛也。《同人·九五》"先號咷而後笑"，《釋文》云："號咷，啼呼也。"噭咷，猶號咷也。昭二十五年《公羊傳》④："昭公於是噭然而哭。"啼極無聲謂之喑，猶不能言謂之瘖也。下文云："惄，傷也。"

(9) 悼、惄、悴、慭，傷也。《詩》曰"不慭遺一老"，亦恨傷之言也。慭，魚吝反。**自關而東，汝、潁、陳、楚之間通語也。汝謂之惄，秦謂之悼，宋謂之悴，楚、潁之間謂之慭。**

疏證：《詩·衛風》"躬自悼矣"，毛《傳》："悼，傷也。"《小雅》："我心憂傷，惄焉如擣。"《説文》："悴，憂也。"《廣雅》："悴、傷、慭，憂也。悼、惄、悴、慭，傷也。"傷、傷古通用。

謹案：《小雅·雨無正篇》："憯憯日瘁。"瘁與悴通。漢《堂邑令費鳳碑》⑤："黎儀瘁傷，泣涕連漉。"歸安丁氏升衢云："'自關而東、汝、潁、陳、楚之間通語也'，此句首似少一傷字。"

①④⑤　排印本有"云"字。
②　排印本作"云"。
③　排印本有"也"字。

(10) 愼、濟、曙、惄、溼、桓，憂也。曙者，憂而不動也。作念反。**宋、衛或謂之愼，或曰曙；陳、楚或曰溼，或曰濟；自關而西，秦、晉之間或曰惄，或曰溼。自關而西，秦、晉之間，凡志而不得，欲而不獲，高而有墜，得而中亡，謂之溼，**溼者，失意潛沮之名。**或謂之惄。**

疏證：《説文》："惄，憂也。㦖，憂貌，讀與惄同。"李善注陸機《贈弟士龍詩》引《方言》作"㦖，憂也"。《荀子·不苟篇》"小人通則驕而偏，窮則弃而儑"，楊倞《注》云："儑當爲濕。"引《方言》"濕，憂也"，"濕"與"溼"通。《廣雅》："桓、愼、曙、濟、惄、溼，憂也。"義本此。

謹案：《楚辭·七諫》"思比干之恲恲兮，①哀子胥之愼事"王《注》云："子胥臨死曰：'抉吾兩目置吴東門，以觀越兵之入也。'死不忘國，故言愼事。"據此則愼事者憂事也。《廣雅》"懠，愁也"，曹憲音在細反。懠與濟聲近義同。盧云："濟者，憂其不濟也，古人語每有相反者。"念孫案：若取相反之義，則當謂不濟爲濟，不當謂憂爲濟，憂與濟，豈語之相反者乎？此曲爲之説而終不可通也。曙，《玉篇》《廣韻》並音潛，曙之言潛也。《注》②云"失意潛沮"是也。《尔雅》："慘，憂也。"慘與曙亦聲近義同。《小雅·小弁篇》："我心憂傷，惄焉如擣。"是惄爲憂也。《文選·洞簫賦》"憤伊鬱而酷䎡"，李善《注》引《蒼頡篇》云："䎡，憂皃③。"《玉篇》音奴旳切。䎡與惄同。上文云："惄，傷也。"《尔雅》云："惄，思也。"舍人《注》："志而不得之思也。"思謂憂思也，故《尔雅》云"憂，思也"，舍人以"志而不得"釋"惄"字，正與《方言》同。卷十二云："惄，悵也。"《玉篇》："惆悵，失志也。"此正所謂"志而不得、欲而不獲、高而有墮、得而中亡，謂之惄"也。

(11) 鬱悠、懷、惄、惟、慮、願、念、靖、愼，思也。晉、宋、衛、魯之間謂之鬱悠。鬱悠，猶鬱陶也。**惟，凡思也；慮，謀思也；願，欲思也；念，常思也。東齊海、岱之間曰靖，**岱，泰④山。**秦、晉或曰愼，凡思之貌亦曰愼，**謂感思者之容。**或曰惄。**

疏證：《尔雅·釋詁》："懷、惟、慮、願、念、惄，思也。"《説文》："惟，凡思也。慮，謀思也。念，常思也。"即取爲字之正訓。張衡《思元賦》"潛服膺以永靖兮"，李善《注》云："《方言》：'靖，思也。'"《廣雅》："鬱悠、愼、靖，思也。"義本此。

謹案：《注》内⑤"鬱悠，猶鬱陶也"，陶讀如"皋陶"之"陶"。鬱悠、鬱陶，古同聲，經典相承。讀陶如"陶冶"之"陶"，失之也。《孟子·萬章篇》云："鬱陶思君爾。"《楚辭·九辯》云："豈不鬱陶而思君。"是鬱陶爲思也。凡喜意未暢謂之鬱陶，積憂謂之鬱陶，積思謂之鬱悠，又謂之鬱陶，積暑亦謂之鬱陶，積火謂之鬱攸，⑥——此句後删。其義並相近，説見《廣雅疏證》"鬱悠，思也"下。

---

①⑥ 排印本無此句。
② 排印本作"郭"。
③ 排印本作"貌"。
④ 排印本作"太"。
⑤ 排印本作"郭《注》"。

上文云："慎、惄，憂也。"《尔雅》云："憂，思也。"憂與思同義，故惄、慎又爲思也。《周南·汝墳篇》"未見君子，惄如調飢"，《箋》①云："惄，思也。"《王制》②："凡聽五刑之訟，必意論輕重之序，慎測淺深之量，以别之。"是慎爲思也。《尔雅》："靖、惟、慮，謀也。"謀與思義相近，③故惟、慮、靖又爲思也。《小雅·小明篇》云："靖共尔位。"是靖爲思也。④

(12) 敦、豐、厖鳭鶶**、奔**音介**、幠**海狐反**、般**般桓**、嘏**音賈**、奕、戎、京、奘**在朗反**、將，大也。凡物之大貌曰豐。厖，深之大也。東齊海、岱之間曰奔，或曰幠。宋、魯、陳、衛之間謂之嘏，或曰戎。秦、晉之間，凡物壯大謂之嘏，或曰夏。秦、晉之間，凡人之大謂之奘，或謂之壯。燕之北鄙，齊、楚之郊，或曰京，或曰將。皆古今語也。**語聲轉耳。**初别國不相往來之言也，今或同，而舊書雅記故俗語，不失其方。**皆本其言之所出也。雅，尒雅也。**而後人不知，故爲之作釋也。**《釋詁》《釋言》之屬。

疏證：敦、大，語之轉。幠，各本訛作"憮"，今訂正。雅記故俗，謂常記故時之俗⑤。郭《注》："雅，尒雅也。"以"雅記"對"舊書"，失之。尒，古"爾"字，各本訛作"小"，據下云"《釋詁》《釋言》之屬"，當作"尒雅"甚明。⑥《方言》此條自明其作書之意，謂舊書所常記故習之俗所語⑦，本不失其方，而後人不知，是以作《方言》以釋之。郭不達其意，以爲指《尔雅·釋詁》《釋言》，亦失之。介、夏、幠、厖、嘏、奕、戎、京、壯、將，《尔雅·釋詁》亦云"大也"。奔、介古通用。《説文》："厖，石大也。奔，大也。嘏，大遠也。奕，大也。奘，駔大也。"《廣雅》："豐、般、敦，大也。"義本此。豐、豐古通用。

謹案：《周語》"敦厖純固"，韋《注》云："敦，厚也。厖，大也。"《商頌·長發》《傳》云："厖，厚也。"《墨子·經篇》云："厚有所大也。"厚與大同義，故厚謂之敦，亦謂之厖，大謂之厖，亦謂之敦矣。《豐·彖傳》云："豐，大也。"卷二云："趙、魏之郊，燕之北鄙，凡大人謂之豐人。燕、趙之間，言圍大謂之豐。"《説文》："豐，大屋也。"義並同。⑧《尔雅》"厖"字，《注》引《詩》"爲下國駿厖"。卷二云："自關而西，秦、晉之間，凡大貌謂之厖。"奔，經傳皆作介，唯漢樊毅《脩華嶽廟碑》"受兹奔福"，作此"奔"字。《尔雅》："珪大尺二寸謂之玠。"義亦同也。⑨《小雅·巧言篇》"亂如此幠"，毛《傳》云："幠，大也。"《正義》云："《禮》'肉孌亦謂之幠'。"《周官·腊人》"共膴胖"，鄭《注》云：

---

① 排印本作"鄭《箋》"。
② 排印本有"云"字。
③ 排印本作"謀者必思"。
④ 排印本無此句。
⑤ 聚珍本《方言疏證》作"謂常記故俗之語"。
⑥ 抄本、排印本所引與《方言疏證》原文相差甚多，是王氏以意引而更易文字。
⑦ 聚珍本《方言疏證》作"謂舊書所常記故俗之語"。
⑧⑨ 排印本無此段文字。

"《公食大夫禮》曰:'庶羞皆有大。'《有司》曰:'主人亦一魚加膴,祭于其上。'大者,胾之大臠。膴者,魚之反覆。膴又詁曰大,二者同矣。"則是膴亦月業肉大臠。《有司徹·注》云:"膴,刳魚時割其腹以爲大臠。"膴與幠通。——國維案:《燕禮》"公尊瓦大兩",《禮器》則云"君尊瓦甒",則甒亦訓大也。《士冠禮·注》云:"弁名出於槃。槃,大也,言所以自光大也。"《大學》"心廣體胖",《注》云:"胖,猶大也。"槃、胖並與般通。《説文》:"幋,覆衣大巾也。鞶,大帶也。"《文選·海賦·注》引《聲類》云:"磐,大石也。"義並與般同。《郊特牲》云:"嘏,長也,大也。"《尔雅》又云:"假,大也。"假與嘏通。夏亦假也,故《鄉飲酒義》"夏之爲言假也",《注》云:"假,大也。"下文云:"秦、晉之間,凡物之壯大者而愛偉謂之夏。"夏字上去二聲皆訓爲大。中國謂之夏,禹樂謂之夏,大屋即夏屋,義並同也。①《大雅·韓奕篇》"奕奕梁山",毛《傳》云:"奕奕,大也。"《周頌·噫嘻篇》:"亦服爾耕。"鄭《箋》云:"亦,大也。"亦與奕通。《商書·盤庚篇》"乃不畏戎毒于遠邇",《某氏傳》云:"戎,大也。"《大雅·生民》《箋》云:"戎菽,大豆也。"《尔雅》云:"馬八尺爲駥。"義並同也。莊二十二年《左傳》"莫之與京",杜《注》云:"京,大也。"桓九年《公羊傳》"京師者何?天子之居也。京者何?大也。師者何?衆也。天子之居必以衆大之辞言之。"高丘謂之京,大鹿謂之麖,海大魚謂之鯨其京反,義並同也。②《尔雅》"奘,駔也",郭《注》云:"今江東呼大爲駔,駔猶麤也。"壯亦壯大也,故《説文》云:"駔,壯馬也。"③丁云:"《漢書·敘傳》:'函雅故,通古今。'故,《詩·魯故》、《韓故》之'故',與'詁'同。雅,當如郭氏解。若以雅爲常,下節古雅訓'古常',尤不成辭。且'舊書'二字,亦不類漢人句法。"盧云:"丁説是也。'書雅'當連文。記,謂記載;故,謂訓詁;俗語,鄉俗之語。"念孫案:此當作以"舊書雅記"爲句,"故俗語不失其方"爲句。雅者,故也。《史記·高祖紀》"雍齒雅不欲屬沛公",《集解》引《漢書·服虔·注》云:"雅,故也。"《張耳陳餘傳》"張耳雅游",《索隱》引鄭氏云:"雅,故也。"《荆燕世家》云:"今吕氏雅故本推轂高帝就天下。"則雅記④謂故記也,舊書故記,通指六藝羣書而言。故俗語,謂故時俗語。既言舊書,又言故記、故俗語者,古人之文不嫌於複也。言舊書故記中所載故時俗語本不失其方,而後人不知,故作《方言》以釋之耳。下節"古雅"二字,正謂舊書雅記。郭以此爲《尔雅》,以彼爲《風》《雅》,皆失之也。"古雅"二字,正當訓爲古常。古常猶言舊常、故常。《楚語》云:"使復舊常。"《蜀志·許靖傳》:"不依故常。"古常之别語謂舊時别國之方言耳。哀十五年⑤《公羊傳》云:"門有古常。"《晏子春秋·雜篇》云:"重變古常。""古常"二字何以不成辭?《漢書·河間獻王傳》云:"皆古文先秦舊書。"《劉歆傳》云:"皆古文舊書。""舊書"二字,何以不類漢人語?若謂故爲"訓詁"之"詁",而"書雅"連讀,"記故"連讀,則真不成辭矣,以"舊書雅記故"連讀則愈不成辭矣。盧、丁之説皆非是。

---

①②③ 排印本無此段文字。

④ 排印本無此三字。

⑤ 排印本作"僖二十年",當以排印本爲是。

（13）假音駕、**狢**古格字、**懷、摧、詹、戾、艐**古屆字，**至也。邠、唐、冀、兖之間曰假，或曰狢。**邠，今在始平漆縣。唐，今在太原晉陽縣。**齊、楚之會郊，**兩境之間。**或曰懷。摧、詹、戾，楚語也。**《詩》曰“先祖于摧”，“六日不詹”，“魯侯戾止”之謂也。此亦方國之語，不專在楚也。**艐，宋語也。皆古雅之别語也，**雅謂風雅。**今則或同。**

疏證：狢、格古通用。艐、格、戾、懷、摧、詹，《尔雅·釋詁》亦云“至也”。《釋文》：“艐，孫云：古屆字。”格字亦作狢。《廣雅》“假，至也”，曹憲音格。假、格古亦通。

謹案：假，各本作假。《説文》：“假，至也。假，非真也。一曰至也。”《集韻·去聲·四十禡》假、假二字並居迓切。假字《注》云：“以物貸人也。”假字《注》云：“《方言》：‘至也。’”《尔雅疏》引《方言》云：“假，至也，邠、唐、冀、兖之間曰假。”假、假古雖通用，然《集韻》《尔雅疏》引《方言》並作假，不作假，今據以訂正。《表記》引《詩》“聿懷多福”。《大雅·大明》。鄭《注》云：“懷，至也。”至與來義相近，故來謂之懷，亦謂之格，至謂之格，亦謂之懷矣。《魯頌·閟宫篇》“魯邦所詹。”毛《傳》云：“詹，至也。”

（14）嫁、逝、徂、適，往也。自家而出謂之嫁，由女出爲嫁也。逝，秦、晉語也；徂，齊語也；適，宋、魯語也。往，凡語也。

疏證：《列子·天端篇》“子列子居鄭圃，將嫁於衛”，張湛《注》云：“自家而出謂之嫁。”《尔雅·釋詁》：“適、嫁、徂、逝，往也。”郭《注》引《方言》：“自家而出謂之嫁，猶女出爲嫁”。猶、由古通用。徂，亦作退，《説文》云：“退，往也。退，齊語。適，之也，適，宋、魯語。”蓋本此。

謹案：凡自①之彼通謂之嫁。《趙策》云：“韓之所以内趙者，欲嫁其禍也。”《周官·司稼》鄭《注》云：“種穀曰稼，如嫁女之有所生。”義並同也。“由女出爲嫁”，各本“女”下有“而”字，余同里故友李氏成裕云：“‘而’字因上句‘自家而出’而衍，此言自家而出謂之嫁，亦猶女出爲嫁耳。女出爲嫁，文義甚明，若云‘女而出爲嫁’，則不辭矣。《尔雅疏》引此已衍‘而’字，郭《注》引無‘而字’。”今依李説訂正。

（15）謾台蠻、怡二音、**脅閱**呼隔反，**懼也。燕、代之間曰謾台，齊、楚之間曰脅閱。宋、衛之間，凡怒而噎噫，**謂噎憂也。噫，央媚反。**謂之脅閱，**脅閱，猶澗沭也。**南楚江、湘之間謂之嘽咺。**湘，水名，今在零陵，咺，香遠反。

疏證：《廣雅》：“嘽咺、謾台、脅閲，懼也。”義本此。咺，曹憲音火袁反。脅，亦作愶。《玉篇》云：“以威力相恐愶也。”閲，亦作憪。《廣韻》：“憪，惶恐也。”或作“澗”。《注》内“澗沭”各本訛作“閲穀”，今訂正。後卷十有云：“凡窘猝怖遽謂之澗沭。”

謹案：《注》内“謂噎憂也”，各本作“噎謂憂也”，余故友寶應劉氏端臨《經傳小記》云：“此當作‘謂噎憂也’。《詩》‘中心如噎’，《傳》曰：‘噎憂，不能息也。’《正義》以爲‘憂深不能喘息，如噎之然’。此説非也，憂在心，與喘息何與，世豈有憂而不得喘息者乎？噎憂，雙聲字。《玉篇》引《詩》‘中心如噎’：‘謂噎

① 排印本“自”下有“此”字。

不能息也。'增一'謂'字,最得毛氏之意。噎憂即欭嚘,氣逆也。《説文》'欭'字《注》:'嚘也。'《玉篇》'嚘'字《注》:'《老子》曰:"終日號而不嚘。"嚘,氣逆也,亦作歟。'《廣韻》:'欭嚘,歎也。歟,氣逆也。'噎噫、噎憂,一聲之轉。"念孫案:端臨此説,貫①通毛《傳》、《方言》之旨,今據以訂正,《鄭風·狡童》《傳》云:"憂不能息。"憂亦是嚘字②。

(16) 虔、劉、慘、綝,殺也。今關西人呼打爲綝,音廩,或洛感反。**秦、晉、宋、衛之間謂殺曰劉,晉之北鄙亦曰劉。秦、晉之北鄙,燕之北郊,翟縣之郊,謂賊爲虔。**今上黨潞縣即古翟國。**晉、魏、河内之北,謂惏曰殘,楚謂之貪,南楚江、湘之間謂之欿。**言欿綝難猒也。

疏證:《詩·周頌》"勝殷遏劉",毛《傳》:"劉,殺也。"《春秋》成公十二③年《左傳》"虔劉我邊陲",杜預《注》云:"虔、劉,皆殺也。"慘,《説文》云:"毒也。"綝、惏古通用,《説文》:"河内之北謂貪曰惏。"與此小異。《春秋》僖公二十四年《左傳》"狄固貪惏",《釋文》引《方言》:"殺人而取其財曰惏。"《疏》所引同,今《方言》無此語。惏又作婪,《説文》云:"貪也。杜林説,卜者黨相詐驗爲婪。"欿各本訛作欺,《注》内同。《説文》:"欿,食不滿也。讀若坎。"《廣雅》:"欿、婪,貪也。"義本此。曹憲音苦感反。今據以訂正。欿、綝,疊韻字也。

謹案:卷三云:"虔,殺也,青、徐、淮、楚之間曰虔。"《廣雅》:"虔,殺也。"義本此。《尔雅》云:"劉,殺也。"《盤庚篇》"無盡劉"、《君奭篇》"咸劉厥敵",某氏《傳》並訓劉爲殺。《漢書·律厤志》引《周書·成武篇》曰:"咸劉商王紂。"《逸周書·世俘篇》同。④劉之言戮也,故《説文》云:"殺,戮也。"又云:"鏐,殺也。摎,縛殺也。"《玉篇》:力問、居由二切。《續漢書·禮儀志》云:"斬牲之禮名曰貙劉。"義並同也。《周書·顧命》云:"一人冕執劉。"《正義》引鄭《注》云:"劉蓋鑱斧。"《廣雅》云:"劉,刀也。"皆取義於殺。⑤《説文》訓"慘"爲"毒",謂毒害也。《後漢書·酷吏傳》《注》云:"慘,虐也。"《莊子·庚桑楚篇》云:"兵莫憯於志,鏌鋣爲下。"《漢書·陳湯傳》云:"慘毒行於民。"《谷永傳》云:"搒箠瘤於炮格。"慘、憯、瘤並通。卷二云:"惏,貪殘也。"《楚詞·離騷》云:"衆皆競進以貪婪兮。"《説文》:"欲,欲得也。"《廣雅》:"欲,貪也。"欲與欿通。又《説文》:"脂,食肉不猒也。"亦與欲聲近義同。殺、賊、殘、貪,義並相近。昭十四年《左傳》云:"殺人不忌爲賊。"則殺亦謂之賊。《周官·大司馬》"放弑其君則殘之",鄭《注》云:"殘,殺也。"則殺亦謂之殘。韋昭注《漢書·武紀》云:"强取爲虔。"則貪亦謂虔。《説文》:"嫪,婪也。"《廣雅》:"慘,貪也。"慘與嫪通,則貪亦謂之慘。

(17) 亟、憐、憮、㤺,愛也。東齊海、岱之間曰亟欺革反。**自關而西,秦、晉之間,凡相敬愛謂之亟;陳、楚、江、淮之間曰憐;宋、衛、邠、陶之間曰憮,或曰㤺。**陶,唐、晉都處。

疏證:亟亦作愜。《注》内"欺革反"各本訛作"詐欺也",於正文不相涉。《廣雅》:"愜、憮、

① 排印本"貫"上有"寔"字。
② 排印本作"憂亦與嚘同"。
③ 今本《方言疏證》作"三",是。
④⑤ 排印本無此句。

俺，愛也。"義本此。曹憲於"悈"下列"欺革""九刀"二反，今據以訂正。《尔雅·釋言》："憮，撫也。"郭《注》云："憮，愛撫也。"①

謹案：悈字，曹憲音欺革、九刀二反。《説文》："悈，謹重貌。"《廣雅》："亟，敬也。"即此所云"相敬愛謂之亟"。漢《成陽靈臺碑》云："齊革精誠。"悈、亟、革並通。

(18) 眉、梨、耋、鮐，老也。東齊曰眉。言秀眉也。**燕、代之北鄙曰梨。**言面色如凍梨。**宋、衛、兖、豫之内曰耋。**八十爲耋。音絰。**秦、晉之郊，陳、兖之會，曰耇鮐。**言背皮如鮐魚。耇音垢。

疏證：《詩·豳風》"以介眉壽"，毛《傳》："眉壽，豪眉也。"《小雅》"遐不眉壽"，毛《傳》："眉壽，秀眉也。"梨亦通用黎。《吴語》"播棄黎老"，韋昭《注》："鮐背之耇稱黎老。"《詩·秦風》"逝者其耋"，毛《傳》："耋，老也。②八十曰耋。"《大雅》"黄耇台背"，毛《傳》："台背，大老也。"鄭《箋》云："台之言鮐也，大老則背有鮐文。"《尔雅·釋詁》："黄髮、齯齒、鮐背、耇、老，壽也。"

謹案：《廣雅》："眉、梨，老也。"義本此。卷十二云："麋黎，老也。"郭《注》云："麋，猶眉也。"《士冠禮》"眉壽萬年"，鄭《注》云："古文眉作麋。"《少牢饋食·注》云："古文眉作微。"皆古字通用。《墨子·明鬼篇》云："昔者殷王紂播棄黎老。"《秦風·車鄰》《正義》云："《易·離卦》云：'大耋之嗟。'《注》云：'年踰七十。'僖九年《左傳》曰：'伯舅耋老。'服虔云：'七十曰耋。'此言'八十曰耋'者，耋有七十、八十，無正文也。"《大雅·行葦》《正義》引舍人《尔雅·注》云："鮐背，老人氣衰，皮膚消瘠，背如鮐魚也。"卷十又云："耇，老也。"《説文》："耇，老人面凍黎若垢。"

(19) 脩、駿、融、繹、尋、延，長也。陳、楚之間曰脩，海、岱、大野之間曰尋，大野，今高平鉅野。**宋、衛、荆、吴之間曰融。自關而西，秦、晉、梁、益之間，凡物長謂之尋。《周官》之法，度廣爲尋，**度謂絹帛横廣。**幅廣爲充。**《尔雅》曰："繦廣充幅。"**延，年長也。凡施於年者謂之延，施於衆長謂之永。**各隨事爲義。

疏證：《詩·小雅》"不駿其德"，《大雅》"昭明有融"，毛《傳》皆云："長也。"《尔雅·釋詁》："永、延、融、駿，長也。""年長也"之"年"，各本訛作"永"。李善注嵇康《養生論》及邢昺《尔雅疏》並引《方言》："延，年長也。"今據以訂正。《廣雅》："脩、繹、尋，長也。"義本此。

謹案：《楚辭·離騷》"冀枝葉之峻茂兮"，王《注》云："峻，長也。"峻與駿通。《郊特牲》云："嘏，長也，大也。"大與長義相近，故大謂之駿，亦謂之嘏，長謂之嘏，亦謂之駿矣。《尔雅》："繹，又祭也。周曰繹，商曰肜。"《高宗肜日》《正義》引孫炎《注》云："'繹，祭之明日尋繹復祭也。'肜者，亦相尋不絶之意。"宣八年《公羊傳》《注》云："繹者，繼昨日事。"肜者，肜肜不絶之意。《周頌·絲衣》《釋文》"肜"作"融"，是融、繹皆取義於長也。《淮南·繆稱篇》"父之於子也，能廢起之，不能使無憂尋"，高《注》："憂尋，憂長也。"《齊俗篇》云："峻木尋枝。"是尋爲長也。故《漢書》："李尋，字子長。"《説文》："尋，繹理也。度人之兩臂爲尋，八尺也。"亦長之義也。布帛之長

①② 今本《方言疏證》無此句。

有度，其廣有幅，度之言度音鐸。也，伸兩臂以度之，爲廣八尺，故曰度，廣爲尋也。幅之言畐也。幅，古讀若偪，説見《唐韻正》。畐，芳偪反”。《説文》云：“畐，滿也。”其廣滿一幅，故曰幅。廣爲充也，《士冠禮》“緇纚，廣終幅”，鄭《注》云：“終，充也。”即《尔雅》所云“緇廣充幅”也。此本訓長而兼言廣者，對文則廣與長異，散文則廣亦長也。故廣謂之充，亦謂之尋，長謂之尋，亦謂之充。《説文》云：“充，長也。”是其證矣。[①]“延，年長也”，盧本[②]改爲“延，永長也”，云：“攷宋本亦如是。李善注《文選》，於阮籍《詠懷詩》‘獨有延年術’引《方言》‘延，長也’，於嵇康《養生論》又引作‘延，年長也’，蓋即檃[③]括‘施於年者謂之延’意。案：所引乃《方言》原文，非檃[④]括其意也。《尔雅疏》引《方言》遂作‘延，年長也’，案：《疏》所引亦《方言》原文，非妄加‘年’字也。不出‘永’字則下文‘永’字何所承乎？或遂据《尔雅疏》改此文，誤甚。”念孫案：盧説非也。訓“延”爲“年長”者，所以别於上文之訓“延”爲“長”也，既曰“延，年長也”，又曰“施於年者謂之延”，此復舉上文以起下文之“施於衆長謂之永”耳。凡經傳中之復舉上文者，皆不得謂之重複。盧自不曉古人文義，故輒爲此辯而不自知其謬也。舊本“年長”作“永長”者，涉下文“永”字而誤耳。若仍依舊本作“永”，則其謬有三。《方言》一書皆上列字目，而下載方言，若既云“脩、駿、融、繹、尋、延，長也”，又云“延，永長也”，則一篇而兩目矣。《方言》有此例乎？其謬一也。“延，長也”之文已見於上，故特别之曰“延，年長也”。若既云“延，長也”，又云“延，永長也”，則訓“延”爲“長”之文，上下凡兩見，古人有此重疊之文乎？其謬二也。盧又謂但云“延，年長也”，而不出“永”字，則下文“永”字無所承。案上文釋“思”之異語，云：“惟，凡思也。慮，謀思也。願，欲思也。念，常思也。”此皆承上之詞，若訓詁之連類而及者，則不必皆承上文，請以前數條證之。“晉、衛之間曰烈，秦、晉之間曰肄”，“肄”字，上文所無也[⑤]。“汝、潁、梁、宋之間曰胎，或曰艾”，“艾”字，上文所無。“秦、晉之間，凡物壯大謂之嘏，或曰夏”，“夏”字，上文所無。若斯之類，不可枚舉。是訓詁之連類而及者，不必皆承上文也。此文云“凡施於年者謂之延，施於衆長謂之永”，亦是訓詁之連類而及者，故“永”字亦無上文之可承。乃獨疑“永”字之無所承，則是全書之例尚未通曉，其謬三也。《文選注》《尔雅疏》引《方言》皆作“年長”，自是確證。阮籍《詠懷詩》“獨有延年術”，李《注》引《方言》以證“延年”二字，則所引亦必有“年”字，而今本脱之也。乃反以脱者爲是，不脱者爲非，傎矣，今訂正。

(20) 允、訦音諶、恂音荀、展、諒音亮、穆，信也。齊、魯之間曰允。燕、代、東齊曰訦，宋、衛、汝、潁之間曰恂，荆、吴、淮、汭之間曰展。汭，水口也。音芮。西甌、毒屋、黄石野之間曰穆。西甌，駱越别種也。音嘔。其餘皆未詳所在。衆信曰諒，周南、召南，衛之語也。

疏證：顔延之《宋文皇帝元皇后哀策文》“壼政穆宣”，李善《注》引《方言》：“穆，信也。”《説

① 抄本天頭上有王國維案語曰：“草稿止此，此下從清稿增入。”
② 排印本有“仍”字，疑衍。
③④ 排印本作“隱”。
⑤ 排印本無“也”字。

文》:"燕、代、東齊謂信曰訦。"蓋取諸《方言》。《尔雅·釋詁》:"允、展、諶、亮、詢,信也。"《疏》云:"訦、諶、亮、諒、詢、恂,音義同。"

謹案:《逸周書·謚法篇》:"中情見貌爲①曰穆。"是穆爲信也。《廣雅》:"睦,信也。"睦與穆通。

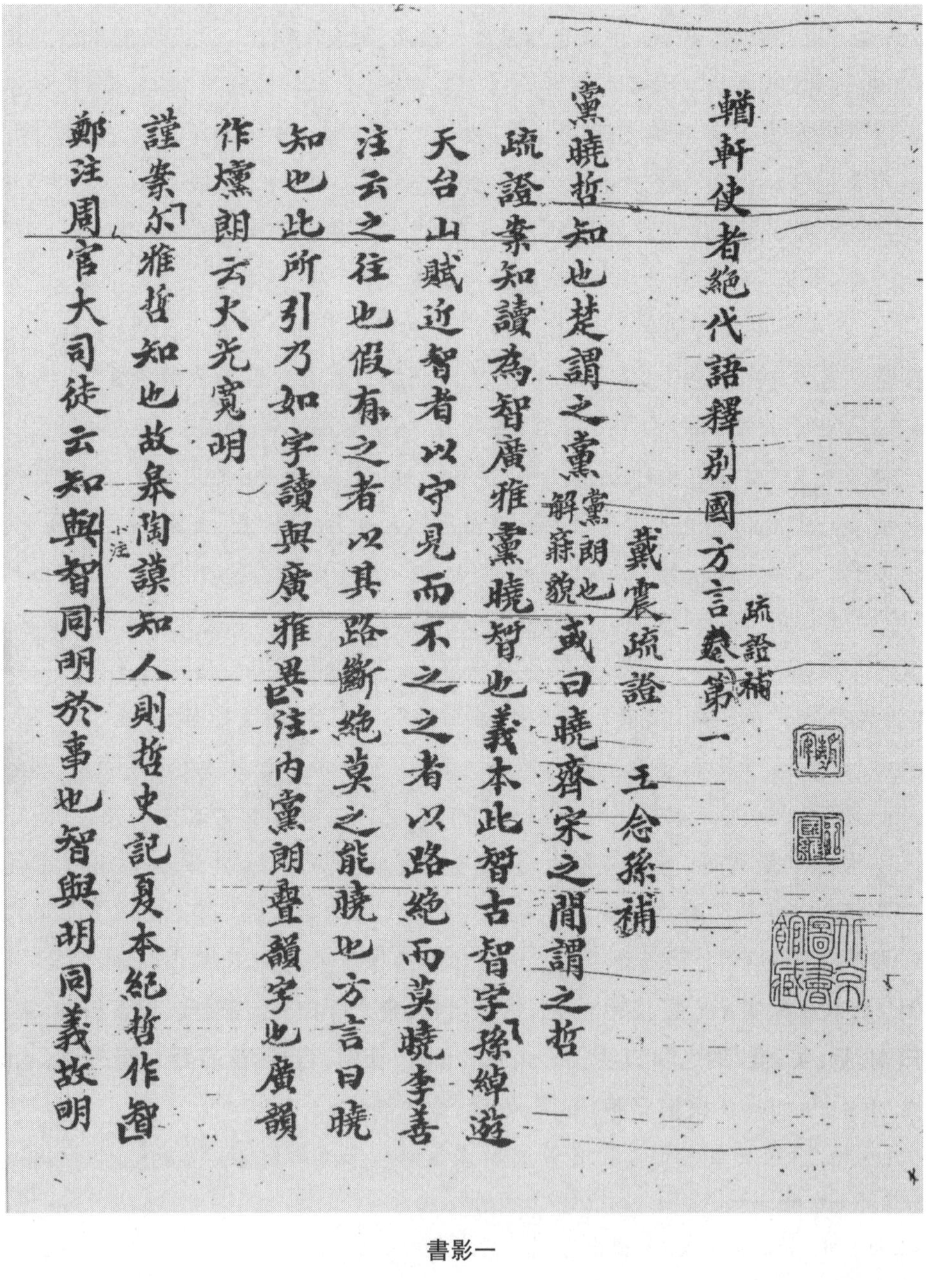
輶軒使者絶代語釋别國方言卷第一　疏證補
戴震疏證　王念孫補
黨曉哲知也楚謂之黨黨朗也解寤貌或曰曉齊宋之間謂之哲
疏證案知讀爲智廣雅黨曉智也義本此智古智字孫綽遊
天台山賦近智者以守見而不之之者以路絶而莫曉李善
注云之往也假有之者以其路斷絶莫之能曉也方言曰曉
知也此所引乃如字讀與廣雅異注內黨朗疊韻字也廣韻
作爣朗云火光寬明
謹案尔雅哲知也故臯陶謨知人則哲史記夏本紀哲作智
鄭注周官大司徒云知與智同明於事也智與明同義故明

書影一

① 排印本無"爲"字。

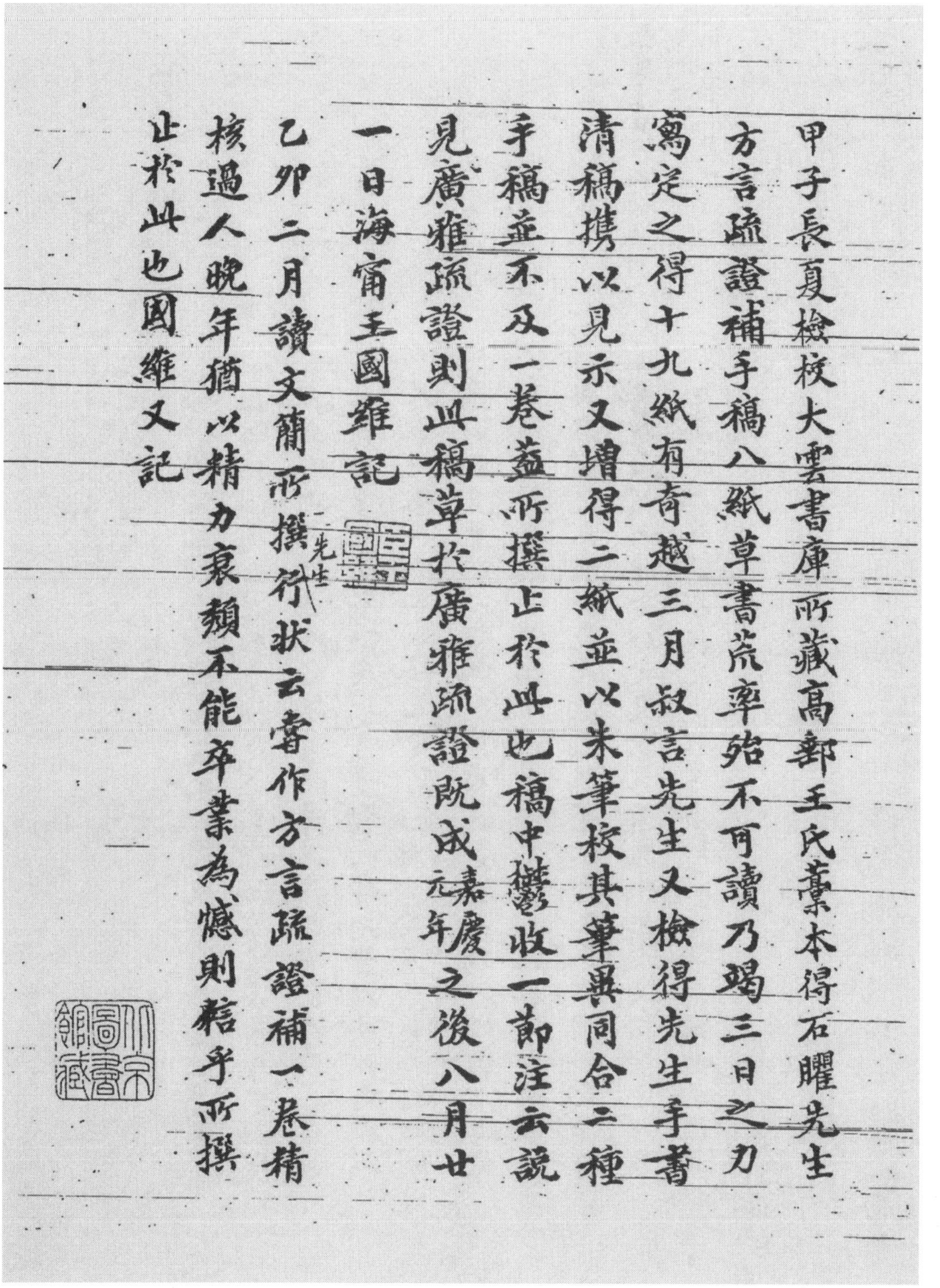

甲子長夏檢校大雲書庫所藏高郵王氏藁本得石臞先生方言疏證補手稿八紙草書荒率殆不可讀乃竭三日之力寫定之得十九紙有奇越三月叔言先生又檢得先生手書清稿擕以見示又增得二紙並以朱筆校其筆異同合二種手稿並不及一卷蓋所撰止於此也稿中釐收一節注云說見廣雅疏證則此稿草於廣雅疏證既成嘉慶元年之後八月廿一日海甯王國維記

乙卯二月讀文簡所撰先生行狀云嘗作方言疏證補一卷精核過人晚年猶以精力衰頹不能卒業為憾則稿手所撰止於此也國維又記

書影二

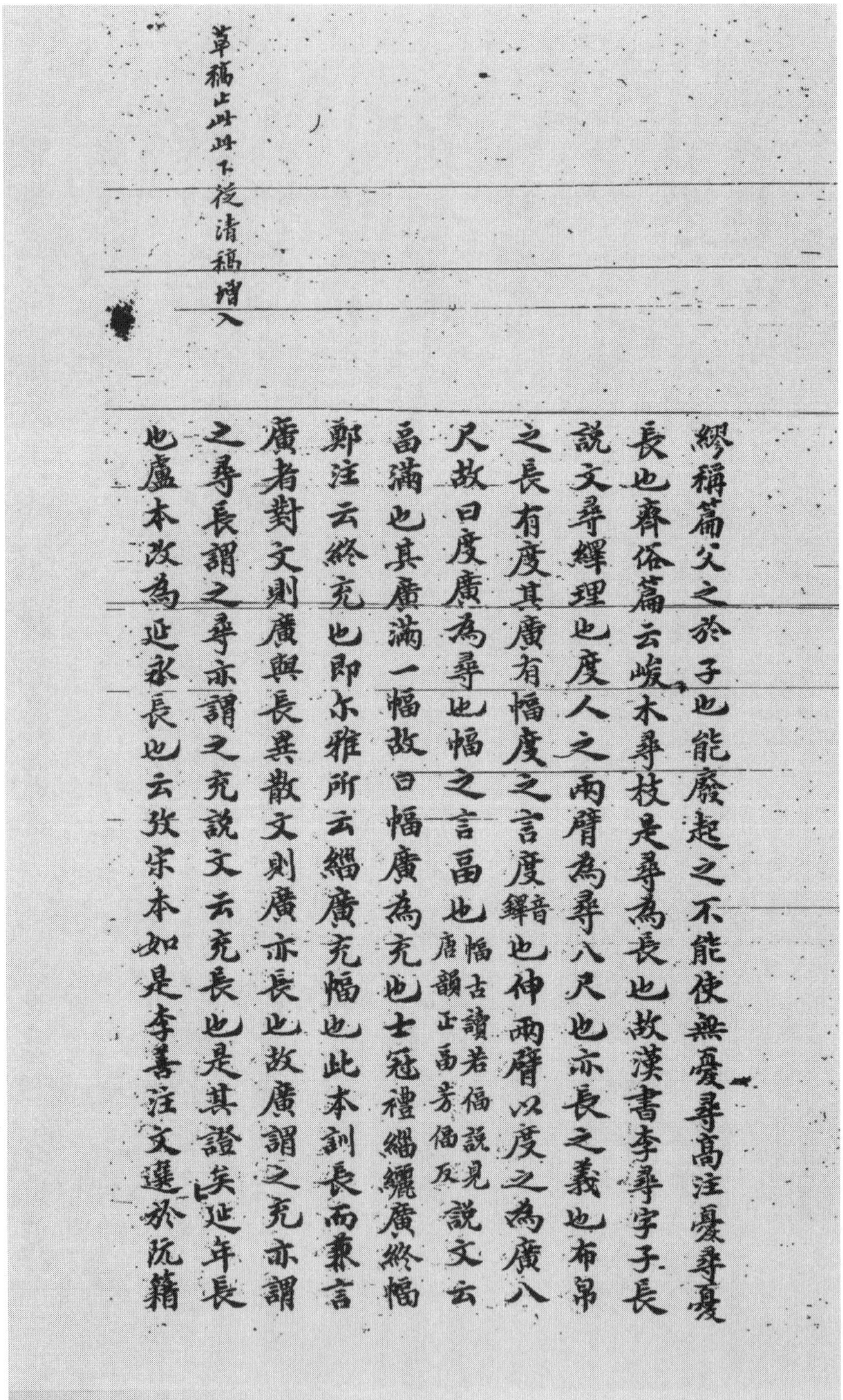

草稿止此此下從清稿增入

繆稱篇父之於子也能發起之不能使無憂尋高注憂尋憂
長也齊俗篇云峻木尋枝是尋為長也故漢書李尋字子長
說文尋繹理也度人之兩臂為尋八尺也亦長之義也布帛
之長有度其廣有幅度之言度音鐸也伸兩臂以度之為廣八
尺故曰度廣為尋也幅之言畐也（幅古讀若偪說見唐韻正畐芳偪反）說文云
畐滿也其廣滿一幅故曰幅廣為充也士冠禮緇纚廣終幅
鄭注云終充也即尒雅所云緇廣充幅也此本訓長而兼言
廣者對文則廣與長異散文則廣亦長也故廣謂之充亦謂
之尋長謂之尋亦謂之充說文云充長也是其證矣延年長
也盧本改為延永長也云孜宋本如是李善注文選於阮籍

書影三

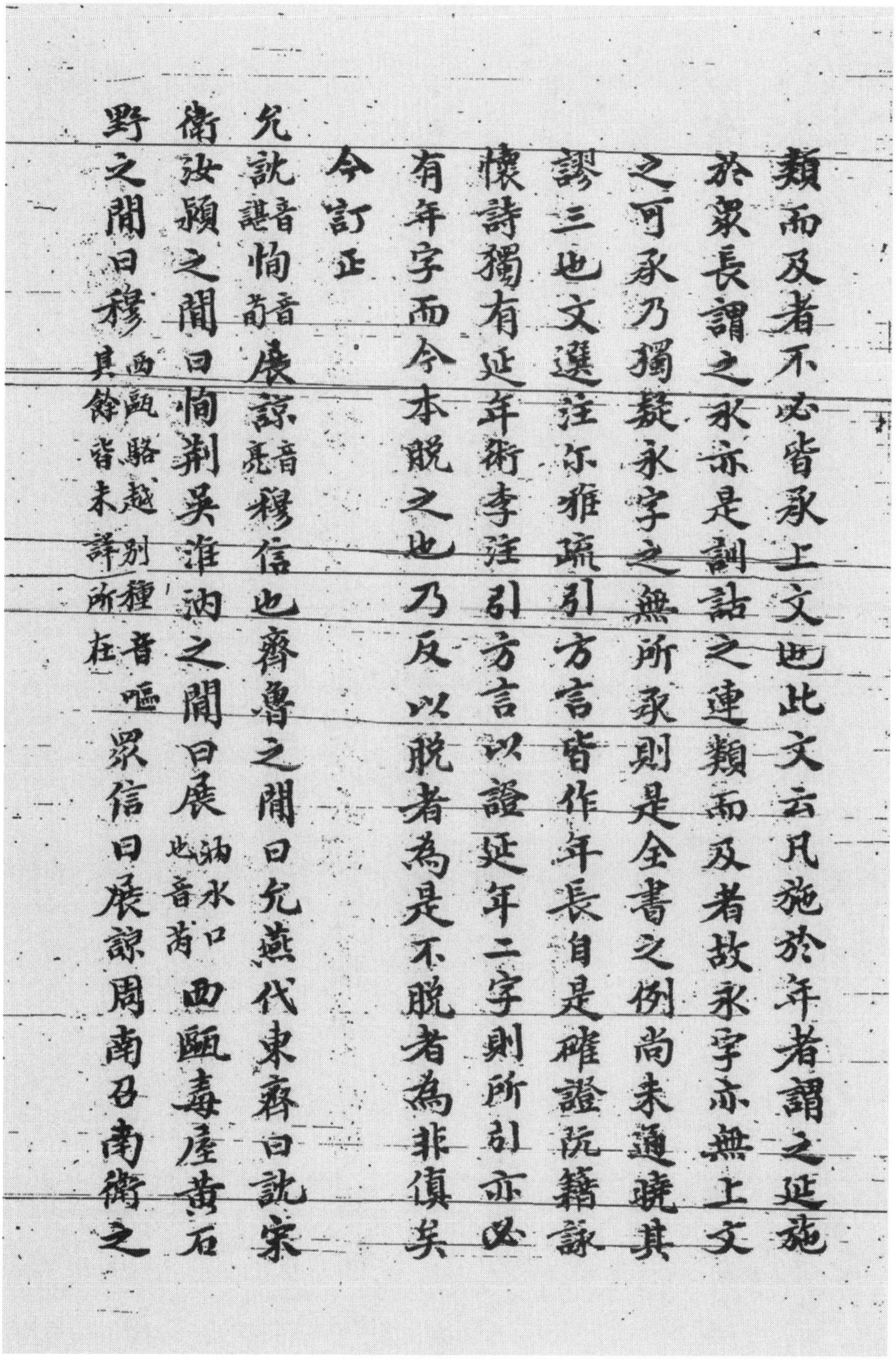
類而及者不必皆承上文也此文云凡施於年者謂之延施於衆長謂之永亦是訓詁之連類而及者故永字亦無上文之可承乃獨疑永字之無所承則是全書之例尚未通曉其謬三也文選注尒雅疏引方言皆作年長自是確證阮籍詠懷詩獨有延年術李注引方言以證延年二字則所引亦必有年字而今本脫之也乃反以脫者為是不脫者為非傎矣

今訂正

允訦音諶恂音荀展諒音亮穆信也齊魯之間曰允燕代東齊曰訦宋衛汝潁之間曰恂荆吳淮汭之間曰展汭水口也音芮西甌毒屋黃石野之間曰穆西甌駱越別種音嘔其餘皆未詳所在衆信曰展諒周南召南衛之

書影四

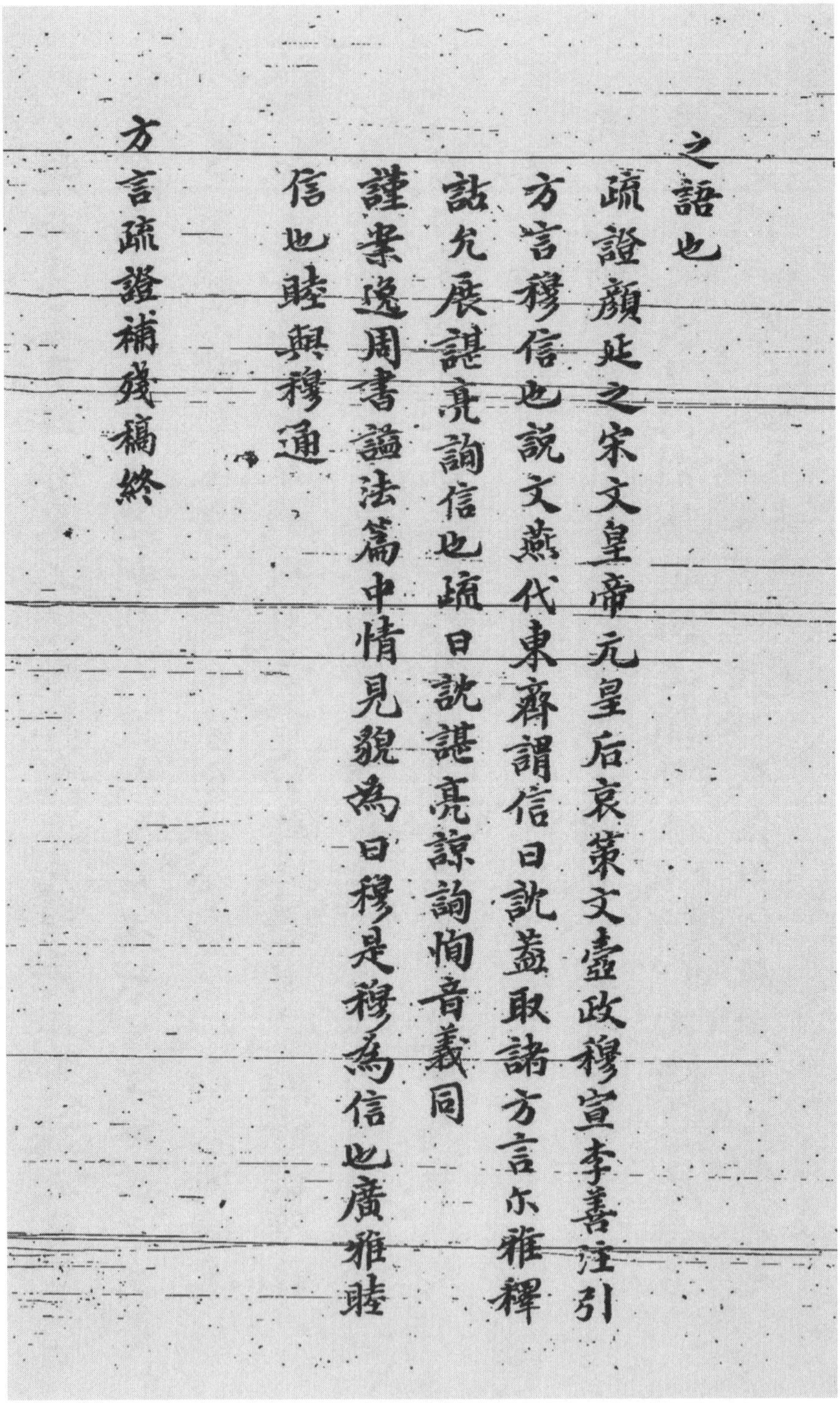

之語也
疏證顏延之宋文皇帝元皇后哀策文壼政穆宣李善注引
方言穆信也說文燕代東齊謂信曰訦蓋取諸方言亦雅釋
詁允展諶亮詢信也疏曰訦諶亮諒詢恂音義同
謹案逸周書謚法篇中情見貌爲曰穆是穆爲信也廣雅睦
信也睦與穆通
方言疏證補殘稿終

書影五

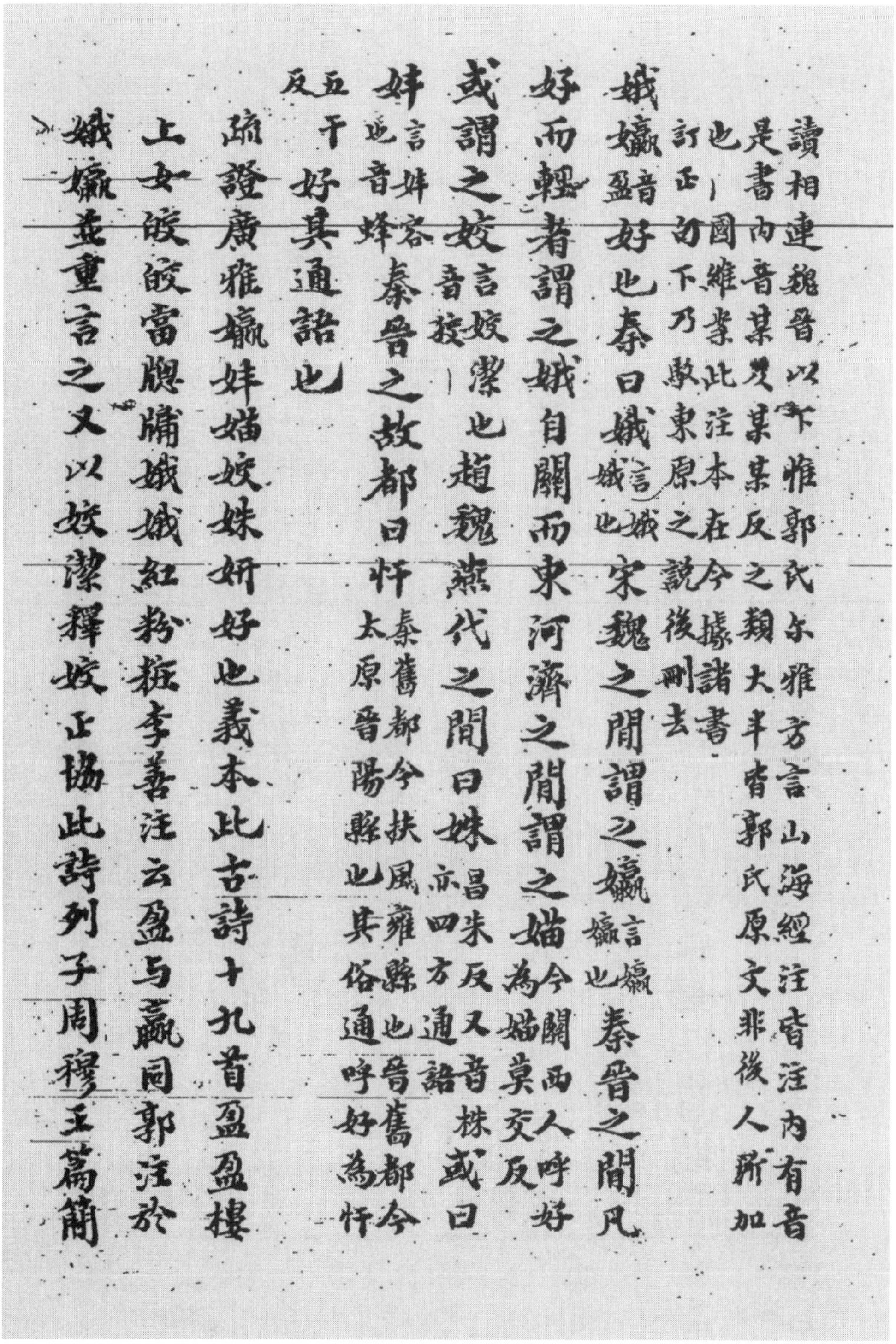
讀相連魏晉以下惟郭氏尔雅方言山海經注皆注内有音是書内音某某某反之類大半皆郭氏原文非後人所加也國維案此注本在今據諸書訂正｜訂下乃取東原之說後刪去

娥嬴音盈好也秦曰娥言娥娥也宋魏之間謂之嬴言嬴嬴也秦晉之間凡好而輕者謂之娥自關而東河濟之間謂之媌今關西人呼好為媌莫交反或謂之姣言姣潔也音狡趙魏燕代之間曰姝昌朱反又音株亦四方通語或曰姅言姅容也音蜂秦晉之故都曰姸秦舊都今扶風雍縣也晉舊都今太原晉陽縣也其俗通呼好為姸五干反好其通語也

疏證廣雅嬴姅媌姣姝姸好也義本此古詩十九首盈盈樓上女皎皎當牕牖娥娥紅粉粧李善注云盈與嬴同郭注於娥嬴並重言之又以姣潔釋姣正協此詩列子周穆王篇簡

書影六

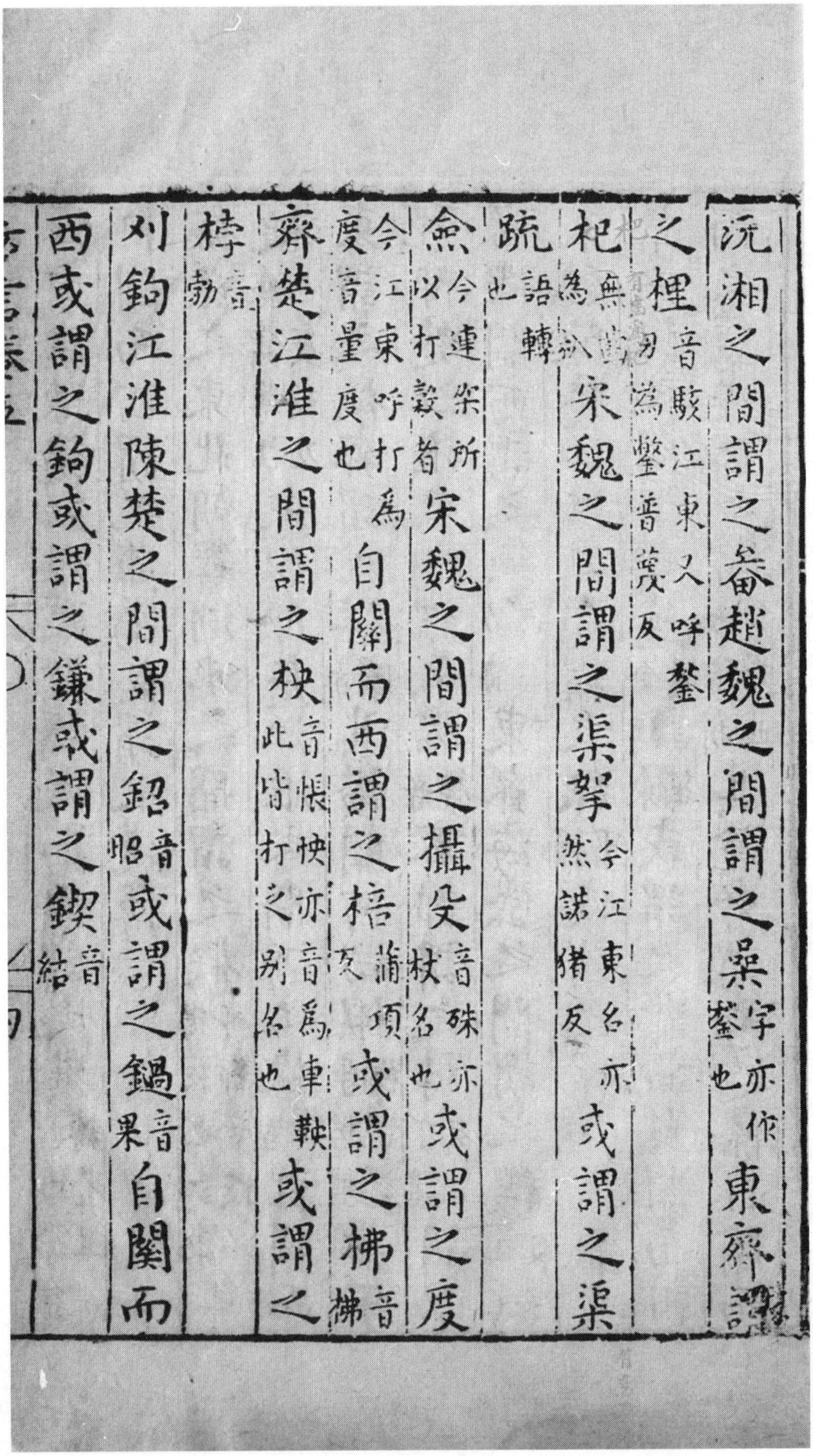

沅湘之間謂之畚趙魏之間謂之㮑字亦作鍫也東齊謂
之梩音駭江東又呼鍫刃為鍫音蕿反
杷無齒為朳宋魏之間謂之渠挐今江東名亦然諾猪反或謂之渠
疏語轉也
僉今連枷所以打穀者宋魏之間謂之欇殳音殊亦杖名也或謂之度
今江東呼打為度音量度也自關而西謂之棓蒲項反或謂之柫音拂
齊楚江淮之間謂之柍音悵怏亦音為車鞅此皆打之別名也或謂之
桲音勃
刈鉤江淮陳楚之間謂之鉊音昭或謂之鐹音果自關而
西或謂之鉤或謂之鎌或謂之鍥音結

書影七

北大藏王念孫《合韻譜》稿本二種考述*

□趙曉慶

[摘　要]　北京大學圖書館藏有大量王念孫未刊古韻研究遺稿，特别是諸《合韻譜》，對於探求王氏古韻研究内容及思想有重要價值。其中《詩經群經楚辭合韻譜》《周秦諸子合韻譜》是較爲重要的兩部，它反映了王念孫"古韻廿二部"和"古有四聲"觀點，是王氏古音研究之晚年定論。另就合韻而論，此《合韻譜》韻段分析較段玉裁、江有誥精審而細密，且較早年《古韻譜》已多有修訂和補充，實爲上古音合韻研究之寶貴資料。

[關鍵詞]　王念孫；詩經群經楚辭合韻譜；周秦諸子合韻譜；遺稿；考述

[作者簡介]　趙曉慶，中國海洋大學文學與新聞傳播學院講師（青島　266100）

引　言

1922年羅振玉從江姓手中購得高郵王氏父子手稿①一箱，並將部分内容整理刊刻爲《高郵王氏遺書》(1925)。然已刊者僅其中少數，羅振玉《高郵王氏遺書》目録附記曰："其他未寫定之遺稿以韻書爲多，異日當陸續刊佈。"這批遺稿王國維參與了整理並作有《高郵王懷祖先生訓詁音韻書稿敘録》一文②，對其内容特别是音韻、訓詁稿本做了數目清點及價值評述。他希望日後繼續整理研究，但此願望未能實現。1927年王國維自沉頤和園，之後羅氏便將未刊遺稿轉售北京大學文科研究所③。

---

*　本文爲國家社科基金項目"《王念孫古音學手稿》整理與研究"(16CYY030)的階段性成果。本文寫作過程中得到中國社會科學院孟蓬生研究員、北京大學孫玉文教授的指導和鼓勵，僅此一併致以誠摯謝意。

①　該手稿是王念孫生前大量未刊稿之匯總，王壽同整理後將其署名爲《王念孫手稿》，羅振玉稱之爲《遺書》、王國維稱之爲《書稿》《遺稿》，陸宗達先生亦稱之爲《遺稿》。

②　王國維對王念孫遺稿做了整理，這在《高郵王氏遺書》中有多處體現。如"釋大"之後王國維按曰："此第八篇初稿與第七篇及釋始清、從二母字初稿同在一紙上，塗乙草率，不可讀，亟録出之。雖非定稿而牙喉八母字得此乃備致可喜也。王國維識。"

③　"文科研究所"爲北京大學中文系前身。據沈乃文先生所述，"北大購高郵王念孫、王引之父子手稿五十九册，售價二千元。售價高昂，亦屬稀見。"參《北京大學圖書館藏古籍的價值及來源》，《書谷隅考》，上海古籍出版社2011年版，第479頁。

遺稿轉售北大後，陸宗達做了整理研究並在羅常培支持下擬以刊佈，但因抗戰爆發而被迫擱置。新中國成立前夕羅常培曾聯繫陸宗達進行過第二次擬刊，終亦未能成行。後來遺稿轉藏北京大學圖書館，一直保存至今。①

這批未刊遺稿以《韻譜》《合韻譜》等古音學内容爲主，王國維《高郵王懷祖先生訓詁音韻書稿敘録》初步考察曰："諸《韻譜》但摘經典中韻字書之，而同韻、合韻之字旁加記識，與金壇段氏《六書音韻表》例同。多完具，可繕寫。"1930 年，陸宗達《王石臞先生〈韻譜〉〈合韻譜〉遺稿跋》一文對王念孫手稿中的《韻譜》(18 册)《合韻譜》(25 册)做了考察研究，從"分部之變""四聲之變"論述王氏晚年《合韻譜》已接受東、冬分立之説，言王氏已由篤信段玉裁"古無去聲"轉持"古有四聲"觀點。兩年後，陸先生《王石臞先生〈韻譜〉〈合韻譜〉遺稿後記》(1932)一文又對《韻譜》《合韻譜》之韻目、韻例、内容、價值等做了進一步考述。此後，世人始知王念孫有大量《韻譜》《合韻譜》稿本存世，且知王氏晚年已將古韻更定爲廿二部。

關於"合韻"，段玉裁《詩經韻分十七部表》曰："凡與今韻異部者，古本音也；其於古本音有齟齬不合者，古合韻也。本音之謹嚴，如唐宋人守官韻，合韻之通變，如唐宋詩用通韻。不以本音蔑合韻，不以合韻惑本音。三代之韻昭昭矣。"古韻部有分亦有合，分爲其界限，合爲其溝通，明確了古韻分部可以考察古合韻情況，考察古合韻情況反過來可以更加明確古韻分部的界限及遠近關係。正如段氏自作而託名吴省欽之《序》中所言"知其分而後知其合，知其合而後愈知其分。凡三百篇及三代秦漢之音，研求其所合，又因所合之多寡遠近及異平同入之處而得其次第，此十七部先後所由定。"王念孫繼承并發展了段玉裁的古合韻學説，並身體力行，以己所分"古韻廿一部""古韻廿二部"作《韻譜》《合韻譜》，同時又以《韻譜》《合韻譜》進一步考求韻部之間關係，更定古韻分部及古聲調理論，最終建立并完善了古韻部體系。合韻研究雖始於段氏，但王念孫"排比衆類、穿穴百家"，對先秦至魏晉南北朝幾乎所有傳世文獻韻文合韻情況做了考察、分析和歸納，并著《合韻譜》二十五册，集合韻研究之大成。《詩經群經楚辭合韻譜》《周秦諸子合韻譜》便是諸多《合韻譜》中較爲重要的兩部。體現了王念孫晚年古韻研究内容和古音學思想。

一、王念孫之古韻分部

(一)"古韻廿二部"之確立

王念孫早年受顧炎武《音學五書》及江永《古韻標準》影響，走上古音學研究道路，并初分古

① 趙曉慶：《北大藏〈王念孫手稿〉流傳考述》，《文史哲》2017 年第 2 期。

韻爲二十一部。其《答江晉三書》(1821)曰:“念孫少時服膺顧氏五書,年二十三入都會試,得江氏《古韻標準》,始知顧氏所分十部猶有罅漏。旋里後,取三百五篇反復尋繹,始知江氏之書仍未盡善。輒以己意重加編次,分古音爲二十一部,未敢出以示人,及服官後,始得亡友段君若膺所撰《六書音均表》,見其所分支、脂、之爲三,真、諄爲二,尤、侯爲二,皆與鄙見若合符節,唯入聲之分合及分配平、上、去與念孫多有不合。嗣值官務殷緐,久荒舊業,又以侵、談二部分析未能明審。是以書雖成而未敢付梓。”①乾隆三十一年(1766),王念孫在顧、江二人基礎上細分古韻爲廿一部,已有輪廓而未成專書。及服官後(1782年前後)見段玉裁《六書音均表》②,王念孫對其做了學習研究,故有段玉裁《古十七部諧聲表》③鈔録稿以及國家圖書館藏王念孫《古韻十七部聲韻配合表及平入分配説》④草演稿之作。段、王二人最初古韻分部幾乎同時,於支、脂、之三分,真、文分立,尤、侯分立意見相同,故可謂“閉門造車,出門而合轍”,然王念孫祭、盍、緝、質四部獨立爲古韻廿一部,已遠超段氏。

王念孫古分韻部早年已有所成,後又在段氏《六書音均表》、孔廣森《詩聲類》《詩聲分例》的基礎上歷經數十年不斷研究更定,遂臻完善。今引可徵之文獻述列之:王氏初以研究段氏十七部(無去聲)而有《古韻十七部聲韻配合表及平入分配説》;后改從或確立己説并增術部獨立爲古韻廿二部(無去聲),遂有《論音韻》⑤;又并術於脂,定爲“古韻廿一部”(無去聲),而作《詩經群經楚辭古韻譜》⑥《周秦諸子韻譜》《淮南子韻譜》⑦;又有“古韻廿一部”(無入聲),作《易林韻譜》《西漢韻譜》⑧,這是對孔廣森“古無入聲”的研討。又有“古韻廿一部”(有四聲),而作《與李方伯書及“古韻廿一部”通表》⑨《史記漢書韻譜》等⑩;終又東、冬分立,成“古韻廿二部”(有四

① 見於江有誥《音學十書·序》,題作“《王石臞先生來書》”。《王石臞先生遺文》據以録之,題作“答江晉三論韻學書”。《高郵王氏父子論韻文稿》亦有録,題作“答江晉三書”,并附有“簽江晉三古韻總論四條”爲他本所無。據“念孫亦七十有八矣”可知該書札作於道光元年,即1821年。

② 從序言看,《六書音均表》初成於1770年,定稿刊於1777年。

③ 見於北大藏《王念孫手稿》,《疊韻轉語》後。

④ 王念孫:《王念孫遺文》,《國家圖書館藏鈔稿本乾嘉名人别集叢刊》(23册),國家圖書館出版社2010年版,第127—130頁。

⑤ 李宗焜編:《景印解説高郵王氏父子手稿》,“中研院”歷史語言研究所2000年版。

⑥ 載羅振玉輯《高郵王氏遺書》,江蘇古籍出版社2000年版,第82頁。

⑦ 見於北大藏《王念孫手稿》,第4、5函。

⑧ 見於北大藏《王念孫手稿》,第3、4函。

⑨ “與李方伯書”與“古韻廿一部”相副,見於《經義述聞·卷三十一·通説》,《高郵王氏父子論韻文稿》據以録之。篇首之“與李方伯書”另有二見,臺北中研院傅斯年圖書館藏有殘缺手稿本,字迹潦草,多删改處,内容與《經義述聞》所載有出入,當爲最初之草稿。《王石臞先生遺文》之“與李鄦齋方伯論古韻書”單行,録自《經義述聞》。

⑩ 見於北大藏《王念孫手稿》,第4函。

聲),作《與丁大令若士書》《詩經群經楚辭合韻譜》《周秦諸子合韻譜》《史記漢書合韻譜》等,成晚年定論①。王念孫"古韻廿二部"多有自己創見,且已包含前修時賢古韻分部之主要成績。王氏,鉤玄抉要、兼容并包,故能成其大。王力先生在《清代古音學》中譽曰:"清代古音學到了王念孫,已經是登峰造極。考古派只能做到這一步,至於審音派,則入聲一律獨立,韻部增多,又當別論了。"②

王念孫《答江晉三書》(1821)言分古韻廿一部,且於孔氏東、冬分立之説駁之甚力。同年《與丁大令若士書》曰:"弟自去年肝血虧損,左臂左足幾於偏廢,迄今不能出户,愧不克趨詣尊齋請教。弟向作酌定古韻凡廿二部,説與大箸略同,惟質、術分爲二部且質部有去聲而無平、上聲,緝、盍二部則並無去聲。"已言酌定古韻廿二部,且於丁履恒采孔氏東、冬之説不復辯議,則知此年王氏轉持孔説。《詩經群經楚辭合韻譜》及《周秦諸子合韻譜》東、冬分列,當作於1821年之後(王念孫1832年去世)。

(二)"古有四聲"觀點之確立

王念孫《詩經群經楚辭合韻譜》於"古韻廿二部"而外依四聲分列。王引之《經義述聞》自序曰"年廿一(1786),應順天鄉試不中式而歸,亟求《爾雅》《説文》《音學五書》讀之,乃知有所謂聲音文字訓詁者。越四年(1790)而復入都,以己所見質疑於大人前,大人則喜曰'乃今可以傳吾學矣',遂語以古韻廿一部之分合,《説文》諧聲之義例"可知1790年前後王念孫"古韻廿一部"已經確立,故有後來《經義述聞·卷三十一》之《與李方伯書》及《古韻廿一部通表》。考《經義述聞》(1790—1797)③所載《古韻廿一部通表》分有入、無入二類,除盇、緝二部外皆列去聲,則此時王念孫已有古四聲之見。又考之《答江晉三書》(1821)④曰:

己酉中秋(1789)段君以事入都,始獲把晤。商定古音,告以侯部自有入聲,月、曷以下非脂之入,當別爲一部;質亦非真之入;又,質、月二部皆有去而無平上,緝、盍二部則無平上,而并無去。段君從者二謂侯部有入聲,及分術月爲二部。不從者三。

王念孫言"質、月二部皆有去而無平上,緝盇二部則無平上,而并無去。"可知最遲至1789年,王念已持"古有四聲"之説。

---

① 按,趙永磊《王念孫古韻廿二部形成源流考》有所考述,本文對其觀點作了補正。

② 王力:《清代古音學》,中華書局2013年版,第207頁。

③ 王引之1790年始入都"質疑於大人前",《經義述聞》1797年初刊,1817年再刊,1827年重刊并增《太歲考》《春秋名字解詁》二篇。

④ 此札三見,一載於江有誥《音學十書·序》,題作"《王石臞先生來書》"。《王石臞先生遺文》據以録之,題作"答江晉三論韻學書"。《高郵王氏父子論韻文稿》亦有録,題作"答江晉三書",并附有"簽江晉三古韻總論四條",爲《音學十書》《王石臞先生遺文》所無,《文稿》疑另有所本。據"念孫亦七十有八矣"一句,知該書札作於道光元年,即1821年。

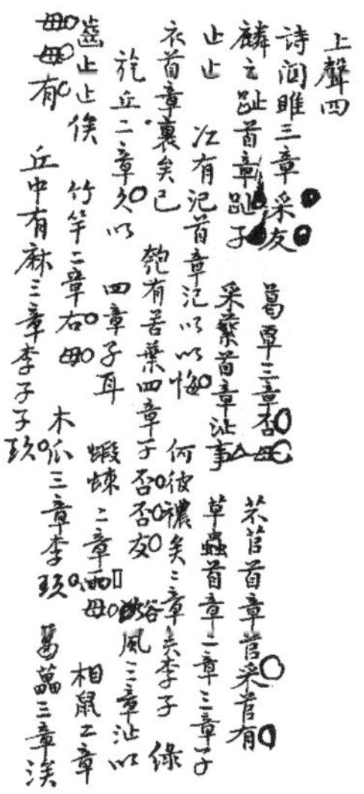

圖一

早之於此，王念孫編制《詩經群經楚辭古韻譜》時即已开始上古聲調之考察研究，今見《王念孫遺文》①所載《古韻十七部聲韻配合表及平入分配説》稿中夾有《詩經群經楚辭古韻譜》草稿一段，題作《上聲四》（見圖一）。

上聲四

《詩》《關雎》三章采○友○　《葛覃》三章否○母○　《芣苢》首章苢采○苢有○　《麟之趾》首章趾○子○　《采蘩》首章沚事△　《草蟲》首章二章三章子止止　《江有汜》首章汜以以悔○　《何彼襛矣》二章矣李子　《緑衣》首章裏矣已　《匏有苦葉》四章子否○否○友○《谷風》三章沚以　《旄丘》二章久○以　《四章》子耳　《蝃蝀》二章雨■母○　《相鼠》二章齒止止俟　《竹竿》二章右○母○　《木瓜》三章李玖○　《葛藟》三章涘母○母○有○　《丘中有麻》三章李子子玖○

按，《詩經群經楚辭古韻譜》“之部”上聲對應作：

采友關雎四章　否母葛覃三章　苢采苢有芣苢一章　苢苢二章三章同　趾子麟之趾一章　沚事采蘩一章　子止止草蟲一章二三章同

汜以以悔江有汜一章　矣李子何彼襛矣二章　裏矣已緑衣一章　子否否友匏有苦葉四章　沚以谷風三章　久以旄丘二章　子耳四章

齒止止俟相鼠二章　右母竹竿二章　背痗伯兮四章　李玖木瓜三章　涘母母有葛藟二章　李子子玖丘中有麻三章

王氏《古韻譜》“之部”本平、上、入三聲分列，此稿僅存“之部”上聲片斷，並於非上聲字旁標之以“△”，如：“《采蘩》首章：沚事△”，“事”字爲去聲，故作標示。王氏雖初以段氏“無去聲”體例作譜，然未敢深信，故於四聲相押處處留意，《古韻譜》稿本中聲調標示即王念孫早期考察古聲調之實踐。陸宗達説：“先生《韻譜》中又於字旁有‘△’識者，爲段表所闕，詳核其誼，乃先生定古有四聲之漸也。蓋先生諸《譜》初從段氏無去之例，迨成書後，新誼漸生，漸覺段説不可信，故於韻中加以箋識。厥後再撰譜録，始成分列四聲之韻。由是可知，此‘△’識者爲四聲更定之關鍵也。”②今按，由《古韻譜》草稿可見“△”類符號箋識於作稿之初，非在成書以後。

此段《古韻譜》稿先列篇目名稱後列韻段，與今所見《詩經群經楚辭古韻譜》如“沚事采蘩首章”排列不同，可知其爲初作稿。王念孫 1781 年前後③得見段玉裁《六書音均表》，遂加以研究，至

① 《王念孫遺文》爲鈔稿本，今藏于國家圖書館古籍部。

② 陸宗達：《王石臞先生〈韻譜〉〈合韻譜〉遺稿跋》，《國學季刊》，1932 年第 3 卷 1 號。又見於陸宗達：《陸宗達語言學論文集》，北京師範大學出版社 1996 年版，第 9 頁。後者重新排版，内容有錯訛。

③ 王念孫於乾隆四十五年（1780）入都重入庶吉士館，次年（1781）四月充工部都水司主事，劉盼歲《年譜》將此系之於乾隆四十五年。

1789 年“古韻廿一部”(有四聲)確立。《詩經群經楚辭古韻譜》以“古無去聲”爲例,成書當在 1781 年至 1789 年之間。王氏由“古無去聲”轉持“古有四聲”亦在這八年之間。王念孫《與江晉三書》(1823)曰“近者復奉新札謂‘古人實有四聲,特與後人不同,陸氏依當時之聲誤爲分析,特撰《唐韻四聲正》《四聲韻譜》’不覺狂喜,顧氏‘四聲一貫’之説,念孫向不以爲然。”知 1790 年至 1823 年,王念孫始終秉持“古有四聲”觀點,其“古有四聲”説之確立早江有誥三十多年。

茲據以上所考,列王念孫古韻分部及四聲觀點發展形成軌跡如下:

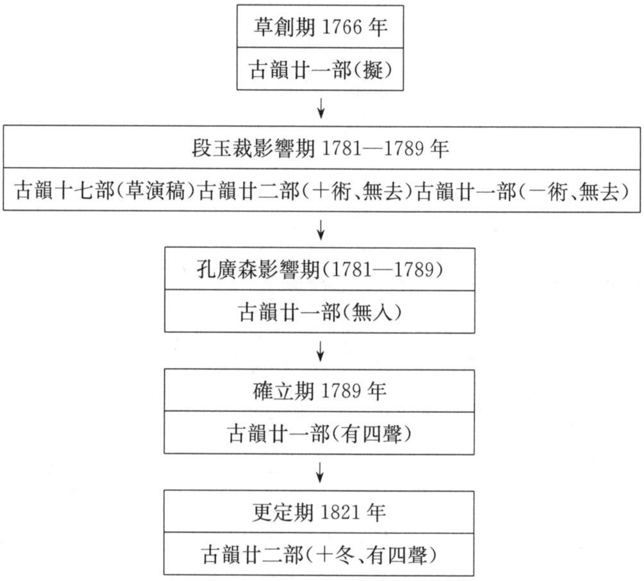

圖二

二、《詩經群經楚辭合韻譜》

(一)《詩經群經楚辭合韻譜》之内容

王念孫《詩經群經楚辭合韻譜》共 3 册,見於北大藏《王念孫手稿》第三函第 1 册、第 2 册、第 3 册。其中第 1 册 58 頁(含封面 1 頁)、第 2 册 53 頁(含封面一頁)、第 3 册 20 頁(含封面一頁)。三册合計 131 頁,除去封面爲 129 頁。《詩經群經楚辭合韻譜》收録内容包括《詩經》《易》《書》《大戴禮記》《禮記》《左傳》《國語》《穀梁傳》《公羊傳》《論語》《孟子》《爾雅》《楚辭》[1]等

① 《楚辭》僅收《離騷》《九歌》《天問》《九章》《遠遊》《卜居》《漁父》《九辯》《招魂》《大招》諸篇,一般認爲是屈原所作。

十三部典籍，皆成書于西周至戰國時期，所收篇目與《詩經群經楚辭古韻譜》相同，亦與《六書音均表》所載《詩經韻分十七部表》《群經韻分十七部表》一致，可見王念孫古韻著作受段玉裁影響。

《詩經群經楚辭合韻譜》於每頁左上角寫有該頁所録合韻類目，分"二韻通合""三韻通合"兩類。前兩册爲二韻通合譜（111 頁），共 107 組 384 條，始"東冬"終"毒宵"，除已分立東、冬，月、宵二部合韻承前省略外，譜目分類及排列次序與"古韻廿一部"相同。第三册爲三韻通合譜（20 頁），共 19 組 29 條，始"東冬蒸"終"止語厚"，次序亦與"古韻廿一部"相符。

其中第 1 册"東侵合韻""東元合韻"各重複一頁，"耕真合韻"佔二頁；第 2 册"之宵合韻"重複一頁，"紙旨合韻""錫月合韻"共在一頁；第 3 册"東語厚合韻""冬侵耕合韻"共在一頁，"侵真諄合韻""陽耕真合韻"共在一頁，"歌忮藥合韻"重複一頁。三册收録合韻共計 126 組 413 條，除去重複頁數及兩組在一頁者，《詩經群經楚辭合韻譜》之佈局基本每頁一個組類，包括第 1 册 54 組，第 2 册 55 組，第 3 册 19 組。每合韻組類下囊括的合韻條目數量不等，少至 1 條如"東蒸合韻""東侵合韻"等，多至 45 條如耕真合韻。

《詩經群經楚辭合韻譜》"二韻通合"之合韻類别、類目及合韻數量分别爲：

【東類】11 組 38 條：東冬（17）、東蒸（1）、東侵（1）、東陽（7）、東耕（1）、東諄（1）、東元（1）、東之（2）、東語（1）、東厚（1）、東幽（5）。

【冬類】5 組 15 條：冬蒸（2）、冬侵（6）、冬陽（3）、冬真（3）、冬元（1）。

【蒸類】6 組 11 條：蒸侵（5）、蒸陽（1）、蒸諄（1）、蒸元（1）、蒸之（2）、蒸職（1）

【侵類】5 組 8 條：侵談（1）、侵耕（3）、侵之（1）、侵黝（2）、侵毒（1）

【談類】1 組 3 條：談陽（3）

【陽類】5 組 11 條：陽耕（6）、陽真（2）、陽元（1）、陽語（1）、陽御（1）

【耕類】6 組 53 條：耕真（45）、耕諄（3）、耕元（2）、耕質（1）、耕職（1）、耕御（1）

【真類】3 組 26 條：真諄（19）、真元（6）、真至（1）

【諄類】5 組 24 條：諄元（14）、諄質（2）、諄脂（5）、諄旨（1）、諄鞊（2）

【元類】7 組 18 條：元歌（5）、元質（2）、元脂（4）、元旨（1）、元祭（2）、元月（3）、元御（1）

【歌類】9 組 17 條：歌支（3）、歌紙（1）、歌忮（1）、歌脂（5）、歌旨（1）、歌鞊（2）、歌魚（2）、歌侯（1）、歌笑（1）

【支類】5 組 7 條：支脂（2）、紙旨（2）、錫月（1）、錫止（1）、錫屋（1）

【至類】6 組 21 條：至脂（1）、至旨（1）、至鞊（6）、質術（2）、質月（7）、質職（4）

【脂類】6 組 35 條：鞊祭（19）、術月（3）、脂之（4）、旨止（2）、鞊志（6）、鞊黝（1）

【盍類】2 組 4 條：盍緝（2）、盍鐸（2）

【緝類】2 組 6 條:緝職(5)、緝黝(1)

【之類】9 組 46 條:之魚(4)、止語(8)、之侯(1)、職屋(2)、之幽(2)、止黝(13)、志幼(4)、職毒(11)、之宵(1)

【魚類】5 組 11 條:魚侯(3)、語厚(3)、魚幽(2)、語黝(1)、御宵(2)

【侯類】6 組 15 條:侯幽(3)、厚黝(2)、候幼(1)、屋毒(7)、厚小(1)、候笑(1)

【幽類】3 組 17 條:幽宵(10)、黝小(6)、毒宵(1)

以上"二韻通合"中"月""宵"二類條目皆承於前部而未單列。

《詩經群經楚辭合韻譜》"三韻通合"之合韻類别、類目、及合韻數量分别爲:

【東類】5 組 11 條:東冬蒸(4)、東冬侵(3)、東冬陽(2)、東止語(1)、東語厚(1)

【冬類】2 組 2 條:冬侵耕(1)、冬耕真(1)

【蒸類】1 組 1 條:蒸諄元(1)

【侵類】1 組 1 條:侵真諄(1)

【陽類】2 組 2 條:陽耕真(1)、陽諄元(1)

【耕類】2 組 4 條:耕真諄(3)、耕真元(1)

【諄類】2 組 2 條:諄元質(1)、諄元旨(1)

【歌類】1 組 1 條:歌忮蘗(1)

【質類】1 組 2 條:質術月(2)

【緝類】1 組 1 條:緝職毒(1)

【止類】1 組 2 條:止語厚(2)

《詩經群經楚辭合韻譜》可以考察王念孫對韻例的分析、合韻的歸納,解釋王念孫古韻分部及韻部編排體例。王念孫初以《廣韻》次序劃分古韻部,如《古韻十七部聲韻配合表及平入分配説》列韻目爲:東、支、脂、之、魚、真、諄、元、蕭、歌、陽、庚、蒸、尤、侯、侵、覃十七部,即以《廣韻》爲序。後根據有入、無入二分,改定爲東、蒸、侵、談、陽、耕、真、諄、元、歌、支、至、脂、祭、盍、緝、之、魚、侯、幽、宵,共廿一部。此序列王念孫既以《廣韻》爲基礎,如以東爲始、有"真、諄、元""支、脂、之、魚、侯、幽"之排列,又考慮到了入聲有無及合韻情況。合韻是王念孫考察古韻部分合、遠近的重要依據。

(1) 東、冬:《合韻譜》東類東、冬通合數量較多,有 17 條,故王念孫將冬第二列於東部第一之後。

(2) 蒸:蒸、侵合韻最多(5 條),考慮到《廣韻》蒸在東、冬之後,在侵之前,且"三韻通合"之"東冬蒸"(4 條)多於"東冬侵"(3 條),又蒸、談無合韻,故將蒸列於侵前,談列於侵後。

(3) 陽、耕:談類中僅有談、陽合韻3例,故陽第六列於談第五之後。陽類中陽耕合韻最多(6條),故耕第七列於陽第六之後。

(4) 真、諄、元:耕類中耕、真合韻最多(45條),故真第八列於耕第七之後。真類中真、諄合韻次數最多(19條),故諄第九列於真第八之後。諄類中諄、元合韻次數最多(14條),故元第十列於諄第九之後。又,"三韻通合"中,"耕真諄"(3條)多於"耕真元"(1條),故以真、諄、元爲次。

(5) 元歌:元類中元、歌合韻最多(5條),故歌第十一列於元第十之後。

(6) 質、脂、月:有入一類,若依《廣韻》韻序則當以五支、六脂、七之爲序。脂類合韻中,脂月合韻最多(21條);脂質合韻次之(10條)。王念孫在支部下列質爲第十三,脂爲第十四,月爲第十五。在《廣韻》基礎上考慮到了合韻情況。

(7) 盇、緝:盇、緝二部從侵、談分出,關係密切。其中緝職合韻較多(5條),可與之部相聯繫,故盇爲第十六。緝部爲第十七,下接之部。

(8) 之、魚、侯、幽:之幽合韻19條,之魚合韻12條,魚侯合韻6條,侯幽合韻6條,侯宵合韻9條,幽宵合韻17條,之宵合韻12條。若依合韻頻次,當以之、幽、宵、魚、侯排列,又結合《廣韻》之、魚、侯、幽的先後以及三韻通合例(止語厚合韻2條),故以之第十八、魚第十九、侯第二十、幽第二十一、宵第二十二爲次。

可見,不論是"古韻廿一部"還是"古韻廿二部",王念孫古韻分部及韻部排序,皆以《廣韻》爲基礎而又極大考慮了《詩經》、群經、《楚辭》的合韻情況。《合韻譜》之合韻統計爲研究分析王念孫古韻部體系提供了依據。

另外,從《合韻譜》類目可以看出,凡"三韻通合"者,其内部前後兩個韻部在古韻部系統中一定比較臨近,即有較多相押頻次。如東類"東冬合韻"最多且前後臨近,故有東冬蒸、東冬侵、東冬陽等合韻;之類"之魚合韻"常見,故有東止語、止語厚合韻;諄類"諄元合韻"最多,故有蒸諄元、陽諄元、諄元質等合韻。也就是説,"三韻通合"中有"二韻"一定是臨近的韻部,反過來説,有臨近韻部也是王念孫敢於判定爲"三韻通合"的必要條件。王念孫《合韻譜》中"三韻通合"、押韻頻次、"古韻廿二部"構成了一個自恰體系,因此可以説它是一部較成熟的著作。

(二)《詩經群經楚辭合韻譜》之分韻目及四聲

《詩經群經楚辭合韻譜》之編制以《詩經群經楚辭古韻譜》爲基礎,即王氏先作《古韻譜》,後又在文獻整理校勘的同時重新增補和歸納用韻,將合韻條目一一摘出,以二合、三合韻目首字爲準,據新更定之"古韻廿二部"依次排列而成《合韻譜》。王念孫以韻目排列韻段,韻目實爲《合韻譜》之綱領。兹據北大藏《詩經群經楚辭合韻譜》稿本,參以陸宗達《王石臞先生〈韻譜〉〈合韻譜〉遺稿後記》所列,對《詩經群經楚辭合韻譜》之四聲部目做了重新排比歸納:

次　序	平聲	上聲	去聲	入聲
第一部	東			
第二部	冬			
第三部	蒸			
第四部	侵			
第五部	談			
第六部	陽			
第七部	耕			
第八部	真			
第九部	諄			
第十部	元			
第十一部	歌			
第十二部	支	紙	忮	錫
第十三部			至	質
第十四部	脂	旨	鞊	術
第十五部			祭	月
第十六部				盍
第十七部				緝
第十八部	之	止	志	職
第十九部	魚	語	御	鐸
第二十部	侯	厚	候	屋
第二十一部	幽	黝	幼	毒
第二十二部	宵	小	笑	藥

按，陸宗達《王石臞先生〈韻譜〉〈合韻譜〉遺稿後記》所列韻目第二十一部上聲“黝”作“有”，去聲“幼”誤作“黝”，第二十二部“宵”作“蕭”，皆與《詩經群經楚辭合韻譜》用字不符，今改之。

三、《周秦諸子合韻譜》

(一)《周秦諸子合韻譜》之内容

《周秦諸子合韻譜》共3册，見於北大藏王念孫手稿第五函第10册、第11册、第12册，其中第10册8頁(含封面1頁)，第11册39頁(含封面1頁)，第12册49頁(含封面1頁)，三册共計 96 頁,除封面則爲 93 頁。其中第 11 册“耕真合韻”佔兩頁,第 12 册“止語合韻”重複一頁。三册收録合韻共計 91 個組類,包括第 10 册 7 組,第 11 册 37 組,第 12 册 47 組。除重複頁及佔兩頁者,其餘每合韻組類各佔一頁。每合韻組類下囊括合韻條目數量多少不等,少至 1 條如“東諄合韻”“東幽合韻”“東耕合韻”等,多至 63 條如“耕真合韻”。《周秦諸子合韻譜》所取書目有《管子》《老子》《孫子》《吴子》《韓非子》《莊子》《墨子》《荀子》《吕氏春秋》《晏子》等十部,成書皆在春秋戰國時期。其中《管子》爲春秋時期齊國管仲及其門人的著作;《老子》爲春秋時期道家老子李耳所著;《孫子》是春秋末期孫武所作的兵家著作;《吴子》相傳爲戰國初期吴起所作的一部兵家著作;《韓非子》爲戰國時期法家韓非所作;《莊子》是戰國中期莊子及其後學所作的道家著作;《墨子》爲戰國時期墨家學派創始人墨翟及其弟子的著作;《荀子》爲戰國末年荀況所作;《吕氏春秋》爲戰國末年秦相吕不韋組織門客所作的雜家著作;《晏子》是記敘春秋時代齊國晏嬰思想及言行的著作,一般認爲成書于戰國中晚期。以上所録篇目與《周秦諸子韻譜》相比多《吴子》《晏子》二部,知此二譜非同時之作。

王念孫《周秦諸子合韻譜》於稿本每頁左上角寫有該頁所録合韻類目,分“二韻通合”與“三韻通合”兩類。其中第 11 册、12 册爲“二韻通合譜”,共 84 條,始“東冬”終“黝小”;第三册爲“三韻通合譜”,始“東冬陽”終“紙至祭”,共 12 條,排列次序與“古韻廿二部”一致。

《周秦諸子合韻譜》“二韻通合”之合韻類别、類目及合韻數量分别爲:

【東類】5 組 36 條:東冬(9)、東蒸(6)、東陽(19)、東諄(1)、東幽(1)

【冬類】3 組 4 條:冬蒸(2)、冬耕(1)、冬諄(1)

【蒸類】4 組 8 條:蒸侵(3)、蒸陽(3)、蒸庚(1)、蒸職(1)

【侵類】3 組 3 條:侵談(1)、侵耕(1)、侵志(1)

【談類】1 組 2 條:談陽(2)

【陽類】3 組 6 條:陽耕(3)、陽語(2)、陽鐸(1)

【耕類】3 組 69 條:耕真(63)、耕諄(2)、耕元(4)

【真類】2 組 32 條:真諄(22)、真元(10)

【諄類】2 組 12 條:諄元(10)、諄脂(2)

【元類】2 組 6 條:元歌(5)、元支(1)

【歌類】8 組 25 條:歌支(7)、歌紙(2)、歌忮(2)、歌脂(10)、歌旨(1)、歌魚(1)、歌語(1)、歌宵(1)

【支類】2 組 6 條:支脂(4)、忮鞘(2)

【至類】8 組 29 條:至鞘(7)、質鞘(1)、質術(6)、質祭(2)、質月(9)、質緝(1)、至止(1)、質職(2)

【鞘類】7 組 13 條:鞘祭(2)、術月(2)、鞘緝(2)、術緝(2)、旨止(2)、鞘志(2)、術職(1)

【月類】2 組 2 條:月緝(1)、祭志(1)

【緝類】2 組 8 條:緝職(6)、緝屋(2)

【之類】12 組 52 條:之魚(1)、止語(10)、職語(1)、御職(1)、職鐸(2)、止厚(1)、職屋(2)、之幽(2)、止黝(24)、志幼(1)、職毒(6)、之宵(1)

【魚類】8 組 17 條:魚侯(2)、語厚(7)、御候(1)、鐸屋(2)、魚幽(1)、語黝(2)、御黝(1)、鐸藥(1)

【侯類】4 組 8 條:侯幽(1)、厚黝(5)、屋毒(1)、侯宵(1)

【幽類】3 組 5 條:幽宵(2)、黝宵(2)、黝小(1)

"二韻通合譜"中"宵"類條目承於前部而未單列,"之"類中"止語合韻"原稿列于册末,當爲增補,今調入之類"之魚"下。

《周秦諸子韻譜》"三韻通合"之合韻類别、類目、數量分别爲:

【東類】1 組 1 條:東冬陽(1)

【耕類】2 組 4 條:耕真諄(3)、耕真職(1)

【真類】1 組 2 條:真諄元(2)

【歌類】2 組 4 條:歌支脂(3)、歌旨語(1)

【支類】1 組 1 條:紙至祭(1)

如果説《詩經群經楚辭合韻譜》合韻多寡是考察王念孫古韻部分合、遠近的"本證",那麽《周秦諸子合韻譜》便可用來做"旁證",如冬類冬蒸合韻較多,蒸類蒸侵合韻較多,談類談陽合韻較多,耕類耕真合韻較多等等,都與《詩經群經楚辭合韻譜》一致。另外二部《合韻譜》皆以"耕真合韻"數量最多,這應當不是巧合,它反映和説明了二韻部較爲臨近的事實。

王氏合韻譜編排以四聲及古韻廿二部爲綱領,并以合韻組類統系合韻條目,如"耕諄"類目下列"存生孫子九地篇""平本呂覽辯土"兩條韻段。其中"耕諄"爲韻字所屬韻部組合,此韻部爲王念孫之古韻二十二部。若完全根據入韻字先後標示合韻類目,如"存生孫子九地篇"當標作"諄耕","平本呂覽辯土"當標作"耕諄"①,前後標示不同,次序就會混亂。王念孫意識到了這個問題,便依據入韻字之兩韻或三韻在"古韻二十二部"中的次序統一重新排列類目,如"諄耕""耕諄"統一標作"耕諄",因爲王念孫"古韻二十二部"次序爲:東、冬、蒸、侵、談、陽、耕、真、諄、元、歌、支、至、脂、祭、盍、緝、之、魚、侯、幽、宵。"耕"在前,"諄"在后,故標作"耕諄"。又如第 10 册"耕真諄"合韻下列"令君政矜人駢親君身臣管子四稱篇擅創爲令十四句""神文名侈靡篇故信其情者傷其神三句""根神淵清韓子楊權篇掘其根四句"若依韻字

① 《周秦諸子合韻譜》中有個别標註與整體體例不同,如之類有"職語""御職""職鐸"("御職"當改作"職御"而未及改之)。

所在韻部標示，可分别標作“真諄耕”“真諄耕”“諄真耕”，但王念孫統一標作“耕真諄”，這顯然是以“古韻二十二部”次序編排的。又合韻譜内合韻類目之間的前後排列亦先依標目首字之“古韻二十二部”次序排列，合韻類目首字相同時再據次字在“古韻二十二部”中的次序排列，如“二韻通合”首列“東冬”，次列“東蒸”，再列“東陽”，類目首字順序與王念孫“古韻二十二部”次序也都一致。若類目首字相同、次字在“二十二部”中的次序一致但聲調不同，則據平、上、去、入之次序排列，如“歌脂”在“歌旨”前；若類目之間首字、次字在“二十二部”中的次序皆相同但聲調不同，則據首字及次字之聲調順序依次相應排列，如“之幽”“止黝”“志幼”“職毒”前後字皆分别屬於之部、幽部，它們依聲調次序排列。需要指出的是，韻部次序大於聲調次序，如“職屋”在前“之幽”在後。

（二）《周秦諸子合韻譜》之分韻及四聲

在王念孫古音學手稿被發現以前，人們僅能依據《經義述聞・卷三十一》“古韻二十一部通表”所載“古韻二十一部”窺探王氏古韻分部情況。此“二十一部通表”區分四聲列東、蒸、侵、談、陽、耕、真、諄、元、歌、支、至、脂、祭、盍、緝、之、魚、侯、幽、宵二十一部，與稿本中《詩經群經楚辭古韻譜》《周秦諸子韻譜》分平、上、入列二十一部不同，可知王氏初以“古無去聲”列古韻廿一部，後又以“古有四聲”列古韻廿一部。《周秦諸子合韻譜》的情形與《周秦諸子韻譜》又有不同，所列韻目前十一部無入聲，以平聲該上去；后十一部除盍、緝無平、上、去，質部無平、上外，其他諸部皆平、上、去、入分列。可知它已分東、冬爲二，分四聲列古韻二十二部，這與《詩經群經楚辭合韻譜》相同。可以看出，《周秦諸子古韻譜》與《詩經群經楚辭合韻譜》作于同時，《周秦諸子合韻譜》與《詩經群經楚辭合韻譜》作于同時。今參考“古韻二十一部通表”及《詩經群經楚辭合韻譜》將《周秦諸子合韻譜》韻目排比歸納如下：

次　序	平聲	上聲	去聲	入聲
第一部	東			
第二部	冬			
第三部	蒸			
第四部	侵			
第五部	談			
第六部	陽			
第七部	耕			
第八部	真			
第九部	諄			
第十部	元			

續表

次 序	平聲	上聲	去聲	入聲
第十一部	歌			
第十二部	支	紙	忮	錫
第十三部			至	質
第十四部	脂	旨	鞊	術
第十五部			祭	月
第十六部				盍
第十七部				緝
第十八部	之	止	志	職
第十九部	魚	語	御	鐸
第二十部	侯	厚	候	屋
第二十一部	幽	黝	幼	毒
第二十二部	宵	小	笑	藥

按，表中加“□”者爲《周秦諸子合韻譜》所缺，今據《詩經群經楚辭合韻譜》補之。

四、結　　語

王念孫的古音學研究具有遠見卓識，故而不論是古四聲説、古韻廿二部還是合韻研究，都走在了當時學界前沿。《詩經群經楚辭合韻譜》《周秦諸子合韻譜》中王念孫分四聲列“古韻廿二部”，以統系合韻類别及條目，由此部目可知王念孫晚年已在其“古韻廿一部”基礎上接受孔氏東、冬分立之説，這使他的古韻部體系更加完善。王國維在《周代金石文韻讀序》中説：“古韻之學自昆山顧氏，而婺源江氏，而休甯戴氏，而金壇段氏，而曲阜孔氏，而高郵王氏，而歙縣江氏，作者不過七人，然古音廿二部之目遂令後世無可增損。故訓故、名物、文字之學有待於將來者甚多，至古韻之學，謂之前無古人後無來者，可也。……余讀諸家韻書，竊歎言韻至王、江二氏已無遺憾。”從王念孫未刊古音學手稿的考察來看，江氏“古有四聲”“古韻廿一部”步王念孫後塵，而又未能超越。王念孫晚年的古韻廿二部，在章太炎、黄侃之前亦無人匹及。另就合韻而言，雖然段玉裁較早提出了“合韻”理論，但王念孫最早全面實踐並專門編制了《合韻譜》①，

① 江有誥在王念孫之後亦編有《合韻譜》數種，已佚，其《音學十書》中有存目。

他是合韻研究中集大成的清代古音學家，爲上古音合韻研究做出了重要貢獻，爲考察異常諧聲、古音通假、古方言提供了文獻用韻依據。《詩經群經楚辭合韻譜》《周秦諸子合韻譜》不論是古韻分部還是合韻歸納，都代表了清代中期古音學研究的較高水準。

附圖：

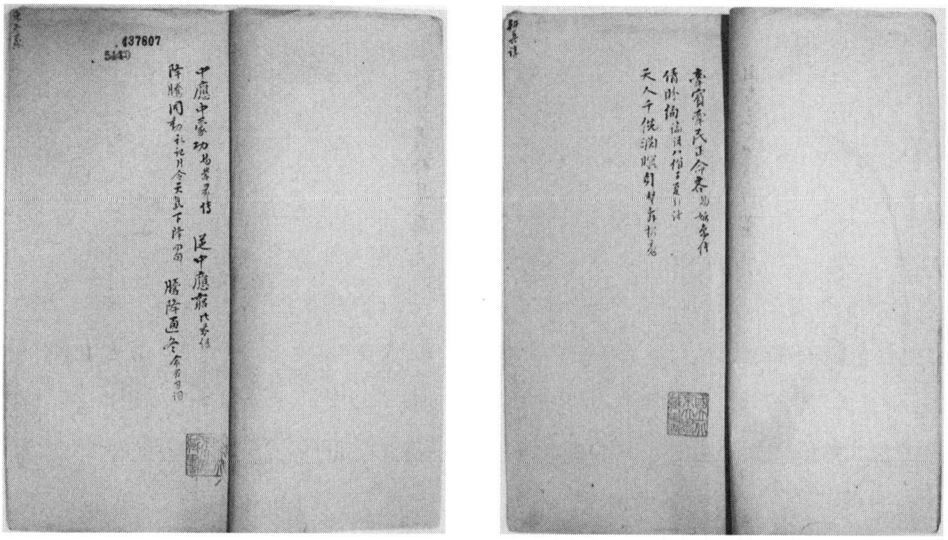

《詩經群經楚辭合韻譜》

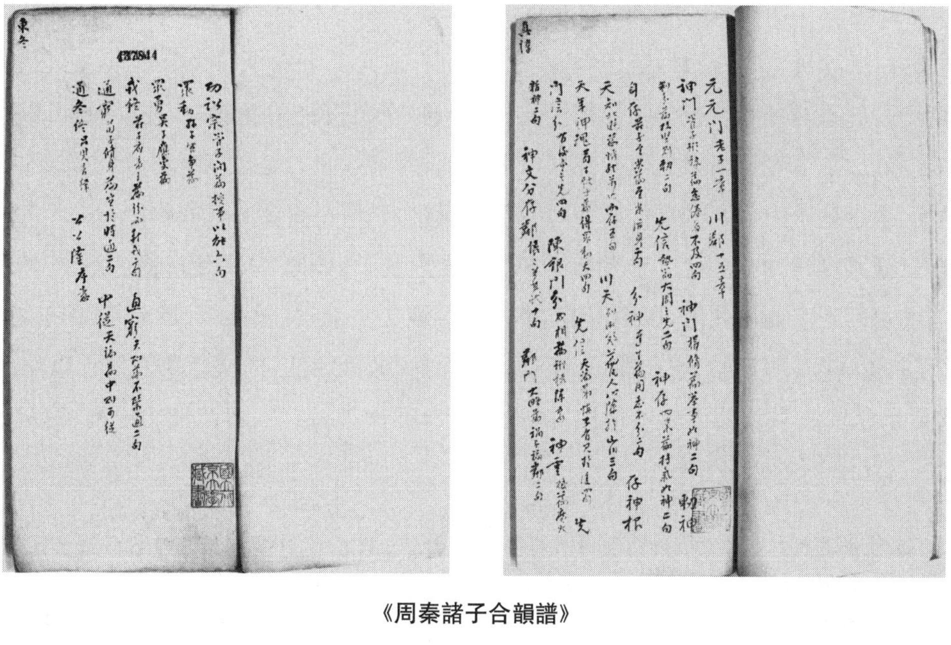

《周秦諸子合韻譜》

《穀梁》最善於經：鍾文烝《春秋穀梁經傳補注》約論

□許超傑

［摘　要］ 鍾文烝《春秋穀梁經傳補注》是繼范甯、楊士勛《穀梁注疏》之後又一部對《穀梁傳》作全文注釋的著作，亦可謂清代《穀梁》學研究最全面、最深入的經典之作。《穀梁補注》以“《穀梁》善於經”爲核心理念，對《穀梁傳》作了全新的詮釋。鍾文烝通過比較三傳優劣，認爲《穀梁》最得《春秋》之真。在鍾文烝的詮釋體系中，“《穀梁》善於經”進一步轉變爲“《穀梁》最善於經”。而在這一理念下，范甯兼采三傳的注法必不能爲鍾文烝所接受，故鍾文烝駁而論之，提出“以本傳斷群書”的詮釋方法。這可以説是“《穀梁》善於經”在《穀梁補注》中的體現，亦可謂“《穀梁》善於經”説的進一步發展。

［關鍵詞］ 鍾文烝；《春秋》；《穀梁補注》；《穀梁》善於經

［作者簡介］ 許超傑，湖南大學嶽麓書院助理教授（湖南長沙　410082）

鍾文烝，字朝美，又字伯瀐，號子勤，浙江嘉善人，道光二十六年（1846）舉人。①鍾氏博學經傳，精於《穀梁》學，撰《春秋穀梁經傳補注》二十四卷，在范甯注的基礎上，或從或補或駁，極論《穀梁》之善於經。《春秋穀梁經傳補注》（以下簡稱《穀梁補注》）是繼范甯注、楊士勛疏之後，又一部全面、系統地疏證《穀梁傳》的著作，是清代《穀梁》學最爲重要的代表作之一。

因爲《穀梁補注》的重要性，學者亦從多個方面對其予以研究。文廷海從“《穀梁》傳者，《春秋》之本義也”“正名而盡其辭，以明王道”等方面對鍾文烝推崇《穀梁傳》的學術傾向及其經學思想作了探討，又從明訓詁、通典禮、正謬誤等方面對《穀梁補注》的文獻學價值予以討論。②而吴連堂更是專撰《〈春秋穀梁經傳補注〉研究》一書，從作者、體例、對范注之證補、對經傳之發

＊　本文爲教育部高校古委會直接資助項目“《穀梁》舊注匯釋（1841）”、中央高校基本科研業務費“清代《穀梁》學專題研究（531107051066）”階段性成果。

①　參見《清儒學案》卷一八一《子勤學案》，中華書局 2008 年版，第 6983 頁。《清史稿》言鍾文烝字子勤，與此有別，姑置於此，以備一説。

②　文廷海：《清代春秋穀梁學研究》，巴蜀書社 2006 年版，第 159—187 頁。

明、論二傳及三傳異文、《補注》之疏失等方面對《春秋穀梁經傳補注》作了深入、詳盡的探討。① 可以説,無論是就鍾文烝經學思想之研究,還是對《穀梁補注》文獻訓詁成就之探討,前人都已作出了全面而深入的研究。但筆者認爲,《穀梁補注》的核心是對"《穀梁》善於經"的詮釋,此點似尚未有學者作出深入探討。故筆者此文希望在前人研究的基礎上,就鍾文烝如何論述"《穀梁》善於經"作一點探討與研究。

一、"經"與"史":《春秋》之性質與義例

解讀《春秋》之先,必當對《春秋》的性質予以詮定。惟有確定《春秋》之性質,才能論《春秋》之讀法,而後才得論三傳與《春秋》之關係。就《春秋》之性質而言,首先需要辨明的就是其"經/史"屬性。鍾文烝《春秋穀梁經傳補注序》曰:

> 魯之《春秋》,魯所獨也。孔子之《春秋》,孔子所獨也。魯所獨者,王禮所在,其史法較諸國爲備,故石、尚欲書《春秋》,當時以爲重。孔子所獨者,是非二百四十二年之中,脩其辭以明其義,子游、子夏不能贊一辭、改一字,故梁、鄭正其名,石、鶂盡其辭,正隱治桓,皆卓然出於周初典策之上。夫梁、鄭之事,舊文也,而名有所必正,則其加損舊文者可知矣。石、鶂之事,微事也,而辭有所必盡,則大焉者可知矣。正隱治桓,揭兩字於卷首,則全書悉可知矣。②

鍾文烝用"魯"與"孔子"之對立,詮釋了"魯《春秋》"與"孔子《春秋》"的"史""經"之間的不同屬性。然如鍾文烝所説,"夫梁、鄭之事,舊文也,而名有所必正,則其加損舊文者可知矣",則作爲"經"的"孔子之《春秋》"亦在作爲"史"的"魯《春秋》"之"舊文"基礎上"加損"而成。故孟子曰:

> 王者之跡熄而《詩》亡,《詩》亡然後《春秋》作。晉之《乘》,齊、楚之《梼杌》,魯之《春秋》,一也。其事則齊桓、晉文,其文則史。孔子曰:"其義則丘竊取之矣。"③

孟子述孔子曰"其義則丘竊取之矣",其所謂孔子所"竊取"之"義",即孔子加損於"魯《春秋》"而成"孔子《春秋》"之"義"。鍾文烝述孟子此言曰:"此言《春秋》以義爲重也"④。即孔子"加損"

---

① 詳見吴連堂《〈春秋穀梁經傳補注〉研究》,《古典文獻研究輯刊(五編)》,花木蘭文化出版社 2007 年版。

② 鍾文烝撰,駢宇騫、郝淑慧點校:《春秋穀梁經傳補注・序》,中華書局 2009 年版,第 1 頁。

③ 趙岐注,孫奭疏:《孟子注疏》卷第八上《離婁章句下》,《十三經注疏》,藝文印書館 1973 年版,第 146 頁下右。

④ 鍾文烝:《春秋穀梁經傳補注・論經》,第 11 頁。

者爲"辭",而由所加損的"辭"所體現出來的則是"義"。故鍾文烝進一步推闡"辭"與"義"之關係,認爲孔子所脩之"辭"即《春秋》所藴之"義",其言曰:

《公羊》述孔子之言曰:"其辭則丘有罪焉爾。"此又言《春秋》以辭爲重也。其實義即是辭,辭即是義。《説文》解"詈"字曰:"意内而言外。"義者内之意,辭者外之言。《公羊》所述即《孟子》所述,而《史記》引孔子曰"《春秋》以道義",亦同旨也。是故君子之脩《春秋》,脩其辭以取其義也。①

故孔子之於"魯《春秋》",其"脩辭"之目的就在於"賦義"。也就是説,對於孔子的《春秋》而言,其要在於"辭"與"義",但作爲"史"的"魯《春秋》",其要則在"事"。故而,就從"史"修而爲"經"的《春秋》而言,自然當以"辭""義"爲主,故"泥於其事,溺於其文,《左氏》所以失也。即其辭而明其義,《穀梁》所以得也,《公羊》亦近之。"②易言之,鍾文烝指出,就"辭"與"義"的解讀而言,《左傳》"泥於事"而不知求其"辭"與"義",故而失之。蓋就作爲"經"的《春秋》而言,"以義脩辭,不以記事爲重","若夫可以寄微旨而通王道者,存乎精義窮理,不在記事少多。"③鍾文烝認爲"此數語包絡全旨,開釋群疑,爲諸儒所不及,學者先識此意,乃可與論《春秋》矣。"④即就"事""辭""義"三者而言,經學的讀法當以"辭"與"義"爲主,其以"事"爲主讀之,則是史學讀法。⑤因爲就"事""文""義"而言,雖然孔子《春秋》本於作爲國史的《魯春秋》,但夫子修改之處,才是《春秋》大義之所在,即便依仍史文,其不變處亦藴含夫子之新義。故鍾文烝曰:

愚自己酉歲來,最憙黄澤之學。黄氏之言尤切中樞要者曰:"史記事從實而是非自見,雖隱諱而是非亦終在。夫子《春秋》多因舊史,則是非亦與史同,但有隱微及改舊史處,始是聖人用意,然亦有止用舊文而亦自有意義者。"⑥

①② 鍾文烝:《春秋穀梁經傳補注·論經》,第11—12頁。

③④ 鍾文烝:《春秋穀梁經傳補注·論經》,第15頁。

⑤ 孔廣森《春秋公羊經傳通義敘》曰:"晉、唐以來,《公羊》《穀梁》皆成绝绪,唯《左氏》不绝於講誦。然今之《左氏》,失其師説久矣。漢世謂《公羊》爲今學,《左氏》爲古學,以其書多古文訓讀。賈逵、服虔號能明之,雖時與此傳牴牾,而一字予奪必有意,日月、名氏、詳略必有説,大指猶不甚相背。杜預始變亂賈、服古訓,以爲經承舊史,史承赴告。苟如是,因陋就簡,整齊册牘云爾,董狐、倚相之才偏優爲之,而又何貴乎聖人?大凡學者謂《春秋》事略,《左傳》事詳,經傳必相待而行,此即大惑。……聖人之所爲經,詞以意立,意以詞達,雖無三子者之傳,方且揭日月而不晦,永終古而不敝。魯之《春秋》,史也。君子修之,則經也。經主義,史主事。事故繁,義故文少而用廣。世俗莫知求《春秋》之義,徒知求《春秋》之事,其視聖經竟似《左氏》記事之標目,名存而實亡矣。"(孔廣森:《春秋公羊經傳通義》,上海古籍出版社2014年版,第724頁。)孔氏之言與鍾氏所論相仿,亦附於此,以見經、史讀法之别,乃清代《春秋》今文家之共識。

⑥ 鍾文烝:《春秋穀梁經傳補注·論經》,第16頁。

易言之，孔子之《春秋》雖有沿用《魯春秋》之文，但在夫子的隱微修改之下，即便是沿用史文者，亦被賦予了夫子的新義，即史文已化爲經文，史法已變爲經法。故鍾文烝論曰：

> 夫史法既變爲經法，則其所遵用史法者亦皆經法而非史法，史法固不可不知，而亦不可過執也。此在《穀梁》梁亡一傳本有端緒，何也？梁亡，鄭棄其師，義主正名，而文仍舊史，以此推之，則不論其文之加損不加損，而其義皆有所取，不計其與舊史本意同異何如也。①

鍾文烝以"梁亡，鄭棄其師"爲例，論《春秋》文仍舊史而有夫子之大義。析言之，則《春秋》實兼新經與舊史二義，即"《春秋》因舊文爲一義，出聖筆又爲一義，相兼乃備"，鍾氏續以《詩》爲例論曰：

> 嘗讀《詩》而益信，凡《詩》有兩作者即有兩義，可明證者三焉：其一，《左傳》富辰論《常棣》詩，既以爲周公作，又以爲召穆公作。"召穆公亦云"，鄭君解之以爲凡賦詩者，或造篇，或誦古也。其二，晉郤至曰："世之治也，公侯扞城其民，故《詩》曰'赳赳武夫，公侯干城'。及其亂也，略其武夫，以爲心腹股肱爪牙，故《詩》曰'赳赳武夫，公侯腹心。'"此《兔罝》一篇之文，而一章以爲治詩，三章以爲亂詩，明是互文錯舉也。其三，《毛詩》以《關雎》爲文王之時后妃之德；《魯》《韓詩》則以爲康王房后，佩玉晏鳴，應門失守，畢公作諷。而觀《論語》夫子之言曰"《關雎》樂而不淫，哀而不傷"，上句謂文王詩，下句謂康王詩，則亦兩義兼用也。劉向《説苑》稱傳曰："《詩》無達詁，《春秋》無通義。"此類皆是也。②

也就是説，夫子雖仍《魯春秋》之舊文，但舊文雖有史家之義，然在舊文之義外，更有夫子之新義。即如桓公三年，《春秋》書"公子翬如齊逆女。"范甯曰："翬稱公子者，桓不以爲罪人也。"鍾文烝補曰："桓所不罪，故從常例，而仍史文。後不書翬卒者，弑君賊安死卿位，不得書卒，例在宣八年傳，蓋君子削之也。"③翬稱公子，即《春秋》不削翬公子之稱，亦即孔子脩《春秋》而仍《魯春秋》之文。但孔子雖仍史文而不改，但就其義而言，實已深藴經義矣。而下文不書翬卒，即是孔子削其卒，變史文爲經文矣。但這種變與不變、仍與不仍，皆爲夫子之新經而非舊史矣。故"讀《春秋》者當知其辭之深微隱約，而不可以史家之學求之。……《春秋》説理者也。……説理

① 鍾文烝：《春秋穀梁經傳補注・論經》，第 16 頁。

② 鍾文烝：《春秋穀梁經傳補注》卷三"桓公二年"條，第 79—80 頁。

③ 鍾文烝：《春秋穀梁經傳補注》卷三"桓公三年"條，第 85 頁。

故觀辭立曉而訪義方隱也。"①惟有於這種深微隱約之間求之，始能得《春秋》之真義，亦可知夫子之大義之所在。

即如桓公二年，"冬，公至自會"，范甯注曰："告廟曰至。傳例曰：'致君者，殆其往而喜其反，此致君之意義也。'"鍾文烝補曰："告廟飲酒、策勳書勞者，至之事也，《左氏》所據史例也。喜其反者，至之義也，經例也。"②此所謂《春秋》有經史二義也。

鍾氏認爲《左傳》對《春秋》的解讀以"事"爲主，實以史法治作爲"經"的《春秋》，是以，《左傳》離於《春秋》之"辭""義"，實未得其本旨，故亦非解《春秋》之正途。即如"漢博士言'左氏不傳《春秋》'，實以其書專主記事，不若二家純論經義。"③

鍾文烝雖言"義即是辭，辭即是義"，但在"辭"與"義"之間，卻並不是一條直綫的勾連，而是曲折的解讀。鍾文烝引《禮記・經解》以説《春秋》之"辭"與"義"曰：

> 《禮記・經解》述孔子之言曰："其爲人也，屬辭比事，《春秋》教也。"屬者，屬合之。比者，比次之。《春秋》之義，是是非非，皆於其屬合、比次、異同、詳略之間見之，是其本教也。④

鍾文烝借用《經解》之文，將"屬'辭'比事"作爲解讀《春秋》之方法，認爲通過屬合、比次、異同、詳略之"屬比"可以見"《春秋》之'義'"。"屬辭比事"以求"義"，而所以求其義者，要在"例"而已矣。即例以求義，即義而定例，義與例實二而一者也。故鍾文烝曰：

> 君子脩《春秋》，以史法爲經法而例立，於是有變史例以爲例者，於是有自變其例以爲例者，此其正名盡辭以當王法，豈不尤備乎哉？夫例者義而已矣。⑤

---

① 鍾文烝：《春秋穀梁經傳補注・論經》，第 20 頁。

② 鍾文烝：《春秋穀梁經傳補注》卷三"桓公二年"條，第 83 頁。

③ 《春秋穀梁經傳補注・序》，第 1 頁。鍾文烝曰："讀《春秋》者當知其辭之深微隱約，而不可以史家之學求之。雖曰左史書動爲《春秋》，右史書言爲《尚書》，然而《尚書》説事者也，《春秋》説理者也。説事故覽文如詭而尋理即暢也，説理故觀辭立曉而訪義方隱也。後人以史視《春秋》，一誤於杜預，則謂《春秋》不可無《左傳》；再誤於劉知幾，則謂《左傳》勝於《春秋》；異言喧豗，而斷爛朝報之説起矣。韓子答劉秀才論史書曰：'凡史氏褒貶大法，《春秋》已備之矣。後之作者，在據事跡實録，則善惡自見。'司馬光作《通鑑》，於《魏紀》特言之曰：'臣今所述，止欲敘國家之興衰，著生民之休戚，使觀者自擇其善惡得失以爲勸戒，非若《春秋》立褒貶之法，撥亂世反諸正也。'由二子之言思之，可以知史，可以知經。"（《春秋穀梁經傳補注・論經》，第 20 頁。）

④ 鍾文烝：《春秋穀梁經傳補注・論經》，第 10 頁。

⑤ 鍾文烝：《春秋穀梁經傳補注・論經》，第 12—13 頁。

史亦有例,即爲史例。夫子脩《春秋》,就史例而爲經例,於史例有因有革,但無論因革,皆蘊夫子《春秋》之"義",即《春秋》從"魯《春秋》"變爲"孔子之《春秋》"之後,其例亦隨之變爲經例。但孔子貫徹於《春秋》的只是"義",《春秋》之例則是由後人在"義"的基礎上提煉、詮釋出來的。鍾文烝曰:"竊嘗謂夫子自言七十而從心所欲,不踰矩,《春秋》之書,事事有其矩,事事從心而爲之,不易變易,相因相成,欲求《春秋》義例者,當知斯意。"①也就是説,鍾文烝認爲孔子七十歲作《春秋》之時,已達到"從心所欲而不踰矩"的階段,其作《春秋》,皆從心而出,但亦皆不踰於矩也。鍾氏對此頗爲究心,更爲詳論曰:

> 尚有需申論者,則從心所欲不踰矩之説也。夫魯史記之爲信史也,其體嚴,其事重也。脩之若無可脩也,以義斷之又甚難言也。而觀於《穀梁傳》,則述作新舊之間,去留加損之際,章之離合,句之繁約,字之先後,亦既一一精其義而深其文辭矣。而在聖人,不過歲月間之事也。豈非無矩而有矩,有心而無心者歟?夫矩者中也,中者權也。大氐聖人之學始於志,中於立,終於權,故四十而不惑,五十而知天命,六十而耳順,皆由立而權之節次功候也。至於七十而從心所欲,不踰矩,則權道之備,而作《春秋》之年也。知禮者可與立,知《春秋》者可與權。權者立之極至也,《春秋》者禮之極至也。《記》曰:"禮,時爲大。"《孟子》曰:"孔子,聖之時者也。"時者,謂中而權也。②

鍾文烝在提出夫子作《春秋》"隨心所欲而不踰矩"的基礎上,進一步將"隨心所欲而不踰矩"的聖人人生境界與《春秋》之例聯繫起來。他認爲孔子在"隨心所欲而不踰矩"的境界下,以"權道"修《春秋》,故而《春秋》經文實爲"無矩而有矩,有心而無心"之作。③易言之,《春秋》之例來自孔子之心的"隨心所欲而不踰矩"的境界狀態。故而,就聖人而言,並非刻意在《春秋》中設例,只是隨心所欲的脩《春秋》,即《春秋》皆"酌在夫子之心"④。但就後人而言,"則述作新舊之間,去留加損之際,章之離合,句之繁約,字之先後,亦既一一精其義而深其文辭矣。"這是聖人狀態之自然生發,而不是刻意爲之之事,故"在聖人,不過歲月間之事也"。但後人讀《春秋》,卻能從中讀出聖人"隨心所欲而不逾矩"之"矩",這就是《春秋》之例。故而,鍾文烝引洪興祖説

---

① 鍾文烝:《春秋穀梁經傳補注·論經》,第13頁。

② 鍾文烝:《春秋穀梁經傳補注·論經》,第17—18頁。

③ 文廷海指出:"鍾文烝在《春秋》'史法經法'不可過拘的基礎上,提出了閱讀《春秋》應該'中而權',需要變通看待,既有法又無定法。"(《清代春秋穀梁學研究》,第165頁。)文廷海將"中而權"看作是讀《春秋》之法,但筆者以爲,鍾氏此處所論,更是孔子脩《春秋》之法。

④ 鍾文烝:《春秋穀梁經傳補注·論經》,第14頁。

曰:"《春秋》本無例,學者因行事之迹以爲例,猶天本無度,治曆者即周天之數以爲度也。"①易言之,即孔子本未對《春秋》刻意設例,而是一本自然。但後人解讀《春秋》,卻能從"自然"中讀取其"例"。其所謂例者,鍾文烝贊同程子之説,即"大率所書事同則辭同,後人因謂之例。然有事同而辭異者,蓋各有義,非可以例拘。"并進一步申説曰:"此言最切當,所謂非可例拘者,今所謂變例是也。"②

故後人欲求《春秋》之"義",要當自《春秋》之"例"得之。鍾氏以"例"爲解經最要之法,故其雖不主《公羊》,然亦極稱何休以例解經之法:"若欲求解經之法,則當先讀何休注,何氏固多怪妄之説,而條例文義之細密融貫,實爲古今第一。"③也就是説,鍾文烝雖不贊同何休之論,認爲"多怪妄之説",但就其"例"而言,卻深爲褒揚,許爲"古今第一"。鍾文烝雖同意"三傳各有義例,皆不敢以私意亂聖法",但卻不以"學者不必較量異同"爲是。④

二、"《穀梁》善於經"與三傳優劣論

傳所以解經者也,就《春秋》所藴聖人之"義"而言,《穀梁》《公羊》皆以詮解《春秋》之經義爲鵠的,聖人所賦之經義無二,則當無大異同。但事實上,《左傳》毋論矣,就《穀》《公》而言,亦頗爲不同。故當三傳存異之時,如何處理這種差異,就成了治《春秋》學者必須要面對的課題。

鍾文烝認爲,當面對三傳歧互之時,相較於《公羊》《左傳》,《穀梁》之釋經才真正體現了《春秋》之義,即"《穀梁傳》者,《春秋》之本義也"⑤。其論曰:

> 蓋嘗論之,聖人既作《春秋》,書於二尺四寸之策,其義指數千,弟子口受之,自後遞相授受,録以爲傳,則《穀梁》之與《左氏》《公羊》,宜若無大異者。而漢博士言"《左氏》不傳《春秋》",實以其書專主記事,不若二家純論經義。二家之中,公羊當六國之亡,穀梁去孔子近,則見聞不同。公羊五傳至其玄孫,當漢孝景時,始著竹帛。穀梁作傳,親授荀卿,則撰述亦不同。公羊爲齊學,穀梁乃魯學,則師承又不同。今觀《穀梁》"隕霜不殺草"之傳,據韓非書,乃夫子答哀公問《春秋》之語,而《公羊》無之。《穀梁》引尸子、公子啓、蘧伯玉、沈子之外,有稱"傳曰"者十,傳者,七十子所記,其來甚古,《儀禮·喪服傳》亦有此例,而《公羊》又無之。以公羊氏所未聞,明穀梁氏之近古,以《儀禮》傳之可信,明《春秋》傳之得

①②④ 鍾文烝:《春秋穀梁經傳補注·論經》,第13頁。
③ 鍾文烝:《春秋穀梁經傳補注·論經》,第15頁。
⑤ 鍾文烝:《春秋穀梁經傳補注·序》,第1頁。

真，知其爲《春秋》之本義無疑也。①

就鍾氏而言，漢儒持"《左氏》不傳《春秋》"之説，鍾文烝亦認爲"其書專主記事，不若二家純論經義"，即"《左傳》固史學"②，不必視爲專門釋《春秋》之傳也。③《春秋》作爲"經"，其要在於"辭"與"義"，故鍾氏論經曰：

> 《孟子》曰："王者之迹熄而《詩》亡，《詩》亡然後《春秋》作，晉之《乘》，楚之《檮杌》，魯之《春秋》，一也。其事則齊桓、晉文，其文則史。孔子曰：'其義則丘竊取之矣。'"此言《春秋》以義爲重也，《公羊》述孔子之言曰："其辭則丘有罪焉爾。"此又言《春秋》以辭爲重也。其實義即是辭，辭即是義。《説文》解"詈"字曰："意内而言外。"義者内之意，辭者外之言。《公羊》所述即《孟子》所述，而《史記》引孔子曰"《春秋》以道義"亦同旨也。是故君子之脩《春秋》，脩其辭以取其義也。此揚雄《法言》所謂"説理者莫辯乎《春秋》"，（李軌注曰："屬辭比事之義。"文烝案：《春秋》議而不辯者，邵子所謂録實事而善惡形於其中也，於文不辯，於理則辯矣。故《左傳》亦曰："微而顯，婉而辨。"）而非其事與文之謂也。泥於其事，溺於其文，《左氏》所以失也。即其辭而明其義，《穀梁》所以得也。《公羊》亦近之，而文多意少，或不知而强爲之説，故未盡善也。④

如上所述，《春秋》之書，雖在於"事"與"文"，然其的則在"辭"與"義"。夫子修辭所以見義，其要歸不過"義"之一字。故鍾氏認爲《左傳》泥於"事"而溺於"文"，是其所以爲失也。就三傳而言，《穀梁》《公羊》在"即其辭而求其義"，但《左傳》則泥於"事"而不知其義：

> 《春秋》以義脩辭，不以記事爲重，徐邈於重耳卒下論之曰："事仍本史而辭有損益。"又曰："若夫可以寄微旨而通王道者，存乎精義窮理，不在記事少多。"此數語包絡全旨，開釋群疑，爲諸儒所不及，學者先識此意，乃可與論《春秋》矣。⑤

---

① 鍾文烝：《春秋穀梁經傳補注·序》，第1—2頁。

② 鍾文烝：《春秋穀梁經傳補注》卷二"隱公十一年"條，第68頁。

③ 《清儒學案·子勤學案》言鍾文烝"於學無所不通，其全力尤在《春秋》。初兼三傳，參稽互考，以爲《左氏》博采國史書，詳陳事迹，本末具見，爲有功於經，但於經之取義則罕有合。《穀梁》《公羊》實得其傳，而《穀梁》尤得所傳之正。"（《清儒學案》卷一八一《子勤學案》，第6983頁。）即此意也。

④ 鍾文烝：《春秋穀梁經傳補注·論經》，第11—12頁。

⑤ 鍾文烝：《春秋穀梁經傳補注·論經》，第15頁。

也就是説，就《左傳》之釋經而言，鍾氏認爲其過於泥、溺事、文，實不知《春秋》本義及其讀法。在鍾氏的體系中，《左傳》與《穀梁》《公羊》並不在一個層面上，其性質與其説是釋《春秋經》之“傳”，毋寧説是偏向於“史”的《魯春秋》。易言之，在“《春秋》三傳”中，衹有《穀梁》《公羊》是真正釋經之傳。

而《穀梁傳》《公羊傳》作爲釋經之傳，亦有優劣之分。就“即其辭而明其義”而言，“《公羊》亦近之，而文多意少，或不知而强爲之説，故未盡善也。”其所以如此者，鍾文烝將“去孔子之遠近”視爲一條評判二傳是否得《春秋》經義的一大標準予以提出，他認爲“公羊當六國之亡，穀梁去孔子近，則見聞不同”，以《儀禮・喪服傳》爲比，提出“以公羊氏所未聞，明穀梁氏之近古，以《儀禮》傳之可信，明《春秋》傳之得真”。其於《論傳》更詳論之曰：

> （孔門後學）皆以此經爲授受之業，但其義則徒有口説而無書，其有書亦但如穀梁子所引“傳曰”之類，實非專書，蓋至穀梁，始有專書矣。公羊作傳，則當六國之亡，直至漢景帝時乃著竹帛，其初皆是口説相授，故其經字與左氏、穀梁異者，大率音同聲近之字。而傳文亦多齊言，或以語急而易他字，如以“得”爲“登”之屬。①

是所謂《穀梁》近孔者也。易言之，《穀梁》在時代上的近孔而早書於竹帛，則亦在一定程度上肯定了《穀梁》在文本上的“近孔”，進而推論《穀梁》在義理上也“近孔”。“近孔”之成立，就決定了其可作爲後世詮解《春秋》的一種可靠依據。鍾文烝續曰：

> 《春秋》之爲道，非伯夷、伊尹、柳下惠之道也，况執後世儒生之見，哆口而議其義理，不亦偏且謬乎？故是己所是，非己所非，説愈多而愈無定，惟依據《穀梁傳》則皆有以斷之。或曰《穀梁》何以必可依據也？曰商子有言曰，先聖人爲書而傳之後世，必師受之，乃知所謂之名。不師受之，而人以其心意議之，至死不能知其名與其意。愚之宗《穀梁》，亦宗其師受而已矣。②

鍾文烝認爲，《春秋》之道非伯夷、伊尹、柳下惠之道，非後世可憑心意臆説之者也。然則欲知何謂《春秋》之道，惟有於《穀梁傳》尋之。或人亦問“《穀梁》何以必可依據”，鍾文烝以“師受”二字答之。鍾文烝認爲《穀梁》《公羊》皆傳自子夏，然穀梁子“受業於子夏之門人”③，距孔子近，故

① 鍾文烝：《春秋穀梁經傳補注・論傳》，第27—28頁。
② 鍾文烝：《春秋穀梁經傳補注・論傳》，第30—31頁。
③ 鍾文烝：《春秋穀梁經傳補注・論傳》，第23頁。

得夫子作經之旨。而"公羊之學，當亦由子夏之弟子輾轉相授，而去聖彌遠，意義不備，或多亂說。雖與穀梁同源，而其歸迥異。"①《穀梁》既近孔子，得夫子作經之旨，又早書於竹帛，故後世學《穀梁》之説，即近孔子而得夫子《春秋》之道矣。是即鍾文烝所謂"宗《穀梁》，亦宗其師受而已矣"。蓋《穀梁》傳承有自，不失《春秋》本旨者也。

同時，鍾文烝又提出"魯學"與"齊學"之異，認爲"公羊爲齊學，穀梁乃魯學，則師承又不同"，則二者所學亦不同。又引《漢書·儒林傳》云："宣帝即位，聞衛太子好《穀梁春秋》，以問丞相韋賢、長信少府夏侯勝及侍中樂陵侯史高，皆魯人也，言穀梁子本魯學，公羊氏迺齊學也，宜興《穀梁》。"鍾氏論曰："斯言也，天下之公言也。《春秋》猶《論語》也，漢初《魯論語》《齊論語》並行，其後孔氏壁中《古文論語》出，篇簡章句與《魯論》大同，不若《齊論》多所附益，是魯學必勝齊學也。公羊作傳多齊言，且其解經多有護齊者，何足憑乎？"②鍾文烝由《魯論語》多合於《古文論語》，即認爲《魯論語》優於《齊論語》，故推論"魯學"優於"齊學"。由是則屬魯學之《穀梁》固較屬齊學之《公羊》爲善。故鍾文烝曰：

> 《春秋》之書，一言以蔽之，揚雄謂"説理莫辯者"是也。夫子言《春秋》以道義，言其義則丘竊取之，正是此意，故穀梁子釋經，專明義理，十一卷皆同。鄭君謂《穀梁》善於經，啖助謂《穀梁》意深，陸淳、孫覺、胡安國等謂《穀梁》最精密，葉夢得謂《穀梁》所得多。而李光地善承朱子之學，其論《春秋》家曰"《穀梁》尤好"。皆不易之言。③

一言以蔽之，所謂"《穀梁》善於經"者，即《穀梁》善釋夫子《春秋》之義也，亦即《穀梁》爲"《春秋》之本義無疑"。易言之，在鍾文烝的《春秋》學中，衹有《穀梁》才是解經之正途。但無論鍾文烝如何詮釋與建構，其出發點仍在鄭玄"《穀梁》善於經"一語，不妨引鍾氏總論《穀梁》優於二傳之文爲此作結：

> 至其解經之妙，或專釋，或通説，或備言相發，或省文相包，或一經而明衆義，或闡義至於無文，此乃程瑶田之論《喪服傳》所謂"端緒雖多，一綫不亂"。而凌曙以爲唯鄭氏能綜核不誤者也。若夫《左氏》得之品藻，失之浮誇；《公羊》得之於辯，失之於俗，具如舊説。其解經不及《穀梁》，又無論矣。鄭君論三傳曰："《左氏》善於禮，《公羊》善於讖，《穀梁》善於經。"案：《左氏》言禮未必盡當，圖讖起於哀、平，乃附合《公羊》家説爲

---

① 鍾文烝：《春秋穀梁經傳補注·論傳》，第 24 頁。

② 鍾文烝：《春秋穀梁經傳補注·論傳》，第 27 頁。

③ 鍾文烝：《春秋穀梁經傳補注》卷一"隱公元年"條，第 3 頁。

之，鄭評二傳，竊所未安，唯“《穀梁》善經”一語則不可易。墨子曰：“夫辯者，將以明是非之分，審治亂之紀，明同異之處，察名實之理，處利害，決嫌疑焉。摹略萬物之然，論求群言之比，以名舉實，以辭抒意。”文烝爲此書，頗有志乎此數語，而要以“《穀梁》善經”一語爲準。①

鍾文烝說得許多，要其旨歸，則仍不過“《穀梁》善經”一語耳。但鍾文烝比之他人更進一步的一點是，他要在稱揚“《穀梁》善於經”的同時，欲貶棄鄭玄“《左氏》善於禮，《公羊》善於讖”二語，而將《春秋》的解釋權歸之於《穀梁》一傳。這無疑是將“《穀梁》善於經”一語從對《穀梁傳》的判詞上升到了對《春秋》三傳的評判，亦使“《穀梁》善於經”從《穀梁》學的意義上升到了《春秋》學的層面。這是鍾文烝對“《穀梁》善於經”的再詮釋，亦是其對“《穀梁》善於經”一語的進一步推進。

三、《穀梁》最善於經：《穀梁補注》之注釋旨趣

1. 兼采與獨善：范甯與鍾文烝之歧異

歷來治《穀梁》學者，以范甯最爲重要。但我們來看范甯之注，卻可發現，范甯並非專主《穀梁》者。范甯《春秋穀梁傳序》曰：

《春秋》之傳有三，而爲經之旨一。臧否不同，褒貶殊致。蓋九流分而微言隱，異端作而大義乖。……凡傳以通經爲主，經以必當爲理，夫至當無二，而三傳殊說，庸得不棄其所滯，擇善而從乎？既不俱當，則固容俱失。若至言幽絕，擇善靡從，庸得不竝舍以求宗、據理以通經乎？雖我之所是，理未全當，安可以得當之難而自絕於希通哉？②

就范甯而言，當他面對《春秋》及三傳之時，最終的標準是在《春秋》，即“爲經之旨一”。三傳之於《春秋》，衹是解釋經義、經旨而已，即“經以必當爲理”，而“傳以通經爲主”。而經有必當之理，但三傳卻常常存在異說，故爲說《春秋》之至理，則當就三傳之間擇善而從，棄其所滯。而當三傳俱失之時，則當舍傳而求經。故其言曰：

① 鍾文烝：《春秋穀梁經傳補注·論傳》，第29頁。
② 范甯注，楊士勛疏：《春秋穀梁傳注疏·序》，《十三經注疏》，藝文印書館1973年版，第6頁。

> 《左氏》以鬻拳兵諫爲愛君，文公納幣爲用禮；《穀梁》以衛輒拒父爲尊祖，不納子糾爲内惡；《公羊》以祭仲廢君爲行權，妾母稱夫人爲合正。以兵諫爲愛君，是人君可得而脅也；以納幣爲用禮，是居喪可得而婚也；以拒父爲尊祖，是爲子可得而叛也；以不納子糾爲内惡，是仇讎可得而容也；以廢君爲行權，是神器可得而闚也；以妾母爲夫人，是嫡庶可得而齊也。若此之類，傷教害義，不可强通者也。①

范甯《序》以鬻拳兵諫、文公納幣、衛輒拒父、不納子糾、祭仲廢君、妾母稱夫人爲例，説明三傳不合理致之處。而"《穀梁》以衛輒拒父爲尊祖，不納子糾爲内惡"，范甯則認爲"以拒父爲尊祖，是爲子可得而叛也；以不納子糾爲内惡，是仇讎可得而容也"，並不以《穀梁》爲是。當傳與經之旨、義存在違異之時，他選擇"擇善而從"。而當三傳皆不符合《春秋》之旨時，不惜"並舍以求宗"。也就是説，范甯雖是在爲《穀梁》作注，但他面對的最終是《春秋》。當《穀梁》與《春秋》存在違異之時，可以選擇以《左傳》《公羊》爲依據，也可以並舍三傳以求經旨。故他説，"《穀梁》清而婉，其失也短"②。易言之，《穀梁》並非是完善的，而存在"其失也短"的缺陷。

而范甯之所以注《穀梁》，也不是因爲"《穀梁》善於經"，而是相較於二傳來説，《穀梁》"不經師匠"，"文義違反"③。易言之，范甯之所以注《穀梁》，並不在《穀梁》迴出二傳之上，實是相較於《左傳》《公羊》之有服虔、杜預、何休等注，《穀梁》無專家，致使《穀梁》傳義不顯，故需重新作注詮釋。但《穀梁》是否較《左傳》《公羊》更"善於經"，此則非其課題。

但鍾文烝以"《穀梁》善於經"作爲評判三傳之標準，故絶不能信從范甯此説。是以，鍾文烝之注范甯《春秋穀梁傳注序》，當其面對范甯"《穀梁》清而婉，其失也短"之時，鍾氏就發聲曰："文簡耳，非短也，其義實視二傳爲密。"④鍾文烝以《穀梁》最善於經，昭然可見。而當范甯舉例説三傳異同、褒貶殊致之時，鍾氏亦曰："范誤，《傳》不誤。"⑤即鍾文烝認爲《穀梁》之於《春秋》，實爲"善"之，非二傳所及也。易言之，"《穀梁》善於經"在鍾文烝的理解中，實爲《穀梁》最善於經，亦即較《公羊》《左傳》更善於經。

---

① 范甯注，楊士勛疏：《春秋穀梁傳注疏・序》，第6頁。

② 范甯注，楊士勛疏：《春秋穀梁傳注疏・序》，第7頁上。

③ 《春秋穀梁傳注疏・序》曰："升平之末，歲次大梁，先君北蕃迴軫，頓駕于吴，乃帥門生故吏、我兄弟子姪，研讀六籍。次及三傳，《左氏》則有服、杜之注，《公羊》則有何、嚴之訓，釋《穀梁傳》者雖近十家，皆膚淺末學，不經師匠，辭理典據既無可觀，有引《左氏》《公羊》以解此傳，文義違反，斯害也已。於是乃商略名例，敷陳疑滯，博示諸儒同異之説。"(第7頁下)

④ 鍾文烝：《春秋穀梁經傳補注・范氏元序》，第8頁。

⑤ 鍾文烝：《春秋穀梁經傳補注・范氏元序》，第7頁。

簡言之，范甯之注《穀梁》，並不以《穀梁》爲獨善於經，而可兼采《左傳》《公羊》、杜預、何休之論以爲説，但鍾文烝則以《穀梁》獨善、最善於經，故不得舍《穀梁》而就《左》《公》。

2. 以本傳斷群書

也正是出於"兼采"與"獨善"之不同，范甯注中常用《左傳》《公羊》説，但鍾文烝則以《穀梁》爲銓衡經義之標準。如隱公四年，"秋，翬帥師會宋公、陳侯、蔡人、衛人伐鄭。"《穀梁》曰："翬者何也？公子翬也。其不稱公子何也？貶之也。"①公子翬不稱公子而直呼其名，就《穀梁》書法而言，是爲貶之。《穀梁》之貶，略去"公子"二字以見之。但范甯用《左傳》杜注之説，認爲"外大夫貶皆稱人，内大夫貶皆去族稱名。記事之體，他國可言某人，而己之卿佐不得言魯人"②。是則雖亦可謂補充了《穀梁》之説，然卻不符合《穀梁》詮釋體系。故鍾文烝曰："杜自用《左傳》説，不宜引爲注。"③即不以范甯引用杜注爲是。

雖然鍾文烝指出《穀梁》最善於經，但並不是説注《穀梁》之時不得援引《左》《公》二傳之説。事實上，鍾氏雖主《穀梁》，然其於二傳卻並不完全排斥。相反，鍾氏認爲要注《穀梁》，不但需要融會二傳，更要博極群書，其言曰：

> 竊謂《穀梁》解《春秋》，似疏而密，甚約而該。經固難知，傳亦難讀，學者既潛心於兹，又必熟精他經，融貫二傳，備悉周、秦諸子及二千年説者之得失，然後補苴張皇，可無遺憾。以予淺學，蓋未之逮，唯曰實事求是，而盡心平心則庶幾矣。④

鍾氏認爲注《穀梁》不能僅僅局限於《穀梁》，而要推及二傳，進而備悉周秦經子，然後"可無遺憾"。但"備悉"的目的不在於博覽，而要在能斷。故鍾氏認爲"李鼎祚、衛湜之浩博，又苦於不斷，予期於明且斷而已矣"⑤。也就是説，"博"的目的在於"約"，約於《穀梁》，斷以《穀梁》。故當范甯説："釋《穀梁傳》者雖近十家，皆膚淺末學，不經師匠，辭理典據既無可觀，又引《左氏》《公羊》以解此傳，文義違反，斯害也已。"⑥鍾文烝亦以之説范甯，認爲"范亦多無可觀，又其以二傳殽亂本書者亦往往有，故知解經難，故知何、杜不可及。"⑦何休、杜預之所以不可及，就在

①② 范甯注，楊士勛疏：《春秋穀梁傳注疏》卷二"隱公四年"條，第20頁。

③ 鍾文烝：《春秋穀梁經傳補注》卷一，第37頁。

④ 鍾文烝：《春秋穀梁經傳補注・序》，第4頁。

⑤ 鍾文烝：《春秋穀梁經傳補注・序》，第4頁。吴連堂曰："子勤《補注》往往廣徵博引，羅列衆家之説，以求詳明。……求詳之外，子勤尚勉於明且斷。"（《〈春秋穀梁經傳補注〉研究》，第18—20頁。）吴氏所謂"詳而能斷"者，即博引群書而有所裁斷也。但吴氏並没有指出鍾文烝"斷"的標準是《穀梁》義例，即"斷以本傳"這一最爲重要的理念。

⑥⑦ 鍾文烝：《春秋穀梁經傳補注・范氏元序》，第8—9頁。

於二者皆"斷以本傳"，不以"二傳殽亂本書"。

也就是說，鍾文烝認爲，爲《穀梁》作注並非不能用《公羊》《左傳》的説法，相反需要融貫二傳，兼及經子，但融貫與兼及的前提在於謹守本傳，"斷以本傳"。不以"二傳殽亂本書"，如此才是《穀梁》學，不然則是自亂體例。即其所謂"夫學欲多也，思欲專也，取群書以治一書者，其道無以易此也。"①

職是之故，雖然鍾文烝認爲"大曆以降，經學一變，前此説《春秋》者，皆説三傳，主於一而兼其二，未有自我作故去取唯欲者。啖助、趙匡、陸淳之書出，而兩宋孫復、劉敞、孫覺、程子、葉夢得、胡安國、陳傅良、張洽之徒繼之，元之黄澤、趙汸用功尤深，又踵而詳之，於是三家之書各不成家，而《春秋》之説滋亂，至於今未已也。"晚唐以降的《春秋》學已不尊三傳，而各出新意，難免"《春秋》之説滋亂"，"然而風氣日開，智慧日出，講求益密，義理益詳，則亦自有灼然不惑之説。"②鍾氏亦不因其滋亂《春秋》之説而拒之，相反，《補注》引用宋明人説頗多，而這些説法往往並非恪守三傳之説。鍾文烝以《穀梁》家自居，又能如此博徵非《穀梁》家之群書，正在其用《穀梁》本傳斷各家之義。其所引以爲證者，或在證《穀梁》之確，或在補《穀梁》之未備，或更在駁二傳、他書之誤。要之，皆以《穀梁》爲斷者也。

故在隱公元年"夏五月，鄭伯克段于鄢"條下，《穀梁》書"何甚乎鄭伯？甚鄭伯之處心積慮成於殺也"，范甯注引范雍語曰："段恃寵驕恣，彊足當國。鄭伯不能防閑以禮，教訓以道，縱成其罪，終致大辟。處心積思，志欲殺弟。"鍾文烝補注曰：

> 雍注取《左傳》譏失教爲説，理固如此，非傳意也，傳但據殺弟言之。處心積慮成於殺者，即上文能殺之謂，與殺佞夫言忍親、言甚之正同，譏失教之義自在其中矣。③

鍾氏雖認爲"譏失教之義自在其中"，但范雍"取《左傳》譏失教爲説"，雖"理固如此"，但"非傳意"。何謂"非傳意"呢？事實上，就《穀梁》而言，只是要發《春秋》之經義，而不是探尋其本事。范雍用《左傳》所述"鄭伯克段于鄢"的本事説《穀梁》發傳之義，則是以事爲説，非以義爲斷者也。雖然，鍾文烝也認爲范雍所用之事亦藴含在《穀梁》義中，但把《穀梁》以義發傳的模式轉化爲以事爲據，則是范雍注釋的不當之處。故范雍所説，斷以《穀梁》，則實爲傳外之説，不可據也。此即所謂斷以本傳者也。

---

① 鍾文烝：《春秋穀梁經傳補注・序》，第4頁。

② 鍾文烝：《春秋穀梁經傳補注・序》，第3頁。

③ 鍾文烝：《春秋穀梁經傳補注》卷一"隱公元年"條，第10—11頁。

又如桓公二年,“滕子來朝”條,范甯曰:“隱十一年稱侯,今稱子,蓋時王所黜。”鍾文烝補曰:

此等多用杜預義。疏曰:“周公子制,爵有五等,所以擬其黜陟。今傳無貶爵之文,明降爵非《春秋》之義。”疏是也。滕子、薛伯、杞伯、杞子皆時王所黜。曹之爲伯,《左傳》所謂“曹爲伯甸”,而《汲冢·穆天子傳》有曹侯,此穆王後黜爵之驗。①

鍾文烝認爲范甯之注蓋承自杜預《左傳注》,雖然鍾氏亦認爲滕子、薛伯、杞伯、杞子、曹伯之爵皆時王所黜,即范甯所言爲實,然就《穀梁傳》而言,“傳無貶爵之文,明降爵非《春秋》之義”,即就《穀梁》論,“降爵”本非其發傳之處。如是,則范甯援引《左傳》杜預注以爲説,則非《穀梁》專門家言。易言之,鍾文烝區分了《春秋》與三傳之不同、《穀梁》與《左傳》之差異。就《春秋》而言,前稱“滕侯”,今稱“滕子”,則或有褒貶之義;然就《穀梁》而論,並未就稱爵變化發傳,則《穀梁》並不以稱侯、稱子爲義。就《左傳》而言,滕侯由“侯”變“子”,爲時王所黜;就《穀梁》而論,其未發傳,則並不以稱侯、稱子爲《春秋》發義所在。鍾文烝雖然承認時王黜陟之説,且更借曹侯稱伯爲據以論證之,但就注《穀梁》而論,其並不以范甯援引杜預《左傳注》爲是,蓋杜預説爲《左傳》家言,雖或近是,然非《穀梁》應有之義,故不以之爲是。即鍾文烝援引《左傳》、杜預之時,其衡論之核心,仍在《穀梁》本傳。

要言之,鍾文烝之注《穀梁》,雖可援引二傳以爲據,亦應廣涉群書以爲注,然其要歸,則在《穀梁》本傳。就其注釋旨趣而言,即以本傳斷群書也。

四、“正隱治桓”與“《穀梁》善於經”②

如果説鍾文烝《補注》旨在詮釋《穀梁》文本如何善於經的話,那麽,鍾氏對《春秋》何以始乎隱的追問,則可謂詮釋“《穀梁》善於經”説之綱要。

事實上,《春秋》三傳只有《公羊》傳文對“何始乎隱”有明確的解釋。《春秋》終於哀公十四年“西狩獲麟”,《公羊》於此條發傳曰:“《春秋》何以始乎隱?祖之所逮聞也。所見異辭,所聞異

① 鍾文烝:《春秋穀梁經傳補注》卷三“桓公二年”條,第 80 頁。

② 謝金良《穀梁傳開講》專設《開宗明義 正隱治桓》一節,以鍾文烝作爲切入點,論述《穀梁》“正隱治桓”之義。但謝文重在論述《穀梁》學體系,雖以鍾文烝爲切入點,但並没有梳理鍾氏的詮釋脈絡,而是轉向了對《穀梁傳》本身“正隱治桓”的探討。(詳見《穀梁傳開講》,華東師範大學出版社 2013 年版,第 145—150 頁。)筆者意在探討鍾文烝對“正隱治桓”的詮釋,與謝文重心有異,仍有論述的必要。

辭，所傳聞異辭。”[①]所謂“所見異辭，所聞異辭，所傳聞異辭”者，據何休之言，“所見者謂昭、定、哀，己與父時事也；所聞者，謂文、宣、成、襄，王父時事也；所傳聞者，謂隱、桓、莊、閔、僖，高祖、曾祖時事也。”[②]也就是説，在《公羊》的視角下，《春秋》之所以始於隱公，首先是一種時間性、歷史性的追溯，隱公是“祖之所逮聞”的歷史節點，故就此始書《春秋》。就《公羊傳》而言，其所以起於隱公，首先並不是義理上的取捨，而是在於孔子書寫的個人性。[③]

《左傳》雖然没有直接説《春秋》何以始乎隱，但杜預注已代其發言，亦成爲此後千余年間《春秋》家之主流。相較於《公羊》的個人性追溯，杜預更注重隱公的時代性。杜預曰：

> 然則《春秋》何始於魯隱公？答曰：周平王，東周之始王也。隱公，讓國之賢君也。考其時則相接，言乎其位則列國，本乎其始則周公之祚胤也。隱公能弘宣祖業，光啓王室，則西周之美可尋，文武之迹不隊，是故因其歷數，附其行事，采周之舊，以會成王義，垂法將來。[④]

杜預認爲其所以始於隱公者，在隱公、平王之際爲周室落幕之序曲，正由於平王、隱公未能賡續周初之治，是開東周、春秋之亂局。故《春秋》自隱公而始，所以罪隱之不能弘宣祖業以成周室之中興也。這無疑是一種歷史性的追問，但與《公羊傳》注重孔子“個人史”的追溯不同，這是一種家國天下的歷史緣起論。但無論如何，《公羊》、杜預都是從歷史性的角度來解讀《春秋》何以始於隱。范甯博取群書以注《穀梁》，其言所以始於隱者，與杜預相仿佛：

> 幽王以暴虐見禍，平王以微弱東遷。……孔子覩滄海之横流，迺喟然而歎曰：“文王既没，文不在兹乎！”言文王之道喪，興之者在己，於是就大師而正《雅》《頌》，因魯史而脩《春秋》……於時則接乎隱公，故因兹以託始。[⑤]

---

① 《春秋公羊傳注疏》卷二十八，《十三經注疏》第七册，藝文印書館，第357頁下。《春秋》首先展卷映入眼簾的就是“隱公”二字，而《公羊》對於《春秋》何以始於隱公，卻放到了最末一條來闡釋，這也是一個頗有意味的書寫。但如何休所説，“得麟乃作”《春秋》，則於《春秋》經文最後一條中書寫何以始於隱公，自有其合理性。參見李紀祥：《“西狩獲麟”：〈春秋〉之“末”，書寫之“始”？》，《北京大學中國古典文獻研究中心集刊》第十一輯《中國典籍與文化國際學術研討會專輯》，北京大學出版社2011年12月版，第156—178頁。

② 何休注，徐彦疏：《春秋公羊傳注疏》卷一，第17頁上。

③ 簡逸光曰：“《公羊傳》所提的是史家著述中，如何確保客觀事實的描述，非憑傳説神話，繼以敷衍成文。但《公羊傳》如此詮釋也將孔子作《春秋》的性質給予一種身份——即私家著述。因《公羊傳》强調孔子作《春秋》自隱公始乃就其先祖之所聞知，非自魯史而來。”《制度與人性——以〈春秋〉“隱公即位”爲例》，《噶瑪蘭治經學記：春秋三傳研究論叢》，萬卷樓圖書股份有限公司2015年4月版，第3頁。

④ 杜預注，孔穎達疏：《春秋左傳注疏》卷一，第18頁上。

⑤ 范甯注，楊士勛疏：《春秋穀梁傳注疏・序》，第4—5頁。

其言所以始於隱者，亦源於歷史性的追溯，這是毋庸置疑的。范甯此注與其説是自《穀梁》脈絡中詮釋出來的，毋寧説是繼承自杜預《左傳注》。易言之，范甯與杜預之《春秋》始隱説並無實質性的區别，故亦可將范甯説歸入杜預説一類。

就二家之説而言，鍾文烝明顯不滿於《公羊》之説而更認可杜預、范甯之論，其言曰：

經之何以始終也？其終易知，其始難知。易知者，文成致祥，事備絶筆，本一説也。其難知者，若謂始於元之一字，則如鄭君説《禮運》，天地爲本，至於四靈爲畜，以爲《春秋》始於元終於麟，包之而固，非《禮運》之本旨。且十二公皆有元，凡史書莫不有元矣。若如《公羊》學者言五始，則列國史書亦皆如此，且隱惟四始，不得爲五始。每公有五始，則十二公將爲六十始矣。若依《公羊》謂始乎隱者，祖之所逮聞則是强爲之辭，殆習聞《春秋》尊祖之説而致誤矣。反覆求之，始隱之意，但當如杜預、范甯、趙匡、陳岳所論。①

也就是説，鍾文烝認爲無論是鄭玄以"元"爲天地之本説，還是何休等《公羊》學家以五始而論，皆難以確切。而《公羊》家"祖之所逮聞"之説，則更是將《春秋》從聖人之"經"指向了孔子個人之"史"。是皆不能愜人心意者也。而其"反覆求之，始隱之意，但當如杜預、范甯、趙匡、陳岳所論"，易言之，即以杜預、范甯之説爲是。但鍾文烝雖説當如杜預等所論，但其並不以杜預、范甯等歷史性追索爲結，而認爲其後更有大義在焉。故鍾氏續曰：

《春秋》大義，實以"正隱治桓"並爲始，故穀梁子兩著"謹始"之文，而正隱謹始，尤爲全書大始。②

鍾氏認爲在歷史追索之外，更有《春秋》大義，而其大義惟有《穀梁》"正隱治桓"説得以抉發，而這才是《春秋》何以始乎隱的真義。也就是説，鍾文烝將"《春秋》始乎隱"的課題從隱公元年指向貫穿隱公、桓公之事與義的始終，由問"《春秋》何以始乎隱"轉换爲"'正隱治桓'並爲始"。那麽，當如何來理解"'正隱治桓'並爲始"呢？而這又如何得以稱爲《春秋》之真義呢？亦惟有回到鍾文烝詮釋下的《穀梁》經傳之中才能得到解答。

《春秋》首條曰："元年春王正月。"《穀梁》釋曰：

公何以不言即位？成公志也。焉成之？言君之不取爲公也。君之不取爲公，將以讓

①② 鍾文烝：《春秋穀梁經傳補注・論經》，第21頁。

桓也。讓桓正乎？曰不正。《春秋》成人之美，不成人之惡。隱不正而成之，何也？將以惡桓也。其惡桓何也？隱將讓而桓弒之，則桓惡矣。桓弒而隱讓，則隱善矣。善則其不正焉，何也？《春秋》貴義而不貴惠，信道而不信邪。孝子揚父之美，不揚父之惡。先君之欲與桓，非正也，邪也。雖然，既勝其邪心以與隱矣，己探先君之邪志而遂以與桓，則是成父之惡也。兄弟，天倫也。爲子受之父，爲諸侯受之君。己廢天倫而忘君父，以行小惠，曰小道也。若隱者，可謂輕千乘之國，蹈道則未也。①

就此條《春秋》經文而言，首要也是最明顯的問題就是"公即位"的缺席，也就是隱公是否即位的問題。那麽，隱公是否即位呢？"《左氏》賈逵、服虔注以爲隱、莊、閔、僖四公皆實即位，孔子脩經，乃有不書。潁容亦以爲魯十二公國史盡書即位也。"②鍾文烝亦以爲隱公實有即位之事，故其論曰：

杜預謂諸公不行即位之禮，劉敞極辯之。戴震曰"凡以不書即位爲不行即位之禮"者，非也。杜氏以爲雖不即君位而亦改元朝廟，與民更始。夫正君臣之位，不可不有始。即位者，正君位之始云爾。位者，命之天子，承之始封之君，非先君一人之位。雖先君不有其終，新君不可不有其始。不即君位於改元之初，及其視朝，將不正朝位乎？苟繼故者視朝然後即君位，亦豈得無深痛不忍之情？不廢改元朝廟，與民更始，而廢正百官，非義也。以桓之事考之，《左氏》言討寪氏有死者，是欲掩隱之見弒而不可，方詐爲自掩之計以治斯獄。使繼故不即君位，處大變者，無敢或異，一行其禮，則爲忍於先君。桓何所快於行即位之禮，而顯示國人以與聞乎弒哉？用是言之，《春秋》十二公皆行即位之禮，魯史記皆書即位也。③

鍾文烝認爲"位者，命之天子，承之始封之君，非先君一人之位"，無論繼正還是繼故，皆當有行即位之禮。就此而言，十二公於《魯春秋》皆當有"公即位"之文。孔子修《春秋》，於繼正、繼故之間去取"公即位"之文以見其大義。易言之，就《春秋》書法而言，繼正書"公即位"，繼故則否。但無論繼正還是繼故，《魯春秋》當皆有即位之文，孔子修《春秋》而删之，皆寓其大義焉。鍾文烝曰：

於文無即位之事，而當時實有其事，不可全没其實，故空書正月，以謹其始，即十一年

① 范甯注，楊士勛疏：《春秋穀梁傳注疏》卷一，第 9 頁下—第 10 頁上。
② 鍾文烝：《春秋穀梁經傳補注》卷一"隱公元年"條，第 3 頁。
③ 鍾文烝：《春秋穀梁經傳補注》卷一"隱公元年"條，第 3—4 頁。

傳云"所以正隱",是申足此義也。莊、閔、僖之元年,皆空書正月,皆以明其實即位。定之元年,不空書正月,則知其實未即位矣。①

鍾文烝之説實延續了賈逵、服虔、穎容等人之説,認爲作爲國史的《魯春秋》實書隱公之即位,《春秋經》之所以不書,實爲孔子修《春秋》時所删。但《春秋》以隱公爲正,故"不可全没其實",故"空書正月"以"正隱",亦所以"謹其始"。那麽,《春秋》何以要去隱公之即位呢?據《穀梁》之説,則是"成公志也"。范甯注曰:"成隱讓桓之志。"鍾文烝補注曰:

注豫探下爲説。志,意也。言成者,桓弑而讓事不成,特成之也。……君子脩《春秋》,於隱不書者,終隱之身,自以爲攝,不忘先君之志,故書"春王正月"以存其事,不書即位以表微。於莊、閔、僖不書者,繼故即君位,經國之體不可以已也,踐其位者宜有深痛之情,異於繼正,故書"春王正月"以存其事,不書即位以見其情。隱爲繼正之變文,莊、閔、僖爲繼故之正例。桓、宣亦是繼故,而書即位。以莊、閔、僖之不書即位者,比事類情,是爲忍於先君,是又繼故之變文也。②

也就是説,按照《春秋》書法,隱公即位實爲繼正,當書"公即位"。但孔子削之而不書,實爲繼正之變文、變例。莊、閔、僖等公雖亦不書"公即位",然皆繼故之正例,異於隱公之不書。易言之,隱公不書"公即位",實爲《春秋》之特例。《春秋》以隱公不書"公即位"開篇,即以特例開《春秋》之始。那麽,何以如此呢?鍾文烝論"《春秋》始乎隱"與"惠隱之際"的關聯曰:

《春秋》始乎隱,其事之值於變者三焉。諸侯無再娶之文,惠公失禮再娶,嘗立桓爲大子,然非隱所得而追議於先君也。上卿爲攝主,禮也,居上卿之位,攝行君之政,生不稱公,死不稱薨。隱嗣爵改元,非攝主比也。繼世之君,盡臣諸父兄弟,隱既立而猶奉桓爲大子,異於君臣之體者也。魯之禍惠公啓之也。明乎嗣立即位之義,君臣父子夫婦昆弟之間其盡矣乎?③

鍾文烝指出《春秋》開端違禮背正的三端,即惠公再娶而立桓爲太子、隱稱公而自以爲攝、隱公居位而仍以桓爲太子。就此三端而言,皆肇始於惠公,故鍾文烝言"魯之禍惠公啓之也"。

---

①② 鍾文烝:《春秋穀梁經傳補注》卷一"隱公元年"條,第3頁。
③ 鍾文烝:《春秋穀梁經傳補注》卷一"隱公元年"條,第3—4頁。

是以，惠隱之際也就成了邪正交鋒的重要關節所在。但如《穀梁》所言，惠公雖爲違禮之開端，但其終勝其邪心以與隱，則惠公終無大失。故隱桓之間的糾葛、違失，實以隱公奉桓爲太子、且將讓位於桓而重啓之。故《穀梁》曰："讓桓正乎？曰：不正。"范甯曰："隱長桓幼。"鍾文烝補注曰：

> 不正者，言君子之取義以爲不正也。問《春秋》以讓桓爲正乎？答言不以爲正也。下言"善則其不正焉何也"，加一"焉"字，意尤明也。十一年傳曰"隱十年無正，隱不自正也；元年有正，所以正隱也。"是即《春秋》不正隱讓之微文也。正之訓是也，定也，直也，中也，善也。……隱讓所以爲不正者，下所云"成父之惡"，廢兄弟之倫，忘君父之命，以行小惠，其義多端，而兄弟之倫爲主，故注專以長幼言之。①

無論就兄弟之倫而言，還是就君父之命而論，隱讓桓皆不正。故《穀梁》言"隱十年無正，隱不自正也；元年有正，所以正隱也"。鍾文烝用天倫、君命言隱公繼位之正，而亦以之論其讓位之不正。《穀梁》所謂"正隱"者，實在正隱公之位，而不正其讓。然"《左傳》桓稱大子，據始也。此言爲子受之父，據終也。齊陽生正，荼不正，《春秋》不以陽生君荼，猶以荼受命同之正君，況隱乎？"②鍾文烝用齊陽生與荼之例論證《春秋》必以隱公爲正，則隱公之不書即位，實隱公不自正者也。而隱公十一年之所以要有"正"，則是欲發隱公之"正"。隱公"正"，則隱公之讓位、桓公之繼位皆爲"不正"，而桓公弒而即位，更不正之甚，是以《春秋》書"王"以治之。故《穀梁》於桓公"元年春王正月"條下發傳曰：

> 桓無王，其曰王，何也？謹始也。其曰無王何也？桓弟弒兄、臣弒君，天子不能定，諸侯不能救，百姓不能去，以爲無王之道，遂可以至焉爾。元年有王，所以治桓也。③

鍾文烝曰：

> 諸侯無專立之道，必受國於王，若桓初立便以見治，故詳其繼位之始，以明王者之義。……以爲無王之道，故文無王也。必於餘年去王而後足見此年之特書王，故傳欲申"謹始"之義而先釋"無王"之文。……謹始即以治桓。隱之書"正"，曰"謹始也"，又曰"所

---

① 鍾文烝：《春秋穀梁經傳補注》卷一"隱公元年"條，第4—5頁。

② 鍾文烝：《春秋穀梁經傳補注》卷一"隱公元年"條，第6頁。

③ 范甯注，楊士勛疏：《春秋穀梁傳注疏》卷三，第28頁上。

以正隱也”;桓之書“王”,曰“謹始也”,又曰“所以治桓也”。文意一例,以明二字爲兩篇大要也。①

鍾文烝以“正隱治桓”爲核心,論《春秋》之始爲邪正絶續之際,則“正隱”與“王治”即隱桓二篇之綱要,亦《春秋》大義之所在,更進而論之,以“正”“治”爲全書之大要,亦即孔子作《春秋》之緣起。其引《孟子》以爲説曰:

《孟子》曰:“世衰道微,邪説暴行有作,臣弑其君者有之,子弑其父者有之。孔子懼,作《春秋》。《春秋》,天子之事業,是故孔子曰:‘知我者其惟《春秋》乎! 罪我者其惟《春秋》乎!’”又曰:“孔子成《春秋》而亂臣賊子懼。”無王之道遂可以至此,孔子所以懼也。稱王治之,以大彰天下有王之義,此所以爲天子之事,而亂臣賊子懼也。……傳與《孟子》合,是聖門所傳如此。《春秋》經世,議而不辯,此其大者。……《春秋》撥亂反正以當王法,故隱之始有“正”,桓之始有“王”,冠兩篇而冒全書者也。《公羊》但知隱十年無正,而不能言其義,《孟子》於桓篇之義則深有合焉。世衰道微,但據《春秋》之初以無王之道冠於桓也。《春秋》成而亂賊懼,懼王治也。《春秋》天子之事,則以王之冒全書者言也。②

鍾氏由是勾連《穀梁》與《孟子》之説,以“無王之道遂至於此”作爲孔子修《春秋》之緣起,以“正隱”“治桓”作爲全書之大要。“正隱治桓”,即所以使亂臣賊子懼者也,亦即所謂“天子之事”,故亦以之爲《春秋》之始。易言之,在鍾文烝的筆下,隱公已由杜預所謂“讓國之賢君”轉化爲“廢天倫而忘君父,以行小惠”者,雖“可謂輕千乘之國,蹈道則未也”。《穀梁》所以“正隱”,鍾文烝所以其所以極論隱公之正,一則在論證隱公繼位之正,更在論其讓位之不正,只有明了隱公的“正而不正”,才能知道《春秋》爲何要以之爲始。此即鍾文烝所謂“正隱治桓”而開《春秋》者也。而夫子此義,惟《穀梁》道之,亦所以善於經也。故鍾文烝曰:

傳稱夫子曰“君子之於物,無所苟而已。石鶂且猶盡其辭,而況於人乎? 故五石六鶂之辭不設則王道不亢矣”。又曰“梁亡,鄭棄其師,我無加損焉,正名而已矣”。《春秋》始元終麟,止是正名而盡其辭以明王道,此直揭全書本旨也。隱無正,唯元年有正,傳曰“謹始也”,所以正隱也。桓無王,唯元年有王,傳曰“謹始也”,所以治桓也。此特標開宗要義也。

---

① 鍾文烝:《春秋穀梁經傳補注》卷三“桓公元年”條,第71—72頁。

② 鍾文烝:《春秋穀梁經傳補注》卷三“桓公元年”條,第72頁。

開宗之義即冒全書，故孟子以《春秋》爲亂後之一治，謂之天子之事，而引夫子知我罪我之言也。正名盡辭，以爲之綱，正隱治桓，以弁其首，而《左氏》之三體五例，《公羊》之三科九旨，皆不足言矣。①

鍾文烝溝通《孟子》"王道"之説與《穀梁》"正隱治桓"之論，以爲《春秋》所以始於隱者，只是正名而明王道。此即是《春秋》始隱之《穀梁》解讀，亦《穀梁》所以説《春秋》之要。而《穀梁》以二"謹始"啓"正隱治桓"之説，不但是對隱桓二公之正名，亦是全書之大綱，即《春秋》所以始於隱者也。鍾文烝認爲，接續了孟子之説的《穀梁》才是儒家之正傳，故非《左傳》三體五例、《公羊》三科九旨可比也。是即開篇即見《穀梁》善於經者也。

結　語

鍾文烝《穀梁補注》可謂《穀梁注疏》之後再次全面詮釋《穀梁傳》的第一大家。鍾氏所謂"補"者，即補范甯之注，對其予以補充、疏釋、闡發，則范甯注似爲鍾氏之所本。然鍾文烝與楊士勛不同之處在於，楊疏實以范注爲底本，恪守范注而爲之疏釋；但鍾氏補注實並不以范甯爲標準，雖全録范注，但卻並不以范注爲全是，反之卻多駁范注之説。鍾氏與范注楊疏之異，實在"兼采三傳"與"獨善《穀梁》"之間。由於鍾氏深受"《穀梁》善於經"之影響，且將"《穀梁》善於經"推極爲"《穀梁》最善於經""《穀梁》獨善於經"，則鍾文烝與范甯之間實存著巨大的理念不同，故鍾氏必不能以范甯爲是。是以，《補注》之"范注"與"鍾補"，實貌合神離者也。從范甯《穀梁注》到鍾文烝《補注》，亦可看出《穀梁》學由漢晉到晚清《穀梁》學的轉變。

① 鍾文烝：《春秋穀梁經傳補注・論經》，第10頁。

唐蔚芝先生學術思想概述

——以孟學爲體,以科學爲用

□嚴壽澂

[摘　要]　太倉唐蔚芝(文治)先生,早年從學於王紫翔(祖畬),日夕淬厲於性理、文學。後入南菁書院,受業於黄元同(以周),服膺經學即理學之説。服官後講究外交、商務等實政之學。出使英、美、日本諸國,於西方文明之長亦頗贊賞。從陸桴亭(世儀)上繼朱子窮理盡性之學,以經世爲要歸;理學則重程朱,亦不廢陸王;兼重洋務與科學,致力於農工商實業;承桐城、湘鄉之緒,發揚文章之學。要之,有擔當,不畏艱苦,勇於汲取新知識,不計世俗毀譽,惟期有益於天下國家。是謂曾文正(國藩)、郭筠仙(嵩燾)以降治學宗旨;此派後起者頗多江南人士,如薛叔耘(福成)、許文肅(景澄)、吴摯甫(汝綸)諸人。蔚芝即秉此傳統而發揚光大者。

[關鍵詞]　唐蔚芝(文治);讀經;孟學;科學

[作者簡介]　嚴壽澂,上海社會科學院歷史研究所及美國克萊蒙研究生大學宗教學院經典詮解研究所(Institute for Signifying Scriptures)特約研究員、新加坡南洋理工大學兼任教授。(新加坡)

一、學術淵源

太倉唐蔚芝(文治)先生(1865—1954),年十四(虚歲,以下同),其尊人摯友同邑王紫翔(祖畬)見其所爲文,“亟賞之,謂必成大器;且謂宜讀古大家文,以擴充其才氣”。年十七,受業於紫翔之門,間三四日,前往聽講。紫翔講性理之學,嚴義理之辨,告之曰:“文章一道,人品學問皆在其中。故凡文之博大昌明者,必其人之光明磊落者也;文之精深堅卓者,必其人之忠厚篤實者也。至尖新險巧,則人必刻薄;軟熟圓美,則人必鄙陋。汝學作文,先從立品始,不患不爲天下第一等人,亦不患不爲天下第一等文。”先生於是尊紫翔之教,先讀汪武曹(份)增訂之《四書大全·孟子大全》、陸清獻(隴其)《三魚堂集》,並乾隆御選《唐宋文醇》、熊伯龍所撰《熊鍾陵制義》。“日夜淬厲于性理、文學,初知門徑矣”。①

① 唐文治著,唐慶詒補:《茹經先生自定年譜正續編》,收入沈雲龍主編:《近代中國史料叢刊三編》,臺北文海出版社 1986 年版,第 9 輯,第 90 種,第 81 頁。

年二十一，赴江陰南菁書院應試，以超等録取，住院肄業。受業於東南經學大師黄元同（以周）。元同主張漢宋兼采，經學即理學，理學即經學，不可歧而爲二，訓詁義理當合而爲一。先生對此，終身服膺。[①]年二十八，赴禮部試，中式第三十一名貢士。座師翁叔平（同龢）評語爲："經生之文，必有静穆之氣，此作是也。經藝淵雅，不使才鋒，策賅博。"（按：先生後來教誨學生作文字，即以此爲準則。）殿試二甲第一百五名，朝考一等第六十五名。分發户部江西司主事。[②]

三十一歲，因同事王丹揆（清穆）介紹，調任雲南司幫主稿。先生謂："雲南司管理滇省財政，兼管漕務、倉務。時余于公牘文字，尚無門徑，只得以吏爲師，遇事咨詢，並與丹揆協商，調取檔案目録，手自鈔存。用時指出提閲，吏不能欺。丹揆作《職思隨筆》，辦稿必摘要鈔録，余亦仿行之。"[③]按：明清時良吏，頗有注意於實政，並以其經驗心得著書傳後者。明人吕坤有《實政録》，清人汪輝祖有《佐治藥言》《學治臆説》，即爲顯例。蔚芝不僅講究性理之學，而且對行政實務頗爲用心，以後爲官、辦學所表現出的處事才幹，論政論學的條理密察，其基礎當即奠定於此時。

同年，其父所輯《太倉陸桴亭先生遺書》告成。[④]陸桴亭（世儀）爲學，有本有末，講理學而兼有實學，如錢賓四所謂，"理學經濟，明體達用，内聖外王，兼而有之"，[⑤]對先生影響甚大，由是用心於經濟之學。三十二歲，"閲各國條約事務各書，並評點《萬國公法》"，又讀曾惠敏（曾紀澤謚惠敏）、黎蒓齋（庶昌）諸家文集，"自是于經世之學，粗得門徑矣"。七月，考取總理各國事務衙門章京第二名。次年，又讀《經世文正續編》及曾文正（國藩）、胡文忠（林翼）的全集。奉派爲户部則例館纂修官，輯成《漕運門》八卷。[⑥]可見其對經世實學的留意。

先生身兼兩個衙門的職務，每兩日赴户部，兩日赴總署。事務繁重，總署尤甚，值夜班常至天明。在總署，奉派在司務廳收發文牘。司務廳有儲條約櫃，先生於是"發而讀之，又以暇時學習俄文，燈下每取中俄文本條約對校之，目力遂大傷"。其時侍郎許竹篔（景澄）奉派爲總理衙門大臣，對蔚芝深爲器重。受許氏之熏陶，先生對外交事務逐漸熟悉。[⑦]

光緒二十六年（1900），義和團排外事起，八國聯軍入京劫掠。先生隨同慶親王奕劻與李鴻章，辦理條約文件。次年七月，那桐奉使日本道歉，蔚芝任隨員。[⑧]光緒二十八年，英王愛德華

① 唐文治著，唐慶詒補：《茹經先生自定年譜正續編》，第10—11頁。
② 唐文治著，唐慶詒補：《茹經先生自定年譜正續編》，第18—19頁。
③ 唐文治著，唐慶詒補：《茹經先生自定年譜正續編》，第23頁。
④ 唐文治著，唐慶詒補：《茹經先生自定年譜正續編》，第23—24頁。
⑤ 錢穆：《陸桴亭學述》，收入其《中國學術思想史論叢（八）》，臺灣東大圖書公司1990年版，第20頁。
⑥ 唐文治著，唐慶詒補：《茹經先生自定年譜正續編》，第24—25頁。
⑦ 唐文治著，唐慶詒補：《茹經先生自定年譜正續編》，第26—28頁。
⑧ 唐文治著，唐慶詒補：《茹經先生自定年譜正續編》，第36、38頁。

七世行加冕禮，清廷派貝子載振爲專使大臣，赴英致賀，並遊歷法國、比利時、美國、日本四國。先生爲三等參贊隨行，因而對西方及日本有了實地的了解，以載振之名撰成《英軺日記》一書，於"歐美風教，沿途景物，詳載靡遺，擇善諷行，尤具深意"。此年，由上海文明書局印行。①可見先生通曉外事，對西方文化的長處頗爲贊賞。

光緒二十九年(1903)，先生年三十七，奉旨調往新設立之商部，任右丞。自謂："外交學已研究多年，不願離外部，且商務向未熟諳，極力堅辭"，不得已而出任。於是研究商務，擬定《商部章程摺》《聲明商部辦事權限摺》《請辦商業模範銀行摺》等，並編訂《商律》。②任上諸奏議，載於《茹經堂奏疏》，可見其用力之深，議論之精辟。③光緒三十二年，商部改爲農工商部，先生爲署理尚書，"接收案卷一切，甚爲忙碌"。十二月，先生母病毒，"遂不復到署，一意侍奉湯藥"。母棄世，扶柩返鄉。次年八月，就任上海實業學堂(原名南洋公學)監督。④於是脱離官場，專意辦學了。

從陸桴亭上繼朱子窮理盡性之學，以經世爲要歸；就理學而言，重程朱，亦不廢陸王(所謂"盡心知性與夫存心養性，道在虛實並進"⑤)；兼重洋務與科學，主張大力發展農工商實業；承桐城、湘鄉之緒，發揚文章之學。要而言之，有擔當，不畏艱苦，勇於汲取新知識，不計世俗毁譽，惟期有益於天下國家。是謂晚清曾文正、郭筠仙(嵩燾)以降的治學宗旨；此派後起者頗多江南人士，如薛叔耘(福成)、許文肅(景澄)、吴摯甫(汝綸)諸人。蔚芝所秉承的，正是這一傳統。

二、洋務與教育

晚清時期，凡是傳自西方的各種知識，與西方相關的各種事務，統稱爲洋務。當時的守舊人物，對於所謂洋務，一概深惡痛絶，盡行排斥。理學大師倭艮峰(仁)即爲一例。蔚芝先生雖講理學，講經學，然而熱衷於學習洋務，決不是抱殘守缺之輩。

戊戌政變，新法盡廢，新學堂多併入書院。先生對此，大表反對。政變之次年，仍堅持西學

① 唐文治著，唐慶詒補:《茹經先生自定年譜正續編》，第41—43、47頁。

② 唐文治著，唐慶詒補:《茹經先生自定年譜正續編》，第49—56頁。

③ 唐文治:《茹經堂奏疏》，收入沈雲龍主編:《近代中國史料叢刊》，臺灣文海出版社1967年版，第6輯，第56種。

④ 唐文治著，唐慶詒補:《茹經先生自定年譜正續編》，第57—60頁。

⑤ 唐文治:《廣思辨録序》，《茹經堂文集四編》，收入沈雲龍:《近代中國史料叢刊續編》，臺灣文海出版社1974年版，第4輯，第33種，《茹經堂文集三、四編》，第1704頁(原刊本，卷六，第172頁)。

堂決不可併入書院。説道:“書院之與學堂,宜分而不宜合。如欲爲歸併之計,則書院可以併入學堂,而學堂不可以併入書院。”以明末清初陸桴亭爲例,其《思辨録》中“論歲差之法,謂歐羅巴人君臣盡心於天,終歲推驗,其精不可及”。其時利瑪竇、艾儒略新至中國,桴亭“已精研西學如此,設使生於今日,其必習諸國之語言文字,灼然明矣”。天下既有此文字,“士大夫迄未能措意”,實是“大可恥之事”。指出“今日國勢之浸弱,正由中國賢士大夫不屑究心洋務之所致”。“爲臣當忠,爲子當孝”,人人皆知,然而“國勢之不知,世變之不察,百姓疾苦之不聞,持違心之謬論,受剥膚之鉅災”,豈可稱爲忠孝?“故方今之世,惟忠臣孝子而後可談洋務,亦惟忠臣孝子斷不可不談洋務。學堂者,正所以教忠教孝之地,而即宇宙間一綫生機之所係也。”①言辭可謂激憤。

如此重視西學、洋務,直至晚歲,仍不稍變。民國十九年,蔚芝先生年已六十有六,有《上海交通大學第三十届畢業典禮訓辭》,曰:

> 鄙人十年以前,見美國教育家孟禄、塞婁兩博士,均殷勤相告,謂中國最要者在造就領袖人才。後訪他國教育家,亦多持此論。故鄙人辦學時,不自量力,常欲造就領袖人才,分播吾國,作爲模範。區區宏願,嘗欲興辦實業,自東三省起點,迤北環内外蒙古,至天山南北路,迤西迄青海以達西藏,作十八行省一大椅背。而南方商業,則擬推廣至南洋各島,固我門户屏藩。故三十餘年前,曾在北平創辦高等實業學堂。迨回滬後,辦理本校,並在吴淞創辦商船學校。此志未嘗稍懈。無如吾國風氣,徒知空談學理,不能實事求是,以致程度日益低落。即如電汽、火車、輪船各項,僅有駕駛裝置之才,其能製造機器、自出新裁者,寥寥無幾。日日言提倡國貨,試問國貨能否製造?日日言抵制洋貨,試問洋貨能否抵制?各校學生不過欲得一紙文憑以圖榮寵,絶不聞有奇才異能可以效用於當世。……須知吾人欲成學問,當爲第一等學問;欲成事業,當爲第一等事業;欲成人才,當爲第一等人才。而欲成第一等學問事業人才,必先砥礪第一等品行。……孟子曰:“不恥不若人,何若人有?”又曰:“無恥之恥,無恥矣。”我學問不若人,事業不若人,可恥孰甚?于此而不知恥,是謂無恥。②

先生畢生志事,在此盡行道出。當爲第一等學問,當爲第一等事業,當爲第一等人才,先務則在

① 唐文治:《與友人書》,《茹經堂文集二編》,收入沈雲龍:《近代中國史料叢刊續編》,第 4 輯,第 32 種,第 712—713 頁(原刊本,卷四,頁七下～八上)、第 716—717 頁(原刊本,頁九下～十上)。

② 唐文治:《上海交通大學第三十届畢業典禮訓辭》,收入《茹經堂文集三編》,《茹經堂文集三、四編》,第 1238—1239 頁(原刊本,卷一,頁二三下～二四上)。

砥礪第一等品行;是爲先生終身以之的教育宗旨。要而言之:"教育根本在性情,措諸躬行則爲道德,再輔以近世科學,斯爲體用兼全。"①

早在光緒二十一年,蔚芝即告其弟子李頌侯曰:"吾弟有志之士也,務望慎守吾言,以理學爲體,以經濟爲用。勿讀無益之書,勿作無益之事。異日擔荷斯道,維持人心,力爲剥陽時之碩果,風雨時之雞鳴,有以存聖學於一綫,而不至於中絶,此則鄙人之所厚望也。"②先生的學術思想宗旨,正在"以理學爲體,以經濟爲用"二語。處今世而談"經濟",西學,尤其是近代科學知識,又豈能或缺?

先生關於洋務,最所究心者,除外交以外,端在實業與科學。光緒二十九年,蔚芝三十九歲,代載振作《議覆三品京堂張振勳條陳商務摺》,以爲:"近世之言理財者,莫不以振興商務爲急,而不知商之本在工,工之本又在於農。何者?蓋商必有其爲商之品物,無工則無以爲商也。工必有其爲工之質料,無農則無以爲工也。故欲求商務之興盛,在先求工業之精進;欲求工業之精進,在先求農事之振新。"又主張鼓勵工藝創新,保護專利,曰:"泰西各國維持商務,以保護、開通二法互相爲用,而尤以提倡工藝爲程。凡國中有能創一新法、得一新理、制一新器,實有裨於國計民生者,准其呈報,試驗得實,或奬以金牌、寶星,或給予文憑,准其專利。其注重工藝如此。中國近年以來,閭閻生計維艱,流民漸夥,馴至寇盜充斥,劫奪時聞。推原所自,未始非工政不修以致此也。"③如此見解,即使在今日,仍是不刊之論。

清末民初人物中,盡心盡力於科學工藝教育如蔚芝者,實不多見。然而先生對於時人"用科學以治國"之説,則不以爲然。作於民國十七年的《〈大學〉格物定論》引《禮記·禮器篇》"人官有能,物曲有利"曰:"人官所以馭物曲,故古者用人,德進事舉言揚,旁逮曲藝,而近人欲用科學以治國。夫聲光化電遂可以修齊治平乎?"④易言之,不可將道與器混而爲一。"近人謂泰西之格物即吾儒之格物,混道與器爲一,欲以一材一藝之長侈談平治,而民生實受其病。"慈谿裘匡廬(肇麟)作《廣思辨録》,有云:"科學方法治天下,未免錯誤。吾儒所格者事理,西人所格者物質。"蔚芝以爲,此語"可謂一矢破的"。⑤

---

① 唐文治:《上海永康中學思齊齋記》,《茹經堂文集六編》,《茹經堂文集五、六編》,收入《近代中國史料叢刊續編》,第 4 輯,第 34 種,第 2183 頁(原刊本,卷五,頁三五)。

② 唐文治:《與李頌侯書》,《茹經堂文集二編》,第 723 頁(原刊本,卷四,頁十三上)。

③ 唐文治:《茹經堂奏疏》,第 93—94 頁(原刊本,卷二,頁一)、第 120—121 頁(原刊本,卷二,頁十四下～十五上)。

④ 唐文治:《茹經堂文集四編》,第 1630 頁(原刊本,卷四,第 104 頁)。

⑤ 唐文治:《廣思辨録序》,《四編》,第 1702 頁(原刊本,卷六,第 170 頁)。按:裘氏撰文,論科學方法不足以治中國學問,其大要録入錢基博《現代中國文學史》,臺灣明倫出版社 1972 年影印 1936 年增訂本,第 431—434 頁。

蔚芝提倡科學，以爲今世絶不可少。然而科學決不能取代“人倫性情道德”：

夫人倫性情道德，千古不變者也。聖賢至教，如陰陽寒暑，適協於時。庸愚詭教，如風雨晦明，悉愆其候，直者枉之，雅者俗之，左道者矜式之，桀驁者嘉鮮之，譬諸南鍼而北指。故曰：“教不時則傷世。”（見《禮記・樂記篇》）要知限制我之人才，即以限制我之國力。君子遏抑，則小人日進。是以愈趨時而國愈危也。且所謂時者，孰若近代之科學？道藝兼資，科學自宜特重。惟當以孟學爲體，純而益求其純；以科學爲用，精而益致其精。夫如是，乃可以救心，乃可以興國。①

“以孟學爲體，以科學爲用”，先生爲官、講學，尤其是主持上海交通大學，此二語實爲其座右銘。

民國二十二年，蔚芝應蘇州國學會李印泉（根源）、金松岑（天翮）等之邀，赴蘇演講，宣講《孟子》大義，曰：“鄙人嘗謂聖賢教人，惟恐人之近於禽獸；後世教人，惟恐人之遠於禽獸。《孟子》七篇，尤重人道教育。人者，天地之心也。立人之道，曰仁與義。《孟子》首章言仁義，即所以正人心而立人極也。……處今世而言教育，必以尊崇人道爲惟一宗旨。”②科學本是利器，可爲善，亦可助惡。若無人道教育，科學便成爲惡之資。教育當以孟學爲體，正因孟子尤重人道教育也。

三、讀經與讀國文

民國八年，蔚芝先生作《中學國文新讀本序》，云：

世道之譸張，人心之迷謬，風俗之庸惡，士品之卑污，上下歷史，無有甚於今日者，有識之士惄焉，思所以救之。顧其策奈何？或曰：“將講武備，精器械，而振之以軍國民教育乎?”曰：否，否。揚湯不足以止沸也。或曰：“將研哲學，談心理，而躋之於高明之域乎?”曰：否，否。空言無補於實事也。或曰：“將務實業，進農家、工家、商家，而道國民以生活乎?”曰：斯言似矣。然而不揣其本，徒以生計爲惟一之教育，言義則萬無一應，言利則赴之若川。此近代教育家之昧於先後，中國之大危機也。

---

① 唐文治：《孟子教育學題辭》，《茹經堂文集四編》，第1649—1650頁（原刊本，卷四，第123—124頁）。

② 唐文治：《孟子大義》，《茹經堂文集三編》，第1316—1317頁（原刊本，卷三，頁十八下～十九上）。

在先生看來，衹是整軍經武，固不足以救國；相與研討哲學、心理諸新學説，以爲即可發現救國淑世的靈丹妙藥，空言無補而已（今日不少所謂知識分子，大談中國需要思想家云云，亦是此一路數）；發展農工商諸實業，改善國民生計，確有助益，然而若不講究本原之道，舉國上下，惟利是視，實爲“中國之大危機”（按：於今日之情狀，若有預見）。救國淑世之正道，一是讀十三經，二是讀國文。①

先生以爲，民國初年廢讀經，“世奉爲大功，崇拜恐後。余向者腹非之而不敢言，迄乎今日，廢經之效亦大可睹矣。新道德既茫無所知，而舊道德則埽地殆盡。世道至於此，人心至於此，風俗士品至於此，大可憫也”。又曰：“我國之倫常綱紀、政教法度，具備於十三經。孔子曰：‘定而後能静。’廢經則一日不能定，一日不能静。又曰：‘和無寡，安無傾。’廢經則一日不得和，一日不得安。彼宗教家方日日誦經，而我國則厭惡經籍，有若弁髦。舉國民之心，皆麤而不能細，舉國民之氣，皆浮而不能沈。如此而猶望其治平也，豈不傎哉？此讀經爲救世之第一事也。”②其大意是：欲救國淑世，必須平心静氣，脚踏實地去做，空談躁動，無濟於事。讀經能使人安静，惟安静不擾，始能臻於治平之境，故讀經爲救世之第一事。蔚芝爲無錫國學專修館訂立學規，有“安静”一項，云：

> 今人熱心愛國，而卒未得所以療國之方。老子曰：“載魂魄抱一，能無離乎？”蓋士落其魄，則國失其魂矣。故今日救國之策，莫若主静。《大學》言“知止而後有定，定而後能静，静而後能安”，此言治心之法，而實即治人治天下之法。孔子之言心學，曰“洗心退藏於密”，曰“操則存，舍則亡”，又曰“天下之動，貞夫一者也”。孟子之言心學，曰“持其志，毋暴其氣；心勿忘，勿助長”，又曰“存其心，養其性，所以事天也”。……《易傳》曰：“復其見天地之心乎！”《禮記》言：“人者，天地之心也。”惟於静中隨時體驗，乃能見天地之心。然則主静之功，實爲參贊化育之本。夫天下未有不能治其心而能治事者也，亦未有不能治其心而能治國者也。③

對治之方，惟有讀經以平其心，静其氣。回顧華夏百年之史，躁動張皇，囂然不静，至紅羊巨劫而臻於極，其後果爲如何？

不僅如此，欲維持人道，讀經更是必不可少。民國十年，蔚芝作《施刻十三經序》，以爲“今日之世，一大戰國之世也”。戰國之時，“争地以戰，殺人盈野；争城以戰，殺人盈城”，百姓“慘苦

---

① 唐文治：《茹經堂文集二編》，第798—799頁（原刊本，卷五，頁三四下～三五上）。

② 唐文治：《茹經堂文集二編》，第799—800頁（原刊本，頁三五下～三六上）。

③ 唐文治：《茹經堂文集》卷二，1926年刻本，頁二九下～三十下。

之狀，爲生民以來所未有"，"曾不踰世而秦政出"，焚書坑儒，毒流四海，"亦生民以來所未有"，乃"人心之害爲之也"。"然而秦時之書焚於有形，而今世之書焚於無形；秦時之儒坑於可見，而今世之儒坑於不可見。""横政之所出"，"横民之所止"，"學説之詖淫"，"士林之盲從"，人民之"痛苦而無所控訴"，世界之"劫運而靡所止届"，皆"人心之害爲之也"。人心之害，則"廢經爲之也"。"廢經而仁義塞，廢經而禮法乖，廢經而孝悌廉恥亡，人且無異於禽獸。"因此，"欲救世，先救人；欲救人，先救心；欲救心，先讀經"。①

民國十九年，蔚芝友人孫師鄭（雄，原名同康）撰《讀經救國論》，先生爲作序，云：

> 國何以立？繫於民之心；是非之心存焉爾。國何以傾？亡於民之心；是非之心亡焉爾。……東海有聖人出焉，此心同，此理同也。西海有聖人出焉，此心同，此理同也。所是者無不同，所非者亦無不同也。世衰道微，人始是其所是，非其所非；是其所非，非其所是。……迷謬不省，莫衷一是。國魂失而民狂，豗突叫囂，如醉如夢。由是人心是非之公，澌滅殆盡，而惻隱羞惡辭讓之心，乃隨之而俱喪。……吾友孫君師鄭憫焉，爰救之以讀經。夫救國而要以讀經，何也？經者，萬世是非之標準，即人心是非之標準也。②

其大意有二：一是經乃人心是非之標準，用今日流行語來説，即是道德底綫所在。二是東海西海，心同理同，這是非標準不受時空之限制，亦即所謂普世之價值也。

作於民國二十七年的《孟子尊孔學題辭》更作申述，云："人必自愛其心，自保其心，而後可以爲人；國必自愛其心，自保其心，而後可以立國。我國之重心維何？尊孔是矣。"中國往日雖尊孔，不可諱言，孔子之精神已失，然而精神雖去，郛郭猶存，"今則並其郛郭而掃除之"，豈非自滅之道？因此，"欲復興中國，必先復孔子之精神；欲復孔子之精神，在教師能講經，學生能讀經"。③

救國淑世之第二事，則是讀國文。蔚芝以爲："凡教與政之行也，必視其習貫；反其習貫而强以致之，則事必窒礙而不可行。"按：此爲先生的一貫見解，有合於西方傳統保守主義之真諦。先生又曰："自歐化東漸，藝術紛陳，人皆曰國文無用，或且疑爲久王而將厭者。"先生大不以爲然，指出：今日新知新説日新月異，"正賴才智卓越之士，掇各科之精蘊，而用吾國文以發明之，俾僻壤遐陬，未通佉盧文字者，皆得盡研科學，而重譯之士，且將取吾書以餉彼邦之人士"。④易

① 唐文治：《茹經堂文集二編》，卷四，頁一，二下。
② 唐文治：《茹經堂文集二編》，第 788—790 頁（原刊本，卷五，頁二九下～三一上）。
③ 唐文治：《茹經堂文集四編》，第 1193 頁（原刊本，卷四，第 115、116 頁）。
④ 唐文治：《中學國文教本序》，《茹經堂文集二編》，第 795、796—798 頁（原刊本，卷五，頁三三上、三三下～三四下）。按：此文作於辛亥革命前二年。

言之,國文之當重,在現實的需要:科學爲中國所急需,以如此廣土衆民,若欲使人人通域外文字,以通科學,豈非事倍而功半。故國文者,若從現實角度看,其焉可不重?

更爲重要的是:猶如國貨是"國民之命脈",國文乃是"國民之精神"。"國貨滯則命脈塞,國文敝則精神亡。愛國者既愛國貨,先當維持國文。"因此,"讀國文爲救世之第二事"。"經者,文之幹;文者,經之支與流裔。"此即古史贊堯所謂"文思",贊舜所謂"文明"。"漢唐以來,文化盛則國治,文化微則國衰。故無論古今中外,罔不以保存文化爲兢兢。乃今世之士,淘汰文化惟恐不速。或用鄙陋俚俗之教書,自詡爲新法,雖聰明才智之士,亦强儕諸村夫牧豎之流,知識日短,志氣日卑。究其弊,國家將無用人之人,而惟有爲人所用之人。豈不悯哉!"①换言之,國家欲自强,必須文化能自立,而欲文化能自立,必須維持國文;若文化衰微,知識淺而志氣卑,則只能隨人脚跟,出不了第一流的人才。

先生又指出:"生民之類,自棄其國學,未有不亡者也。"歐洲諸國,"其競進於文明者,則其國家,其人類强焉,存焉;反是則其國家,其人類弱焉,息焉,滅焉。我國文字,自書契之造,以迄孔子,數千年來,綿綿延延,人類之所以常存者,胥由文焉作之綱維"。日本師法德國,然而"藝成而立",並不以"德言授其徒"而取代己之國文。②先生因此對"文化侵略"深表憂慮:"横覽東西洋諸國,靡不自愛其文化,且力謀以己之文化擴而充之,深入於他國之人心,而吾國人於本國之文化,孔孟之道德禮義、修己治人之大原,轉略而不講,或且推去而任人以挽之。悲乎哉!文化侵略瞬若疾風,豈僅武力哉?吾爲此懼,深恐抱殘守缺,終就淪湮",於是在"太湖之濱,購地數十畝",經營國學專修館,以讀經尊孔、保存文化爲職志。③

同時須知,先生提倡讀經、讀國文,並不僅是因爲此乃中國文化之結晶,更因爲:"凡文之博大昌明者,必其人之光明磊落者也;文之精深堅卓者,必其人之忠厚篤實者也。若夫圓熟軟美,則人必巧滑而佞柔;叫囂凌亂,則人必恣睢放蕩而無秩序。且夫秩序者,文章之基、人事之紀也。世變多故,言龐事雜,泯泯棼棼,皆害於無秩序。"他更以爲,"世界中之善氣,即天地中之正氣,亦即文字中之正氣也。人皆吸天地間之空氣,而不知吸世界中之善氣。人欲吸世界中之善氣,必先吸文字中之正氣。文字之氣正而世界昌焉"。諸經之文字,正是文字中的善氣,能使人燥釋矜平,化去無秩序。因此,"擴充文字中之善氣",即是"提引世界之善氣於無窮也"。④按:

① 唐文治:《中學國文教本序》,第 801、800 頁(原刊本,頁三六上,三五下)。

② 唐文治:《工業專門學校國文成績録序》,《茹經堂文集二編》,第 804—805、808 頁(原刊本,卷五,頁三七下～三八上、三九下)。按:此文作於 1914 年。

③ 唐文治:《國學專修館十五周紀念》,《茹經堂文集五編》,《茹經堂文集五、六編》,收入沈雲龍主編:《近代中國史料叢刊續編》,臺灣文海出版社 1974 年版,第 4 輯,第 34 種,第 1956 頁(原刊本,卷五,頁十四)。按:此文作於 1936 年。

④ 唐文治:《工業專門學校國文成績録二編序》,《茹經堂文集二編》,第 812—815 頁(原刊本,卷五,頁四一下～四三上)。按:此文作於 1917 年。

足見先生並非文化民族主義者，並不持文化排外論，其所謂正氣、善氣，乃是普世性的，其所嚮往者，則爲“提引世界之善氣於無窮”，俾全人類登於“文思”“文明”之境域。

然而先生對於“文明之禍”，深有理解。指出：《周易》中，“《離》爲文明之卦，而其象又爲甲胄，爲戈兵”，爲何如此相悖？“驗諸當世”，乃知“文明者，戈兵甲胄之階也”。“無形之競争以心理，有形之競争以學術；無形之競争以科學，有形之競争以干戈。《離》爲火，制器尚象，火器日精。故世界愈文明，而干戈之相争殺乃愈無已時。”《管子》有“官山海王”之説，“知此義而欲補救之者也”。《老子》有“剖斗析衡，民斯不争”，《莊子》有“絶聖棄智，佳兵不祥”之説，“知此義而欲屏絶之者也”。孟子則是“知此義而欲以有形之競争歸於無形之競争”，所以便有“矢人、函人之相校”及“如恥之，莫如爲仁而反求諸己”之説。孟子所身處的戰國時代，正是這樣一個有形競争劇烈、殺人盈野盈城之世，故孟子大聲疾呼：“天下之禍亟矣，非仁義救之不爲功。”“蓋有仁義，則地球之内以康以寧；無仁義，則地球之内以爪牙，以肉食。”而“漢唐以來，鮮明此理，爲學偏於空虚，其心思耳目之聰明窒塞，乃日益甚”。原因在於“徒知文明之足以治天下，而不知甲胄干戈之已隨其後”。至於近代學子，“稍稍研求科學，徐而究其實，乃徒知物質之文明，而於有形無形之競争，曾未嘗少辨焉。或者且嗜功利，薄仁義”。僅知文明之利而不知其害，如何能救世？先生深信，若“先知先覺之得其人”，孔子所嚮往的大同世界，“詎不可以締造”？中國既有先聖遺經，以仁義爲教，一旦講明其中至理，“必將有聖人者出，先以無形之競争趨於有形之競争，乃復以有形之競争歸於無形之競争”，亦即先使心理之争勝趨於學術之競争，而後以科學之競争銷融武力之競争，俾各國以文明創造的競争取代“干戈之相争殺”。①先生之悲願深矣。

四、發揚孟學

綜上所述，可見在蔚芝先生心目中，救國與救世本爲一事。其所嚮往者，不是中國崛起與列强相争，而是全人類共趨大同之域。其所謂讀經救世，乃是闡發經中仁義學説，使之沾溉及於全世界，永久消弭人類自相殘殺的慘禍。仁義學説的精髓，則在孟子所謂以不忍人之心，行不忍人之政。

先生撰《無錫國學專修館學規》，有云：“凡士人通經學、理學而能達於政治者，謂之有用，謂之通人；不能達於政治者，謂之無用，謂之迂士。”②何以通經學理學必當達於政治？乃是出於

① 唐文治：《工業專門學校雜誌序》，《茹經堂文集二編》，第 815—818 頁（原刊本，卷五，頁四三上～四四下）。按：此文亦作於 1917 年。

② 唐文治：《茹經堂文集》，卷二，頁二八下。

不忍人之心。見生靈之塗炭，哀鴻之遍野，凡有仁心者，必恫瘝在抱，不能不關心政治。民國十年，先生作《不忍人之政論》三篇，其二有曰："吾嘗游歐美諸國，其民熙熙皞皞，頗有雍容禮樂之風。彼其所重者，惟在人道。其譏我中國，則曰：'支那人之性命，曾無異於雞犬。'何其言之慘也。嗚呼！"與歐美諸國相對照，其時的中國百姓，可謂"末世之民"，原因在於"在上者之先絶其生機"。先生不由慨歎道："夫使百姓有死之悲，無生之樂，誰實爲之哉？讀《詩》之《萇楚》《苕華》諸篇，未有不掩卷流涕者矣。"①

《不忍人之政論三》申述道：

> 古之爲政也，惟務生人；今之爲政也，惟務殺人。古之爲政也，必生人而心始安；今之爲政也，必殺人而心始快。嗚呼！何其度量之懸殊也。孔子曰："道二，仁與不仁而已矣。"不忍則仁，忍則不仁。仁不仁之辨，不忍與忍而已。……蓋君子務本，本立而道生。仁人之於孝，猶手足之有腹心，枝葉之有根本也。古之聖人，首在躬行孝悌。由是而推暨之，有無限之等級，即有無限之經綸。是故尊高年所以長其長，慈孤弱所以幼其幼。凡天下之罷癃殘疾、惸獨鰥寡，皆吾兄弟之顛連而無告者也。是所謂不忍人之政也，是所謂民吾同胞物吾與也。……今也侈談同胞同與，而其爲政也，乃適與之相反。長國家而務財用，外本内末，争民斯奪，舉向之養老恤孤、惠鮮鰥寡一切善政，俱掃地而更張之，狼吞而虎噬之。古之人曰"不虐無告，不廢困窮"，今則專虐無告廢困窮；古之人曰"無虐惸獨而畏高明"，今則專虐惸獨畏高明。殺千百人不足，馴至於殺億萬人；殺當時之人不足，馴至於殺後世之子孫。

先生更指出，君臣上下，本與父子關係不同，乃是"人合"，非"天合"。欲"人心不至於涣散，宇宙不至於陸沈"，惟有"以不忍之心相爲固結"。而"今也舉不忍人之心與不忍人之政，皆以爲腐敗而不足復道，悍然吮民之膏飲民之血而不顧。如是則萬目睽睽，對於政府誰復有理之者？誰復有愛而護之者？一旦事變，誰復有奔走而捄之者？"②世事如此，焉得不以孟子之言救之？

所謂不忍人之心，依孟子之見，乃人性中所固有，然若其心陷溺，則極易失去，故孟子闡説心性，以爲救世必由之道。蔚芝先生對此論曰：

> 或問曰：孟子言心性以救世，精義安在？曰："合性與知覺，有心之名。"（宋張子《正蒙》語））孟子論心性，訓練知覺而已矣。學無論中西，胥歸於實。惟知覺虛靈，能御實而使之

① 唐文治：《茹經堂文集三編》，第1249頁（原刊本，卷二，頁二上）。
② 唐文治：《茹經堂文集三編》，第1249—1250頁（原刊本，卷二，頁二）。

> 精。吾國民之積弱，正由於知覺之蠢愚浮躁。居一邑而不辨其人之賢否也，辨一事而不究其事之始終也，讀一書而不明其所言之綱要也。如此遲鈍，故事事落於人後。孟子述伊尹之言曰："先知覺後知，先覺覺後覺。"知養於平時者也，覺發於臨事者也。視必求其明，聽必極其聰，思必致其睿，學之弗得弗措，行之弗篤弗措，夫然後知覺靈而智慧達。然若私智穿鑿，機心相角，利欲相計較，則知覺轉爲之窒塞。故孟子又清其源，曰"良知"。本家庭之愛敬，擴而充之於治平。善良以爲體，靈警以爲用；善良以治内，靈警以對外。推諸東海西海，此心同此理同也；推諸南海北海，此心同此性同也。故孟子之學，不獨可以救國，且可以救世。①

欲發揚孟子心性之學，必須"訓練知覺"。先生所謂知，相當於理學家所謂涵養，所謂覺，則相當於所謂省察；涵養於平時，省察於臨事。而所謂知覺，當從心性中自然流出，切不可以私智穿鑿。知覺靈而智慧達，便是孟子所謂良知的妙用。良知擴充至於極，治國平天下即在其中。而且凡屬人類，心性皆同，故訓練知覺，自可以救世。

更有進者，訓練知覺對於科學、工藝之創造發明，亦大有助益。先生自謂，"平日之志願，在造就中國之奇材異能，冀與歐美各國頡頏爭勝"，而"今人但務思想，而不能修養其知覺。夫知覺不本於善良，則思想終歸於惡化"。"二十世紀以來，吾國鮮有發明彝器技能"，癥結在於"知覺不良，日趨於功利夸詐，則思想因以窒塞而不敏也"。對治之方，則是發揮固有的良知，因其本爲"萬能之萌柢也"。②要言之，訓練知覺，以致良知，不僅是道德的基礎，更是人類重大發明之憑藉。

先生著有《知覺篇》一長文，對此作深入的解釋，大略謂："世謂知在於事而覺在於心者，非也。知與覺皆因事而感心，因心以應事。知裕於平時者也，覺發於臨事者也。知，體也，覺，用也。故養知在學問，而發覺在聰明，言知則可以該覺。"最要者在於"知本"："權然後知輕重，度然後知長短。輕重長短定，而是非明矣。孳孳爲善者舜之徒，孳孳爲惡者跖之徒。欲知舜與跖之分，無他，利與善之間。舜跖分而善惡著矣。是非明，善惡著，則本末厚薄稱，此之謂知本。"凡修身、齊家、治國，皆須知本。③欲使人人靈其知覺，必須自教育入手。

先生因此説道："今日所教之事，即他日所行之政。雖然，行政殺人，人得而知之。教育殺人，若戰國之世，罔民設教，桎梏其智能，窒塞其聰明，導以欲，誘以利，其志卑，其行鄙，而害且

① 唐文治：《孟子心性學題辭》，《茹經堂文集四編》，第1646頁（原刊本，卷四，頁一二零）。

② 唐文治：《上海交通大學工程館記》，《茹經堂文集三編》，第1401頁（原刊本，卷六，頁五上）。按：此文作於1932年。

③ 唐文治：《茹經堂文集三編》，第1215—1216頁（原刊本，卷一，頁十二）。按：此文作於1926年。

及於人心家國，人鮮有知之者，豈不悲哉！孟子志在救世，七篇之書，所言無非教育。"有家庭教育、學校教育、國民教育、高等教育、分級教育。其精意可約爲三端，即人倫教育、性情教育、道德教育。人倫教育行，人間的"天叙、天秩始定"，"未有人倫不明而政治有秩叙者"。性情教育使人天性不至陷溺，"惟有真性情者，乃有深學問"。"天下有道，以道殉身；天下無道，以身殉道。"道德教育使人存廉恥，重氣節，"豈有無道無德而可以爲教者"？因此，"惟當以孟學爲體，純而益求其純；以科學爲用，精而益致其精"。[①]發揚孟學，可謂深切著明矣。

五、定國要策與政治道德

抗戰結束之年，蔚芝先生答客問定國要策，云：

> 余所持者，卑之無甚高論，惟有興廉、務實二事而已。……《大學》明言"仁者以財發身，不仁者以身發財。"而吾國人專以"發財"二字爲口頭禪，受其害者，或隱喜而陽諱之。心術卑鄙，品行齷齪，率由於此。孔子曰："慢藏誨盜。"老子曰："多藏厚亡。"孟子曰："去義懷利，未有不亡。"世人視爲迂遠，貪官污吏盈天下，而人類之相争相奪，遂無已時。

先生因此大聲疾呼曰："故吾常謂吾國人好利之心一日不去，中國恐無太平之望。哀哉！"真痛乎其言之。

至於務實，先生說："試讀近代曾文正公文集、日記、家書，其脚踏實地、兢兢業業爲何如？"舉民國二十六年丁丑抗戰初起時二事爲例。其一是：當時無錫紳士"有向當道請軍械守城者，則笑曰：'敵人豈有至無錫之理。現在崑山兵力足可支持七個月，屆時大兵雲集，彼小醜詎足道耶？'"然而事實是：崑山不但未能支持七個月，連七天都支撑不了。先生云："此事雖未必確實，然亦足徵放空氣之害。"又引孔子之言"其言之不怍，則爲之也難"，説道，此等"大言炎炎，毫無實際"，以嚇唬自己百姓猶且無用，更何況"嚇外人乎？哀哉！"或以宣傳需要爲之辯護（按：所謂宣傳部，國民黨首創，爲前此政府所無），先生答道，宣傳貴有實際，至於"孰者宜宣傳，孰者宜韜晦，更宜謹慎斟酌"。（按：如此顯明道理，主持宣傳者自欺欺人，不知也，嗚呼！）其二是：風聞當時常州鄉間某地，"即因宣傳軍械充足，致受轟炸，哀哉！"先生引邵子（雍）之言"天下將治，則尚行也；天下將亂，則尚言也"，云："夫言有枝葉，已非治世所宜，況虛聲洞（恫）喝乎？況軍事要政

---

① 唐文治：《孟子教育學題辭》，《茹經堂文集四編》，第1646—1648頁（原刊本，卷四，頁一二零～一二二）。

乎？故竭力務實，猶宜慎密不出，況並無實際乎？”[①]對於宣傳罔民之害，言之諄諄，可謂痛哭流涕者矣。

當時頗有人，以爲政治與道德宜分而不宜合。先生對此，大不以爲然。曰：

> 合則治，分則亂；治則盛，亂則衰；治則存，亂則亡。《論語》中有分言之者，“道之以政，民免無恥；道之以德，有恥且格”是也。有合言之者，所謂“爲政以德，譬如北辰，居其所而衆星共之”。蓋言躬行道德，心理統一，而後土地始能統一，否則民心渙而不聚，土地亦豆剖而瓜分矣。聖人答季康子曰：“政者正也，子率以正，孰敢不正？”

要言之，“政治萌柢在正人心，而欲正人心，必先自正其心也”。正人心之道，則在明君子小人之辨：“君子喻於義，小人喻於利。義者，道德之根源，行而宜之之謂，發之於政治，大順乎人心，所欲興聚，所惡勿施也。利者，字義爲刈禾，公其利則天下之美利也；若私其利於一己，則貪庸卑鄙，心術欺詐，刃立於旁。其弊也，因行政而殺人，且轉而自殺，並殺其子孫矣。哀哉！”

於是得出如下結論：“故今日惟有興廉而嚴懲貪墨，譬諸霹靂震空，妖媚自然遠遁。若喜其爲我牟利、逢迎諂媚而用之，則民生日益憔悴，國家日益阽危矣。”闡發“務實”二字，則曰：“虛矯之氣最足以害國。縱覽中外歷史，虛矯者未有不敗，實事求是者未有不興。”又曰：“余於三十年前，以爲致太平者，必求興廉務實、體用兼備之士，而國人曾莫之悟。孟子言：‘禍福無不自己求之者’，又曰：‘七年之病，求三年之艾。’其道維何，亦曰仁義而已矣。”[②]按：先生憂患之深，針砭之切，足可爲今日龜鑒。

① 唐文治：《論定國要策》，《茹經堂文集六編》，第2079—2080頁（原刊本，卷一，頁五～六）
② 唐文治：《政治道德論》，《茹經堂文集六編》，第2080—2081頁（原刊本，卷一，頁六～七）。

程元敏先生《先秦經學史》經學定義部份析論*

□李洛旻

［摘　要］ 程元敏先生所著《先秦經學史》，開宗明義討論何謂"經學"，指出"經學"即"義學"。他認爲六經本皆史，經之所以爲經，乃由孔子整理經書、賦以理義，成爲萬世教科書。而治經的唯一目的就是通經致用。在這種理解下，經學必然由孔子所創始。程氏之説上承皮錫瑞之論，借用章學誠"六經皆史"之説，重新釐定經史之别，並修正了皮氏的說法，突顯了孔子賦新義而遷史爲經的貢獻和經學史上的價值，亦重新詮解"述而不作"的"作"的意義，調解了反對者對六經文獻先於孔子存在的駁論，著重孔子對後學的啓發作用。此外，程氏亦證明孔子對六經文獻有編集之功、亦有賦義之實，既述又作，巧妙地串連了"六經皆史"與"孔子制作六經"兩種説法。

［關鍵詞］ 程元敏；經學；六經皆史

［作者簡介］ 李洛旻，香港中文大學劉殿爵中國古籍研究中心，副研究員。

前言：程元敏先生與《先秦經學史》

程元敏先生爲當代經學大家，其學以《詩》學、《春秋》學起家，又從屈萬里先生學習《尚書》，遂以此學獨當一面，出版多種專著以及近百篇論文。程先生的專著有《王柏之詩經學》(1968)、《王柏之生平與學術》(1975)、《三經新義輯考彙評(一)——尚書》(1986)、《三經新義輯考彙評(二)——詩經》(1986)、《三經新義輯考彙評(三)——周禮》(1987)、《春秋左氏經傳集解序疏證》(1991)、《三國蜀經學》(1997)、《書序通考》(1999)、《詩序新考》(2005)、《尚書學史》(2008)、《尚書周書牧誓洪範金滕吕刑篇義證》(2012)、《先秦經學史》(2013)、《尚書周誥十三篇義證》(2017)。程先生多年來筆耕不輟，寫作時十分重視研究資料的全面蒐集，務求得出堅實的結論。著述方向以《尚書》、經學史、《詩》和《春秋》學爲主。

＊　本文爲中國國家社科基金重大項目"臺灣經學文獻整理與研究(1945—2015)"(16ZDA181)的階段性成果。

2009年至2011年，程先生主持國科會專題研究計畫《先秦經學史》，《先秦經學史》一書兩册凡十三卷，都八十餘萬言，便是此計畫之主要成果，於2013年由臺灣商務印書館出版。此書體製宏大，考經學之源流，鉅細無遺，面面俱到。程先生自言此書之撰寫目的云：

> 中國經學，自孔子創首以來，迄今二千六百年，爲中國學術主幹。顧中國經學史之專著甚少，有之或病簡陋，或傷蕪漫，尤以溯其本源——先秦經學專史竟付闕若。夫學不考其源流，莫能通古今之變。
>
> 自孔子降生以來，討研先秦學術者，祗有先秦史學、先秦文學及先秦諸子哲學之論著，絶無一部獨立完備之先秦經學專書之作。鄙人鑒省於此，恃過去四十年累積之治經資料及教學研究經驗，著手撰寫一部"先秦經學史"，刻已完稿待梓。①

又自述其對先秦經學史之研究方法云：

> 以時代爲經，專家爲緯，上溯夏商，下覃炎漢，中則以周秦爲主，述論此一時期衆家之《易》《書》《詩》《三禮》《春秋經》《春秋三傳》《論語》《孝經》《孟子》《爾雅》之學。於經學攸關之政教要事，隨機論述，如公私教育、學術公案、典籍真贋，或闡發或辯證，用彰顯經學之時代意義。十三部經書，悉立爲專章，作爲通論，取便參據。②

觀乎程先生之自序，可知者數事。一、《先秦經學史》乃是作者積四十年教研所蒐集之資料而成。作者數十寒暑從事經學史之講授和研究，其真積力久，一如以往，書中内容資料翔實，所論專題往往信而有徵，見解精闢。二、作者撰書之動機，是鑒於中國經學史有關先秦部份往往過於簡扼，又或傷於蕪漫，作爲經學之源頭，先秦時期之經學史應該爲人所重視，並且有詳盡之討論。三、作者撰寫《先秦經學史》之方法乃是"以時代爲經，專家爲緯，上溯夏商，下覃炎漢，中則以周秦爲主"，可謂面面俱到，既能掌握宏觀局面，也不缺乏細緻的辯證。

整部書可分爲兩大部份：一是經學史的源流，凡五卷，分别有"孔子前之經學""孔子之經學""孔子以前之國家教育""七十子暨其後學者之經學"及"儒家以外之先秦諸子之經學"五大

① 見《行政院國家科學委員會專題研究計畫成果報告》"先秦經學史"，計畫編號(NSC98-2410-H-002-176-MY2)，2012年，第3頁。

② 見《行政院國家科學委員會專題研究計畫成果報告》"先秦經學史"，計畫編號(NSC98-2410-H-002-176-MY2)，2012年，第5頁。

要目。第二部份是羣經通論，凡七卷，詳論十三經之名義、時代、版本、真僞等。最後第十三卷則詳考李斯焚書阬儒之經過及對後世經典流傳之影響。他在《先秦經學史》計畫的成果報告中自評此書乃是“古今中外第一部先秦經學史全書”[①]，確爲事實。程先生《先秦經學史》面世之前，重要的經學史著作有皮錫瑞《經學歷史》(1907)、劉師培《經學教科書》、日本本田成之《中國經學史》(1927)、馬宗霍《中國經學史》(1936)、伍憲子《經學通論》(1936)、日本瀧熊之助《中國經學史概説》(1941)、周予同《中國經學史講義》(1962)、徐復觀《中國經學史的基礎》(1981)、李威熊《中國經學發展史論》(1988)、諸橋轍次、安井小太郎等《經學史》(1996)、葉國良《經學通論》(2005)等。通史形式的經學史，重在鳥瞰全貌，將二千多年經學的歷史也完整涵蓋，導致先秦部份不論在資料或論述均受篇幅所限，未能窮盡箇中牽涉到的各種問題。

每一部經學史，不論通史抑或斷代史，都離不開一個問題，就是對“經”和“經學”的定義。整部經學史的論述，是基於經學的定義和内涵來展開；同時，對每部經籍以及經學問題的不同理解，亦會影響對經學的定義。程先生《先秦經學史》一書亦然，壓卷便釐定“經學”的定義，以“經學的定義”—“經學創始於孔子，非造端於周公”—“六經皆史説及‘古六經’説辨證”—“孔子之經學”的脈絡展開討論。此書第二部份“十三經通論”又針對“經名經字義經書之立名總説”分析“經”字之義。綜覽全書，程氏對“經學”的定義貫穿全書，緊扣各個章節，實爲閲讀此書前必須鑽研的重要課題。以下就程氏所論經學定義，稍加析論。

一、程氏論“經學”的定義

程先生認爲夏、商無經學，經學起源於周，[②]因此將“經學之定義”繫於“經學起於周代”一節之下。程氏爲經學作定義，首引劉離明《治經雜語》(《學衡》第三十期，1924 年)界定經學義四事，並加以評述。劉離明即劉洙源(1875—1950)，長於文學，通達三禮，深於佛學。平生著述多爲釋佛一途，經學則唯《治經雜語》一篇，文章刊發後，影響亦不大。劉氏之論鮮爲人議，程氏撰寫經學史，首拾劉氏之説來定義“經學”，可見劉氏論説對我們理解程氏“經學”之義關係莫大，值得覃思細讀。今具録其文於下：

---

① 見《行政院國家科學委員會專題研究計畫成果報告》“先秦經學史”，計畫編號(NSC98-2410-H-002-176-MY2)，2012 年，第 11 頁。

② 程氏認爲夏、商無經學之理據，在於考索夏代商代之文獻和器物，不見“經”字，並無一與經學相關。唯《左傳·襄公二十六年》引逸《夏書》“與其殺不辜，寧失不經。”見夏時文獻涉“經”字，程氏謂“經謂常法(律)，無關經學。”見程元敏：《先秦經學史》上册，臺灣商務印書館 2013 年版，第 2 頁。

（一）

氏云："經學，義學也，貴義不貴事，與史學諸科專言事者不同。"

程氏云："六經本皆史也，史輕義理重敘事，至孔子於經書，則甄選之，編次之，定其本，賦予理義，以爲教科書，垂法萬世，寓作意於述，故晉《乘》、楚《檮杌》、魯《春秋》，其事則齊桓晉文，其文則史，'其義則丘竊取之矣。'"

（二）

氏又云："經學内聖外王之學也，内聖本諸内證，外王徵諸庶民，與子學家及近世政治哲學教育諸家專從現象上著手不同。"

程氏云："經學自内心涵養，窮理盡性知天，然後推及庶民，施於有政，則天下歸仁矣，故與諸子之多講求事功者異。又内聖外王，亦即氏下所云'修己治人之學'，而'近世言修養，則廢治人；言治人，則馳逐而不返'，則爲不知經學。"

（三）

氏復云："經學，人道主義之學；不如此，則近於禽獸，故《禮經》屢稱人道。"

程氏云："此儒經中心思想，經爲常道，亦奠基於此。"

（四）

氏更云："經學，常住之學也，不以地變，不以時遷，永遠有效，踰越範圍則亂，墨守之則治。"

程氏云："此不變不遷不踰越，乃應就經學之核心價值——經世致用之根本大道而言，但若後士依傍經書，以一己思想理念，作增益、减省、發揮經義，則不之禁，且感加以鼓勵。"①

從程氏所引劉離明《治經雜語》的説法以及程氏之述評，大約可以歸納四個要點：第一，六經本皆史；二、經之所以爲經，乃由孔子整理經書、賦以理義，以爲教科書；三、治經之唯一目的爲通經致用；四、經學之發展可以生生不息，然須謹守"經世致用"之旨。程氏其後緊接引用了李源澄《經學通論》、李威熊《中國經學形成的考察》、徐復觀《中國經學史的基礎》等人的説法，俱以補充佐證劉氏之説，不出其範圍，在此不逐一析論。值得玩味的是，劉氏開首便提出經學是"義學"，一般經學史少見如此直接定義。觀劉氏之文，他所説的"義學"是與"史學"驅别開來，他説"經學，義學也，貴義不貴事，與史學諸科專言事者不同"，復考劉氏《治經雜語》定義"經學"之前，亦先以否定法描述經學的性質，他説"不是史學，史學有沿革而無宗旨故。"②因此，程氏的

① 程元敏：《先秦經學史》上册，第 3 頁。
② 劉離明：《治經雜語》，《學衡》第三十期(1924)，第 1 頁。

述評亦從經、史之别切入，先云"六經本皆史也，史輕義理重敘事"，而原本是"史"的"經"之所以成爲"經"是因爲"孔子於經書，則甄選之，編次之，定其本，賦予理義，以爲教科書，垂法萬世，寓作意於述"，然後又引用孔子作《春秋》"其義則丘竊取之"云云。所以史之所以成爲經，全因爲孔子整理編定，然後賦予義理（上引第一點）。經既賦有義理，有修己治人之用，是内聖外王之學（上引第二點），其與史有别，程氏云：

> （六經）原其初本史也，自孔子用作修己治人教材，始得爲經，誠是。章炳麟《論經史儒之分合》（《光華大學半月刊》四卷五期）："……經兼修己治人，史則詳治人而略修己。"則經原出於史，而自孔子賦以新生命，而重於史；史所重治人之道，反自經書擷取英華矣。①

又説：

> 經學者修己治人之學也，旨在經世致用，爲政治、社會、經濟、文學、史學、哲學、道德教育之基本教材，是吾中國二千六百年來學術骨幹。孕育於遠古，成學於孔聖。②

程氏再次强調六經"原其初本史""經原出於史"，孔子將"史"賦以新義而成爲"經"，成爲内聖外王、修己治人之學。學習經義，唯一目的在於"經世致用"。"經世致用"是治經者不可更易之唯一宗旨，此劉氏所謂"經學，常住之學"（上引第四點），亦即學者慣以"常""常道"訓"經"字之義。值得一提的是，程氏認爲治經必要秉持"經世致用"之宗旨，但後人若對經書"予以整理、選擇、詮釋"③或"以一己思想理念，增益、減省、發揮經義"，即應加以鼓勵。可見他認爲只要不違"經世致用"之途，而作任何經義之發揮，亦當視之爲經學。然則所謂"經學"，實不囿於孔子所創立之義理。孔子賦予六經義理，是一個遷史爲經的重要歷程，爲後世治經者垂範。

按上所論，程氏所定義之"經學"，其最初之成立，關鍵在於孔子將"史"賦加新義，將原本"輕義理重敘事"的"史"，遷史爲經，産生性質上的變化，遂變爲修己治人、經世致用之學問。程氏之論，一歸其要義即是"經學爲義學"，正因如此，程氏在定義"經學"之初便引用劉離明氏"經學，義學也"之説，確可鮮明地揭示他對經學要義的理解。值得玩味的是，在下册《十三經通論》篇論"'經'字字義釋"，也是壓首以"義"訓"經"：

> "經"字，殷商甲骨文（據李孝定師《甲骨文字集釋》）及殷商金文（據周法高《金文詁林》

①②③　程元敏：《先秦經學史》上册，第4頁。

及《補》)竝未見。西周著成之書本文獻,《周易》爻辭二見:《頤·六二》"經于丘"、《六五》"拂經",王《注》孔《疏》竝釋經'義也',清毛奇齡《易小帖》卷一謂經本作徑,吭也(屈萬里師《讀易三種》頁一七八引)。①

一般論"經"字定義者,或引《白虎通》"常也"、或引《説文》"織也"、或引《釋名》"徑也"之訓,鮮有引據"經,義也"之訓。據筆者所檢,早於程氏者唯伍憲子《經學通論》"經之訓詁與範圍"一章下云"《易·頤卦·爻辭》云:'拂經于丘。'王弼注:'經,義也。丘所履之常也。'"②程氏有否參考過伍憲子之説,難以考究。然細繹其行文舖排,先説"經"字不見於殷商甲骨、金文,而首見於西周書本文獻,然後以《周易》冠爲諸書本及訓解之首,似屬意此訓爲最原始之義。"經,義也"並非"經"字常訓,也顯然不是原始意義,但程氏將王弼和孔穎達的疏義引録在諸訓之首,卻對其是非不置一言,只緊接引用其字的毛奇齡"吭也"之解。毛氏之説,見於《易小帖》卷一,原文如此:

"經"本讀作"徑",去聲,謂吭也。吭爲氣經,如徑之出入,故讀"徑"。此即《莊子》所謂"緣督爲經"、《淮南子》之所爲"熊經鳥呻"者,蓋督爲中脈,下貫尾閭,上合斷交,而歸其氣於喉吭之間。③

要之,毛説所謂讀作"徑"而訓爲"吭",亦取氣出入之徑,亦與"徑"義相類,而與"經,義也"之訓南轅北轍。程氏先引王、孔"義也"之訓,又緊接引用毛奇齡"吭也"之説,實未詳作者是否贊同注疏"義也"之解。假令程氏不認同"義也"説而欲取毛氏"吭也"之釋,則直引毛説可也,又何煩引用"義也"一訓。竊以爲,程氏此處特意引用《周易注疏》"經,義也"之訓,或以此遥與上册"經學之定義"引據劉離明所謂"經學,義學也"之説呼應,"經,義也"雖非常訓,卻實爲達詁,經傳既有此訓,程氏即冠爲解釋"經"字字義之首,以貫徹其對經學之理解。

二、遷史爲經:論經學之創始斷自孔子

觀上文所引述,程氏不時强調經與史之關係,説"六經本皆史""原其初本史也""經原出於史"。自章學誠在《文史通義》中提出"六經皆史"之説,引發學術界之長期論争,學者對於章氏

① 程元敏:《先秦經學史》下册,第811頁。
② 伍憲子:《經學通論》,東方文化出版社1936年版,第2頁。
③ 毛奇齡:《易小帖》卷一,《文淵閣四庫全書》(縮印本)第41册,上海古籍出版社1987年版,第18a頁。

“六經皆史”説的理解亦存有不少分歧。①程氏開宗明義説“六經本皆史”,顯然借用了章學誠之語。然而,程氏所謂“六經皆史”與章學誠之本意是否相同?程氏在討論“經學創始於孔子”一節便引述了章學誠之説,他説:

> 周代創肇經學者,一説周公旦,章學誠力主之,其《文史通義·原道上》:“……周公成文武之德,適當帝全王備、殷因夏監,至於無可復加之際,故得藉爲制作典章,而以周道集古聖之成,斯乃所謂集大成也。”……《校讎通義·原道》:“六藝非孔氏之舊,乃周公之舊典也。《易》掌太卜,《書》藏外史,《禮》在宗伯,《樂》隸司樂,《詩》領於太師,《春秋》存乎國史。夫子自謂述而不作。”余謂:章氏以爲六經皆史,先王之政典也。典由周公制作,王官以之教人,……孔子所用爲教材者,一皆“取周公之典章”(《文史通義·經解上》),所發明者莫非周公之道,己但述而不作,故孔子非經學創始者。②

首先,章氏認爲六經皆先王之政典,而這些政典由周公制作。他之所以認爲周公制作者,乃是篤信《周禮》爲周公所作之故。③另一方面,他否定孔子爲經學之創始者,原因是六藝在孔子前已經存在,孔子利用舊典爲私學教材,自稱“述而不作”,其實只是宣揚周公之道,因此不得説經學創自於孔子。當然,章學誠並没有否認孔子整理、加工周公舊典的事實和意義,他在《答客問上》便説:

> 嗟乎!道之不明也久矣。《六經》皆史也。“形而上者謂之道,形而下者謂之器。”孔子之作《春秋》也,蓋曰:“我欲托之空言,不如見諸行事之深切著明。”然則典章事實,作者之所不敢忽,蓋將即器而明道耳。④

此以道、器關係來比喻義理和六經。《答客問下》又云:

> 夫子未删之《詩》《書》,未定之《易》《禮》《春秋》,皆先王之舊典也。然非夫子之論定,則不可以傳之學者矣。⑤

---

① 章氏提出“六經皆史”説後,學者對如何理解此語有莫大分歧,諸家論點繁複,本文非爲此而作,不作贅引。詳見劉巍:《中國學術之近代命運》第一章“經降史升:章學誠‘六經皆史’説的來龍去脈”,北京師範大學出版社 2013 年版,第 1—78 頁。

② 程元敏:《先秦經學史》上册,第 5 頁。

③ 程氏駁斥周公制作《周禮》,並指周公未完成制禮作樂,詳見“三禮通論”章。

④ 章學誠著,倉修良編注:《文史通義新編新注》,浙江大學出版社 2005 年版,第 253 頁。

⑤ 章學誠著,倉修良編注:《文史通義新編新注》,第 259 頁。

章氏之説，孔子未刪定之六經皆是“史”，是“周公之典章”。既是周公之典章，則周公施政、治人之道俱在其中，是所謂周公之“道”。孔子作《春秋》，是托諸“器”而明“道”。推之其刪定“古六經”爲“六經”，也是“即器而明道”。因此，孔子雖有論定六經之事實，但他所“發明”的仍“莫非周公之道”，用以明道的“器”仍是作爲周公舊典的“史”。孔子之功乃在於使學者能“由器明道”，透過刪定之“六經”了解周公之道。所以六經皆史，在章學誠眼中，孔子不得作爲經學之創始人。

程氏雖然借用章氏“六經皆史”之説，卻並非完全認同章氏的見解。首先，他認爲六經之初文，雖在孔子之前已經存在，且有不少撰成於西周初，但非周公所作。程氏因而詳辨周公與六經之關係，其要點如下：

(一)《周易》

《易》卦、爻辭非周公作，《十翼》戰國世成書，無關公旦。

(二)《尚書》

《尚書·周誥》之《大誥》《酒誥》《梓材》《洛誥》《多士》《無逸》《君奭》《多方》《立政》九篇與周公有關，……都爲史官記録之辭(《洛誥》“王命作册逸”、《立政》呼太史，可證)，悉爲朝廷政書，且非周公手筆。

(三)《詩》

《詩·豳風》七篇，《七月》，詠古昔豳地風土之《詩》，而下六篇，《伐柯》外，盡與東征有關，文辭淺易，皆作成於東周。《小雅·常棣》與《周頌·時邁》，《國語·周語》謂皆周文公之《詩》，但前者《左傳》謂是召穆公虎作；後者，祭祀詩，考其詞文，未見其爲周公祭先王之詩。

(四) 禮樂

周公制禮作樂，初見於《尚書·洛誥》、……《禮記·明堂位》、……《左·文十八傳》、……《尚書大傳·周傳》，公所作非今《三禮》書。

(五)《春秋》

韓宣子所見之《春秋》，魯《史記》也，於斯見周公之德與周之所以王，固無關公旦制作。……周公之遺制，即杜(預)所謂“五十凡”今見於《左傳》者，類此“凡例”，皆治國之常法，周公所制定垂於後世載在魯史記本文者，是謂舊例，而仲尼從而脩之，是謂變例。案魯《史記》無周公舊例，《春秋經》萬八千字亦有義無例，杜説妄。①

① 程元敏：《先秦經學史》上册，第6—7頁。

程氏説六經與周公無關,然後又謂"至此,知《易》《書》《詩》《禮》《樂》《春秋》六經,非周公之舊,亦非全由史官纂輯"、"鄙意:經學非始自周公;周公祇是政治家、史學家,期望法統與道統合一,傳之無窮,……而周公日夜所思兼之者,因知周公畢生志業其在政法;經學,公旦固未之思也。"①今之六經在文獻辨證後,切知非周公手筆,或出於追述、或出於僞託,所以我們並不可將經學創始歸功於周公,最多只能説今所見之六經文獻,有部份在孔子前、西周初已經存在。再者,程氏指出周公覃其精力於施政之上,並無設立大學問之用意。所以在程氏眼中,也不得將經學上溯至周公。

六經既與周公無涉,但一些六經文獻在孔子之前、值西周初期已經存在②,經學又是否能追溯至周初? 程氏認爲經之所以爲"經",是由孔子將原本的"舊典"賦以"新義",遷史爲經而成。但章氏卻認爲孔子雖删定六經,但他所發明的仍"莫非周公之道"。他雖然没否定孔子整理之功,卻未有認識到孔子遷史爲經的一個過程。因此,在章氏"六經皆史"的論説語境下,六經在淵源上固然是"王室之政典",在孔子删定後只是另一種形式的"政典",自始至終也是"史"。然而,在程氏的理論下,與章氏一樣認爲六經本源是"王室之政典",性質屬於"史",但在孔子將其整理及賦予新義之後,其功能和性質産生變化,不能再定性爲"史",而是重於史的修己治人、内聖外王、經世致用之學。所以,在程氏每論經史關係,多云"六經本皆史""原其初本史也""經原出於史",史和經有明確的界限分野,經之産生雖從史而來,但經、史絶不相同。换句話説,六經文獻在孔子前雖已存在,但其性質仍是"史",不得謂孔子之前已有"經學"。在這樣的理解下,經學就只能創始自孔子。

經學之所以由孔子創始,是由於程氏認爲孔子有"作"六經之功。他指孔子雖謙稱"述而不作",但其實寓作於述。其説上承自皮錫瑞《經學歷史》:

> 經學開闢時代,斷自孔子删定六經爲始。孔子以前,不得有經,猶之李耳既出,始著五千之言,釋迦未生,不傳七佛之論也。……讀孔子所作之經,當知孔子作六經之旨。孔子有帝王之德而無帝王之位,晚年知道不行,退而删定六經,以教萬世。其微言大義實可爲萬世之準則。後之爲人君者,必遵孔子之教,乃足以治一國。……孔子之教何在,即在所作六經之内,故孔子爲萬世師表　六經即萬世教科書。惟漢人知孔子維世立教之義,故謂孔子爲漢定道,爲漢制作。……故必知經爲孔子作,始可以言經學;必知孔子作經以教萬世之旨,始可以言經學。③

---

① 程元敏:《先秦經學史》上册,第7—8頁。
② 據程氏所考,六經文獻當在西周初年出現,卻不得早於周代。詳參程元敏:《先秦經學史》上册,第1—15頁。
③ 程元敏:《先秦經學史》上册,第8頁。

皮氏之説出，非議者亦隨之蜂起。撰作經學史者每每羅列證據説明孔子之前六經已經存在，來反駁皮氏孔子開闢經學的論點。例如本田成之《中國經學史》説：

> 近時的今文學者，特别是皮錫瑞，却説《六經》皆孔子之制作，其説明不足取不待言，然總之“經”底名在孔子時，是尚未存在的。……但《六經》那書是從孔子時以來就有的。①

其他學者如馬宗霍②、徐復觀③、李威雄④等，俱辯證六經在孔子之前已經存在，並且内容豐富。皮氏開宗明義説孔子開闢經學，實有忽視孔子以前的六經文獻之嫌。其實，皮氏屢次强調孔子“作”六經，而所謂孔子“作”六經，其實是指“删定六經，以教萬世”，可見他並無否定六經文獻在孔子之前已經存在。然而，因孔子以前的“經”未經孔子删定，“未必篇篇有義可爲法戒”⑤，所以“孔子以前，不得有經”。反觀程氏説法，他認爲孔子整理六經文獻，賦以新義，雖自稱“述而不作”，其實寓作意於述，他説：

> 孔子之於六經，定選本，取其合乎禮義者，然後編次之，整理之，詮解之，釐正之，立具規模方向，使後世治學有所遵循，又手自著《春秋》。史謂孔子删定六經，孔子自謙述而不作，其實寓作意於述，故謂六經孔子作，垂法萬世，固無不可。⑥

程氏標舉出“述而不作”，實情是“寓作於述”，因此他同意孔子删定、整理六經，其實是另一種意義的“作”，所以認同皮氏“六經孔子作”的説法。所不同是，程氏之説較著重於經史分野，他借用了“六經皆史”的理論，分析孔子如何賦予新義而遷史爲經。因此，程氏理論底下的“孔子作六經”，並不是簡單如皮氏所謂删定，而是强調將著重敘事的“史”，賦予其新義，更易其性質，作爲萬世的教科書。所以，程氏定義“經學”之肇始，並不執著於“經”字及相關經學文獻的出現年代，反而著重於本來是“史”的各種經學文獻，轉化爲具有“經學”意義的關鍵時間。换句話説，即原本作爲政典的“古六經”，究竟是何時、何人轉化爲修己治人、經世致用之學。在這樣的理

① 本田成之著，孫俍工譯：《中國經學史》，臺灣學海出版社 1985 年版，第 8 頁。
② 馬宗霍：《中國經學史》，臺灣商務印書館 1972 年版，第 1—6 頁。
③ 徐復觀：《中國經學史的基礎》，臺灣學生書局 1982 年版，第 1—2 頁。
④ 李威雄：《中國經學發展史論》上册，臺灣文史哲出版社 1988 年版，第 47—53 頁。
⑤ 皮錫瑞：《經學歷史》，中華書局 1959 年版，第 19 頁。
⑥ 程元敏：《先秦經學史》上册，第 8 頁。

論框架下，程氏就認定孔子是這位“遷史爲經”的重要人物。

由此可見，程氏的講法相比皮氏更突顯出“經”與“史”的分野，就在於“義”，不惜借用章學誠“六經皆史”一語，來表達其“六經本皆史”的觀點。在《先秦經學史》内，更特意闢一章節論“六經皆史説及‘古六經’説辨證”①。該節開宗明義便説“經學之開闢，斷肇自孔子，第溯其初始，孔子之前雖無六經之名，然已有六經之籍，此古六經也；其時六經皆史也。”②由此可見，程氏在討論“經學”時，尤其著重經、史之别。考察先秦諸家學術，研習六經文獻者不獨孔子及其後學，諸子百家所涉六藝者仍不少。程氏也不否認這點，所以書中有專論諸子之經學一卷。程氏論“墨子之經學”一章，專門探討《墨子》一書内引述《詩》《書》等文獻的方法，所得出之結論，適可印證程氏屢所辨解之經、史分野，他説：

> 儒以《詩》《書》教人，墨子早從儒徒習《詩》《書》，但《墨》書引經，從不以之説教，唯引作論理之依據而已。其用《詩》《書》之法式，引文之後，大爲申暢己意，以闡發前所揭事理。若《孟子》《荀子》特以《韓詩外傳》引經既已，即結以一言“此之謂也”，經誼往往不洽所解之事理，是所謂斷章取義而失義，《墨子》引經幾全無斯失。認六經初皆史籍，孔、墨同然。墨子用《詩》《書》爲史料，多以證三代故事。③

程氏明確道出了儒、墨對於“六經”的最大歧異，就是“儒以《詩》《書》教人”而“墨子用《詩》《書》爲史料”。儒既以《詩》《書》教，導致儒者對“經”斷章取義而闡發義理；墨家視《詩》《書》爲史料，可詮釋和發揮的空間較少，因此“斷章取義”的情況也較少見。墨者視《詩》《書》如此，因此有三表法的出現。三表法在《非命》上、中、下三篇提出，是墨子用來驗證言論的三種標準。三表法雖然只記載在《非命》，但檢諸十論，幾乎每一篇都在運用這三種標準來考證學説之是非，並據以證成墨學理論。根據《非命上》這三種方法是：

> 1）本：本之於古者聖王之事
>
> 2）原：原察百姓耳目之實

---

① 程元敏該節引述自《孟子》起，迄近人馬宗霍等十四家有關六經皆史及古六經之説，詳加辨證，認爲六經皆史之説自戰國中期始起。然針對今所傳六經作文獻考證，實質只有《易》、《書》、《詩》三種經籍的一部份是“先王之陳迹”，孔子時禮類專書尚未著成，《樂經》無書，《春秋》成於孔子。因此，“六經皆史”或“古六經”的説法，實未臻精確，應稱“三經之半爲史也”。詳參程元敏：《先秦經學史》上册，第10—15頁。

② 程元敏：《先秦經學史》上册，第10頁。

③ 程元敏：《先秦經學史》下册，第642頁。

3）用：（廢）〔發〕[①]以爲刑政，觀國家百姓人民之利[②]

需要説明的是，《非命上》與中、下篇所記三表法有别。中篇“原”一表，作者改成爲“徵以先王之書”[③]。儘管如此，三篇都强調本於古聖之事，意即是對於古書作爲史料來採用。從實際論證的情况看，《墨子》大量臚列《詩》《書》作爲史證，更加展現墨家對於這些權威史料的信奉。孔子對於“古六經”的貢獻，在於賦予新義，遷史爲經，故此孔子及其門人，乃以經學方法論經，往往滲雜修己治人、内聖外王、經世致用的義理，而不會僅僅視之爲史料。所以《禮記·經解》便説：“孔子曰：‘入其國，其教可知也。其爲人也：温柔敦厚，《詩》教也；疏通知遠，《書》教也；廣博易良，《樂》教也；絜静精微，《易》教也；恭儉莊敬，《禮》教也；屬辭比事，《春秋》教也。’”[④]程氏在討論“孔子之經學”時，便屢次引用以上《經解》文字，足證此爲孔子、孔門教人六經之要義。反之，墨子雖然向儒徒學習六藝，但卻否認六藝有教化人心的功能，只强調其驗證功能。孔子修《春秋》寓褒貶於其中，是寓作於述；《墨子》卻只是引用周、燕、宋、齊之不修《春秋》，卻未嘗引用孔子所修的《春秋》。[⑤]《墨子》所引《詩》《書》多不爲今本所收，[⑥]蓋其所運用不囿於孔子所編定範圍。若以程氏對經學的定義觀之，《墨子》的作者對六經文獻固有深識，卻不得説其有經學矣。

三、述作兼具：孔子之“作”六經

程氏認爲“皮氏定義六經孔子作，理事固無迕也”[⑦]。學者之所以不同意孔子作六經，一方面他們强調了六經文獻在孔子前已經存在的事實，藉致經學的起源可以上溯至西周或更早；一

---

① 《非命上》作“廢以爲刑政”，不辭。《非命中》“廢”作“發”，王念孫云：“廢讀爲‘發’，發、廢古字通。”見孫詒讓：《墨子閒詁》卷九，中華書局 2001 年版，第 266 頁。

② 孫詒讓：《墨子閒詁》卷九，第 266 頁。

③ 孫詒讓：《墨子閒詁》卷九，第 274 頁。

④ 鄭玄注，孔穎達正義：《禮記正義》卷五十，《十三經注疏》，臺灣藝文印書館 1965 年縮印清嘉慶二十年(1815)南昌府學本，第 845 頁。本文所引用《十三經注疏》，除特別注明外，一律依據此版本，爲省覽方便，下文只標卷頁，不另説明版本。

⑤ 程氏在“墨子之《春秋》學”一節中説：“今存《墨子》五十三篇文，有述事立意本於《左傳》、有可援以釋《左傳》者，劉正浩撰《周秦諸子述左傳考》，舉二十條；薛柏成作《墨家思想新探》，記《墨子》暗用《春秋》以闡發兼愛、非攻、修身、尚賢及求質之旨：均卒無舉《墨子》本書明文足以徵實墨子曾引用《春秋經》或《左傳》者也。……當時各諸侯國均有提名《春秋》之著作，故墨翟自言‘吾見百國《春秋》’因知墨翟所學，必曾包括《魯春秋》及孔子《春秋經》。”見程元敏：《先秦經學史》下册，第 658—659 頁。

⑥ 據程氏所考，《墨子》引《詩》凡十四條，其中逸《詩》五條；引《書》三十六條，其中逸《書》達三十條。詳見程元敏：《先秦經學史》下册，第 615 頁。

⑦ 程元敏：《先秦經學史》上册，第 9 頁。

方面堅守夫子自述"述而不作"之説,從而弱化了孔子整理經籍時"遷史爲經"的"作"意。在程氏的理論框架下,六經文獻雖然自西周初已作爲王官之學的教材①,但孔子採摭爲説理之器,賦以新義,藉以明修身、人倫、治國之道,改易了先王典籍的史料性質。同時,這種賦新義的過程,正是孔子之"作"。程氏如此説:

> 夫孔子於《易》《卦》、《爻辭》,因其中爻吉,發揮爲中道思想,此述也;而自《象》以下之《十翼》,因孔子創意,脱落卜筮,質變哲理之《易》,此作也。於《書》,編次爲本,斷自唐堯,終于秦穆,取其中道、孝道,此述也;而後於孔子著成之篇,有修齊治平及弔民伐罪思想(如《堯典》《湯》《牧誓》),孔子所啓牖,此作也。孔子整理《詩》三百,自云"自衞反魯,然後樂正,《雅》《頌》各得其所",或又將《魯》《商頌》編入,此述也;而蔽《詩》三百之著作本旨以一言曰"思無邪",曰《詩》之用可以"興觀羣怨",類此作也。②

以上論孔子之於《易》《書》《詩》三種文獻之述和作,孔子之於三書,既有述,也有所作。然後又引孔子後作成之《禮》及《春秋》,俱"作多而述少":

> 於《禮》,孔門所最重最擅,觀孔子教孺悲而後《士喪禮》者,竊意《儀禮》(至少有五十六卷篇)殆亦出孔門著作,其後《二戴記》所收諸篇,類多闡發經禮者,此作多而述少也。《春秋》,孔子自著,文成萬八千,推見至隱,著大義微言,後之公穀鄒夾恢張其義,此盡孔子之作也。③

以上兩段文字,是程氏爲了定義"經學"而分析孔子與六經的述作關係。夫子雖自謙謂"述而不作",實際上他對於六經是寓作於述,其整理六經文獻,使之成爲富有義理的"六經",仍是有所創造。所以,程氏所説的"作",並非文獻的直接撰作,而是令六經文獻産生"質變"。具體地説,孔子對待周初遺留下來的六經文獻,首先是主觀發揮了這些文獻的道德内涵,例如有關孝、中庸、忠恕之類;其次,是提供了嶄新的詮釋方法,改變了這些六經文獻原本的作用,一歸教化人心,修己治人之用;最後,孔子這種發揮義理的"經學"方法啓迪後學,肇張經學之牖户,使後學發揮孔子學術之道,産生更多的"經學"文獻,如《易》之《十翼》、《春秋》三傳、大小戴《禮記》等,雖然其義理或已超出孔子原本所訂立範圍,但究竟仍是由孔子的"經學"方法所引發者,故仍可視爲孔子所啓肇。孔子對六經之述和作,程氏在"孔子之經學"一章,以及書中第二部份"十三

① 詳程元敏:《先秦經學史》上册,"孔子之前之經學教育"一節,第155—161頁。
② 程元敏:《先秦經學史》上册,第8—9頁。
③ 程元敏:《先秦經學史》上册,第9頁。

經通論”内,多有分析,而且往往緊扣其所定經學之義,以下分別六經,各略作說明。

(一)《易》

一直以來,孔子與《易》一經關係的爭議,大多自其對《論語·述而》一句話的不同判斷伊始。《述而》云:“子曰:加我數年,五十以學易,可以無大過矣。”《釋文》云:“易,如字,魯讀易爲亦,今從古。”①《古論》讀“易”如字,解爲占筮書《易》,《魯論》讀作“亦”,句讀作“五十以學,亦可以無大過矣”。以《古論》讀法,則孔子固有晚而學《易》之事;若按《魯》讀,則孔子又似乎與《易》無大關係。關於這個問題,程氏首先作出考定,認爲“孔子嘗學《易》治《易》無疑”②。其就三方面舉證:第一,《釋文》謂《魯論》讀爲“亦”,則其正文本亦作“《易》”,漢簡已逕改作“亦”。但程氏考諸音韻,“易”“亦”二字音不近不得通假,《魯》讀非也。第二,文獻不乏孔子好《易》之記載。傳世文獻者可見諸《史記》《漢書》等,亦見緯書③,俱記孔子讀《易》“韋編三絶”云云。出土文獻則見馬王堆帛書《周易·要》,記“夫子老而好《易》,居則在席,行則在囊”,適可與《論語》“五十以學《易》”、諸書所謂“韋編三絶”互證。第三,文獻大量記載孔子論《易》之文,出土文獻如馬王堆帛書《周易傳》《二厽子》《衷》《要》《繆和》《昭力》等;傳世者如《禮記》《大戴禮記》《吕氏春秋》等。

孔子與《易》之關係既定,程氏繼而云孔子治《易》之最大貢獻,實在於其脱落卜筮,使之歸結於義理,正是其寓作於述之意。他指出孔子的中道思想來源自《周易》④,更重要的是夫子治《易》的關鍵思想,見諸馬王堆帛書《周易·要》之文:

> 夫子曰:“《尚書》多‘於’矣,《周易》未失也,且又古之遺言焉,予非安其用也。”子贛曰:“……夫子不安其用而樂其辭,則是用倚於人也,而可乎?”⑤

程氏解說云:

> 兩“用”,卜筮之事也。“不(非)安其用”,不安於《卦》《爻辭》卜筮之功用;而樂其言辭之義理也。《易》辭之義理,“古之遺言也”,發而施於政教,行於人倫日用之間,正《易》之時代意

① 何晏注,邢昺疏:《論語注疏》卷七,第62頁。

② 程元敏:《先秦經學史》上册,第26頁。

③ 程氏引《論語讖》:“孔子讀《易》,韋編三絶,鐵鏑三折,漆書三滅。”見程元敏:《先秦經學史》上册,第26頁。

④ 程氏舉證論述孔子中道思想來源之一,乃源於《易·卦·爻辭》,其中引例甚夥,詳參程元敏:《先秦經學史》上册,第32—36頁。

⑤ 程元敏:《先秦經學史》上册,第30頁。

> 義,孔子所力倡者也。以義理説《易》,不作占筮,孔子倡首以來,漸成風氣。……蓋相傳孔門討論《易》義之文,槩説義理,不涉象數。孔門師生之言談,亦均未涉及占筮。①

考帛書《要》篇下文,對筮和德之關係,有更詳明之討論:

> 子曰:《易》我後亓祝卜矣! 我觀亓德義耳也。幽贊而達乎數,明數而達乎德,又仁[守]者而義行之耳。贊而不達於數,則亓爲之巫;數而不達於德,則亓爲之史。史巫之筮,鄉之而未也,好之而非也。後世之士疑丘者,或以《易》乎? 吾求亓德而已,吾與史巫同涂而殊歸者也。君子德行焉求福,故祭祀而寡也;仁義焉求吉,故卜筮而希也。祝巫卜筮亓後乎?②

程氏亦引這段文字爲證。從字面上看,這段文字清楚表述了孔子重德義而輕卜筮的思想,德義與祝巫卜筮是有前後之别的。檢《儀禮·士冠禮》:"主人戒賓,賓禮辭,許。……前期三日,筮賓。"③士之行冠禮前,主人先邀請同僚作爲賓,爲其子加冠。賓答允後,才行"筮賓"。一般而言,應是先筮賓以觀其賓是否合適(吉),《儀禮》的記載卻是一反正常次序,鄭玄便説:"賢者恒吉",賈公彦云:"凡取人之法,先筮後戒,今以此賓是賢者,必知吉,故先戒賓。賓已許方始筮之,以其賢恒自吉,故先戒後筮之也。若賢恒吉,必筮之者,取其審慎,重冠禮之事。"④亦可見其重德而輕卜筮之義。而有趣的是,上引《要》篇所謂"後世之士疑丘者,或以《易》乎?"一語,與《史記·孔子世家》記孔子曰"後世知丘者以《春秋》,而罪丘者亦以《春秋》"⑤云云,旨趣相近。蓋孔子自述其治《易》之法,實有所發揮和創作,賦予義理,異於傳統巫史之占,後人或會有所疑惑。

由此可見,單就帛書《要》一篇而論,即可見孔子以義理説《易》的宗旨,爲後學所傳述學習。從《易》學發展來看,占筮者巫史之事,專以占筮論《易》則《易》只是占筮之書而已;以義理説《易》則由孔子始,自是則《易》質變爲義理道德之書,正是孔子於《易》遷史爲經之實。程氏認爲此即孔子對《周易》之"作",爲經學自孔子肇始之一證。故此,程氏雖認爲《十翼》非孔子所作,但究其源亦是來自孔子,有部份甚至確爲孔子意見。⑥至此,廖名春有段説話,能與程氏見解互

---

① 程元敏:《先秦經學史》上册,第30—31頁。
② 廖名春:《馬王堆帛書周易經傳釋文》,《續修四庫全書》第一册,上海古籍出版社1995年版,第38頁。
③④ 鄭玄注,賈公彦疏:《儀禮注疏》卷一,第6—7頁。
⑤ 司馬遷撰,裴駰集解,司馬貞索隱,張守節正義:《史記》(修訂本)卷四十七,中華書局2013年版,第2341頁。
⑥ 程氏云:"《繫辭》應係孔子意見,而七十子後學者述載。"見程元敏:《先秦經學史》上册,第30頁。

相發微，録之於下：

> 其實所謂“作”也有狹義和廣義之分。狹義的“作”，就是親筆書寫；廣義的“作”，並不一定是親筆書寫，也可以指學説的來源。……如《繫辭》《文言》，它們雖非孔子手著，但其學出于孔子；它們雖經過了孔門後學的整理加工，但其思想仍出於孔子。後將其歸本於孔子，説是孔子之作，正是先秦諸子書的通例。因此，不能因其有“子曰”就否認它們與孔子的關係。相反，從先秦古書的通例來看，“子曰”倒是它們出于孔子的鐵證。①

孔子首倡以義理説《易》以别巫史之《易》，後學以同樣方法，或傳述、或發揮而成《十翼》。在程氏的經學定義下，説《易經》之學始於孔子，實無迂違。

（二）《尚書》

程氏認爲“六經本皆史”，而《尚書》是“尤古之史”②。《尚書》作爲孔子教學之重要科目，必定設有教本。因此，程氏專門就孔子曾否“編《書》”和“删《書》”進行考察。孔子編《尚書》之説，始由漢人提出。《史記・孔子世家》謂夫子“序《書》傳”，又云“《書》傳自孔氏”③。而孔子删書説，則始於緯文。④程氏就孔子編書、删書説，詳加辨證。一辨云《尚書》爲政令，爲單散之篇，原無編集本：

> 《書》篇原爲政令，掌於王朝官員，原無編集本。彼時學術在王官，無私人著述，亦無私家講學；欲學法令，從吏習受。至孔子時，官守散失，學術傳至民間，孔子始設科授徒，《尚書》爲重要科目，洙泗授習，必有《尚書》集本，故《尚書》之初編本，出孔氏之門，漢人創言仲尼纂集，編次其事，後人絶多遵其説，洵是也。雖然，今傳二十九篇《尚書》固非孔子初編之舊。⑤

程氏之意：孔子既以《尚書》教授生徒，必有教材。自此之前，《尚書》爲官方政令，篇章單行，藏

---

① 廖名春：《中國學術史新証》，成都大學出版社 2005 年版，第 218 頁。

② 程元敏：《先秦經學史》上册，第 51 頁。

③ 程氏説：“或《尚書》本經亦可稱‘《傳》’，如《荀子・君子篇》引《吕刑》本經‘一人有慶，兆民賴之’文作‘《傳》曰’、曹植上疏引《堯典》‘克明峻德’四句題《傳》曰（《三國志・魏書》植本傳），……則似史遷此二‘傳’字非衍。”見程元敏：《先秦經學史》下册，第 902 頁。

④ 《尚書大序》孔穎達《正義》引《尚書緯》云：“孔子求書，得黄帝玄孫帝魁之《書》，迄於秦穆公，凡三千二百四十篇；斷遠取近，定可以爲世法者百二十篇，以百二十爲《尚書》，十八篇爲《中候》。”見孔安國傳，孔穎達正義：《尚書正義・序》，第 9 頁。

⑤ 程元敏：《先秦經學史》下册，第 903 頁。

之官方，尚無彙集成編之必要。既在孔子之前無編集，程氏次辨孔子删《書》之謬：

孔子删《書》，必需確定先前已有編本，苟無編本，即無緣删黜，錢玄同疑删《書》説，即執此理念，其《答顧頡剛先生書》(載《古史辨》册一)："《書》，似乎是三代時候底文件類編或檔案彙存，應該認它爲歷史。但我頗疑心它並没有成書……既無成書，便無所謂完全或殘缺。"孔子設科授業之前，《書》無編集本，疑古玄同所疑甚是。①

孔子之前既無編集本，則無"書"可删，删《書》之説自不可通。因此，孔子只是"編《書》"而未有"删《書》"。

孔子編定《尚書》教本，程氏並指孔子之孝道、中道思想，俱源出於《尚書》。孔以《尚書》教弟子，亦不離孝道、中道。孝道者，程氏引《爲政》一例爲證，《爲政》云："子曰：《書》云：'孝乎，惟孝友于兄弟，施於有政，是亦爲政，奚其爲爲政。'"程氏按云："夫《尚書》，政書也，善於兄弟，能理一家之政，推而及於國政亦能治，引《書》證成，甚洽。"②中道者，程氏引《尚書·立政》："兹式有慎，以列用中罰。"又《吕刑》："士制百姓于刑之中"、"惟良折獄，罔非在中"、"民之亂，罔不中聽獄之兩辭"云云，繼云："此中，於決獄，謂度刑亦要輕重合宜。無論制刑、量刑、聽審心態、教民體認天道，皆以中道爲本。"③考《論語·顔淵》云："子曰：片言可以折獄者，其由也與?"何晏注引孔曰："片猶偏也。聽訟必須兩辭，以定是非。"④即是《吕刑》"罔不中聽獄之兩辭"之義，檢《吕刑》邢疏亦引《論語》爲證。⑤《尚書》本爲行政號令之檔案，故孔子以此教人，亦多關政事，上引程氏所舉兩例即是。他甚至説"《論語》所載孔子'答問政者，皆《書》教義也'"⑥。

① 程元敏：《先秦經學史》下册，第909頁。
② 程元敏：《先秦經學史》上册，第47頁。
③ 程元敏：《先秦經學史》上册，第48頁。
④ 何晏注，邢昺疏：《論語注疏》卷十二，第109頁。
⑤ 孔安國傳，孔穎達正義：《尚書正義》卷十九，第303—304頁。
⑥ 程元敏：《先秦經學史》上册，第52頁。此馬浮《復性書院講録》之説，其文云："何言乎答問政者皆《書》教也?《書》以道政事，堯舜禹、湯、文、武、周公所以治天下之道在是焉。孔子……告顔淵以四代之禮樂，荅子張以殷周損益'百世可知'，皆明從本垂迹，由迹顯本之大端。政是其迹，心是其本。二帝三王，應迹不同，其心是一。……今觀《論語》記孔子論政之言，以德爲主，則于本迹之説可以無疑也。堯、舜、禹、湯、文、武、周公、孔子之心，一也；有以得其用心，則施于有政，迹雖不同，不害其本，一也。後世言政事者，每規規于制度文爲之末，舍末而言迹，非孔子《書》教之旨矣。《論語》爲政以德一章，是《書》教要義。……《書》教之旨，以德爲本明矣；而孔子之論政，皆原本于德，何莫非《書》教之義乎?"見馬浮：《復性書院講録》，山東人民出版社1998年版，第59—60頁。

孔子據先王政書以教人,中有發揮義理,遷史爲經之實。上引程氏所舉例證即可見一斑。然孝道、中道思想,或自先王以來已具,孰爲孔子所發揮賦予,尤未明晰。程氏嘗舉一例以明之,《尚書・無逸》記武丁即位前三年"乃或亮陰,三年不言",《論語・憲問》云:"子張曰:'《書》云:"高宗諒陰,三年不言",何謂也?'子曰:'何必高宗,古之人皆然。君薨,百官總己,以聽於冢宰三年。'"程氏指《論語》之説乃是孔子"以己意引申《尚書》義,論爲三年之喪之經學依據。"①又説:"孔子寓作於述,賦周公《無逸》經以新義,藉之力倡禮三年之喪,就親之生身養育恩情,發爲人子應崇德報功之理論。"②由此可見,程氏認爲三年之喪的理論,乃係由孔子首倡,而孔子運用周公時《無逸》篇中"三年不言"之語③,賦予新義而成爲三年喪法"三代共之"的書證。

然而,孔子雖有《尚書》編集本作爲教材,但卻非今所傳本。程氏認爲今所存《尚書》有撰作於孔子之後之篇。孔子未見之篇,固不可納入爲教材之内。他説:

> 今傳本非孔子原編本矣,觀其《堯典》《臯陶謨》《洪範》《湯誓》《牧誓》,咸戰國人著書,《甘誓》馴至遲至末世,孔子不及見,今本非孔子之舊,則決無可疑者也。④

孔子既有編本,而今本《尚書》又非孔子之舊,言下之意乃是孔子後學續有增訂孔子之教材。而後學之增訂,又依孔子之道而撰寫,所以前引程氏就説"而後於孔子著成之篇,有修齊治平及弔民伐罪思想,孔子所啓牖,此作也。"由是,則孔子後學之追述古事,著而成篇,再編入孔子《尚書》教本之内,或增訂、或補充,程氏俱視之爲孔子《尚書》學之啓迪。以《堯典》爲例,方帝堯之時,理論上應有與此篇相類似之官方文檔,而程氏認爲"《尚書》爲政府號令,堯之上世亦不可無,以理度之,世代邈遠,孔子所見,不能無缺。"⑤《堯典》燬佚,今之《堯典》乃後人追述,程氏據屈萬里先生《尚書釋義》之説,證明是篇之著成當在孔子之後。⑥《堯典》文有"克明俊德,以親九族;九族既睦,平章百姓;百姓昭明,協和萬邦"云云,正是程氏所謂"修齊治平"的思想,即由孔子所啓迪,使其後學在追述帝堯事迹時,刻意地滲入這種思想。這些後來的《書》篇既自孔子所啓牖,程氏亦一歸爲孔子《尚書》學之"作"。

---

① 程元敏:《先秦經學史》上册,第 48 頁。

② 程元敏:《先秦經學史》上册,第 89 頁。

③ 程氏考證《無逸》一篇,斷爲"史官紀録之辭,非周公自著",然此應爲周公時的"當日檔案",非後人追述。詳見程元敏:《先秦經學史》下册,第 931 頁。

④ 程元敏:《先秦經學史》下册,第 912 頁。

⑤ 程元敏:《先秦經學史》下册,第 899 頁。

⑥ 程元敏:《先秦經學史》下册,第 925 頁。

(三)《詩》

有關孔子對《詩》的述和作,上引程氏已説明要點,云:"孔子整理《詩》三百,自云'自衛反魯,然後樂正,《雅》《頌》各得其所',或又將《魯》《商頌》編入,此述也;而蔽《詩》三百之著作本旨以一言曰'思無邪',曰《詩》之用可以'興觀羣怨',類此作也。"氏所論清晰明確,孔子之述《詩》,一如《尚書》,乃整理《詩》三百爲之教材(時間上,程氏定在魯哀公十一年[公元前 484 年]);至於孔子之"作",則是發明《詩》之教義。

有關孔子整理《詩》三百,有三重點:一、孔子曾否删《詩》;二、何謂"《雅》《頌》各得其所";三、孔子編入《魯頌》《商頌》。三者程氏在《先秦經學史》中均有所析論。删《詩》之議,始見《史記》,《孔子世家》云:

> 古者詩三千餘篇,及至孔子,去其重,取可施於禮義,……三百五篇孔子皆弦歌之,以求合《韶》《武》《雅》《頌》之音。①

有關史遷所述,程氏採取戴君仁先生《梅園論學續集》《孔子删詩説折衷》的見解,認爲"去其重"即去除重複:

> 劉向(《書録》)明白地説"除復重",那麼古詩三千餘篇,是指行人采來所獻的數目。這些歌謡,重複或類似的一定很多,太師比其音律,只用了三百多篇。……各地歌謡語辭之重複,或大同小異,亦是尋常的事。行人采了詩,……大約不管重複不重複,一起獻上來,而太師比其音律,只要在各類型中挑一類打上樂譜來演唱就够了。所以《史記》這句"去其重",當是實録。但去其重者應是太師,而不是孔子。孔子只是把太師打好樂譜的三百五篇,付之弦歌,以教弟子而已。②

戴氏所論,行人獻詩三千餘篇,太師比其音律,删其重複爲三百篇,配上歌譜,然後孔子再付之弦歌。程氏發揮戴論,云:

> 《詩》本爲民間歌謡,同一首歌謡,展轉相傳唱,流傳既廣,語音文字之異,風俗習尚之差,衍爲數本乃至數十本,固亦理勢所許。編《尚書》者之於《書》,擇其善本,猶太師之於

① 司馬遷撰,裴駰集解,司馬貞索隱,張守節正義:《史記》(修訂本)卷四十七,第 2333 頁。

② 程元敏:《先秦經學史》下册,第 949 頁。

《詩》,但取其可施於禮義者入編;編《書》者黜非善本,亦猶太師舍重複之詩篇而不盡録也。太師去重複之《詩》凡二千七百篇,於文獻無損(猶劉向校書去《孫卿書》之復重者二百九十篇而於《荀子》文獻無損理同。)①

觀乎程氏之議,知道他也認爲删《詩》的是太師,而非孔子。孔子之於三百篇,皆弦歌之,以求合於《韶》《武》《雅》《頌》之音。大概采詩之官所獻歌謡版本參差,或音律不諧、或文辭錯謬。因此太師比其各版本之音律,採其調諧音和者,並究其文辭之雅正而能够施於禮義者,合共約三百篇。孔子再將這三百篇配上弦樂,使可以弦歌之。假若如此,再參照《史記》的記載以及戴、程兩家説法,孔子在衛國返回魯國前理《詩》正樂,蓋或有太師之助,合作删理詩歌。審《史記》所述云云,孔子確有參與"去其重"之事,其文意顯明,實不待辯。太師長於律樂而孔子深於禮義,無由太師據"取可施於禮義"的準則而擇取合適的詩歌版本,而無孔子的意見;既先有太師"比其音律",按道理亦不會只由孔子將詩篇付之弦歌,而無太師之弼輔。孔子參與删詩,以禮義作爲文辭版本去取之準則,因此孔子方可言之鑿鑿,一言以敝指所删定的《詩》的大旨是"思無邪"。在這種理解下,史遷將去《詩》複重的功勞一歸孔子,蓋以孔子"取可施於禮義"之功尤重,一如孔子之於《易》輕筮重德之況,故以删《詩》專繫孔子。

孔子删詩、正其弦樂之外,還將《魯頌》《商頌》編入三百篇《詩》内,成爲孔子版本的《詩》教材。程氏根據鄭玄《詩譜》、孔穎達《毛詩正義》及朱子的説法,認爲二頌俱爲孔子所編入,與《周頌》並列,以示三代之法,後王之義,以三《頌》各當一統,使三統齊備。②程氏又引皮錫瑞《經學通論》之説,認爲"此《詩・三頌》,有通三統之義,與《春秋》存三統大義相通"③,因此孔子將《魯》《商》二頌入於三百篇教材之内,亦是孔子之微言大義。復又引用屈萬里先生《詩經釋義・敘論》"所謂'《雅》《頌》各得其所',恐怕就是這個道理了。"④因此,按程氏的理解,孔子新編《詩》本教材三百篇,使之俱合諧雅樂、能闡禮義,並納入《魯》《商》二頌,深藏《春秋》大義,亦應視作孔子"寓作於述"之舉。

---

① 程元敏:《先秦經學史》下册,第 950 頁。

② 程氏所引鄭、孔、朱以三頌等三統之説,詳見程元敏:《先秦經學史》下册,第 977—979 頁。程氏解云:"孔氏以此魯、商同爲王者之後,各當一統(黑統白統),尊其詩爲《頌》;又以夏詩已泯滅,故黜夏之一統(黑統),然後《周》、《商》、《魯》備《三頌》矣,亦備三統矣。考三統説初見伏生《尚書大傳》,《公羊》家(如《春秋繁露》)師之,且深廣其義爲"親(新)周、故宋、王魯",命曰存三統或通三統。夫《魯頌》入《詩》者,究極其義,大槩爲:孔子以魯爲新受命之王,周爲新亡之國;《商頌》入詩者,以商(宋國其後)爲近亡之國,而黜久亡之夏國:依《春秋》大義也;《公羊》家之"據魯、親(新)周、故殷(宋)",運之三代,即此義也。"見程元敏:《先秦經學史》下册,第 979 頁。

③ 程元敏:《先秦經學史》下册,第 979 頁。

④ 程元敏:《先秦經學史》下册,第 980 頁。

孔子編定《詩》篇教材授徒,爲孔門最基本及重要之科目。[①]究其《詩》之教義,一爲其義,一爲其用,兩者俱非歌謠作者之本誼,而乃孔子賦加之新義,程氏則視爲孔子於《詩》一經之"作"。《詩》教本之通義,孔子誨其徒謂"思無邪"而已。三百篇《詩》中多好色之辭,程氏亦嘗有詳論,[②]並辨之云:

> 《詩》本文淫色之辭陳數,及人我相怨、君臣詬譏之篇,傷風教,斁彝倫,而孔子皆以爲可施於禮義,日夕以教家人弟子者,必不可通也矣。然則剋就洙泗《詩》教立意,孔子蔽《詩》義以一言者究何謂邪?曰:朱《注》:"凡《詩》之言,善者可以感發人之善心,惡者可以懲創人之逸志,其用歸於使人得其情性之正而已。……夫子言《詩》三百篇,而惟此一言以盡其義。"所謂感發懲創,《詩》之用也,即是《詩》教,……作詩者本無邪念,讀者亦以無邪念讀之。……其終極使人得其性情之正而已。[③]

程氏又引程樹德說謂"夫子蓋言詩三百篇……皆出於至情流溢,直寫衷曲,毫無僞託虚徐之意。"[④]案程氏之意,謂《詩》中雖有淫而好色之章,然其作者俱以無邪至情流溢,絶無虚假之情,則讀者亦應以無邪之心讀之,以養情性之正,甚有《孟子·萬章上》所謂"説詩者,不以文害辭,不以辭害志。以意逆志"[⑤]之義。换句話説,孔子所删古詩三千餘篇之重複者,蓋其因風俗變化,文辭音律改作,或已喪失詩人真情,不能體現無邪之義,故一律不採入教本。

至於《詩》之功用,乃是可以興觀群怨、博物多識。"思無邪"孔子定爲《詩》三百之大旨,至於興觀群怨、博物多識則是學《詩》的實際功用。按《論語·陽貨》所載云"《詩》可以興,可以觀,可以群,可以怨,邇之事父、遠之事君,多識於鳥獸草木之名。"[⑥]此六事程氏書内已具詳説,此不詳述。[⑦]總之,孔子編定教本,賦以"思無邪"爲其教本之義,以養性情;學之又能用諸多方,實用性甚高。諸種《詩》教,俱詩人原本所無,故程氏盡歸爲孔子所作。

(四) 禮

《三禮》之中,以《儀禮》爲最古。程氏認爲周公雖實有制禮作樂之事,其業卻未竟,故《儀

---

① 程氏云:"孔子授業,語必稱《詩》《書》,而又《詩》先《書》後。"見程元敏:《先秦經學史》上册,第56頁。
② 詳參程元敏:《先秦經學史》上册,第61—65頁。
③ 程元敏:《先秦經學史》上册,第65頁。
④ 程元敏:《先秦經學史》上册,第64頁。
⑤ 趙岐注,孫奭疏:《孟子注疏》卷九,第164頁。
⑥ 何晏注,邢昺疏:《論語注疏》卷十七,第156頁。
⑦ 詳參程元敏:《先秦經學史》上册,第69—74頁。

禮》《周禮》均非周公所手著。[1]《周禮》成書甚晚，迄至戰國中晚之世。至於《儀禮》既非周公所作，程氏便認定爲孔子所初定。

程氏認爲孔子作《儀禮》，其證有二，一以孺悲學士喪禮之事。《禮記・雜記下》："恤由之喪，哀公使孺悲之孔子學士喪禮，《士喪禮》於是乎書。"[2]《禮記》明文記《士喪禮》一篇之初撰，程氏於是乎說："《儀禮・士喪禮》經，孔子親授孺悲，孺悲記録成篇，是作者孔子，孺悲聽受寫文而已。"[3]是認定《雜記下》所載爲孔子作《儀禮・士喪禮》經文之確證。程氏並引用梁啓超的說話："最少這篇《士喪禮》是孔子手定或口授孺悲寫定的。這篇如此，那十六篇誰能擔保不是孔子手定或口授他人寫定的呢?"[4]推出《儀禮》十七篇也有可能出於孔子手定或口授。再復加推論，程氏據孔子首倡三年喪制（詳上文），那麽《喪服》以下諸喪祭之篇章，當均係孔子手定，其中《傳》《記》則爲孔門後學之撰作。

第二證則見於《儀禮》所引《詩》，與孔子《詩》學相合，則《儀禮》當係孔子所修，程氏云：

> 孔子之經學教育，揆《詩》《禮》《樂》爲一體。……三者不可分割，……《儀禮》經者，孔子初定，作爲其實行經教之典獻，垂範將來。《詩・二南》者，《詩》文純粹無邪，樂音和正，孔子亟稱之，……故孔子將其中七首《詩》樂采入鄉禮與諸侯禮典三篇中，因爲：《二南》《詩》樂，鄉閭、邦國所通用，《詩・大序》："《關雎》，……《風》之始也，……用之鄉人焉，用之邦國焉。"……又孔子曾正《詩》之《雅樂》矣，云"吾自衛反魯，然後樂正，《雅》《頌》各得其所。"正後之樂《詩》凡十二篇并逸《詩》《古詩》四首，入於《儀禮・燕禮》、《大射》篇，或歌或奏，斯孔子所定，用於邦國者也。[5]

正因爲孔子之《詩》學與《儀禮》所見引之《詩》篇互相契合，若合符節，故此程氏斷以爲今存《儀禮》篇中即蘊藏孔子之《詩》學，正如孔子之於《詩》，將《商》《魯》二頌編入教本，陰存《春秋》大義；又以新的禮學思想"三年之喪"解《尚書・無逸》"高宗亮陰，三年不語"，賦爲新義。在程氏

---

① 程氏云："夫周公旦制《禮》作《樂》寔有之，但並未完成，亦從未著成《周禮》一書，證具下：《尚書・洛誥》：'周公曰："王肇稱殷禮，祀于新邑。"周成王曰："四方迪亂未定，于宗禮，亦未克敉公攻。"'成王首次用殷禮祭祀者，鄭《注》：'王者未制禮樂，恆用先王之禮樂。'則周公所制周室祭禮尚未完成也，故下文成王云云明周公制宗禮之工稱，迄今（周公攝政七年）猶未完成也。考周公攝政之第六年，始着手制《禮》作《樂》，……制作《禮》、《樂》工程鉅大，斷無一歲完成之理，後此數歲，周公薨，是周公終無《周禮》、《周樂》兩書成著一事。"見程元敏：《先秦經學史》下册，第 1015 頁。

② 鄭玄注，孔穎達正義：《禮記正義》卷四十三，第 751 頁。

③ 程元敏：《先秦經學史》下册，第 1068 頁。

④ 程元敏：《先秦經學史》下册，第 1069 頁。

⑤ 程元敏：《先秦經學史》下册，第 1067 頁。

的諸種論述下，孔子所定六經教本往往互相呼應，儼然爲一體之系統。考《論語・八佾》云"夏禮，吾能言之，杞不足徵也；殷禮，不能言之，宋不足徵也。"①又云"周監於二代，郁郁乎文哉！吾從周。"②可見記載儀節的禮典文獻，必先於孔子而存在，其禮數不必俱爲孔子所作。③程氏定孔子作《儀禮》，是指今存本兼孔壁所出的逸《古禮》，兩版本合共五十六篇俱爲孔子所撰定，而後學再加修補潤飾而已。如是，孔子將他所整理過的《詩》篇編入禮典之内，其意涵可分幾個層次：一，原初周禮儀節並無《詩》無樂，孔子編入《詩》樂，由是《詩》《禮》與樂三者一體；二，原初周禮儀節有《詩》有樂，孔子將已整理過的《詩》樂編入，使其後行禮俱依夫子所定《詩》版本的音調、配樂和文辭，令禮典實行時歌詩合樂之風貌與此前大異，更爲雅正和諧，避免行禮氣氛因所用《詩》篇版本不一，而致使頹靡淫野。三，原初周禮儀有《詩》有樂，但所用非孔子所採之篇章。夫子一改其舊而用新的《詩》篇，或以契合其《詩》之教本，使其教學得以一貫。以上三種意涵，第一點周禮原本無《詩》無樂，可能性不大。檢諸先秦典籍，追述先王制禮行禮，每以"禮樂"並稱，舉如《禮記・文王世子》："凡三王教世子必以禮樂。樂，所以脩内也；禮，所以脩外也。禮樂交錯於中，發形於外，是故其成也懌，恭敬而温文。"④確言禮樂交錯於中，可證禮樂合一由來已久，周代禮儀中有合樂之實可知。唯程氏提出孔子有編《詩》入《禮》之舉，從而引致禮典在孔子手上改易之可能性。當然，孔子既能編《詩》入《禮》，他對禮儀舊典所載儀節，亦能加以修訂改動。因此所謂"《士喪禮》於是乎書"，乃是指孔子作爲教材的《士喪禮》而言。

孔子制作《禮》學教本，又賦之以義理，使其學變更傳統之"禮數"爲乎偁倫理之"禮義"。檢《論語》中不乏以仁爲禮本的論述，如《八佾》："子曰：'繪事後素。'（子夏）曰：'禮後乎？'"⑤又："子曰：'人而不仁，如禮何？'"⑥俱以自身品格爲行禮之根本。又如説"祭如在，祭神如神在"⑦云云，如神在則方具敬畏之心，如此祭禮之儀式才不爲虚設。禮者，履也，孔門之《禮》教，正是踐行仁義最爲實際之行動，亦爲匡正性情，立身修己，從而達致修齊治平的最直接規範。因此，孔子修訂舊有禮典，賦予義理，而以此義理爲重，儀節爲輕。程氏便説："舊日禮業，但明禮數，祝史之事也；禮學重義，孔子倡首，故《孔子世家》史遷曰：'《禮記》自孔氏。'執禮苟無害於禮義，變古從今可也。"⑧説明了禮學重義，義之所存，倘更易其儀節可也。程氏多番提到孔子倡三年之喪，以彰孝道，於是在《儀禮》喪服喪祭等篇增訂三年喪制之相關禮文，蓋亦此義。因此，六經

①⑤　何晏注，邢昺疏：《論語注疏》卷三，第27頁。

②⑦　何晏注，邢昺疏：《論語注疏》卷三，第28頁。

③　程氏甚至乎論證孔子家世傳禮，其禮儀學問上承自周公，早年已深於禮學。詳參程元敏：《先秦經學史》上册，第76—77頁。但具有禮義之禮學，則實創自孔子。

④　鄭玄注，孔穎達疏：《禮記正義》卷二十，第397頁。

⑥　何晏注，邢昺疏：《論語注疏》卷三，第26頁。

⑧　程元敏：《先秦經學史》上册，第86頁。

《禮》學之啓肇，即可追溯至孔子以禮義爲禮教爲止。

因此，孔子對於前代禮典文獻有所改作，或編《詩》入《禮》，或改動儀節，一如他經，編定爲《禮》學教本，賦以義理，遷史爲經，《禮》經之學於是乎始。

（五）《春秋》

孔子作《春秋》之説，始於《孟子》。程氏更引用《莊子》《左傳》《公羊》《穀梁》、西漢諸家以及緯書之説，以確證《春秋經》爲孔子手著，並以《公羊傳》所述爲孔子著作《春秋》之明文，程氏轉引孔疏《左傳》所述公羊説：

> 杜《左傳序》"春秋之作"孔《疏》："（晉）孔舒元（衍）《公羊傳》本云：（哀公）十有四年春，西狩獲麟。何以書？記異也。今麟非常之獸。其爲非常之獸何？有王者則至，無王者則不至。然則孰爲而至？爲孔子之作《春秋》。"①

又明分未修之《春秋》與孔子所修後之《春秋經》，云：

> 《閔元傳》："《春秋》爲尊者諱，爲親者諱，爲賢者諱。子女子曰：'以春秋爲《春秋》，齊無仲孫，其諸吾仲孫與！'"敏案春秋，《魯史記》也；另二《春秋》，孔子因《魯史記》脩後之《春秋經》也，徐彦疏："夫子脩《史記》（《魯史記》也）爲《春秋》，今言以春秋爲《春秋》，則《史記》舊有《春秋》之名。"則確言《春秋經》夫子作，而非魯國舊史——《魯史記》也。②

程氏採用《公羊》之説頗多，如上文論孔子編入《魯》《商》二頌，以存三統，與《春秋》大義相通，即公羊家之義，故其舉證孔子修作《春秋》，以引《公羊》之義最詳。而上所引述者，即可見程氏强調孔子根據魯國舊史作《春秋經》，並見孔子有意遷史爲經之"作"。以上乃是文獻上的述作，孔子透過筆削之法，暗藏微言大義，寓作於述，使原本只作爲史料史記的《魯史記》，變成超越史料意義的"經"。復究孔子脩《史記》而成《春秋》之大旨，程氏認爲更有"制作"的意味。首先，他認爲孔子早有作《春秋》之意③，目的是爲了匡救時弊，撥亂反正，立法垂憲以爲後世百王則法。程氏這樣的理解，亦是採用公羊家義，他説：

---

① 程元敏：《先秦經學史》上册，第 100 頁。

② 程元敏：《先秦經學史》上册，第 101 頁。

③ 程氏説："案昭十二年時，孔子明知'伯于陽'爲'公子陽生'之誤而不改，故在側者質難（事已詳上）。可見孔子早有作《春秋》之意。又定公十五年，孔子畏於匡，自歎曰'文王既没，文不在兹乎'云云，爾時持續存作《春秋》意，不必俟遲至獲麟也（亦參詳拙著）；即謂孔子時已着手等作（蒐集資料、構思之類），亦宜。哀十一年冬，孔子結束周遊列國返魯，整理經籍，執筆脩作《春秋》，蓋始於此際，閲兩年另三、五個月而書成，適西狩獲麟，遂以此事爲《春秋》之末章。"見程元敏：《先秦經學史》上册，第 106 頁。

顧《春秋》之作也,孔子不僅爲周家治道制義,亦爲後王立法垂憲,故《公羊·哀十四年傳》曰:"制《春秋》之義以俟後聖,以君子之爲亦有樂乎此也。"徐《疏》:"君子謂孔子,所以作《春秋》者,亦樂此《春秋》之道可以永法故也。"下可爲百王取法,故曰永法,並不止限於炎漢。乃漢人甚多謂孔子但爲漢制作,……皮錫瑞……云:"《春秋》爲後王立法,雖不專爲漢,而漢繼周後,即謂漢制法,有何不可?且在漢言漢,推崇當代,不得不然。(下言:即謂《春秋》爲宋爲清制法亦可,省)……雖云爲百世制法,猶可也。"①

觀程氏之論,文獻上乃是筆削《春秋》之文,而實質是制作《春秋》之義,爲周家治道制義,更爲後世制定法則,"以俟後聖"。而且,他也認同皮錫瑞的講法,謂所謂"爲漢制法",實是爲後世制法之意,孔子的原意實非專爲漢代,云爲百世制法亦可。如此正是程氏所謂"立法垂憲爲後世百王則法",具有濃厚的制作意味,亦是孔子借舊史以賦新義,遷史爲經的最具體表現。

結　論

以上專據程元敏先生《先秦經學史》有關經學定義部份作析論。程氏認爲六經本皆史,經學之出現和產生,就是在孔子將這些原本是"史"的六經文獻,加以編定整理,賦予義理,使之質變,成爲修己治人、内聖外王、經世致用的萬世教科書。所謂"經學",就是由"史"加諸新義而變爲"經"之後才產生的。因此,"義"便成爲由"史"質變爲"經"之關鍵,故此,程氏借用了劉離明"經學,義學"之説,作開宗明義的陳述,來强調"義"與"經"的關係。在這種理論下,經學就只能由孔子開闢,避免了對六經文獻出現年代作無上限的追溯,而影響對經學肇始時間的不確定。程氏强調經學是"孕育於遠古,成學於孔聖",實有其明確清晰的理論作支持。

程氏的説法基調與皮錫瑞《經學歷史》相近,甚至可説是源出於彼。唯獨皮錫瑞並不强調經、史之别。反觀程氏,在皮氏的理論框架下更進一步,借用了章學誠"六經皆史"之論,重新釐定經史之别,並修正了皮氏的説法,突顯了孔子賦新義而遷史爲經的貢獻和經學史上的價值,並重新定性所謂"述而不作"的"作"的意義,調解了反對者對六經文獻先於孔子存在的駁論,而著重孔子對於後學的啓發作用,所謂垂法萬世者是也。此外,程氏在《先秦經學史》中花不少篇幅討論孔子與六經的關係,證明孔子對於原本的六經文獻,或編集、或賦義,既述又作,巧妙地串連了"六經皆史"與"孔子制作六經"兩種説法,正與其經學的定義處處互相印證發微。

---

① 程元敏:《先秦經學史》上册,第108頁。

徵稿啓事

《經學文獻研究集刊》自 2015 年始改爲半年刊，入選 2017—2018 南京大學中文社會科學引文索引 CSSCI 收録集刊。

本刊主要刊載經學、史學、文獻學以及出土甲金文、簡帛等學術論文，同時也注意整理、刊發已故前輩學者的遺稿。所論崇尚實證，摒棄蹈虚。敬希兩岸三地文史學界師友惠賜大作，協同本刊接續傳統學脈，振興傳統學術，弘揚傳統文化。

凡賜稿者，務請寫明所在單位、職稱、研究方向和通訊地址，投稿至本刊專用郵箱。爲確保本刊論文質量與學術公正，來稿一律須經匿名評審後再作取捨。無論採用與否，皆會在三月之内予以答覆。本刊概不收取版面費，一經採用，即致薄酬。

投稿郵箱：jingxuewenxian@163.com

説明：投稿切勿投遞至主編或編輯個人郵箱，否則若稿件遺失或未能及時收到回復，本刊概不負責。

稿件格式

一、《集刊》一律採用“宋體—繁體”字體。臺灣新細明體、鼎文體等改爲宋體後，因内碼不同，會出現“對象”變“物件”、“字符”變“欄位”、“瑞安”變“里安”、“資料”變“數據”等，請務必仔細閱讀修正。

二、文章標題用三號黑體。二級標題用四號黑體，三級標題用小四號黑體。級次一般用“一”“二”“三”，(一)(二)(三)，1. 2. 3. ，(1)(2)(3)。

三、文章前須附：

1. 摘要：300字以内；繁體，宋體，小五號字體。“摘要”二字用[ ]括出，後不用冒號“：”。下“關鍵詞”“作者簡介”同。

2. 關鍵字：3個左右，中以冒號分割。最後一詞後不用標點。

3. 作者簡介：姓名、單位、職稱、單位所在地郵編。

四、正文：五號宋體—繁體。注意事項如下：

1. 注釋碼置於句號、逗號、引號之後，不出現在頓號後。句中不出注。

2. 關於數字用法：

(1) 公曆世紀、年代、年、月、日和歲數。例如：20世紀、公元前278年、1992年、1957年5月26日、45歲。①年份不能簡寫，如“1997年”不能寫成“97年”，“1989—1991年”不能寫成“1989—91年”。②夏曆用漢字，如“正月初五”。③古代紀年用漢字寫朝代(或國別)和帝王年號，再在括弧中用阿拉伯數字注明公曆。如“楚頃襄王十八年至二十二年(前281—前277)”。④1949年以前的民國紀元，用“民國某某年”，後加括弧，用阿拉伯數字注明公曆。

(2) 古今典籍卷次一律用：卷一、卷十、卷二一、卷九五、卷一〇三、卷一一二一等，不用阿拉伯數字。注釋卷次相同。

五、凡另起一行的整段引文用五號“華文仿宋”字體，整段前(左)面縮進二格，後(右)面不縮進。

六、注釋：採用腳注，注碼用word文檔中開啓“插入—引用—腳注和尾注”，點擊選“編號格式”中的“①②③……”及“每頁重新編號”“整篇文檔”後確定。字體用小五號宋體。

具體引注書目、雜誌文章格式如下：

1. 普通圖書標法：

作者：《書名》，某某出版社某年版，第某頁。國外作者前加[ ]括注國别。

馬衡:《凡將齋金石論叢》,中華書局 1977 年版,第 199 頁。

[日]野間文史:《五經研究論攷:從義疏學到五經正義》,研文出版社 2013 年版,第 200 頁。

2. 古籍標法:

作者:《書名》卷某,刊刻年代,頁碼。

如:翁方綱:《漢石經殘字攷》,清光緒十六年(1890)四川尊經書局刻《石經彙函》本,第三葉。

3. 轉引、叢書、全集(遺書)等書籍標法:

衛湜:《禮記集説》卷十一引,《通志堂經解》本,江蘇廣陵書籍刻印社 1996 年影印本,第 12 册,405 頁上。

王國維:《史籀篇疏證》,《王國維遺書》,上海書店 1983 年影印本,第六册,第 18 頁 A。

4. 期刊、報紙:

引用順序爲:作者、文章名、期刊或報紙名稱、卷册號或日期、頁碼,報紙應注明版面。

如:張平:《王安石變法考辨》,《歷史研究》2001 年第 5 期,第 28 頁。

5. 外文書刊:

出版物名稱用斜體,篇名用單引號表示,頁碼用以“p.”表示。

Bayard Dodge, The Fihrist, p.777.

圖書在版編目(CIP)數據

經學文獻研究集刊.第二十一輯/虞萬里主編.—
上海:上海書店出版社,2019.7
ISBN 978-7-5458-1826-0

Ⅰ.①經… Ⅱ.①虞… Ⅲ.①經學-研究-中國-叢刊 Ⅳ.①Z126-55

中國版本圖書館CIP數據核字(2019)第132493號

責任編輯 曹勇慶
封面設計 酈書徑

經學文獻研究集刊(第二十一輯)
虞萬里 主編

出　　版 上海書店出版社
(200001　上海福建中路193號)
發　　行 上海人民出版社發行中心
印　　刷 上海叶大印务发展有限公司
開　　本 787×1092　1/16
印　　張 18
版　　次 2019年7月第1版
印　　次 2019年7月第1次印刷
ISBN 978-7-5458-1826-0/Z·77
定　　價 95.00圓